国家自然科学基金项目（项目批准号：41371129）最终研究成果
国家社会科学基金重大项目资助（项目批准号：20&ZD098）

中国东北地区与俄罗斯远东地区空间经济联系及经贸合作研究

郭连成　主编

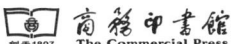

图书在版编目(CIP)数据

中国东北地区与俄罗斯远东地区空间经济联系及经贸合作研究/郭连成主编.—北京:商务印书馆,2022
ISBN 978-7-100-18129-7

Ⅰ.①中… Ⅱ.①郭… Ⅲ.①区域经济—合作—国际合作—研究—中国、俄罗斯 Ⅳ.①F125.4 ②F151.254

中国版本图书馆 CIP 数据核字(2020)第 032757 号

权利保留,侵权必究。

中国东北地区与俄罗斯远东地区空间经济联系及经贸合作研究

郭连成 主编

商 务 印 书 馆 出 版
(北京王府井大街36号 邮政编码100710)
商 务 印 书 馆 发 行
北京市白帆印务有限公司印刷
ISBN 978-7-100-18129-7

2022年6月第1版　　开本 710×1000　1/16
2022年6月北京第1次印刷　印张 30¼
定价:150.00元

前言

本书为我主持的国家自然科学基金项目(项目批准号:41371129)的最终研究成果;国家社会科学基金重大项目"建设面向东北亚开放合作高地与推进新时代东北振兴研究"(批准号:20&ZD098)阶段性研究成果。这些研究成果可以归纳为两大类:

第一类是紧紧围绕本自然科学基金项目核心内容展开具体而深入分析所取得的研究成果,即主要研究我国东北地区与俄罗斯远东地区空间经济联系及其演化和与之密切相关的两地区经贸合作问题。这类研究成果构成了本项目的主体框架,是本项目的核心研究成果。

第二类是围绕本自然科学基金项目展开的基础性研究。这是本项目必不可少的基础性工作,同样十分重要,因为这些基础性研究成果与核心研究成果具有相关性,两者共同构成了完整的研究成果体系。如果将核心研究成果比作是一座大厦,那么,基础性研究成果就是大厦的基石。

以上是就本自然科学基金项目的研究成果而言。而考虑到本书的结构安排和编排原则(由基础性研究成果过渡到核心研究成果),本书对上述两大类研究成果作了如下编排:第一部分,基础性研究;第二部分,专题研究(核心研究成果)。

本自然科学基金项目的研究成果凝聚着整个研究团队的心

血，是集体智慧的结晶。尤其是本项目的主要承担者之一东北财经大学经济与社会发展研究院刁秀华副研究员和四川大学国际关系学院米军教授，为本项目研究付出了辛勤劳动，做出了突出贡献。

还需提及的是，由我主编的《俄罗斯东部开发新战略与东北亚经济合作研究》（人民出版社2014年9月版）一书中的部分内容，以及大连财经学院周瑜博士在东北财经大学博士学习期间撰写的博士学位论文《中国东北地区与俄远东地区空间经济联系、地缘经济关系与经贸合作》，都是本自然科学基金项目催生的、与之密切相关的系列成果。鉴于此，我们有选择性地将这些成果的部分内容也一并收入本书。

最后，非常感谢商务印书馆郑殿华先生和宋伟编辑的鼎力支持和帮助，非常感谢于长英博士的全力相助。

目 录

第一部分 基础性研究 ………………………………………（1）

俄罗斯东部开发新战略提出的背景与推动因素………………
……………………………………… 郭连成 米军（3）
俄罗斯东部开发新战略的重要举措与进展……………………
……………………………………… 郭连成 刁秀华（29）
中国、俄罗斯粮食安全问题分析 ……………刁秀华 郭连成（81）
俄罗斯创新发展战略及其实施效应 ………刁秀华 郭连成（103）
俄罗斯国家创新能力分析：比较的视角 …………刁秀华（123）
中国与俄罗斯外经贸政策调整及其效应………………………
……………………………………… 郭连成 边中悦（141）
俄罗斯货币政策演进及其特点 ……………郭连成 仲晓天（165）
俄罗斯农业政策评析 ………………………孙化钢 郭连成（198）
中俄财税制度改革的比较与借鉴 ……………刘彦君 米军（215）

第二部分 专题研究 ……………………………………（233）

中国东北地区与俄远东地区交通运输网络及
    城市群空间经济联系 …………… 郭连成 周瑜 马斌（235）

中俄东部地区城市经济联系测度及促进策略⋯⋯⋯⋯⋯⋯⋯⋯⋯
　　⋯⋯⋯⋯⋯⋯⋯⋯⋯⋯⋯⋯ 郭连成　刘彦君　陈菁泉（262）
我国东北与俄罗斯远东跨国次区域
　　经济融合进程的社会网络分析⋯⋯⋯⋯⋯⋯⋯⋯⋯⋯⋯
　　⋯⋯⋯⋯⋯⋯⋯⋯⋯⋯⋯⋯ 刘彦君　郭连成　米军（286）
中国东北地区与俄罗斯远东地区空间经济联系、
　　地缘经济关系与经贸合作⋯⋯⋯⋯⋯⋯⋯⋯ 周　瑜（306）
俄罗斯东部开发新战略与中俄区域经济合作的
　　进展评析⋯⋯⋯⋯⋯⋯⋯⋯⋯⋯⋯⋯⋯ 郭连成（377）
新形势下中俄新型经济合作关系的构建与发展⋯⋯ 郭连成（400）
俄罗斯东部开发与中俄区域经济合作⋯⋯⋯⋯⋯ 刁秀华（426）

第一部分　基础性研究

俄罗斯东部开发新战略提出的背景与推动因素

郭连成　米军

俄罗斯东部地区堪称"世界上唯一尚未得到很好开发利用的自然资源宝库"。然而，优越的自然资源条件并未托起东部地区的经济腾飞，它的发展至今仍落后于西部地区，导致了俄罗斯区域经济发展的不平衡。但必须看到，东部地区不仅拥有丰富的自然资源，而且拥有巨大的工业实力和雄厚的科技力量，这构成了俄罗斯发展创新型经济和实现经济现代化的基础。其重要地位正如俄有识之士所指出的，"没有西伯利亚和远东，就没有俄罗斯"。

一、俄罗斯东部地区发展的困境

（一）东部地区经济发展相对落后

从20世纪30年代到80年代，苏联推行的国家"生产力东移"战略的持续实施，使东部地区逐步开发建设成为具有鲜明的原料、资源型特点的地区。资源依赖型的经济发展模式成为东部地区经济发展的主体。20世纪90年代初,伴随着苏联的解体和向市场经济的转轨,东部地区开始谋求有自己特点的"自我发展"。但是由于经济长期实行过度依赖原料、资源的发展模式,导致经济结构严重畸形,轻工业发展严重滞后,整个东部地区经济持续衰退,居民生活水平不断下降。例如,2006年远东地区收入低于最低生活标准的居民占21.2%,全俄平均水平为7.6%。1999—2006年,俄东部地区的经济发展虽然呈上升势头,但具有明显的周期性特点。1999年,该地区经济发展速度明显超过了全俄平均水平,但从2000年起,这种优势开始丧失。2000—2007年,无论在经济社会发展指标上还是在经济发展速度上,东部地区都远远落后于全俄平均水平。以远东为例,据俄经济发展与贸易部的数字,2006年远东联邦区地区总产值为9425.59亿卢布,在俄联邦七大联邦区中处于末位,地区总产值的增长速度一直低于全俄平均水平。尽管有些年份俄罗斯经济强劲增长,但由于历史和现实的原因,俄东西部地区的差距仍然很大。东部地区无论是经济总体实力还是发展速度,整体都相对落后于俄罗斯联邦其他地区。例如,在2007年,幅员辽阔的西伯利亚联邦区的地区生产总值(30275亿卢布)相对于地处欧洲的伏尔加沿岸联邦区(43910.76亿卢布)和乌拉尔联邦区(42760.47亿卢布),差距仍然非常巨大。即使在1998—2007年,远东地区经济保持高速增长的状况下(增长了近9倍),相对于全俄高达12.5倍的经济增长速度来说,差距仍然较为明显。这对实现整个俄罗斯经济社会可持续均衡发展非常不利。正如俄罗斯著名经济学家阿甘别吉扬所说的那样:"莫斯科不是俄罗斯。要想实现国家的经济复兴,必须实现西伯利亚和远东与欧洲地区均衡发展。"

（二）东部地区人口数量逐年下降引发人口危机

俄罗斯人口负增长始于20世纪90年代初，进入21世纪人口问题已经成为"最严峻的问题之一"，其中以西伯利亚地区和远东地区尤甚。这主要是由于俄罗斯内部人口分布很不均匀，在经济相对发达的欧洲部分人口稠密；而在经济相对落后的远东地区和西伯利亚地区，则人口稀少。经济越落后，人口萎缩越严重。2007年，仅占国土面积3.8%的中央联邦区集中了俄国内26.2%的人口、35.2%的地区总产值、30.4%的加工业产值、49%的企业盈利和24.2%的投资；而最大的远东联邦区占国土面积36%，人口却只占全国的不足4.6%，生产的地区总产值只有4.4%。[1] 苏联解体后，生活在经济落后、条件艰苦的西伯利亚地区的居民大规模地向西迁移至俄欧洲部分，永久性地抛弃了自己的家园，致使当时在西伯利亚地区出现了数不清被废弃的村镇。

目前俄罗斯的男女比例为100∶114.7，城市人口男女比例甚至达到了100∶116.7。俄罗斯男性和女性人数分别为6500多万和7600多万，差距超过了1000万。这样的性别失调曾在苏联卫国战争刚结束时出现过，但经过人类生育繁衍的自然调整，性别失调得以调整并基本接近正常。而目前的性别比例失调是在非战争状态下出现的，这是一个非常危险的信号。据俄罗斯社会和人口专家估计，到2050年，俄罗斯人口最悲观的结果约为8000万，最乐观

---

[1] 李新：《2000年以来俄罗斯经济结构的变化及其发展趋势》，《俄罗斯研究》2009年第2期，第25页。

的结果为1.22亿,而最有可能的数字是1.02亿人。2002年,俄罗斯进行了苏联解体以来的首次人口普查。数字显示,生活在乌拉尔山以东的俄罗斯人口,继续以每年50万人的速度在缩减。到2015年,这一地区可能仅仅有450万人口。另有数据显示,1989—2002年西伯利亚人口减少了95.9万,减少幅度达3.7%,远高于全俄1.5%的平均减幅。[①]出生率降低、死亡率上升和人口大量迁移所导致的人口持续减少和劳动力短缺,严重制约了东部地区的经济发展,也影响到俄罗斯整个经济社会发展战略的实施。

(三) 东部地区人力资源严重匮乏

劳动力资源匮乏已成为制约俄东部地区经济发展的主要因素之一。一方面,人口密度低是造成人力资源匮乏的基本因素。资料显示,这一地区的居民人口密度不仅低于俄联邦的其他地区,也低于亚太地区的国家。在西伯利亚与远东1276万平方公里的土地上,居住人口只有不到3000万人,人口密度仅为每平方公里2.8人,人口密度最高的地区也不过为5.3人。另一方面,自20世纪90年代初期,这一地区的人口数量持续减少并进入了一个危机时期。主要原因是人口的自然下降(死亡率超过了出生率),同时也与人口的大量外流有关,离开这一地区的主要是有劳动能力的成年人和专业技术人才。

劳动力的缺乏严重影响了工农业及其他行业的发展,成为俄

[①] 李同升等:《俄罗斯西伯利亚人口状况及其地理分析》,《人文地理》2007年第3期,第120页。

罗斯东部大开发最迫切需要解决的问题。为此,俄罗斯政府计划从2007年到2012年向西伯利亚和远东地区移民几十万人,2007年政府拨款约40亿至50亿卢布实施这一计划。然而,由于气候恶劣、生活费用高、配套设施不完善等原因,仍有大量的西伯利亚及远东地区的科技人才及技术人员西移。为此,俄罗斯不得不另寻出路,从2007年开始推行使"侨胞自愿移居俄罗斯计划"。然而,海外俄侨移民俄罗斯将是一个漫长的过程。这不仅因为相关立法需要很长时间,安置移民也需要大量的资金。

(四)东部地区资金严重不足

俄罗斯东部地区的开发需要投入大量的人力、物力和财力,而无论是中央财政还是地方财政都无力满足这种异常巨大的投资需求。特别是在经济转轨初期,由于经济不景气,俄罗斯对东部地区的投资不断减少。以远东地区为例,有资料显示,在经济转轨初期,远东地区在俄罗斯固定资本投资中所占的比重不断下降:1991年为7.9%,1992年为7.3%,1993年为6.9%,1994年为6.1%,1995年为5.2%,降低了1/3以上。[①] 另据有关资料,2009年俄罗斯固定资产投资总额为79302.55亿卢布,其中,东部地区投资额为16699.58亿卢布(西伯利亚联邦区为8314.67亿卢布、远东联邦区为8384.91亿卢布),仅占全俄固定资产投资总额的21.06%。[②] 而且,东部地区利用外资仅占全俄的10%左右。因而东部地区资金

---

① 〔俄〕П.米纳基尔、Н.米赫耶娃:《远东经济:改革的五年》,哈巴罗夫斯克1998年版,第101页。

② Российский статистический ежегодник 2010, с. 677–679.

匮乏,严重制约了地区经济社会的发展。

可见,俄罗斯东部地区落后的经济状况、人口数量下降引发的严重人口危机以及由此带来的严重人力资源匮乏危机、不断加大的资金缺口,这些问题的叠加在很大程度上威胁到国家安全。因此,重视东部地区的开发与发展,不仅是俄地区层面的问题,更是国家政治层面的问题。

二、俄罗斯东部开发新战略提出的背景与动因

(一) 东部开发的新机遇

众所周知,传统上俄罗斯与欧洲的经济联系十分紧密。但一个时期以来,俄欧经济联系已呈现相对饱和的迹象,而亚太地区特别是东北亚地区的经济发展形成了对资源的巨大需求,这为俄罗斯东部开发提供了前所未有的商机。

1. 俄欧经济联系相对饱和

俄罗斯作为传统意义上的欧洲国家,俄欧经贸合作在其对外贸易中占有举足轻重的地位。无论是出于经济原因、政治原因,还是地缘利益原因,都要求俄罗斯同欧洲建立紧密的经贸合作关系。而强化与欧洲之间的经贸合作,对俄罗斯经济发展大有裨益。正因如此,俄欧经贸关系发展迅速。根据俄罗斯联邦国家统计局公布的相关数据,2000—2008 年俄欧之间的贸易额增加两倍,2008 年达到 2782 亿欧元,而且俄罗斯有 700 亿欧元的顺差。俄欧贸易

总额在俄罗斯对外贸易总额中所占的比例从2000年的35.1%上升到2008年的52%,其中对欧出口份额更是剧增20个百分点,从35.8%增长到55.8%;进口份额也相应增长近11个百分点。以上数据表明俄欧经贸关系已经相当紧密,但从另外一个角度也表明,俄欧经贸合作的提升空间已经不大。即使在双方合作十分紧密的能源领域,出于巩固自身在欧洲及原苏联地区地缘政治地位的考虑,欧盟也会采取一切措施,例如选择其他能源供应商(里海国家、卡塔尔、利比亚、尼日利亚、阿尔及利亚等)和挖掘自身能源潜力,从而阻止俄罗斯凭借其作为欧洲垄断的能源供应国地位谋取政治利益。尤其近几年,俄乌天然气之争波及欧洲,导致俄与欧盟关系不睦。鉴于此,欧盟已开始加大新能源开发和替代能源研究力度,积极探索能源多元化进口途径,通过加强与中亚国家之间的能源合作,积极推动铺设绕开俄罗斯通往欧洲的能源管道。因而未来几年内,俄罗斯与欧盟在能源领域将面临更加激烈的竞争。

此外,俄欧经贸关系的发展还面临很大的政治阻力。而更深层次的矛盾还在于,欧盟希望理想中的俄罗斯是一个按照欧洲价值观和规范行事的、政治上稳定的经济合作伙伴,因而将对俄合作的重点之一放在"价值观"而非"利益"方面,但这些却无法被俄罗斯所接受。

由此可以看到,俄欧经贸尤其是能源合作,不仅上升的空间很小,而且阻力重重。由科斯定理可知,如果合作的成本大于合作的收益,那么,合作是不明智的。至少从目前来看,一味地追求扩大与欧洲的经贸合作,不仅付出的成本巨大,而且收效也不甚明显。反观亚太地区特别是东北亚地区,其经济发展形成的对资源的巨大需求,无疑为俄罗斯东部大开发提供了前所未有的商机。

2. 亚太地区特别是东北亚地区对资源的需求巨大

在当今世界经济发展进程中,能源出口在俄罗斯对外贸易中的地位日益加强,这促使俄重新调整其经济政策和能源政策的基本方向。随着俄罗斯欧洲部分地缘空间的一再压缩,俄开始利用其横跨欧亚大陆的地缘优势积极加入到亚太地区的政治经济事务中,而能源出口就成为俄罗斯进入这一地区的有力武器。此外,俄罗斯与亚太国家发展互利合作,特别是与在世界经济发展中居领先地位的东北亚国家发展能源合作,也符合这些国家能源进口多元化的战略。而俄罗斯西伯利亚和远东地区则是与这些国家开展合作的前沿阵地。

亚太地区对俄罗斯的重要意义丝毫不逊于欧洲。由于亚太地区在世界经济中作用的提高,远东地区作为俄罗斯对外经济合作的重要地区,其地位和作用在不断提升。由于自身拥有的地缘战略地位和资源保障能力,远东地区拥有吸引资金流和物流的潜力,对这些潜力的利用将有利于俄罗斯的经济发展,也符合俄罗斯的国家安全利益。[①] 根据21世纪俄罗斯亚太发展战略,俄罗斯与亚太国家合作的目的是使俄经济与亚太经济形成巨大的互补性,并通过这种互补性保障俄罗斯在亚太地区的有利地位。俄罗斯要凭借资源优势加入到亚太地区经济一体化的进程中,首要的任务就是与中国、日本、韩国为主要伙伴来合作开发和利用东部地区的油气资源。俄罗斯东部地区拥有大型的燃料动力基地,石油天然气等碳氢化合物资源的储量在世界上是独一无二的。从勘探储量

---

① 葛新蓉:《俄罗斯区域经济政策与东部地区经济发展的实证研究》,黑龙江大学博士学位论文,2009年,第116页。

和开采价值上看,西伯利亚南部地区和萨哈林大陆架上的油气产地潜力巨大。有数字表明,这两个地区的天然气年开采量可达800亿—900亿立方米,石油年开采量为5000万—6000万吨。除满足国内需求外,俄罗斯每年可向东北亚地区出口500亿—600亿立方米天然气、3000万—4000万吨石油。

根据亚洲开发银行的预测,在2030年之前,亚太地区经济体将以相对较快的速度实现经济复苏。同时,与高能耗的经济增长模式相伴随的是对能源需求的急速增长,而且这种状况在短期内难以改变。根据国际能源机构的评估,未来亚洲国家的能源需求比世界上其他所有国家增长都快,石油消费年均增长3%—4%,天然气消费年均增长4%—6%。同时,根据国际能源署、美国能源局和俄能源及财政研究所预测,2004—2030年,世界能源需求平均增幅约为2%,而亚太地区增幅高达3.3%。国际原子能机构发布的信息表明,与世界其他地区相比,东北亚将是石油等能源资源需求增长最快的地区。中国、日本、韩国则是这一地区能源需求最大的国家。表1和表2反映了未来亚太地区尤其是中、日、韩三国对油气和能源的巨大需求。这为俄罗斯东部地区的能源开发提供了新的契机。

表1 亚太地区国家石油消费和纯进口量预测　　　（单位:亿吨）

国别	消费量		纯进口	
	2010年	2020年	2010年	2020年
中国	3.9—4.1	5.6—5.8	2.2—2.3	4.0—4.3
日本	2.9—3.1	3.2—3.3	2.95—3.05	3.2—3.3
韩国	1.4—1.5	1.8—2.0	1.4—1.5	1.85—1.95
亚太地区其他国家	6.6—6.7	8.8—8.9	3.45—4.15	5.95—6.45
总计	14.8—15.4	19.4—20.0	10.0—11.0	15.0—16.0

资料来源:В.В. Кулешов:Сибирь в первые десятилетия XXI века, Новосибирск, 2008.

表 2 中、日、韩三国天然气消费和进口量预测　（单位：亿立方米）

国别	消费量			进口量		
	2010年	2020年	2030年	2010年	2020年	2030年
中国	650—700	1000—1550	1100—2600	100	200	300—500
日本	800—910	910—1180	940—1400	130	150	150
韩国	400—460	550—840	900—1110	120	210	300

资料来源：В.В. Кулешов：Сибирь в первые десятилетия XXI века. Новосибирск. 2008.

尽管中东地区在未来二三十年内仍是亚洲国家重要的能源进口地，但由于中东地区动荡的局势，无疑为该地区的能源出口增添了很大的不确定因素；非洲和拉美地区与亚洲相距较远，能源运输成本较高，可以作为备用的能源进口地；而俄远东和东西伯利亚地区不仅油气资源丰富，占到全俄油气资源的一半，而且与亚太国家毗邻，区位优势非常明显。俄罗斯能源对东北亚国家的吸引力越来越强。而对俄罗斯而言，相对于巨大的能源生产量，国内能源市场的需求是有限的，需要向东北亚国家出口能源产品。俄已经充分认识到与东北亚国家开展能源合作的必要性。目前，俄正在实施国际能源合作方案，尤其是吸引亚太国家资金对东部地区能源进行共同开发。俄罗斯还计划制定一个与东北亚各国开展能源合作的长期战略方案。

（二）东部地区资源开发的迫切性

俄罗斯欧洲部分油气资源日渐匮乏，对东部地区的资源依赖性增强。自20世纪80年代后期，位于俄欧洲部分的老油气区产量就已进入持续递减阶段，有些主力油田甚至进入衰竭阶段。回顾俄罗斯欧洲部分油气资源的开发历史，从1864年在巴库开始机械采油算起，俄罗斯的石油工业已经走过了100多年的历程。期间，从1864年起，经过约半个世纪，高加索产油区走过了产油巅峰；接替它的是伏尔加-乌拉尔产油区，其产油巅峰时期是在20世纪50—70年代，只有20多年；接着从20世纪70年代开始至今，西西伯利亚成为俄罗斯的主要产油区，承担着向欧洲出口油气的重任。

表3显示，高加索产油区石油剩余探明储量已经不足，并且远景资源储量也不多；伏尔加-乌拉尔产油区剩余探明储量相对于原始探明储量也很少，且远景资源储量也相对较少，开采潜力有限。而作为俄罗斯石油主产区的西西伯利亚石油产区不仅原始探明储量丰富，而且开发潜力十分巨大；还有东西伯利亚及远东萨哈林陆上产油区，虽然目前由于资金、技术、人力、物力等各种原因的制约，已探明的石油储量很少，但是资源开发前景十分乐观。未来俄罗斯石油开采重心将逐步东移到包括西西伯利亚在内的西伯利亚及远东地区。

表3　俄罗斯石油储量分布　　　　　　　　　（单位：亿吨）

地区	面积（万平方公里）	原始探明储量	剩余探明储量	远景资源储量	总资源量
西西伯利亚	180	194	87	240	486
伏尔加-乌拉尔	80	88.5	19	57	155
曼蒂-伯朝拉	60	13.5	9.3	24	48
北高加索	30	10	1.7	6.5	16.5
东西伯利亚	400	4	4	123.5	133
萨哈林陆上		2.51	1.51	3.6	71
总计		312.51	122.51	454.6	909.5

资料来源：贾文瑞等：《21世纪中国能源、环境与石油工业的发展》，石油工业出版社2002年版，第38页。

从原油产量的增长速度看，近些年作为传统采油区的乌拉尔联邦区,特别是汉特-曼西斯克自治区的增产速度放缓。与此同时,2007年远东联邦区的原油产量较2006年增加了2.3倍,原油加工量较2006年增加了6.2%。①

从石油总体产量看,进入21世纪以来,随着国际油价的一路上涨,俄罗斯石油产量整体呈现出逐年递增的趋势。从表4可以看出,俄石油产量增长幅度在2003年达到了顶峰11.1%。2003—2009年,虽然俄石油产量整体仍处于上升趋势,但增长幅度却逐年下滑,甚至在2008年出现了负增长。尽管这里有国际金融危机导致世界原油价格急剧下降因素的影响,但也应该看到,由于俄罗斯现有的一些油田主要集中在西部地区,经过几十年甚至上百年的开采,许多油田产量面临枯竭。全世界油田可开采期平均为30年(欧佩克国家为85年),而俄罗斯某些石油公司的油田仅可继续开采6年。② 俄罗斯自然资源部官员曾公开表示,由于最近16年俄罗斯能源勘探没有取得突破性进展,大型资源产地正在急剧萎缩,到2015年资源富矿将面临枯竭。③ 另外,据俄罗斯自然资源部发布一份报告,在俄已探明的石油资源中有50%的石油已经开采完,今后如果不通过引进资金和技术等途径加快石油的勘探和开采速度,按照目前的开采速度,已探明的石油储量到2040年就会消耗殆尽。④

---

① 岳小文:《2007年俄罗斯油气工业综述》,《国际石油经济》2008年第4期,第62页。
② 同上书,第41页。
③ 程亦军:《俄罗斯经济衰退的内在原因分析》,《俄罗斯中亚东欧研究》2009年第6期,第56页。
④ 郭连成:《资源依赖型经济与俄罗斯经济的增长和发展》,《国外社会科学》2005年第6期,第28页。

表4 2000—2009年俄罗斯石油产量及增长幅度　　　（单位：亿吨）

类别	2000	2001	2002	2003	2004	2005	2006	2007	2008	2009
石油产量	3.24	3.48	3.80	4.22	4.59	4.70	4.81	4.91	4.88	4.94
增幅，%	6.2	7.4	9.2	11.1	8.8	2.4	2.3	2.1	-0.7	1.2

资料来源：岳小文：《2009年俄罗斯油气工业综述》，《国际石油经济》2010年第4期，第43页。

根据俄罗斯经济发展与贸易部和俄科学院能源研究部制定的《2010—2030年国家石油天然气工业发展长期规划方案》中对2010—2030年俄罗斯石油产量及投资的预测数据，可以计算出俄各地区的投入产出比，详见表5：

表5 2010—2030年俄罗斯各地区的石油投入产出比

（美元/吨）

区　　域	2010	2015	2020	2025	2030
西西伯利亚	19.94	21.28	22.64	24.02	25.48
欧洲部分	25.31	28.19	31.06	33.94	36.82
东西伯利亚、萨哈（雅库特）共和国	30.08	34.52	38.93	43.37	47.79
远东（萨哈林）	27.87	31.76	35.63	39.48	43.37

表5显示，西西伯利亚是投入产出比最高的地区，在2010年每投入19.94美元即可产出一吨石油，并且在未来相当长的一段时间都将保持最高的投入产出比，因而西西伯利亚无疑是当前乃至今后一个时期俄最重要的石油产区。俄罗斯欧洲部分看似投入产出比很高，2010年每投入25.31美元即可产出一吨石油，优于远东地区的27.87美元/吨和东西伯利亚的30.08美元/吨，而且这种优势在未来还有增大的趋势，但实际上由于欧洲部分的产油区已经有

上百年的历史,早已过了产油的巅峰期,又缺少新勘探的大型油田,未来大量的石油勘探开发投资只能用于勉强维持现有的产量。相反,虽然东西伯利亚、萨哈共和国及远东萨哈林地区石油勘探开发投入产出比较低,但却是俄罗斯未来能源开发的重点地区。目前投入产出比之所以较低,一方面是因为西伯利亚及远东地区自然条件恶劣,地质状况复杂,开采成本较高;另一方面是该地区配套基础设施不完善,固定资产投入较高所致。但未来俄罗斯石油开采的重心必然逐步东移,包括西西伯利亚在内的西伯利亚及远东地区将成为俄重点开发的地区,这必将极大地促进俄罗斯东部开发的进程。

此外,俄罗斯还是世界天然气资源最为丰富的国家,其探明可采储量居世界第一。未来俄罗斯天然气主要产区将是西西伯利亚地区的亚马尔-涅涅茨自治区。此外,东西伯利亚、远东、欧俄北部（包括北冰洋大陆架）和亚马尔半岛等新的油气产区也将得到发展。其中,俄罗斯东西伯利亚地区的天然气资源总量为 32.3 万亿立方米,而东部太平洋沿岸的萨哈林岛拥有大约 5000 亿立方米的天然气储量,堪称"北太平洋的气库"。表 6 和表 7 反映了 2010—2030 年俄罗斯各区域天然气产量及勘探开发投资预测。

表 6　2010—2030 年俄罗斯各区域天然气产量预测

（单位:亿立方米）

区域	2010 年	2015 年	2020 年	2025 年	2030 年
西西伯利亚	6100	6300	6700	6700	6700
亚马尔-涅涅茨自治区	5700	5900	6340	6340	6350
汉特-曼西斯克自治区	330	320	280	280	270
托木斯克州	70	80	80	80	80

续表

欧洲部分	400	520	800	880	900
东西伯利亚、萨哈共和国	110	850	1150	1170	1200
远东（萨哈林）	200	230	250	300	300
合计	6810	7900	8900	9050	9100

资料来源：韩学强：《俄罗斯石油天然气工业现状及其长期规划与发展前景》，《当代石油石化》2009年第3期，第39页。

表7　2010—2030年俄罗斯各区域天然气勘探开发投资预测

（单位：百万美元）

区域	2010年	2015年	2020年	2025年	2030年
西西伯利亚	10224	11778	13840	15136	16436
亚马尔-涅涅茨自治区	9640	11129	13196	14433	15694
汉特-曼西斯克自治区	480	510	485	523	542
托木斯克州	104	139	159	180	200
欧洲部分	758	1137	1982	2437	2754
东西伯利亚、萨哈共和国	249	2286	3584	4147	4766
远东（萨哈林）	419	568	712	968	1081
合计	11650	21779	20118	22688	25037

资料来源：韩学强：《俄罗斯石油天然气工业现状及其长期规划与发展前景》，《当代石油石化》2009年第3期，第39页。

目前俄罗斯天然气的勘探开采重心正在逐步移到包括西西伯利亚在内的西伯利亚及远东地区，东部大开发势在必行。加快东部大开发也关系到俄罗斯的能源安全。俄每年都要向周边国家支付大量的石油天然气过境费用，譬如，在2001年前，俄罗斯每年要为本国油气出口过境波罗的海国家和乌克兰而支付6亿美元的过境费。而且从2010年起，俄天然气过境乌克兰的费用还面临着高达60%的涨幅。2009年年初的俄乌"斗气"也给俄罗斯的能源安全敲响了警钟。众所周知,俄罗斯是欧盟最大的天然气供应国,其供气量的80%经由乌克兰输送,加之近些年俄乌两国关系的日渐疏远,俄罗斯不得不为其能源出口寻求新的出路,谋求能源出口的多元化。

综上所述,俄罗斯迫切需要尽快开发东部地区的资源。然而,由于俄东部地区的基础设施特别是交通运输设施极其落后、设备老化、技术更新和改造能力低,开采和加工能力远远落后于世界先进水平,严重制约了东部地区的开发和经济社会发展。而只有解决这些问题,该地区的经济与资源综合开发计划才可能实现。

(三) 资源依赖型经济模式需要加大资源开发力度

俄罗斯经济是一种传统的资源依赖型经济,这与俄先天的能源禀赋是分不开的。俄罗斯包括能源在内的自然资源十分丰富。普京本人多次提出,必须加快自然资源开发以带动经济振兴。因而长期以来俄罗斯一直大力发展以资源出口为导向的经济,主要依靠自然资源特别是石油的大量出口达到高速经济增长,经济增长方式以粗放和资源依赖为基本特征。

从20世纪90年代起,俄政府开始在金融、税收等方面对能源产业倾斜,对资源型企业的投资一度占俄总投资额的3/4。在俄国家经济系统中,燃料能源综合体的比重占到俄工业生产总额的近30%、联邦预算收入的32%、出口的54%、外汇收入的45%。[①] 统计

[①] 戚文海:《从资源型经济走向创新型经济:俄罗斯未来经济发展模式的必然选择》,《俄罗斯研究》2008年第3期,第50页。

表明,1994—2004年俄罗斯出口总额增长了2.9倍,其中矿物出口增加3.8倍,占出口增加值的63.6%,仅石油一项的比重就达到了41.3%。俄资源产品出口占总出口的比重,从1994年的44.1%增加到2004年的57.7%,石油、石油产品和天然气的份额则由39.8%增加到55.3%,石油的比重由16.5%倍增到32.7%。[①] 到2007年,俄罗斯原油和石油制品出口实物量比1995年增加了一倍以上,分别达到2.6亿吨和1.1亿吨。[②] 包括能源在内的矿产品出口也从1995年的333亿美元,增加到2007年的2280亿美元,增加近6倍。俄罗斯经济增长对能源的依赖程度已经接近欧佩克国家的水平,能源出口对俄罗斯经济有着非同寻常的意义。

从中短期来看,俄罗斯大力发展资源依赖型经济,特别是油气能源经济,可以加快经济发展速度,增加外汇收入,扩大外汇储备,增加财政收入,提高居民生活水平和社会保障程度。同时,俄通过能源外交,还能够提高其在全球的政治和外交影响力。但从中长期来看,发展资源依赖型经济也有其固有的弊端。首先,能源属于不可再生资源,不具有可持续开采性;其次,国际油价的波动给经济带来了很大的不确定性,俄经济增长的波动就与国际市场石油价格的波动密切相关;再次,发展资源依赖型经济使得俄国内经济结构调整速度缓慢;最后,发展资源依赖型经济还可能阻碍国内弱势产业的发展,并导致"荷兰病"的发生。

虽然从苏联后期到俄罗斯,历届政府都强调要改变这种不合

---

① 边恕、孙雅娜:《能源要素禀赋与俄罗斯产业结构初级化倾向研究》,《东北亚论坛》2008年第4期,第100页。
② 李新:《2000年以来俄罗斯经济结构的变化及其发展趋势》,《俄罗斯研究》2009年第2期,第23页。

理的经济结构和产业结构,降低对外部市场的依赖程度,大力发展制造业,特别是机电制造业,用多元化取代单一化,但并没有任何一届政府能够真正在这方面取得突破。俄罗斯一直是扛着发展创新经济的大旗走资源经济的老路。① 普京总统在前两个任期内曾提出改变经济严重依赖能源的畸形经济结构的庞大计划,但经济多样化和结构调整问题始终成效不大,经济增长依赖能源出口的状况非但没有改变,反而有愈演愈烈之势。究其原因,一方面是俄罗斯刻意追求经济增长速度,试图恢复昔日强国地位。同时,在日趋激烈的国际经济竞争中,俄在资本、技术、人力方面均没有明显优势,主要的优势还是以油气为主的资源行业。因此,虽然俄一直提出要发展创新型经济,也只是作为发展经济的远景规划和长期发展战略来逐步实施。另一方面,经济增长方式具有路径依赖性,俄罗斯已经产生了对能源经济的路径依赖,这也使得俄发展创新型经济的计划一再推迟。

普京坦言,"尽管近年来取得了一些成绩,我们还是未能摆脱惰性的能源型发展模式。当然,发展能源业、增加原料开采没有什么不好。相反,建立世界上最好的现代化能源部门、设立从事原料开采和加工的高新技术企业,无疑是我们的重中之重。"丰富的自然资源是俄罗斯拥有的一笔巨大财富,在发展创新型经济的客观条件尚不具备的条件下,俄选择了继续保持对石油、天然气等能源部门的投资,努力改善能源产业的生产设备,进一步提高能源产业的生产效率,促进能源产业的深加工,并以此来推进产业部门的多

---

① 程亦军:《俄罗斯经济衰退的内在原因分析》,《俄罗斯中亚东欧研究》2009年第6期,第56页。

样化发展。从长远发展的角度出发,能源产业的优势也有助于创新型经济的发展。俄罗斯政府可以将来自能源产业的巨额收入投入到其他各个产业部门中,在实现产业结构平衡的基础上提升产业结构水平,并以此为基础逐步过渡到创新型经济的发展轨道。

因此,不可否认,能源产业依然是俄罗斯维系其经济增长的原动力,在国民经济中处于绝对的主导地位。而且,基于对未来国际市场能源需求持续增长的判断,从中期看,俄主要依赖能源开发和出口的政策尚不具有太大风险。此外,考虑到欧洲国家对俄油气资源严重依赖的现实,适时使用"能源武器",已经成为俄罗斯在国际上谋求政治利益甚至成为其重返世界大国行列的重要手段。因此,努力推动东部开发,充分开发利用西伯利亚及远东地区丰富的油气矿产资源,无疑是俄罗斯资源依赖型经济未来发展的客观要求。

(四)区域发展的战略性调整需要东部资源开发

长期以来,俄罗斯的发展重心在欧洲部分,而远东地区则经济开发不足,致使经济社会发展落后、人口大量流失。俄罗斯东部和西部地区经济发展的"非对称"状态和严重的不平衡,已经制约了其整体国力的增强。俄在实施"强国富民"战略的进程中切实感到,俄罗斯的强大有赖于西伯利亚和远东地区的开发。或者说,西伯利亚和远东地区的发展水平如何,直接关系到俄罗斯"强国富民"战略能否得到切实有效的实施。

实际上,远东开发战略早在叶利钦时期就已经提出。其重要标志是1996年4月由叶利钦总统亲自签署的《1996—2005年远东和外贝加尔经济与社会发展联邦专项纲要》。希望通过这一纲要，分阶段地改变远东和外贝加尔地区的经济社会发展状况。在纲要实施期间，虽然1999—2000年远东地区经济出现了增长，但该纲要在2000年前并没有完成，远东和外贝加尔经济也没有得到根本改善。

  普京就任俄罗斯总统后，与议会和政府领导人相继考察了东部地区的经济社会状况，研究东部地区的发展战略。2000年11月普京总统发表了《俄罗斯东方：新的前景》一文，强调指出："俄罗斯今后将继续坚定不移地向亚太地区倾斜，利用其东部——西伯利亚与远东地缘政治、自然资源、交通运输和科学技术等优势，积极参加东北亚和亚太地区经济一体化。"这一时期，地区发展纲要成为东部地区经济持续稳定发展的主要经济计划和政策。2002年3月，受普京总统委托制定的《西伯利亚经济社会发展纲要》得到了俄政府的批准，2005年又对这一纲要进行了修改。2007年俄罗斯政府将远东和外贝加尔地区发展问题纳入国家议程，决定成立国家专项委员会着手东部大开发。2007年1—2月，根据普京签署的总统令，俄罗斯政府成立了由总理牵头，以经济发展与贸易部长、总统驻远东联邦区和西伯利亚联邦区代表为副手的远东和外贝加尔地区发展问题国家委员会，其成员还包括俄第一副总理伊万诺夫、财政部长库德林、交通部长列维京、内务部长努尔加利耶夫、国防部长谢尔久科夫、教育和科学部长富尔先科、工业和能源部长赫里斯坚科、地区发展部长雅科夫列夫、农业部长戈尔捷耶夫等政府要员和相关地方机构的要员。同时，还通过了该委员会的章程，并成立了委员会下设的秘书处和专家委员会，统筹规划东部开发进程。在该委员会的第一次正式会议上，提出了未来50年内俄罗斯东部地区发展与改革的战略构想。2007年8月,俄政府又批准了《2013年前远东与外贝加尔经济社会发展纲要》。规定要在国家的支持下重点开发油、气、水电等资源以带动东部地区的发展。为此,要改造现有的基础设施并大力建设新的基础设施,促进人口的稳定增长。在上述东部发展规划的基础上,俄罗斯地区发展部于2008年5月组织力量开始编制《2025年前远东地区及布里亚特共和国、外贝加尔边疆区和伊尔库茨克州的社会经济发展战略》。由以上所述可见,不仅俄罗斯东部地区发展战略已提上日程,而且俄试图通过上述纲要的实施,确定国家区域经济政策的目标和任务,以此带动整个东部地区的全面可持续发展。

进入21世纪以来,俄罗斯能源战略目标东移的步伐加快,东西伯利亚与远东地区成为颇具开发前景的石油天然气新采区。但以目前俄罗斯的经济实力,远远不能满足西伯利亚及远东地区经济开发所需要的人力、物力和财力,也就难以解决俄东部地区的经济和社会发展问题。因此,在区域发展的战略性调整中,吸引亚太地区资金参与东部开发显得格外重要。早在2001年2月通过的《21世纪俄罗斯在亚太地区发展战略纲要》就提出,通过吸引外资开发东西伯利亚和远东地区的资源,与亚洲国家形成能源供求体系。[1] 2003年出台的《2020年前国家能源战略》也提出,要借助亚太国家的资金、技术、劳动力优势来推动远东地区的发展。2007年批准的《建立东西伯利亚与远东天然气统一开采、运输和供应系统以及向中国和其他亚太地区国家出口天然气规划》,主要目标是通过规划的实施,形成以克拉斯诺亚尔斯克、伊尔库茨克、萨哈林和雅库茨

---

[1] 刘桂玲:《俄罗斯对亚太地区能源政策的调整及特点》,《亚非纵横》2009年第6期,第24页。

克为中心的新的天然气采区,并建立一系列面向出口的大型天然气加工厂和化工厂,实现俄罗斯天然气出口多元化战略。① 2009年11月俄罗斯政府正式出台的《2030年前俄罗斯能源战略》,确定到2030年将投入约5000亿美元用于新油气田的勘探与开发。

(五)缩小地区内的差距并防止东部地区"去俄罗斯化"

俄罗斯东部开发战略的提出是缩减地区差距、实现这一地区经济社会平衡稳定发展的需要。俄罗斯东部地区内部在经济社会发展水平上的分化很严重,这里既有俄罗斯最富裕的地区和比较富裕的地区,也有最落后的地区。随着苏联的解体,俄东部地区不仅失去了中央的政策和资金扶持,而且也中断了地区内和跨地区经济联系,经济形势不断恶化。由于资金和技术设备短缺,又没有必要的政策扶植,东部地区的经济结构调整进程也极为迟缓,这种状况对于合理利用当地资源、实现地区内各地方的均衡发展、提高经济发展水平极为不利。2007年俄将东部地区开发上升为国家战略,并出台一系列国家支持政策,切实对西伯利亚和远东地区多年形成的生产开发潜力和科技潜力加以扶持,以有效推动地区经济社会发展,并逐步缩小地区内的差距。

另一方面,如果不能将俄东部地区纳入21世纪俄新的政治、法律、社会和经济空间,东部地区将面临"去俄罗斯化"的现实危险。普京多次强调,俄罗斯不能让西伯利亚和远东地区长期处于"地缘

---

① 孙晓谦:《俄罗斯东部油气基地新采区的开发》,《西伯利亚研究》2010年第4期,第6页。

经济真空"状态。自20世纪90年代以来,俄罗斯由于经济滑坡而使综合国力大不如前,而周边亚洲邻国特别是中国经济却快速发展。中国综合国力的增强使中俄两国的经济发展差距日益拉大,而俄落后的东部地区与中国东北老工业基地相比,差距更为明显。进入21世纪以来,中国对俄罗斯东部地区的参与度和影响力日趋提高。一方面,伴随着中国振兴东北老工业基地等一系列战略措施的出台,国家积极鼓励东北地区的企业"走出去",大量企业到相邻的资源丰富的俄东部地区投资办厂。另一方面,由于俄东部地区人烟稀少,劳动力匮乏,因此,大量的中国劳动力来到俄东部地区参与西伯利亚及远东地区的开发。随着俄东部地区与中国特别是中国东北地区各方面联系的日益密切,可能会加大俄东部地区的"去俄罗斯化"倾向。"中国威胁论"在俄罗斯尤其是东部地区仍占有一定的市场。关于中国对俄罗斯进行"静悄悄经济和人口扩张"的言论在俄媒体上也时常出现。因此,为防止国内地区间的差距被进一步拉大,避免东部地区出现"去俄罗斯化"倾向,大力促进东部地区开发就成为俄罗斯的必然选择。

(六)中国东北老工业基地振兴战略为俄东部开发提供了契机

2003年,中国政府做出了振兴东北地区等老工业基地的战略决策,将东北老工业基地振兴作为实现新世纪战略目标的一个重要战略举措,从而使东北地区逐步成为中国内地经济发展的又一新增长点。中国东北地区是传统的老工业基地,汽车、机械制造、能源、石化等重工业基础雄厚,资源丰富,是中国极具发展潜力的地区之一；东北地区也是苏联时期援建中国重大项目最多的地区，"一五"时期援建的156个项目有58个建在东北，其中辽宁24个、黑龙江22个、吉林12个。因此，努力实现中国东北地区与俄罗斯特别是其远东地区的区域经济合作，推动两国相邻地区的经济发展和相关产业的升级，振兴东北老工业基地和俄东部地区，是一项具有重要战略意义的任务。

中国不断投入巨资用于东北老工业基地振兴的需要，已经启动了160个东北老工业基地调整改造项目和高技术产业化项目。同时，还启动了重点企业核心技术研发平台、大型实验设备开发与研制和信息产业等方面的高科技项目。首批获批的100个项目总投资达到了610亿元。应当说，东北地区经济的快速发展特别是这些项目的陆续启动和投资的不断迅速增加，为俄罗斯西伯利亚和远东地区与中国东北地区的投资和合作带来了巨大的商机，提供了更加广阔的合作空间，这也是促使俄启动新一轮东部开发战略的重要因素之一。正如俄罗斯科学院远东研究所所长季塔连科院士所指出的，中国为振兴东北和西部投入大量资金，俄罗斯企业参与合作将为振兴俄罗斯机器制造业提供良好的机会。也就是为俄西伯利亚和远东地区的机器制造业提供了巨大的外部市场和合作机遇，能够促进中俄两个地区经济合作的不断深化。俄罗斯科学院远东研究所副所长波尔加科夫也认为，俄罗斯只有面向发展迅猛的中国市场，才能使西伯利亚和远东地区的自然资源开采计划获得实际经济利益。由于这些区域的自然资源开采需要投入大量资金，仅靠俄中央财政的扶持和地方的财力远远不能满足巨大的资金需求，而中国东北老工业基地的振兴需要大量的能源和原材料，且有许多大中型企业也具备了对俄投资的条件。中俄这两个毗邻地区可以找到互利的合作方式进行资源开发领域的投资合作。另一方面,中国东北地区与俄西伯利亚和远东地区经贸合作的不断扩大,也为俄相关地区创造了众多的就业机会。例如,近年来中国与远东的地方合作发展迅速,远东地区对中国的出口接近其出口总量的50%。出口的增加带动了远东地区相关产业的发展,从而增加了就业岗位和就业机会。

俄罗斯的科技实力与中国东北地区的技术需求和产业基础之间也形成了较为明显的互补关系。而且,为了更好地参与中国东北老工业基地振兴与改造计划,俄方已采取了若干实际步骤,其中的重大决策之一,是由普京总统和联邦政府拍板的、建设从东西伯利亚的泰舍特到斯科沃罗季诺的东向石油管道工程。该管道建成后将延伸到中国的大庆,并与由大庆途经整个东北地区直至大连市的输油管道相连接,从而东北地区各大城市都从中受益。从东西伯利亚铺设的输油管道已经竣工了100多公里,俄方正在加紧研究从斯科沃罗季诺到中俄边境支线输油管道的铺设进程。中国也注重在实施东北老工业基地振兴战略中积极开展与俄西伯利亚和远东地区的合作。一方面,通过加强中俄区域经济合作推动两国经贸合作关系向纵深发展,特别是利用俄罗斯的技术优势对苏联时期援建中国东北的58个重大项目进行更新和改造。另一方面,充分利用与俄远东地区相毗邻的地缘优势,鼓励东北地区的企业到俄远东地区投资办厂。其主要目的,一是利用俄远东地区的石油和天然气、森林、矿产和土地等资源优势,利用其科技优势,并利用东北三省与俄罗斯"省州结对"的经贸平台,不断创造新的经济效益和挖掘新的经济增长点;二是以中国东北地区与俄罗斯东部地区的区域经济合作为基础和契机,达到进一步开发东北亚市场之目的。

因此,中俄区域经济合作互有需要,互相借重。正如胡锦涛主席在访问俄罗斯西伯利亚时所指出的:"中国正在实施西部大开发战略和振兴东北老工业基地战略,俄罗斯制定了开发远东和西伯利亚战略。这些都为两国加强地方合作带来新的机遇,注入新的动力。"据报道,大庆油田公司已同俄有关部门初步达成了勘探上乔凝析油气田、萨哈林州油气田、阿穆尔州油气田和滨海边疆区油气田的协议,并与阿穆尔州签订了三个边界盆地油气资源合作研究意向书。这些和其他合作项目的逐步实施,会极大地推动俄罗斯东部地区的开发进程,为其经济发展奠定良好的基础。

(节选自郭连成主编:《俄罗斯东部开发新战略与东北亚经济合作研究》,人民出版社 2014 年版)

俄罗斯东部开发新战略的重要举措与进展

郭连成　刁秀华

俄罗斯东部开发战略的提出和实施,使东部地区再次成为人们关注的焦点。为了确保东部开发战略真正落到实处,俄政府不仅成立了专门的领导机构,并出台了一系列规划纲要文件,而且还提出了加大东部地区基础设施建设、加大财政支持、实施强区战略、建设特大城市、鼓励人口东移等具体措施。但受自然条件恶劣、劳动力短缺、经济结构扭曲、软环境不佳、金融市场不发达等不利条件的影响,俄东部开发面临着重重困难,依然任重而道远。

一、出台战略规划纲要,完善相关政策支持体系

苏联时期,政府就开始重视东部地区的开发问题,并制定了具体的开发规划。苏联领导人戈尔巴乔夫在1986年7月视察远东城市符拉迪沃斯托克(海参崴)发表讲话时提出,要改变远东地区只是作为国家主要原料基地的状况,要将该地区特别是符拉迪沃斯托克建成高度发达的国民经济综合体。[①] 苏联解体后,为了加快东

---

① В. П. Чичканов: Дальний Восток: стратегия экономического развития, М.: Экономика, 1988 г., с.3.

部开发步伐,无论是在叶利钦时期,还是在普京时期和"梅普"组合时期,俄罗斯先后出台了一系列有关东部开发的战略规划纲要,对东部开发做出了详细的规划和具体部署,以保证东部开发战略的贯彻实施。

(一)叶利钦时期的东部发展规划

在叶利钦时期尤其是经济转轨初期,受新自由主义思潮的影响,俄罗斯实行经济自由化方针,弱化政府职能作用,取消国家对经济的直接干预,特别是取消了计划经济时期国家对东部地区的若干扶持政策。加之东部地区既自然条件恶劣、生活环境差,又远离俄较为发达的欧洲部分,物资运输路途遥远且费用高,通货膨胀加剧,这使得东部地区的经济形势一直难有根本性的好转。为了实现经济的均衡发展和社会稳定,俄政府于1996年出台了《远东和外贝加尔地区1996—2005年社会经济发展联邦专项纲要》。该纲要的主要目标是利用远东地区的资源优势,建立起现代化的基础设施,并使远东地区发展成为俄罗斯参与亚太经济一体化的重要地区。规划纲要涉及农业、工业、渔业、林业、能源、采掘业、基础设施等领域,计划投入800亿美元,其中,国家投入200亿美元。到2005年实现谷物产量321万吨、大豆增长到60万吨、蔬菜自给率达到73%、本地生产的土豆能满足当地居民的全部需求、肉产量达到37万吨、奶产量达到174.8万吨、蛋产量达到19亿个、鱼和海产品捕捞量增加到380万吨。天然气开采量达到220亿立方米,石油产量能满足远东地区对石油产品需求量的50%—60%,煤炭产量达到8500万吨,几乎能保证这一地区对固体燃料的需求。该规划纲要提出的重大项目有:阿穆尔—雅库茨克铁路干线工程、赤塔—哈巴罗夫斯克公路新干线、哈巴罗夫斯克的新阿穆尔铁路大桥、阿穆尔州至萨哈共和国公路干线、中维柳依斯克—米尔纳—艾哈尔—多达奇内天然气管道干线及支线、奥哈—哈巴罗夫斯克天然气管道等。为了配合规划纲要的实施，俄政府还出台了若干配套政策和法规，如《俄罗斯联邦2010年前能源政策基本方针》《俄罗斯能源战略》《1996—2000年联邦燃料与动力专项纲要》《俄罗斯联邦2000年前渔业发展的联邦纲要》《租让法》《产品分成协议法》等。

虽然由于经济转轨初期俄罗斯国内经济持续下滑（1990—1999年，俄GDP只有1997年为正增长，其他年份均为负增长），加之受1998年亚洲金融危机的影响，俄罗斯的出口下降、卢布不断贬值、通货膨胀加剧、居民购买力下降，俄经济陷入困境，致使俄减少了对远东地区的投资（1996—2002年只投入了14.4亿美元），远未达到计划投资目标，这些投资相对于计划总投资额和实际需要的投资而言也只是杯水车薪，从而使专项纲要的实施搁浅，但《远东和外贝加尔地区1996—2005年社会经济发展联邦专项纲要》的出台标志着东部开发序幕已拉开。

（二）普京时期的东部发展战略规划

1. 重新修订《远东和外贝加尔地区1996—2005年社会经济发展联邦专项纲要》

为了解决俄远东地区的发展困境并切实启动新一轮远东开发，普京总统于2001年下半年授权远东地区各界代表对《远东和外贝加尔地区1996—2005年社会经济发展联邦专项纲要》进行重大修改和补充。2003年,俄政府批准执行重新修订并补充的《俄联邦远东和外贝加尔地区1996—2005年和到2010年社会经济发展专项纲要》。该纲要涉及能源、交通运输、农业、就业、社会服务设施等众多领域,规定到2005年发电量553亿度、煤炭产量6260万吨、石油产量600万吨、天然气产量60亿立方米、铁路货运量1.4亿吨、海运装卸5000万吨、公路货运量4.95亿吨、内河货运量1000万吨、海洋捕捞量290万吨、农业产值为343亿卢布;到2010年实现发电量645亿度、煤炭产量8660万吨、石油产量2820万吨、天然气产量320亿立方米、铁路货运量1.68亿吨、海运装卸7200万吨、公路货运量5.6亿吨、内河货运量1200万吨、海洋捕捞量290万吨、农业产值为408亿卢布、新增就业岗位60万个、引进外商投资增加到1290亿卢布等。为了缓解资金压力,规划纲要把改善投资环境确定为重要任务,制定了为外国投资者提供更多优惠、保护投资者利益、设立抵押基金、完善吸引投资的法律法规等具体措施。①

值得一提的是,《俄联邦远东和外贝加尔地区1996—2005年和到2010年社会经济发展专项纲要》把与中国东北地区的经济合作作为远东开发的重要措施之一,主要包括:加强与中国毗邻地区的合作,共同维护边境生态环境,建设和改造过境通道,发展跨国旅游业,建设国际运输走廊等;增加新的出口产品,提高对华贸易;改善投资环境,吸引更多的外商投资;制定利用外国劳动力的法律法规,为开展双边劳务合作提供便利;在中俄边境设立边境合作

---

① 冯绍雷、相蓝欣:《俄罗斯经济转型》,上海人民出版社2005年版,第291—293页。

区,如布拉戈维申斯克-黑河边境贸易区、绥芬河-波格拉奇内自由经济贸易区、下列宁斯科耶口岸经济贸易区、波克罗夫卡口岸经济区等。

《俄联邦远东和外贝加尔地区1996—2005年和到2010年社会经济发展专项纲要》既注重充分发挥俄远东地区能源、采矿业、木材业、渔业等传统产业的优势,特别是大力发展电能、煤炭、油气等能源用于出口;又提出要开展远东地区与东北亚地区的能源合作,吸引外资修建石油和天然气管道。而对于俄远东地区的农业等劣势产业,提出要对现有农业企业进行技术改造和升级,大力发展农产品深加工业。为了逐步摆脱远东地区经济发展对能源和原材料的依赖,规划纲要还提出发展装备制造业、轻工业和高新技术产业。

2. 制定并完善《西伯利亚社会经济发展战略》

俄罗斯《西伯利亚社会经济发展战略》自2000年12月26日由总统授权俄罗斯科学院西伯利亚分院、俄罗斯经济发展与贸易部、俄联邦总统驻西伯利亚联邦区全权代表办公室、俄罗斯医学科学院西伯利亚分院、俄罗斯农业科学院西伯利亚分院和"西伯利亚协议"跨地区联合会等科研机构和政府部门共同制定。2002年6月7日,俄政府批准了《西伯利亚社会经济发展战略》。该发展战略的主要目标是:降低不利的自然环境对西伯利亚社会经济发展的消极影响;加强交通基础设施建设;稳定发展本地区的原料能源并提高非原料部门在西伯利亚地区经济中的比重;提高西伯利亚地区居民的生活水平;提高西伯利亚地区的投资吸引力;实现俄罗斯的地缘政治和经济利益。

俄罗斯在执行《西伯利亚社会经济发展战略》的过程中暴露出

了依旧采用计划经济的模式、没有充分考虑到实业界的利益、缺乏战略实施的机制和制度、缺乏国家和地区的扶植政策等不足和弊端。为此,2005年5月,俄罗斯西伯利亚联邦区委员会和"西伯利亚协议"跨地区联合会在托木斯克举行了联合会议,决定制定西伯利亚经济发展的新战略。该战略包括40个大型投资项目,涉及燃料能源开发、交通运输、冶金和机器制造业等部门,每个项目的实施都将保障西伯利亚联邦区的GDP增长1%,俄联邦GDP的增幅仅0.1%—0.3%;建设20个工业生产型和技术开发型科技园区、提高科研成果转化率和发挥科技对经济发展的第一生产力作用;注重开展与中国和东北亚地区的经济合作。为了配合高新技术产业的发展,西伯利亚还出台了《强力电子工业纲要》、《激光技术纲要》和《催化技术纲要》。[①] 2006年,俄政府修订了《西伯利亚联邦专项纲要》,为2008—2015年西伯利亚经济社会发展提出了五大发展领域:提高自然资源的利用效益;积极利用现有的、有着较高发展水平的科技创新资源;在工业比较发达的地区,应该大力提高加工产业的生产能力;完善西伯利亚的铁路设施,成为连接俄罗斯欧洲部分、远东地区和亚太地区的桥梁;发展边境地区的国际合作和地区间合作。[②]

3. 出台《远东和外贝加尔地区2013年前社会经济发展联邦专项纲要》

2007年11月,俄政府在对《远东和外贝加尔地区1996—2005

---

① 赵立枝:《西伯利亚经济发展新战略将为中俄区域经贸科技合作带来新机遇》,《俄罗斯中亚东欧市场》2005年第12期。
② 葛新蓉:《俄罗斯区域经济政策与东部地区经济发展的实证研究》,黑龙江大学博士学位论文,2009年,第107页。

年社会经济发展联邦专项纲要》进行修订的基础上,出台了《远东和外贝加尔地区2013年前社会经济发展联邦专项纲要》。这是对俄罗斯新一轮东部开发战略的重要规划。该规划纲要设定五年的财政投入总额为5673.5亿卢布(约合224亿美元),其中,75%的资金来自联邦财政,25%的资金由地方政府承担。远东地区共获得5285亿卢布,占总额的93%。该规划纲要的重点投资领域是能源与交通,分别占总投资的58%和28%。规划项目主要分布在萨哈林州、堪察加边疆区和哈巴罗夫斯克边疆区。规划纲要规定达到如下主要指标:创造69900个就业岗位;地区生产总值提高1.6倍;实现产值额增加1.3倍;固定资产投资额增长2.5倍;经济活动人口的数量增加10%;失业率(按国际劳工组织的方法统计)降低1.7%。通过落实目标规划,地区生产总值将增长8006亿卢布,财政预算系统增收2069亿卢布,其中联邦财政预算增收1350亿卢布。[①]

《远东和外贝加尔地区2013年前社会经济发展联邦专项纲要》旨在维护俄罗斯的地缘战略利益和安全,优先发展远东和外加贝尔地区的重点行业,完善基础设施和创造良好的投资环境。该规划纲要主要包括6个方面的内容:一是发展燃料动力综合体的措施,集中在消除各种限制,使能源生产流程最优化,提高电能和热能利用效率,保障对发电站和居民的天然气供应等。二是改进交通基础设施,新建和改造联邦公路和地方公路6500公里,修筑铁路112公里,发展地方和跨地区航空运输基础设施,新建和改造

---

① 《2013年前远东和外贝加尔经济和社会发展联邦目标规划》,《远东经贸导报》2008年2月4日。

22个空港,修建和改造港口13个。三是发展工程技术基础设施领域,将在住宅公用设施体系的现代化方面采取一系列措施。四是发展社会领域,计划在建设和改造卫生、文化和体育等关键工程项目上采取一系列措施。五是发展水利和环保事业,采取一整套措施,以保护居民点免遭洪灾和其他环境方面的负面影响。六是采取措施保障邮政和电信系统的稳定发展。

与《远东和外贝加尔地区1996—2005年社会经济发展联邦专项纲要》相比,《远东和外贝加尔地区2013年前社会经济发展联邦专项纲要》涉及的开发领域更广(例如,将住宅建设以及改造卫生、体育和文化设施纳入规划范围),投资的规模更大。这充分体现了俄政府加大东部大开发力度的决心。但两大规划的关联性很强,均重点涉及了能源行业,体现了俄远东地区的能源优势;还主要涉及了交通基础设施,说明俄政府特别注重解决远东地区的发展瓶颈问题。

4. 出台《符拉迪沃斯托克市亚太地区国际合作中心发展子规划》

符拉迪沃斯托克市是俄远东滨海边疆区的首府,位于俄中朝三国交界之处,拥有漫长的海岸线,是俄远东地区的主要港口城市之一,拥有远东地区的第一个港口经济特区,不仅是西伯利亚大铁路的终点站,还是通往太平洋沿海地带和北冰洋航海线路的交通枢纽。凭借地理位置优势和资源优势,符拉迪沃斯托克市成为远东地区有名的渔港、军港和商港,形成了造船业、海产品加工、木材加工为主的工业体系。此外,符拉迪沃斯托克市还是从西伯利亚油田至日本海的石油管线的必经之地,目前东西伯利亚—太平洋石油管道、萨哈林—哈巴罗夫斯克—符拉迪沃斯托克天然气管道正在建设当中。

由符拉迪沃斯托克市承办的2012年亚太经合组织(APEC)第二十次领导人非正式会议,体现了俄罗斯发展远东地区的决心和实施亚太战略的意图,不仅可以提高俄罗斯的国际政治地位,还可以带动符拉迪沃斯托克市乃至俄远东地区的经济发展。为了以APEC会议为契机,加速符拉迪沃斯托克市的经济发展,俄罗斯在《远东和外贝加尔地区2013年前社会经济发展联邦专项纲要》框架内制定并实施了《符拉迪沃斯托克市亚太地区国际合作中心发展子规划》。该规划总投资额达56亿美元,主要涉及的项目有:翻修符拉迪沃斯托克机场;翻修公路、发展城市交通网络;在东博斯佛尔海峡建设符拉迪沃斯托克市至俄罗斯岛的大桥;建设金角湾大桥;发展符拉迪沃斯托克市和俄罗斯岛的港口,建设港口基础设施;修建会议中心,国际新闻中心,医疗中心,以及三、四、五星级酒店,歌舞剧院;发展符拉迪沃斯托克市的公共基础设施。为了支持滨海边疆区的经济与社会发展,滨海边疆区还承接了诸多优先发展项目,如建设总统图书馆分馆和高级医疗技术中心、修建可容纳7500人的体育馆、为军人修建住宅、成立联邦大学等。

此外,为了支持远东地区的发展,俄政府还出台了《俄罗斯岛经济社会发展构想》、《俄罗斯联邦经济特区法的修订案》、《俄联邦2020年前能源发展战略》、《俄罗斯森林法典》,修订了《俄罗斯联邦矿产资源法》等文件。这不仅拓宽了经济发展空间,消除了经济发展障碍,而且为远东地区的发展提供了较好的政策环境。

（三）"梅普组合"时期的东部发展规划与开发战略

2008年，俄罗斯进行权力交接，新总统梅德韦杰夫上任，原总统普京出任政府总理，形成"梅普组合"。在2008—2012年的"梅普组合"时期，继续保持普京前两个总统任期政策的连续性，保持政局稳定和经济发展势头，继续推进东部地区开发和崛起，成为"梅普组合"的既定目标。在这一时期出台的东部发展规划和开发战略，标志着俄罗斯东部开发战略的深化和新进展。

1. 中俄两国共同出台《中华人民共和国东北地区与俄罗斯联邦远东及东西伯利亚地区合作规划纲要（2009—2018年）》

俄远东地区和中国东北地区是中俄两国的毗邻地区，资源禀赋互补，经济发展水平存在落差，这为双边开展垂直型分工和水平型分工提供了广阔的合作空间。在俄远东地区进行大开发的同时，中国东北地区实施了振兴东北老工业基地战略。2003年中国出台了《中共中央关于实施东北地区等老工业基地振兴战略的若干意见》。为了加快东北经济振兴步伐，2007年中国政府出台了《东北地区振兴规划》。国际金融危机爆发后，为了确保振兴东北老工业基地经济战略的平稳推进，2009年中国政府又出台了《国务院关于进一步实施东北地区等老工业基地振兴战略的若干意见》。

总体而言，中国东北地区经济发展水平远远高于俄远东地区，长期以来形成了以重工业为主、门类齐全的工业体系，并力争成为具有国际竞争力的装备制造业基地、国家新型原材料和能源保障基地、国家重要商品粮和农牧业生产基地、国家重要的技术研发与创新基地和国家生态安全的重要保障区。俄远东及东西伯利亚地区虽拥有丰富的能源和矿产资源,但装备制造业、加工业等工业的发展水平较低。虽如此,中俄两大区域在能源、装备制造、农业、科技、旅游等方面的合作前景非常大,且两国政府对这两大区域的合作与发展高度重视。为了促使两大区域更好更快地开展有效合作,迫切需要协调两大区域的合作与发展规划。2007年3月,中国国家主席胡锦涛访俄期间与俄罗斯总统普京就加强中俄地区合作达成了重要共识。双方表示,要协调中俄地区发展战略,衔接双方地区发展规划,共同编制中国东北地区与俄罗斯远东地区合作规划。经过多次磋商和研究,2009年9月,中俄两国共同出台了《中华人民共和国东北地区与俄罗斯联邦远东及东西伯利亚地区合作规划纲要(2009—2018年)》。该规划纲要涉及运输、旅游、环保、人文、科技、劳务、边境基础设施等领域,达成了包括远东地区基础设施建设和中俄边境基础设施改善在内的200多项重点合作项目。在这些重点项目中,俄罗斯承接了89个项目,涉及能源、交通、木材加工、采掘业、渔业、农业等传统行业。俄远东地区的各个行政区均依据各自的资源优势和发展规划承接了相应的项目,其中多为能源、采掘业、木材加工等项目,为中国东北地区的发展提供了能源和原材料供应及先进技术保障。相比之下,中国东北承接了111个项目,项目主要集中在采矿业、电力行业、木材加工业、农产品生产及加工业、装备制造业等领域,发挥了东北地区重工业的优势,为远东基础设施建设、加工、采掘、建筑等提供了设备和零部件,满足其工业发展的需求。

《中华人民共和国东北地区与俄罗斯联邦远东及东西伯利亚地区合作规划纲要(2009—2018年)》的出台极大地提高了中俄毗邻地区的经济合作热情。为配合该规划纲要的实施,黑龙江省采取了如下措施:出台了《关于进一步扩大对俄开放的意见》和《关于服务促进对俄经贸合作、支持边境地区经济发展工作的意见》等;推进绥芬河综合保税区的建设;制定黑瞎子岛保护与开发规划,与俄方共建中俄合作示范区;推进地方跨境涉边项目合作,为双边经济合作提供便利条件。吉林省大力建设以珲春为窗口、以延龙图为前沿、以长春和吉林为腹地的长吉图开发开放先导区;恢复珲春至俄罗斯卡梅绍娃亚铁路国际联运。辽宁省编制了《辽宁省与俄罗斯地区合作发展规划(2009—2015年)》。俄远东地区也采取了相应的措施:马加丹州在俄罗斯联邦驻华大使馆举行了推介会;犹太自治州与黑龙江省建立了友好省州;哈巴罗夫斯克边疆区和黑龙江省将共同开发大乌苏里岛,制定外籍劳动力替代计划,设立苏维埃港经济特区,举办了第6届东北亚国家国际旅游论坛;滨海边疆区与中国签署了消费者权益保护领域合作协议,举办了"中国文化周"活动;萨哈(雅库特)共和国对外关系部与吉林省商务厅签署了合作谅解备忘录,等等。

2. 出台《远东和贝加尔地区2025年前社会经济发展战略》

远东地区作为俄罗斯的能源供给地和亚太地区的门户,在俄罗斯经济发展和振兴中占有重要地位。但由于长期以来远东地区开发进展缓慢,致使经济严重滞后、人口不断下降,直接威胁到俄罗斯的经济安全。因此,为进一步加大远东开发力度,振兴东部地区经济,在已有的《远东和外贝加尔地区1996—2005年社会经济发展联邦专项纲要》和《远东和外贝加尔地区2013年前社会经济发展联邦专项纲要》的基础上,俄政府于2009年12月28日通过了《远东和贝加尔地区2025年前社会经济发展战略》。该战略的主旨是:以全球化为视角,立足远东和贝加尔地区的资源和地缘优势,瞄准亚太地区,加快俄罗斯融入亚太地区经济空间的步伐,以保证俄罗斯出口市场多元化,防止国家对远东和贝加尔地区的经济和政治影响力下降,遏制远东和贝加尔地区人口下降趋势,以维护俄罗斯的地缘政治和地缘经济利益。①

俄罗斯《远东和贝加尔地区2025年前社会经济发展战略》共分为5个部分：引言；地区交通、能源、信息传媒和民生基础设施发展现状及前景规划；远东和贝加尔地区各联邦主体的经济社会发展纲要；远东和贝加尔地区经济基础部门发展现状和前景规划；俄罗斯联邦主体与中国东北地区各省、蒙古国以及与东北亚其他国家的经济合作。该战略详细分析了俄远东和贝加尔地区共12个联邦主体(萨哈共和国、哈巴罗夫斯克边疆区、滨海边疆区、阿穆尔州、堪察加州、马加丹州、萨哈林州、犹太自治州、楚科奇自治区、布里亚特共和国、伊尔库茨克州和外贝加尔边疆区)的交通运输、能源、基础设施、矿物开采和加工、林业、渔业、农业、冶金、化工、机械制造、建筑业、旅游业、水利系统、环保与生态安全、人口等领域的状况；提出了未来15年(2011—2025年)远东和贝加尔地区发展的总体目标：通过实施"加速战略"，使该地区各联邦主体的GDP增长速度超过全俄GDP平均增速0.5个百分点，以推动地区内各联邦主体创造经济较为发达、生活条件较为舒适的发展环境。力争在15年内使人均月收入从1.9万卢布增至6.6万卢布，使收入低于最低生活保障线的居民的比重从24.5%降至9.6%，人均住房面积从19平方米增至32平方米。通过上述和其他措施，实现稳定人

---

① 高际香：《俄罗斯〈2025年前远东和贝加尔地区经济社会发展战略〉解读》，《俄罗斯中亚东欧市场》2011年第1期。

口数量和缩小地区差距目标,并使该地区经济社会发展达到全俄平均水平。

为实现上述发展目标和加快远东地区开发进程,《远东和贝加尔地区2025年前社会经济发展战略》确定了分阶段实施的发展目标:第一阶段为2009—2015年,主要是加快该地区的投资增长速度,提高居民就业率,推广节能技术,兴建新的基础设施项目,在经济较发达地区发展工农业项目,形成一批新的区域发展中心。第二阶段为2016—2020年,吸引国内外投资兴建大型能源项目,提高交通运输能力,增加过境客运和货运量,建立主干运输网络,增加原材料深加工产品的出口。第三阶段为2021—2025年,要从远东和贝加尔地区深度融入世界经济和参与国际分工的视角看待该地区的经济社会发展。为此,该阶段的主要任务是发展创新型经济,使创新产品数量在全部产品中所占的比重从2010年的8.9%增至2025年的16%;对石油和天然气进行大规模开采、加工和出口;完成大型能源和运输项目建设;快速发展人力资本,逐步提高国家和个人在教育和医疗卫生事业上的投入等。①

虽然《远东和外贝加尔地区2013年前社会经济发展联邦专项纲要》将能源和交通基础设施建设列为重点发展目标,但受国际金融危机的冲击并没有成为现实。因此,《远东和贝加尔地区2025年前社会经济发展战略》继续将能源和交通基础设施建设作为今后一个时期的重点发展目标。在能源方面,由于俄罗斯面临着石油储量下降的趋势,因而天然气和电力便成为俄远东地区未来发

---

① Стратегия социально－экономического развития Дальнего Востока и Байкальского региона на период до 2025 года, http://www.assoc.fareast.ru/fe.nsf/pages/str_soc_ekon_razv_dviz.htm.

展的重点。积极修建石油、天然气管道,铺设远距离高压输电线路,改善能源运输的配套设备等成为远东地区的重点项目。俄远东地区的能源产量不仅能满足自我需求,还可以用于出口,为了避免成为能源附庸经济,俄远东地区能源产业更注重提高产品的附加值和出口市场的多元化。此外,俄远东地区还注重发展非常规能源,实现能源多元化,减少对传统能源的依赖。因此,今后一个时期能源产业会始终成为俄远东地区的第一大支柱产业。在交通基础设施建设方面,改善交通基础设施成为远东地区经济发展的迫切需求。要优先发展骨干交通网,大力发展西伯利亚大铁路;实现远东地区公路的一体化,并使之融入俄罗斯主干公路网;发展骨干航空网络,使伊尔库茨克机场、哈巴罗夫斯克机场和符拉迪沃斯托克机场成为国际航空枢纽;优先建设集装箱运输现代化设施,实现港口专业化,打造运输-物流综合体系。还要注重改善远东地区通往俄欧洲部分的交通设施,使得俄远东地区成为连接俄罗斯与亚太地区的重要枢纽。

同时,该发展战略非常重视远东地区参与东北亚区域经济合作问题。这也是"梅普组合"时期俄政府远东开发战略的一大特点。地理位置决定了远东和贝加尔地区面向东北亚国家、参与东北亚区域经济合作,特别是参与与其毗邻边境地区合作的重要性。这是保证俄东部地区经济社会稳定发展的重要措施。俄罗斯提出的远东和贝加尔地区参与东北亚国际经济合作的主要领域有:交通、信息通信技术、能源、高科技、采矿、林业、农业、渔业、旅游业、人文和生态等。其中,与中国东北地区的合作是远东和贝加尔地区发展的优先方向之一。

综上所述,不难看出,俄罗斯《远东和贝加尔地区2025年前社会经济发展战略》是俄新一轮远东开发、振兴东部地区经济的重要规划纲要和战略部署。其规划开发领域的广度和政策措施的力度空前，且具有明显的特点：一是特别注重对远东和贝加尔地区的投资，以投资项目带动主导产业乃至整个地区的经济开发和发展；二是将发展高新技术产业和创新型经济作为远东地区开发的重点之一，说明俄罗斯政府重视整个东部地区开发的质量和水平；三是注重远东地区开发与东北亚区域经济合作的衔接与融合，尤其是将远东地区与中国东北地区的合作视为保障俄远东地区开发和经济社会稳定发展的重要条件；四是加强远东地区的人力资本建设；五是明确规定远东和贝加尔地区各联邦主体行政机构的职责，并将联邦主体及其各部门的经济社会发展战略规划纳入总体战略规划，从而形成远东和贝加尔地区经济社会发展的系统性战略规划文件。

3. 出台《西伯利亚2020年前社会经济发展战略》

西伯利亚虽是俄罗斯的重要工业地区，但并没有凭借其资源优势和工业优势成为经济发达地区，不仅人均收入水平低于全俄平均水平，而且社会经济发展水平也比较滞后。为了实现西伯利亚的社会经济发展，并发挥西伯利亚对俄罗斯经济发展的带动作用，在2002年俄政府批准并实施的《西伯利亚社会经济发展战略》的基础上，俄政府于2010年8月又批准了《西伯利亚2020年前社会经济发展战略》。该战略包括六大部分：西伯利亚开发的战略方向和竞争优势；西伯利亚经济专业化部门优先发展方向；发展西伯利亚交通、能源和信息通信基础设施；西伯利亚经济部门优先发展方向；稳定西伯利亚人口并营造舒适的居住环境；西伯利亚的对外经济活动和国际过境运输的潜力。该战略的主要目标是：到2020年在西伯利亚地区建立"创新型均衡社会经济体系"，社会经济发展的重要指标达到全国平均水平,实现产业结构的调整和均衡发展,最终提高当地居民生活水平,保障国家安全和经济发展。计划未来10年内,西伯利亚地区国内生产总值的年均增长率将达到5%—5.3%;年均投资增长9%—12%,预计总投资规模达1.5万亿卢布;居民人均收入每年也将增长5.5%左右。① 该战略的实施范围包括西伯利亚12个联邦主体,并将西伯利亚划分为北极地带、北方地带、南方地带等三大经济发展带,依据各自的比较优势和特点确定今后的重点开发项目。

2010年12月,俄西伯利亚联邦区实施优先投资项目会议结合《西伯利亚2020年前社会经济发展战略》,讨论了"下安加拉河沿岸地区的综合发展"、"建设克孜勒—库拉吉诺铁路线以促进图瓦共和国矿物原料基地的开发"和"建设交通运输基础设施以开发外贝加尔边疆区东南部的矿物原料资源"等项目。虽然今后能源依旧是西伯利亚经济发展的支柱之一,但经济转型已被提上了日程。俄罗斯将投入巨资,力争到2020年将西伯利亚建设成为宜居、工商业繁荣、旅游业发达的现代产业区。

二、成立东部开发领导与协调专门机构

(一)设立远东和外贝加尔地区发展问题委员会

为深入实施远东开发战略,俄政府于2007年2月成立了远东

---

① Стратегия социально‑экономического развития Сибири на период до 2020 года, http://www.sibfo.ru/strategia/strdoc.php.

和外贝加尔地区发展问题委员会,由时任总理的米哈伊尔·弗拉德科夫担任主席,由经济发展与贸易部长、总统驻远东联邦区和西伯利亚联邦区代表担任副主席,委员由财政部长库德林、交通部长列维京、内务部长努尔加利耶夫、国防部长谢尔久科夫、教育和科学部长富尔先科、工业和能源部长赫里斯坚科、地区发展部长雅科夫列夫、农业部长戈尔捷耶夫等中央要员和相关地方要员等担任。该委员会主要协调远东和外贝加尔地区各相关联邦和地方权力机构活动,制定和实施该地区社会经济发展规划,审议关于在该地区提高财税和海关调控效率,完善国家价格政策的建议,研究生产力发展,制定布局规划和吸引投资等问题。远东和外贝加尔地区发展问题委员会下设秘书处和科学专家理事会,科学专家委员会主要负责论证一些重大项目的可行性和操作性,为远东地区和外贝加尔地区的经济发展提供决策支持。可见,委员会阵容强大,主要是解决远东开发的问题。普京强调:"开发远东的最终目的不仅仅是要解决一些具体的问题或完成经济任务,而是要为人们创造一个舒适的工作和生活环境。所有的工作都要围绕一个主题,就是把远东地区变得更加舒适宜居,富有吸引力。为此,除了要解决人们的住房、燃气等问题外,还要完善医疗、文化和体育等配套设施和服务"。① 远东和外贝加尔地区发展问题委员会确定了远东地区开发的时间表:2007年2月做出部署,5—6月间推出开发规划纲要;从6月开始落实项目。

2007年2月26日,弗拉德科夫总理视察符拉迪沃斯托克时召

---

① 东征:《普京批准远东大开发,政府牵头成功后在全俄推广》,《中国日报》2006年12月20日。

开了该委员会第一次现场办公会议,会议明确指出:有关方面在组织远东和外贝加尔地区的开发方面要快速、明确;从实际和可操作性角度出发制定地区发展专项规划;将符拉迪沃斯托克申办2012年亚太经合组织领导人非正式会议纳入开发规划通盘考虑;全面发展包括能源、交通、造船、渔业在内的地区产业;以铺设从东西伯利亚至太平洋沿岸的原油管道为契机,带动地区整体发展。2007年3月13日,弗拉德科夫在莫斯科主持召开远东和外贝加尔地区发展问题委员会第一次会议,要求在东部大开发方面要提高预算、税收、海关效率,完善国家价格机制,加强边贸等边境合作,妥善安排生产力部署,制定适当的引资和移民政策,监控各项开发规划的实施。会议决定2007年拨款100亿卢布用于东部开发,另拨1000亿卢布用于筹备申办APEC会议。

(二)成立俄罗斯远东发展部

2012年,俄罗斯为远东开发专门成立了远东发展部,首任部长为伊沙耶夫,他同时兼任俄罗斯总统驻远东联邦区全权代表。成立一个专门的部级机构来领导远东地区的开发工作,无论在苏联还是在俄罗斯都前所未有。据《俄罗斯报》报道,为成立远东发展部,俄政府甚至不得不修订相关的联邦法规。因为按照规定,联邦级别的部委应设在首都莫斯科,而远东发展部由于必须立足远东而需要设在远东地区。因此,俄政府不得不将远东发展部的总部设置在远东地区的哈巴罗夫斯克,而在莫斯科开设该部的代表处。远东发展部成立后,部长伊沙耶夫签署命令,批准在远东发展部下设部际委员会作为该部的常设会议机构,其成员包括该部部长、副部长以及相关联邦部委、地方政府和有关组织机构代表。部际委员会的职责是协调实施远东联邦区国家专项规划，完善远东联邦区社会经济发展的法律基础，有效行使远东发展部的监督职能，制定改善远东地区投资环境的切实措施等。可见，远东发展部的成立，意在强化俄总统及中央政府对远东地区发展的直接领导，加强对远东开发的协调与调配能力，表明了普京实施远东开发新战略的决心和勇气，普京也因此对远东发展部发挥职能作用寄予了很大希望。

然而，以伊沙耶夫为部长的远东发展部的工作并不能令普京满意。2013年8月底9月初，普京总统解除了伊沙耶夫的俄总统驻远东联邦区全权代表和远东发展部部长职务，并任命特鲁特涅夫为俄联邦政府副总理兼俄总统驻远东联邦区全权代表，任命哈卢施卡为远东发展部部长。而且，为进一步强化远东开发的国家意志，俄罗斯新成立了远东发展政府委员会，由政府总理直接挂帅。这样一来，远东开发的领导机制实际上已经发生了根本性的改变：远东开发的决策和规划权限已主要集中在远东发展政府委员会，而远东发展部则变成了决策的执行和协调机构。2013年11月，俄总理梅德韦杰夫主持召开了远东发展政府委员会第一次会议，新任远东发展部部长哈卢施卡在会上提出了远东开发的新主张，认为现有远东开发模式及管理机制亟待改革，远东未来的发展应主要面向亚太市场，借助亚太国家力量拉动远东地区的经济增长；应确定以经济特区为主导的开发模式，在远东地区推广建设经济特区、产业园和科技园等。为明确远东开发的牵头协调部门，便于统一协调和管理，本次会议还决定将地区发展部、财政部和经济发展与贸易部各自涉及的一部分远东开发职权，统一划归远东发展部,包括协调遴选和落实远东地区优先投资项目、分配基建资金补贴、评估地方政府工作效率、参与制定远东地区城建规划和经济特区管理等。

三、俄罗斯东部开发新战略的具体实施

出台东部开发的若干战略规划纲要,完善相关政策支持体系;成立东部开发领导与协调专门机构,为俄罗斯东部开发既明确了战略部署和目标定位,也创造了良好的制度和政策环境,并提供了组织保证。在此背景下,一个时期以来,特别是近期,俄罗斯不断加大东部开发战略的实施力度,特别是为落实《远东和外贝加尔地区 2013 年前社会经济发展联邦专项纲要》、《中华人民共和国东北地区与俄罗斯联邦远东及东西伯利亚地区合作规划纲要(2009—2018 年)》、《远东和贝加尔地区 2025 年前社会经济发展战略》、《西伯利亚 2020 年前社会经济发展战略》等东部开发新战略做出了巨大努力,取得了一定的实效。

(一)进一步加强东部地区的基础设施建设

1. 改善交通基础设施

虽然俄东部地区拥有世界著名的西伯利亚大铁路和贝阿铁路,承担着西伯利亚地区的大部分运输任务,但受自然条件和财力不足的制约,东部地区还没有形成大的区域交通网络,还存在着道路不足和老化的问题,加之运输费用较高,难以满足货物运输和人

们生活的需求。这些都制约着东部地区经济与社会的发展。

为了改善交通基础设施的落后状况,2008年俄政府出台了《俄联邦至2030年交通发展战略》。该战略分为两个发展阶段:第一阶段到2015年,通过专项投资完成交通系统的现代化改造,对关键领域进行系统的优化配置;第二阶段从2016年至2030年,强化所有重点交通领域的创新发展,以保证实现俄罗斯创新社会的发展道路。实施这一交通战略的总投资额为170.58万亿卢布,其中,联邦财政投资为39.13万亿卢布,各联邦主体投资为23.91万亿卢布,预算外投资为107.55万亿卢布。在交通发展战略中,俄远东地区要修建符拉迪沃斯托克—哈巴罗夫斯克高速铁路;开发瓦尼诺港、彼得罗巴甫洛夫斯克港、纳霍德卡港、马加丹港、霍尔姆斯克港等;加快对国际空港的现代化改造、配套基础设施建设,提供航空货物运输中转服务;开展亚太地区的双边和多边运输合作。2008年8月,俄远东铁路局决定投资超过230亿卢布翻修远东地区六个重要铁路区段,包括滨海边疆区"库兹涅佐夫—赫梅洛夫斯基"路段(以保障太平洋石油管道项目所需原油的运输)、哈巴罗夫斯克边疆区的库兹涅佐夫隧道、西伯利亚铁路哈巴罗夫斯克段的阿穆尔河铁路桥二期等项目。2010年12月,俄罗斯决定投资140亿美元用于扩建横穿西伯利亚的铁路,到2012年前,投资16.7亿美元修建公路连接远东地区的各首府城市。2010年12月15日,俄罗斯宣布修建贝阿铁路2号干线,并进行电气化改造和更换机车车辆,预计耗资约4500亿卢布。

此外,俄罗斯还提出改善中俄边境地区的交通基础设施。在《中华人民共和国东北地区与俄罗斯联邦远东及东西伯利亚地区合作规划纲要(2009—2018年)》中,俄罗斯承接的边境基础设施项目有:扩大伊尔库茨克—外贝加尔斯克铁路运量;修建纳伦—卢戈坎铁路线;改造外贝加尔斯克铁路卡雷姆斯卡娅—外贝加尔斯克("南部通道")路段、外贝加尔斯克—普里阿尔贡斯克—旧粗鲁海图地方公路、涅尔琴斯克工厂—奥洛契口岸公路、下列宁斯阔耶客运站,以及改造通往下列宁斯阔耶、阿穆尔泽特、巴斯科沃口岸的公路,使比罗比詹—列宁斯阔耶的铁路支线与正在建设的阿穆尔河铁路桥连接;建设下列宁斯阔耶口岸码头设施综合体和货运平台、阿穆尔泽特口岸码头综合体、从阿玛扎尔镇到波克罗夫卡口岸的联邦公路"阿穆尔"支线、跨阿穆尔河大桥、外贝加尔斯克机场,改造克拉斯诺卡缅斯克机场;恢复珲春—马哈林诺—扎鲁比诺铁路运行;发展赤塔机场(卡达拉机场)等。中俄边境交通基础设施的改善将大大提高中俄贸易的便利性和经济性。

2. 改善电力供应

西伯利亚的水电资源比较充足,在叶尼塞河及其支流安加拉河上分布着布拉茨克水电站、克拉斯诺亚尔斯克水电站、乌斯季伊利姆斯克水电站、结雅水电站、萨彦-舒申斯克水电站、乌斯季汉泰水电站等大型水电站。虽然西伯利亚的电力工业比较发达,但其电力设施都是在上个世纪建成的,存在着设备老化、超期服役等问题。2006年,伊尔库茨克州电力公司批准了一个大型商业投资计划,包括:实现水电站设备的现代化;改造电网和供热管网;改造热电站的热力机械和电力机械设备;改善伊尔库茨克-切列姆霍夫斯基变电站系统的稳定性。为了保证俄罗斯的电力工业的可靠性和安全性,2010年1月,俄罗斯联邦电网公司决定投资约18亿卢布,用来修复、改造西伯利亚电网。

俄罗斯远东地区的电网是独立的,只能依靠自我发电满足需求。俄远东地区主要靠火力发电,水力发电所占比重较小,发电量有限,难以满足社会经济发展的需求。同时,远东地区的电力基础设施存在着设备老化、投资不足等问题,大大降低了远东地区的发电效率。为了提高远东地区的发电量和发电效率,在俄罗斯电力行业改造中,远东地区整合现有的电力资源,成立了远东发电公司,俄联邦政府所占股份高于50%,该公司控制着远东地区的发电、电网分配和消费者的电力费率。2008年,俄罗斯国家统一电网公司停止运营,标志着俄罗斯电力行业改革基本完成。在保持联邦政府对国家电网实行控制的前提下,通过出售股份筹集了大量资金满足电力基础设施建设的需求。在《远东和外贝加尔地区2013年前社会经济发展联邦专项纲要》中,俄罗斯明确提出要提高电能的利用效率,保障对发电站的天然气供应。2009年,俄罗斯出台了《2030年前能源战略》,鼓励发展太阳能、风能和生物质能等可再生能源,使可再生能源的年发电量达到800亿—1000亿千瓦,到2030年使新能源在总发电量中所占的比重从32%提高到38%。在俄罗斯至2015年能源发展总体规划中,俄将在阿穆尔河及其支流兹叶河上修建13座水电站,总装机容量为200万千瓦,发电量为100亿千瓦时。[①]

此外,俄远东地区还制定了在滨海边疆区和哈巴罗夫斯克边疆区建设水电站、在鄂霍茨克海岸建设潮汐发电站的计划。远东地区漫长的海岸线为利用风能发电提供了便利条件。通过采用煤炭发电、水力发电、天然气发电、潮汐发电、风能发电等多样化的发

---

① 宋魁、孙璐:《中俄电力合作的回顾与展望》,《俄罗斯中亚东欧市场》2007年第6期,第31页。

电途径,不仅可以缓解俄远东地区电力对煤炭资源的依赖,提高能源效率和保护环境,而且还可以降低电价、满足当地居民和企业的用电需求,使当地居民受益。俄远东地区还将加大对电力设施的安全保护工作,为其热电站、水电站以及电网设施安装现代化的技术保护设施——电视监视系统和信号系统。滨海边疆区为了承办好符拉迪沃斯托克举行的2012年亚太经合组织会议,制定了电力系统改造计划,将滨海边疆区的发电量增加到120兆瓦。

俄罗斯东部开发还注重开展东北亚区域电力合作。俄电力专家提出,把西伯利亚电网与中国东北、朝鲜、日本电网互联,形成东北亚电网[①],随之提出了通过萨哈林实现向日本输电,通过滨海边疆区实现向日韩输电等方案。但还是中俄之间率先实现了电力合作。早在20世纪90年代,中俄就开通了"布黑线"和"锡十线"输电线路。但中俄之间的小规模电力贸易合作并不能满足中国电力资源的需求。为了扩大中俄电力合作规模,2005年,中国国家电网公司与俄罗斯统一电力系统股份公司签署了《中国国家电网公司与俄罗斯统一电力系统股份公司长期合作协议》。2006年,中国国家电网公司与俄罗斯统一电力系统股份公司签署了《中国国家电网公司与俄罗斯统一电力系统股份公司关于从俄罗斯向中国供电项目第一阶段购售电合同》,俄罗斯将分三个阶段向中国大规模输电。在《中华人民共和国东北地区与俄罗斯联邦远东及东西伯利亚地区合作规划纲要(2009—2018年)》中,俄罗斯承接了铺设中俄边境交流输电线路,建造天然气发电厂、大型水电站等项目;中

---

① 葛新蓉:《俄电力行业现状及向东北亚国家的出口潜力》,《俄罗斯中亚东欧市场》2004年第4期,第44页。

国东北承接了引进输变电设备配套零部件产业集群、电力设备改造扩能、生产特高压套管等项目。可见,中俄之间的电力合作已由最初的贸易领域深入到了电力基础设施建设、电力设备等领域,双边电力产业合作已经进入了产业分工阶段。

3. 改善居住条件

为了提高居民的住房水平,俄罗斯于 2002 年出台了《2002—2010 年住宅目标纲要》,旨在建立发达的房地产市场,开拓多种融资渠道,保障各阶层居民住上安全舒适的房屋。到 2004 年,全俄人均住房面积为 16.4 平方米,西伯利亚联邦区为 18.4 平方米,远东联邦区为 18.7 平方米。在危旧住房方面,2004 年西伯利亚联邦区待改建或重建的危旧住房面积为 1466.4 万平方米,危旧住房面积占总面积的 3.9%,主要分布在图瓦共和国、泰梅尔自治区、克麦罗沃州、托木斯克州等地;远东联邦区待改建或重建的危旧住房面积为 668.1 万平方米,危旧住房面积占总面积的 5.1%,其比重为全俄最高,主要分布在萨哈林州、阿穆尔州、犹太自治州、马加丹州等地。在住房配套设施方面,俄罗斯全国有热水供应的住房占 61%,西伯利亚有热水供应的住房为 54.5%,远东有热水供应的住房为 58.3%。可见,虽然远东地区及西伯利亚的人均住宅平均面积高于全俄水平,但在危旧住房、住房配套设施等方面还有待进一步改善。

2005 年,俄罗斯修订了《俄罗斯联邦住房专项纲要》,纲要明确了国家住房工程的目标是 2010 年前全国每年新增住房面积为 8000 万平方米。2007 年,普京又提出每年新增 1.4 亿平方米住房面积。俄罗斯远东地区各联邦主体或行政区都提出了住房发展规划。2009 年,滨海边疆区出台了为多子女家庭购买住房的政策,规定拨出专款为从2007年起生育3个以上孩子的多子女家庭解决住房问题。

在2009年9月中俄两国共同出台的《中华人民共和国东北地区与俄罗斯联邦远东及东西伯利亚地区合作规划纲要(2009—2018年)》中,远东及西伯利亚地区承接的住宅建设项目有:阿穆尔州在布拉戈维申斯克市建设"北方居住区"综合性建筑,占地面积为199公顷,住宅总面积为180万平方米;布里亚特共和国在乌兰乌德建设生活小区;萨哈林州建设经济适用房;勘察加州在彼得罗巴甫洛夫斯克市和叶利佐夫斯克区建设住宅区。俄政府在《远东和贝加尔地区2025年前社会经济发展战略》中,提出将人均住房面积从2010年的19平方米增至2025年的32平方米。

为了应对国际金融危机对房地产行业所造成的冲击,俄罗斯出台的措施有:将经济适用房建设列为四大优先发展工程之一;促进公共住房改革基金会实施危旧房搬迁、合居住宅改造计划;出台了《俄罗斯至2030年住房按揭贷款长期发展战略》,到2030年全国60%的家庭有能力承担住房抵押贷款(其标准是贷款人的月收入达到住房贷款月还款额的3倍),年均发放住房抵押贷款160万笔,是目前的15倍,住房抵押贷款总额占国内生产总值的比重在31%以上。俄罗斯东部地区住房条件的改善不仅能够提高当地居民的生活水平,还可以带动木材、水泥、钢材、装潢等建筑行业的发展,成为拉动当地经济发展的动力之一。

(二)加大对东部地区的财政税收政策支持

苏联解体后,俄罗斯曾缩减了对东部地区的财政支持,加之受自身经济发展水平的限制,东部地区地方政府的财力受到极大制约,难以发挥对经济开发和发展的保障作用。随着俄罗斯经济的逐步复苏和对东部地区重视程度的提升,俄政府对东部地区不仅逐渐加大了财政支持力度,而且实行了有倾斜的财税政策。

1. 财政扶持与补贴政策

总体而言,俄罗斯是一个高福利国家,通过国家财政补贴实行的各种优惠政策涉及教育、住宅、医疗、交通、人口、食品等方面。如在就业方面,2009年俄政府向失业人员提供社会保障和稳定劳动力市场的资金总额就达1200亿卢布;在人口政策方面,俄罗斯从2007年起用高额补贴来鼓励多生孩子,孕妇只要生下第二胎便可获得相当于5000英镑的奖励。为应对受国际金融危机影响而引起的通货膨胀,俄政府对弱势群体提供了食品补贴、提高养老金标准等。

俄罗斯东部地区在享受全国性的财政补贴的同时,还享受俄政府对东部地区的特殊财政扶持与补贴倾斜政策。以《远东和外贝加尔地区2013年前社会经济发展联邦专项纲要》等专项规划纲要为例,在交通方面,俄政府为飞往远东地区的航线给予补贴,鼓励俄欧洲部分的居民前往远东地区工作生活。在渔业方面,俄政府决定从2010年起的3年间投资1.2亿美元作为堪察加渔业的长期开发资金,改善沿岸的水产品加工设施,建造近海作业渔船。在能源方面,为了平抑远东地区的电价,2007年俄政府为远东地区提供260亿卢布,直接用于为消费者提供补助;为了平抑远东地区天然气价格,俄政府计划于2012年向远东地区提供112亿卢布的天然气补助。在汽车产业方面,俄政府为购买本国汽车提供优惠贷款,为运往远东地区的国产汽车免除费用。此外,俄政府还曾给予远东地区一定的特权,允许远东将黄金开采量的10%、海关关税的20%和地方税的45%留作贷款抵押资金和地方发展基金。在对外贸易方面,俄罗斯政府还给予远东地区30%战略性物资的自主出口权。①

东部地区为了吸引外商投资,促进当地经济的发展,各行政区也纷纷提出了相关优惠政策。例如,阿穆尔州出台了《阿穆尔州投资法》,签署了"阿穆尔州生产发展基金"协议;2006年,马加丹州将专项计划的财政拨款增加一倍,高达2.13亿卢布;2010年5月,哈巴罗夫斯克边疆区决定拨款7亿卢布支持小企业,帮助解决职工就业和工资问题;2010年滨海边疆区为支持农业生产而向农民发放的国家与地方财政补贴总额达10.8亿卢布,其中,滨海边疆区财政预算划拨的资金为7.067亿卢布。总之,俄政府为远东地区的发展提供了食品、交通、教育、能源、产业结构调整等各种形式的财政扶持与补贴。

2. 调整税收政策

适度调整税收政策,使之有利于东部地区的开发和经济发展,是俄罗斯东部大开发的一项重要举措。在国际金融危机期间,俄政府大幅度降低或临时取消了原油出口关税,得使依靠大量能源出口的东部地区经济所受的冲击较小。2009年年底,俄罗斯政府决定向东西伯利亚开发提供税收优惠政策以刺激当地油田的开采。从2009年12月1日起,取消了该地区22个油田的出口关税。到2010年年初,由于金融危机和预算赤字增加,政府开始讨论实

---

① 王世才:《俄罗斯远东对外经贸政策的变化、影响与问题》,《东欧中亚研究》1999年第2期,第58页。

行优惠税率的问题。2010年6月1日起,先前实行的免税政策被优惠税率所取代,俄开始对东西伯利亚地区的石油出口实行统一优惠税率,税率约为正常关税水平的一半。当时计划,当油田的收益率达到17%时就取消优惠政策。根据财政部的数字,自2011年起,东西伯利亚的万科尔油田、上琼斯克油田和塔拉坎油田陆续达到了这一水平,因此,俄罗斯政府决定从2011年5月1日起陆续取消这三大油田的税收优惠政策。万科尔油田从2011年起不再享受税收优惠政策,上琼斯克油田和塔拉坎油田也分别从2012年和2013年不再享受税收优惠。除能源领域外,为了鼓励远东地区木材加工业的发展,俄政府一方面上调了原木出口税,另一方面又降低了木材加工品的出口关税。这些都说明,俄罗斯通过税收政策的适时调整并利用税收杠杆的调节作用来促进东部地区的开发。

俄财政部部长西卢阿诺夫2012年10月曾表示,为鼓励投资者向远东联邦区投资,俄财政部审议了对在远东地区新建企业实施税收优惠的问题。西卢阿诺夫称,除增值税和个人所得税外,其他税种也在审议的优惠方案之中。在加里宁格勒州经济特区实施的向新建企业提供为期12年的利润税优惠措施,也考虑在远东地区实施。远东地区新建企业在最初几年还将免征包括财产税在内的一系列地方税。普京总统也表示,正在考虑为远东地区从零开始的企业主提供优惠,其中可效仿东西伯利亚地区的做法,在远东地区免征矿产开采税。

2013年5月,俄财政部向国家杜马(议会下院)提交了有关法案,主要是向投资远东地区发展项目的企业提供优惠,其中包括企业投资前五年免征利润税,此后五年利润税也会保持在较低水平。另外,针对一些地方性的大型项目,还将向投资企业提供财产税和土地税的减免。试图通过这些税收优惠措施大大提高企业的投资积极性。

普京总统在2013年对议会发表的年度国情咨文中特别强调了东部开发的重要性。他认为,东部开发是俄罗斯21世纪的优先发展方向,国家和企业应将资源用于实现这一战略目标。为此,俄罗斯已决定将新投资项目所得税和其他税收优惠政策,由远东地区推广至整个东西伯利亚地区,包括克拉斯诺亚尔斯克边疆区和哈卡斯共和国。这意味着税收优惠政策将基本覆盖整个俄罗斯东部领土。普京提议,对东西伯利亚地区的新企业实行税收优惠政策期间,这些企业将免缴企业所得税、开采税(石油、天然气行业除外)、土地税、财产税,科技企业还将享受更多优惠。俄罗斯国家杜马2013年通过一项法律,从2014年1月1日起对远东地区的新投资项目给予税收优惠政策,在投资项目实施的前5年,各联邦主体可自行决定地方税率,甚至可降为零税率。

最后还须提及,俄政府拟启动远东跨越式发展区建设,并要求远东发展部于2014年6月5日前确定远东跨越式社会经济发展区地理范围,该区将囊括远东、东西伯利亚、哈卡斯共和国和克拉斯诺亚尔斯克边疆区。8月4日前确定发展区免税及在建筑许可、电网接入、海关通关等方面享受便利的法律修正案。远东发展部将与财政部、地区发展部及经济发展与贸易部共同修订跨越式发展区内投资项目享受特殊税收政策的法律,并将相关法律修正草案提交政府。

(三)实施推动联邦主体合并的强区战略

为强化东部开发,促进东部地区各联邦主体的均衡发展,俄罗斯推动并实施了联邦主体合并的强区战略。2007年1月1日,俄政府将埃文基自治区、泰梅尔自治区并入克拉斯诺亚尔斯克边疆区。新克拉斯诺亚尔斯克边疆区总面积为233.97万平方公里,占俄罗斯国土面积的13%,是法国国土面积的4倍还多。合并后的新克拉斯诺亚尔斯克边疆区不仅有利于联邦行政关系的改革,消除地方民族主义,维护中央和地方的统一性,而且还可以重新整合区域资源,实现协调发展,使该区域有望成为东部大开发的"火车头"。也就是说,新克拉斯诺亚尔斯克边疆区不仅要贯彻联邦政府的战略意图和发展方向,还要实现区域经济的快速发展。

俄罗斯宪法规定,各联邦主体一律平等,但是不同类型的联邦主体各自具有不同的国家法律地位:俄联邦的各共和国有自己的宪法、官方语言,甚至有自己的外交部,可以与俄罗斯联邦、其他联邦主体以及其他国家签订条约和协议;各自治州(区)有自己的国家机关系统、法律、官方标志、国际主权要素;边疆区、州、联邦直辖市拥有自己的章程和法律,官方语言只使用俄语。1993年,埃文基自治区成为独立的行政区,土地面积为76.76万平方公里。截止到2003年,该自治区人口为15900人,以埃文基少数民族为主,信仰萨满教,有拜基特、伊利姆佩亚、通古斯卡-丘尼亚3个行政区以及图拉镇和20个村。同在1993年,泰梅尔自治区也成为独立的行政区,土地面积为86.21万平方公里,截至2003年自治区共有人口38500人,形成了以俄罗斯人为主,包括多尔干人、乌克兰人、涅涅茨人、恩加纳善人、鞑靼人等在内的多民族聚集地。新克拉斯诺亚尔斯克边疆区成立后,俄政府将埃文基和泰梅尔作为自治区所享有的一些国家权力移交给边疆区。显然,新克拉斯诺亚尔斯克边疆区的成立体现了联邦政府加强中央集权、实行行政改革、加强边疆区开发与发展的决心。

应该说,强区战略有利于实现区域经济协调发展。虽然埃文基自治区和泰梅尔自治区拥有丰富的森林、矿产等资源,但由于两大自治区地处北部地区,冬季漫长而寒冷,特别是泰梅尔自治区位于北极圈附近,常常会出现极昼极夜现象。恶劣的自然条件不仅阻碍了当地经济的发展,还影响着人们的日常生活。两大自治区主要依靠财政补贴。与之相反,克拉斯诺亚尔斯克边疆区工业比较发达,大型工业企业比较集中,农业生产条件较好,交通运输便利,是外资在西伯利亚投资的集中地之一,且城市化水平较高,堪称西伯利亚地区的经济、交通中心。可见,三个联邦主体的合并是典型的强弱联合,双边合作意向比较强。新克拉斯诺亚尔斯克边疆区成立以后,其内部的各行政区在能源、基础设施、大型项目上进行协作,充分发挥自然资源优势和工业优势,从而带动整个边疆区的开发和经济发展。为了支持区域经济的发展,俄政府在电力、基础设施和其他大型项目上还提供了相应的援助。2008年,新克拉斯诺亚尔斯克边疆区实现产值734.4亿卢布,占西伯利亚地区产值的24.26%,占东部地区产值的17%,既是西伯利亚地区也是俄罗斯东部地区产值最高的行政区。可见,新克拉斯诺亚尔斯克边疆区确实成为俄罗斯东部地区经济发展的"火车头"。

在俄罗斯东部地区,自新克拉斯诺亚尔斯克边疆区成立后,科里亚克自治区于2007年7月1日并入堪察加州,设立堪察加边疆区;乌斯季奥尔达布里亚特自治区于2008年1月1日并入伊尔库茨克州;2008年3月1日,赤塔州和阿加布里亚特自治区合并,设立外贝加尔边疆区。

（四）规划特大城市建设

经过多年的发展，俄罗斯东部地区已形成符拉迪沃斯托克市（63万人口）、伊尔库茨克市（80万人口）、新西伯利亚市（142.3万人口）等大中城市。但这些知名城市无论就其规模还是数量，都不仅不能与俄西部地区相比，更不能与东北亚地区各主要国家百万人口以上的城市相比。俄东部地区这些城市的规模经济效应、产业聚集效应、城市功能等均比较低，无法适应更难以带动地区开发和区域经济的发展。因此，2007年俄政府计划将伊尔库茨克、安加尔斯克和舍利霍夫3个城市合并，在西伯利亚建设一个人口超过100万的特大城市——新的伊尔库茨克，以带动东部地区的大开发和经济建设。

伊尔库茨克市位于安加拉河与伊尔库茨克河的交汇处，是西伯利亚通向外贝加尔和远东南部地区以及蒙古国和中国的门户，也是西伯利亚唯一的大工业城市，素有"西伯利亚的心脏"、"东方巴黎"之称。该市有安加尔斯克石油公司、伊尔库茨克铝厂等知名企业。安加尔斯克位于伊尔库茨克的西北部，拥有人口24.57万，距伊尔库茨克市约40公里，是俄罗斯东部地区的炼油和石化中心之一，机械制造、建筑材料、木材加工等也较为发达。舍利霍夫位于伊尔库茨克的西南部，拥有大型炼铝厂和电缆厂。历经几十年的发展，这三座城市早已形成了合理的产业分工。例如，伊尔库茨克市承担着安加尔斯克和舍利霍夫的电力供应，而安加尔斯克市以石化产业为主，舍利霍夫市以制铝工业为主。实际上，安加尔斯克和舍利霍夫在发展中已经逐步变成了伊尔库茨克市的卫星城，因而伊尔库茨克的城市扩张已经成为必然趋势。特大城市战略不仅可以促进伊尔库茨克市的城市功能升级,加速城市化进程,还可以解决就业、住房、医疗等各种民生问题,从而使伊尔库茨克成为贝加尔湖畔的一颗璀璨明珠。

到 2020 年伊尔库茨克州的战略目标是:在转变地区经济体制的基础上,通过提高全州的竞争力来实现经济发展,提高居民的生活质量和生活水平。为了实现该目标,涉及伊尔库茨克、安加尔斯克和舍利霍夫三个城市的措施有:计划在伊尔库茨克市修建新国际机场;以伊尔库茨克、安加尔斯克、舍利霍夫交界处为基础建立大型的后现代工业中心,促进建筑、冶金、汽车制造、化工等产业的发展;为伊尔库茨克市老城区设立新的大型事务中心,降低经过伊尔库茨克老城区的运输流,使事务中心更接近安加尔斯克和舍列霍夫。

总之,伊尔库茨克州作为《2030 年前俄罗斯能源战略》、《远东和贝加尔地区 2025 年前社会经济发展战略》等规划纲要的重要参与主体,在特大城市规划建设的带动下,必将在俄罗斯东部地区开发进程中得到快速发展。

(五) 重点开发油气资源

俄罗斯东部地区油气资源主要分布在西伯利亚、萨哈共和国、萨哈林州等地。西伯利亚地区分布着以秋明油田为主的 150 多个储油区,形成了沙伊姆油区、苏尔古特油区、下瓦尔多夫斯克油区、中维柳伊气田、马斯塔赫气田和中鲍图奥宾斯克油气田等。萨哈(雅库特)共和国有中鲍图奥宾斯克油田和伊列利亚赫油田、萨哈林1号至5号油气田等。由于高加索、伏尔加、叶尼塞等老油区即将进入后发展期,西伯利亚及远东地区变成21世纪俄罗斯的主要油气产地。丰富的油气资源不仅能为西伯利亚及远东地区换回大量的资金,还能带动社会经济的发展,成为该地区的主要经济支柱。

1. 出台重要能源规划,布局东部地区油气资源开发

俄罗斯始终将油气资源开发作为东部开发的主要领域。为此先后出台了若干重要的总体规划,对东部地区新一轮油气资源开发做出了全面部署和详细安排。这些战略规划措施主要包括:2003年出台的《2020年前能源战略》,2007年出台的《东西伯利亚和远东地区天然气开采、储运和供应统一系统建设战略规划》,2009年出台的《2030年前能源战略》,2010年出台的《亚马尔半岛液化天然气生产发展总体规划》和《克拉斯诺亚尔斯克边疆区北部与亚马尔-涅涅茨州油气资源开发总体规划》,2011年出台的《2020年前石油行业发展总体规划》和《2030年前天然气行业发展总体规划》。此外,俄罗斯天然气工业股份公司于2012年制定了《东部天然气发展总体规划》。

根据俄罗斯《2020年前能源战略》设定的目标,到2020年前石油开采量达到4.9亿吨,天然气开采量为6800亿立方米。在区域分布中,西伯利亚地区注重能源生产多样化,发展煤炭工业,逐步建立新的大型石油天然气中心;而远东地区则着眼于克服热能和电能的短缺,大力发展水电设施。为了应对国际金融危机的影响和后危机时代的新形势、新变化,俄政府2009年11月出台了《2030年前能源战略》,目标是最有效地利用自身的能源资源潜力,强化俄罗斯在世界能源市场中的地位。该战略规定:到2030

年前实现石油储量(包括海上油田)年增长率10%—15%,天然气储量年增长率20%—25%,石油年开采量为5.3亿—5.35亿吨,天然气年开采量8800亿—9400亿立方米,石油年出口3.29亿吨,天然气年出口3490亿—3680亿立方米。其中,预计到2030年,西西伯利亚年产油量为3.55亿吨、天然气年产量6700亿立方米;东西伯利亚及萨哈共和国石油年产量1.10亿吨、天然气年产量1200亿立方米;远东(萨哈林)石油年产量3500万吨、天然气年产量300亿立方米。可见,西伯利亚及远东地区是俄罗斯的能源主产地。虽然能源作为俄东部地区的主要产业这一状况不会发生改变,但会经历一个逐步提高常规能源的利用效率和由常规能源向核能、可再生资源转变的过程。预计到2030年前,俄东部地区的单位GDP能耗要比2005年降低一半,利用非常规能源发电将不少于800亿—1000亿千瓦时,非常规能源生产电力所占的比例将由2008年的32%增加到38%。常规能源的发展为西伯利亚及远东地区经济社会的全面发展提供了资金来源,而西伯利亚及远东地区的科学技术则为新能源开发提供了技术支持。

2. 加大东部地区油气勘探投资力度

据有关资料,2011年和2012年,俄罗斯用于油气勘探的财政投资分别为87亿卢布和128亿卢布,这两年的油气勘探财政投资几乎全部投向俄东部地区,而且投资的重点方向是与东西伯利亚—太平洋石油运输管道密切相关的东西伯利亚地区及萨哈共和国的油气远景开发区。2013年俄罗斯用于油气勘探的财政投资达到了150亿卢布,投资重点依然是该油气远景开发区,以及格达半岛-哈坦加油气远景区和尤加诺-科尔塔戈尔油气远景区。① 这表明俄罗斯对新一轮重点开发东部地区油气资源战略规划的重视,并从国家财力上保证已出台的一系列重要规划的落实。

3. 以油气领域国际合作推动油气资源开发

长期以来,俄罗斯的油气资源主要出口到欧洲,为了实现能源市场的多元化和国家安全,亚太地区逐渐进入俄罗斯的视线范围。在东北亚地区,中、日、韩均是能源进口大国,且能源进口途径比较单一。通过开展东北亚地区的能源合作,不仅可以拓宽俄罗斯的国际能源市场,还能够满足中、日、韩等国的能源消费需求。同中东地区相比,对东北亚地区各个国家或地区而言,西伯利亚及远东地区的油气运输具有距离短、费用小、相对安全等优势,因而中、日、韩等国纷纷表示愿与俄开展能源合作。1994年,俄罗斯石油企业向中方提出了修建从西伯利亚到中国东北地区石油管道的建议,即"安大线",西起俄罗斯伊尔库茨克州的安加尔斯克油田,向南进入布里亚特共和国,绕过贝加尔湖后向东,经过赤塔州,进入中国后直达大庆。2002年,日本提出了修建一条从东西伯利亚经过远东地区到太平洋港口的石油管道,即"安纳线"(安加尔斯克—纳霍德卡输油管线)。为了协调"安大线"和"安纳线"之争,2003年俄罗斯将"安大线"和"安纳线"合二为一,在安加尔斯克—纳霍德卡干线上建设一条到中国大庆的支线,并决定通向中国的管道线路优先开工。但后来这些方案都被搁置,俄最终又提出了"泰纳线"新方案。中俄石油管道起自俄罗斯远东管道斯科沃罗季诺分输站,终到中国大庆。2009年,中俄签订了石油换贷款协议,中国

---

① 王四海、闵游:《"页岩气革命"与俄罗斯油气战略重心东移》,《俄罗斯中亚东欧市场》2013年第6期,第31页。

向俄罗斯提供总计 250 亿美元的长期贷款,俄罗斯则从 2011 年至 2030 年按照每年 1500 万吨的规模,向中国提供石油用以偿还贷款。2010 年 12 月 20 日,来自俄罗斯的首批原油通过石油管道到达大庆,标志着中俄石油管道正式投入运营。2010 年 12 月,俄罗斯天然气工业公司也决定重启 2008—2009 年冻结的俄中阿尔泰天然气管道项目。应当说,中俄石油和天然气管道的铺设和投入运营,为俄罗斯东部地区油气资源的开发和出口创造了极为有利的条件。

日本除了提出"安纳线"石油管道线路的修建,还积极参与萨哈林油气资源的开发:在萨哈林—1 号项目上,日本萨哈林石油和天然气发展公司在其中持股 30%;在萨哈林—2 号项目上,日本三井公司拥有 12.5%的股份、日本三菱公司拥有 10%的股份;对萨哈林—3 号项目,日本也有意参与开发。通过参与萨哈林油气资源的开发,不仅减少了日本对中东石油的依赖,还大大降低了运输成本。俄韩之间的油气资源合作主要表现在修建东西伯利亚—太平洋石油管道、开发科维克金斯克气田、开发萨哈林的石油和天然气资源。俄韩双方还提出了三条天然气管道线路,分别是伊尔库茨克州—东西伯利亚—贝加尔湖南部—中国满洲里—沈阳—大连—黄海—韩国、俄罗斯科维克金斯克—中国山东半岛—朝鲜西海岸—韩国、萨哈林—日本—韩国线路。[①] 2005 年,俄韩签署了为期 20 年的天然气长期协议。按此协议,俄罗斯每年从远东萨哈林岛向韩国出口 150 万吨液化天然气。2008 年,韩国天然气公司与俄罗斯

---

① 盛海燕:《俄罗斯与韩国在能源领域的合作》,《俄罗斯中亚东欧市场》2010 年第 7 期,第 42—43 页。

天然气工业股份公司又签署了为期30年的能源协议,从2015年起,俄罗斯将向韩国每年提供750万吨的天然气。此外,美国、欧盟、印度等也积极参与俄远东地区的能源开发,希望能够获得油气开发的一席之地。

4. 东部地区油气开发的趋势

前已述及,俄罗斯东部地区的石油储量(超过150亿吨)和天然气储量(约60万亿立方米)极为丰富。但目前已探明的石油储量仅占总储量的12%,已探明的天然气储量仅占总储量的8%。① 这说明东部地区成为俄未来最重要的油气勘探开发基地。俄罗斯东部大开发新战略的提出和实施,极大地促进了东部地区油气资源的勘探开发和油气原料基地建设。有资料显示,2008—2009年,克拉斯诺亚尔斯克的万科尔油田、伊尔库茨克州的上乔纳油气田、萨哈共和国的塔拉坎和阿林尤等大型油气田相继开始工业开采。到2012年,克拉斯诺亚尔斯克石油开采量同比增加330万吨,伊尔库茨克州石油开采量同比增加350万吨,其增速位列全俄第一。2009—2012年,东西伯利亚和远东地区油气田开采量连续3年保持快速增长。萨哈共和国2011年石油开采量增长60%,增速列全俄第一位;2012年石油开采量净增160万吨。这些数据表明,俄东部地区油气开采速度在不断加快,对全俄油气产量增长的贡献度增大。② 2010—2012年俄罗斯东西伯利亚和远东地区油气开采情况详见表1:

---

① А. Г. Коржубаев и др., Современная концепция комплексного освоения ресурсов нефти и газа Востока России, *Бурение и нефть*, 2011г., №11.
② 参见王四海、闵游:《"页岩气革命"与俄罗斯油气战略重心东移》,《俄罗斯中亚东欧市场》2013年第6期,第32—33页。

表1 2010—2012年东西伯利亚和远东地区年油气开采量同比增长情况及2012年产量

年份		2010(同比增长,%)	2011(同比增长,%)	2012(同比增长,%)	2012(产量)
克拉斯诺亚尔斯克边疆区	石油(万吨)	—	117.5	121.6	1850
	天然气(亿立方米)	—	—	—	—
伊尔库茨克州	石油(万吨)	—	—	152.9	1010
	天然气(亿立方米)				
萨哈共和国	石油(万吨)	180.3	159.3	121.5	680
	天然气(亿立方米)	111.2	109.0	107.9	26
萨哈林州	石油(万吨)	95.7	103.2	92.4	1410
	天然气(亿立方米)	130.0	105.0	105.5	168

资料来源：Нефтегазодобывающая и нефтеперерабатывающая промышленность: тенденции и прогнозы, итоги 2010-2013 гг., Москва, ИРАНОВЛСТИ, 2011, №1; 2012, №5; 2013, №9.

有数据显示，2009—2030年，由于俄罗斯东西伯利亚和远东地区大型油气开发项目的实施，石油和天然气的累计产量可达到如下目标。石油产量：克拉斯诺亚尔斯克边疆区8.75亿吨，远东5.97亿吨，伊尔库茨克州2.5亿吨；天然气产量：远东大陆架和陆地10280亿立方米，伊尔库茨克州6370亿立方米，克拉斯诺亚尔斯克边疆区4510亿立方米。[①] 另据有关资料，随着东西伯利亚—太平洋石油管道运输能力的不断提高，未来俄罗斯东部地区油气开发的速度会加快。表2反映了东西伯利亚和远东地区的油气预测开采量：

---

① 庞昌伟:《俄罗斯油气资源及中俄油气合作》,《俄罗斯学刊》2013年第4期,第8页。

表2　2013—2030年东西伯利亚和远东地区油气开采量预测

年份		2013	2014	2015	2020	2025	2030
东西伯利亚地区	石油（亿吨）	0.394	0.480	0.577	0.916	1.061	1.202
	天然气（亿立方米）	142	158	178	934	1205	1282
远东地区	石油（万吨）	1620	1680	1800	2470	3050	3210
	天然气（亿立方米）	276	288	305	526	742	829

资料来源：А. Г. Коржубаев и др., Современная концепция комплексного освоения ресурсов нефти и газа Востока России, *Бурение и нефть*, 2011г., №11.

（六）鼓励向东部地区的人口迁移

俄东部地区总面积为1131万平方公里，占俄罗斯国土面积的66.17%，而人口只有约2600万，仅占俄罗斯总人口的18.32%，可谓是地广人稀。在苏联时期，由于人口不足造成的劳动力匮乏就成为制约东部地区经济发展的重要因素之一。有资料显示，在20世纪80年代，远东地区常住人口的增加极为缓慢。人口数量的绝对增加值从1981年的14.4万人减少到1984年的11.7万人。[①] 为鼓励西部人口向东部地区迁移，苏联出台了包括提供住房保障、增加福利待遇、实行高工资、减免税收等在内的各种优惠政策。因而，在东部地区大规模开发资源、修建铁路、建设城市的浪潮中，曾吸引了一批批移民的到来。苏联解体后，受经济转轨和经济下滑的影响，俄政府减少了对东部地区的财政投入和政策扶持。由于东部地区自然环境恶劣、患病危险性较高、医疗保障水平较低，导

---

① В. П. Чичканов: Дальний Восток: стратегия экономического развития, М.: Экономика, 1988 г., с.189.

致人口出生率较低、死亡率较高。而且,由于本地区经济不景气,造成失业率上升和人口外流。随着人口的不断减少,俄东部地区面临着劳动力短缺、人口老龄化、人才外流、城市缺乏活力等诸多问题。

为了缓解东部地区人口数量下降压力,实现人口增长,减少人口死亡率,吸引外来移民,俄政府相继出台了一系列的政策措施。2002年《西伯利亚社会经济发展战略》中提出,在2003—2010年计划投资300亿—500亿美元用于安置向东部地区的迁移人口。《远东和贝加尔地区2025年前社会经济发展战略》规定,政府通过给予土地补贴,鼓励俄罗斯公民向远东地区迁移并且长期居住。该战略明确指出:"稳定远东和贝加尔地区人口数量的一个补充措施,是为居住和愿意在该地区居住的本国公民,一次性无偿提供不超过0.3公顷的土地来建造私人住房。"①俄政府2010年批准的《西伯利亚2020年前社会经济发展战略》提出,要形成一个相对开放的市场,促进劳动力的流动;要采取有针对性的措施,吸引高技术人才以及熟练技术工人流入。②

为吸引外来移民,俄罗斯还颁布了《俄联邦国籍法》、《俄联邦外国公民法律地位法》,并允许地方政府出台外来移民优惠政策。2006年,俄政府批准了《使侨胞自愿移居俄罗斯计划》。计划中所称"侨胞",是指受俄罗斯传统文化熏陶、懂俄语、不愿与俄罗斯失去联系的独联体国家居民,主要是居住在哈萨克斯坦、乌兹别克斯

---

① Стратегия социально‐экономического развития Дальнего Востока и Байкальского региона на период до 2025 года, http://www.assoc.fareast.ru/fe.nsf/pages/str_soc_ekon_razv_dviz.htm.

② Стратегия социально‐экономического развития Сибири на период до 2020 года, http://www.sibfo.Ru/strategia/strdoc.php.

坦、吉尔吉斯斯坦和塔吉克斯坦等国的俄罗斯族或讲俄语的居民。移入地区分三类：一是远东在战略上重要但荒无人烟的边境地区；二是西伯利亚和远东正在实施重大投资项目的地区；三是西伯利亚和远东人烟稀少的一些地区。2006年7月俄颁布法令，规定从2007年起简化互免签证国家公民在俄务工手续，只需向俄移民局申请并办理工作证就可合法务工，减免了雇主的责任和义务，大大降低了非法移民的数量。[①]

四、俄罗斯实施东部开发新战略的影响因素分析

俄罗斯东部地区犹如一个"聚宝盆"，其经济开发和发展前景非常看好。东部地区最大的优势是拥有极为丰富的自然资源；最明显的劣势是自然条件恶劣、人口数量减少和劳动力短缺，且远离俄罗斯的西部即政治经济中心地区。自东部大开发新战略提出以来，俄罗斯制定的一系列促进东部地区开发和经济社会发展的战略规划纲要及其实施，促进了这一重要地区的发展，使该地区在俄罗斯经济发展中的战略地位日益凸显。应当说，俄罗斯实施东部开发新战略的有利因素和阻碍因素并存。

（一）有利因素

拥有森林、矿产、能源、水利等极为丰富的自然资源，这是俄罗斯

[①] 刘慧丽：《俄罗斯远东地区的人口问题与中俄劳务合作》，《俄罗斯中亚东欧市场》2007年第2期，第45页。

实施东部大开发战略的基础和有利条件。俄东部地区也由此形成了采矿业、原材料产业、能源产业等支柱产业。因而以自然资源为基础形成的主导产业,依旧是东部大开发所要重点发展的产业之一。

1. 俄经济的恢复和发展奠定了东部开发的基础

普京在两届总统任期的 8 年时间里(2000—2008 年),扭转了叶利钦时期俄经济的颓势,实现了使俄罗斯经济由摆脱危机到恢复性增长再到逐步振兴的发展历程,经济得到了持续快速增长。

在普京第一任期内,俄罗斯国内生产总值 2000 年增长 9%、2001 年增长 5%、2002 年增长 4.3%、2003 年增长 7.3%。2000—2004 年,固定资产投资增长 65.6%,年均增长 10.6%;外贸总额增长 1.2 倍,达到 2780 亿美元,其中出口增长 1 倍,达到 1832 亿美元;国家预算连年出现盈余,通货膨胀率持续下降,汇率基本稳定且卢布开始升值;居民实际收入增加 63.8%,职工实际工资提高 106.6%,全国月平均工资达到 250 美元;平均养老金增加 120%,达到 68 美元;生活在贫困线以下人口比重从 1999 年的 29.1%下降到 2004 年的 17.8%。因此,普京在 2003 年的总统国情咨文中指出,在过去的一个时期,俄罗斯经济一直在向好的方面变化,经济增长在持续。[①] 而在普京第二任期内,俄经济继续保持了较快的增长速度。有资料显示,俄 2004—2007 年 GDP 年均增速在 7%以上,高于第一任期内的水平。具体来看,GDP 增长率 2004 年为 7.1%,2005 年为 6.4%,2006 年为 6.8%,2007 年 GDP 增长率达到 7 年来的最高水平——8.5%。2007 年,俄人均 GDP 接近 9500 美元,GDP 总量

---

① В.Путин: Послание Президента России Владимира Путина Федералъному Собранию Российской Федерации, *Денъги и кредит*, 2003г. №5, стр. 5.

超过1万亿美元,从而迈入全球10大经济体行列。俄2007年多项经济指标均达到历史最好水平,特别是资本净流入达到创纪录的823亿美元,黄金外汇储备达到4764亿美元。鉴于1999—2007年经济的快速增长,俄权威人士当时甚至断言,在1999—2008年的10年间,俄人均GDP能够翻一番。①

自1999年俄经济止跌复增到2008年,GDP年均增长6.7%,固定资产投资年均增长11%以上,居民人均实际收入年均增长10%以上。俄罗斯已成为当时世界上经济增长速度最快的国家之一。这也是普京在两个总统任期内狠抓经济"提速",力促经济增长的直接体现和实际结果。

在"梅普组合"时期,受国际金融危机的严重影响,继2008年俄罗斯经济增长率由上一年的8.5%降至5.2%后,2009年经济延续了2008年的衰退趋势,GDP出现10年来的首次负增长,为-7.8%;2010年,俄经济开始出现恢复性增长,GDP增长率为4.5%;2011年基本保持了这一增长势头,为4.3%。②尽管2012年国内和国际经济形势对俄罗斯都不是很有利,内外不利因素的叠加效应对俄经济产生的负面影响较大,致使俄经济"高开低走",但俄经济依然保持了3.4%的"中速增长"。普京也对2012年3.4%的经济增长率表示满意。由于经济连续三年保持中速增长,使俄罗斯在世界主要经济体中的排位得以提升。根据世界银行发布的

---

① А.Аганбегян:Социалъно-экономическое развитие России:стратегия роста и возможности инвестиционного обеспечения, *Общество и экономика*, 2008г. №1, с. 22.

② ПРОГНОЗ ДОЛГОСРОЧНОГО СОЦИАЛЬНО - ЭКОНОМИЧЕСКОГО РАЗВИТИЯ РОССИЙСКОЙ ФЕДЕРАЦИИ НА ПЕРИОД ДО 2030 ГОДА, Март, 2013.

全球购买力平价排行,2012年世界10大经济体排名中,俄罗斯以3.4万亿美元位居第五(美国以15.6万亿美元位居全球十大经济体之首、中国以12.4万亿美元位居第二、印度以4.8万亿美元位居第三、日本以4.5万亿美元位居第四)。俄罗斯在排行榜上超过了欧洲最大经济体德国以及法国和英国,也超过了金砖国家中的巴西。此外,在世界银行2013年7月初发布的人均GDP国家排行榜中,俄罗斯以人均12700美元迈入高收入国家行列。

俄罗斯经济形势的好转为东部开发奠定了雄厚的经济基础,使俄罗斯有相对较多的财力用于东部开发:加大了东部地区油气勘探投资;投巨资铺设西伯利亚和远东地区通往中国和日本的石油、天然气管道;增加东部地区油气开发和开采量;实施鼓励西部人口向东部地区迁移、吸引外来移民政策等。这些都与俄罗斯经济形势的不断好转和国家财力的迅速增加密切相关。同样,东部开发特别是石油天然气开采和大量出口,也为俄罗斯带来了滚滚财源。而长此以往,导致俄罗斯经济过于依赖能源出口,带有明显的资源依赖型特征。在这一发展模式下,国际能源市场上的每一次行情波动,都会造成俄经济的波动和经济增长的不稳定。

2. 已出台的全面系统战略规划为东部开发精心勾画了蓝图

如上所述,为推动东部开发,俄罗斯先后出台了若干重要的总体规划、提出了新的开发发展战略,并为此做出了全面部署和具体安排,这些发展战略规划主要包括:1996年出台的《远东和外贝加尔地区1996—2005年社会经济发展联邦专项纲要》,以及后来在此基础上于2003年重新修订并补充的《俄联邦远东和外贝加尔地区1996—2005年和到2010年社会经济发展专项纲要》;2002年出台的《西伯利亚社会经济发展战略》;2007年出台的《远东和外贝加尔地区2013年前社会经济发展联邦专项纲要》;2009年中俄两国共同出台的《中华人民共和国东北地区与俄罗斯联邦远东及东西伯利亚地区合作规划纲要(2009—2018年)》;2009年批准的《远东和贝加尔地区2025年前社会经济发展战略》;2010年批准的《西伯利亚2020年前社会经济发展战略》。而且,每个专项纲要和发展战略规划又都有与之相配套的若干具体规划和战略措施。所有这些专项纲要和发展战略规划不仅构成了俄罗斯东部开发的完整战略规划体系,而且勾勒描绘了东部地区未来开发和发展前景。

3. 科技发展助推东部开发

俄罗斯虽不是发达国家,但却是科技大国,在军工技术、航天科技、新材料、生命保障系统、信息电子技术、数字技术等方面具有很强的实力。而且,俄罗斯科学院在西伯利亚和远东地区都设有分院。俄罗斯科学院西伯利亚分院有9个地区研究中心及80个研究所和工艺设计单位。到2005年年初,该分院共有3.3万余名工作人员,其中科研人员2.5万名。西伯利亚分院的材料学物理研究所国家科学中心在新材料工艺学领域、激光物理学研究所在光电子与激光工艺领域、生物化学研究所在生物工艺领域、催化研究所国家科学中心在化学工艺与催化工艺领域的科学研究和技术工艺水平,在世界同类学科中均占有重要地位。据俄罗斯专利统计资料显示,2003年俄罗斯科学院共拥有专利3000余项,其中西伯利亚分院就拥有专利近1500项,几乎占俄罗斯科学院专利总数的一半。在现有专利的拥有数量方面,俄罗斯科学院西伯利亚分院催化研究所居第一位,矿业研究所居第二位。进入拥有专利前10名的还有石油化学研究所、北方矿业研究所和无机化学研究所。为了加快科技特别是高科技发展,提高科学城科研成果的转化率,培育和发展高科技产业,优化地区产业结构,新制定的西伯利亚经济发展战略计划在西伯利亚地区新建 20 个工业生产型科技园区。

俄远东地区形成了以俄罗斯科学院远东分院、国民经济各部门所属研究机构和高等院校为主体的三大科研系统。其中,俄罗斯科学院远东分院在地球科学和海洋科学研究领域处于领先地位,在细胞学与遗传学、畜牧科学、冻土学、湖泊学、环境保护学、气象科学等方面的研究也达到了较高的水平。俄罗斯科学院远东分院还设立了创新项目基金,积极参与国家的科技成果转化计划,并与国防部、原子能部等有关部委开展科技创新合作。远东地区国民经济部门所属科研单位有远东工业企业建筑设计科学研究所、远东海洋科学设计研究所、远东林业科学研究所、全俄大豆研究所等部门。远东地区还有俄罗斯远东国立大学、俄罗斯远东理工大学、伊尔库茨克国立大学、俄罗斯太平洋国立大学等知名高等院校。2008 年,俄罗斯计划在远东地区修建一座大学城,建成后该地区所有大学将合并为一所大学,该项工程分三期进行,到 2012 年亚太经合组织会议召开前完成第一期工程。

因此,俄罗斯东部地区的科技发展和技术优势会有力推动东部开发战略的实施。俄科学院远东分院、国民经济各部门所属研究机构和高等院校这三大科研系统和科研机构将发挥各自优势,将科学技术成果转化为现实生产力,形成科技对经济的促进和带动作用,不断提升东部地区的科技实力和区域整体竞争力,实现东部开发新战略确定的目标。

4. 东北亚区域经济合作的发展提供新契机

由于东北亚各个国家资源禀赋互补,经济发展水平参差不齐,因而便于开展垂直型和水平型分工合作,为区域经济合作提供了较大的空间。如今,在图们江经济圈、环黄渤海经济圈、环日本海经济圈的带动下,东北亚区域经济合作已经初具规模。俄罗斯作为东北亚区域经济合作的重要参与者,与中、日、韩、蒙在经济、科技、能源、教育等方面已经开展了深入合作。2008年,东北亚地区占俄罗斯出口市场的8.6%,主要出口石油、天然气、电力、有色金属、原木等产品;东北亚地区占俄罗斯进口市场的24%,主要进口机械、农产品、移动电话、通信网络等。虽然俄罗斯与日本还存在着领土纠纷问题,但双边经济合作早已开展。2008年俄罗斯对日出口额占俄罗斯出口额的2.2%,对日进口额占俄罗斯进口额的7%,在政冷经热的背景下,俄日经贸合作在继续深化。因此,在东北亚区域经济一体化成为必然趋势的前提下,俄罗斯将积极参与区域经济合作,从而为东部开发提供稳定的国际区域合作环境和出口市场。

俄罗斯远东地区与中国东北地区接壤,既可以借中国振兴东北老工业基地之机带动远东地区经济的发展;又能够参与东北亚区域经济合作,帮助其解决在经济发展中遇到的资本、技术、劳动力等瓶颈问题。此外,东部地区还可以成为俄参与亚太地区区域合作的门户,成为连接亚太地区和俄欧洲部分的桥梁,实现俄罗斯的亚太战略意图。同俄罗斯欧洲部分相比,东北亚地区距离俄东部地区更近,更能够发挥交通、能源等方面的优势,且东北亚地区市场比较广阔,经过多年发展,中、日、韩早已成为俄东部地区的重要贸易伙伴。2007年俄远东地区与中、日、韩三国的贸易额已占到俄远东地区贸易总额的70%—80%,而中国在其中所占比例最大。[1] 此外,俄东部地区诸多地方城市纷纷与中、日、韩等地方城市

---

[1] 方华:《东北亚区域经济合作的现状及前景》,《现代国际关系》2008年11期,第57页。

建立城市友好关系和开展地方政府互访,俄东部地区已成为东北亚区域经济合作的重要参与者。因此,俄东部地区开发将搭乘东北亚区域经济合作的列车,实现经济的快速发展。

(二) 不利因素

俄罗斯东部地区开发和经济发展面临的主要问题及不利因素,至今并未发生根本性的改变,依然是制约俄东部开发新战略实施的主要因素。这些因素主要有:自然条件恶劣,生存和工作环境艰苦;包括交通、供电供热、电信、住宅等在内的基础设施建设严重滞后;开发资金短缺;经济结构特别是产业结构畸形;人口数量下降、劳动力严重不足;投资环境不佳等。这些不利因素无疑阻碍了而且还将继续阻碍俄罗斯东部大开发进程。特别是产业结构畸形导致东部地区受制于资源依赖型经济模式。一直以来,俄东部地区被定位为燃料能源基地和工业原料基地,其中,能源和原材料出口成为东部地区经济增长的主要来源;而装备制造业、农业和轻工业落后。畸形的产业结构导致俄东部地区形成了明显的资源依赖型经济增长和发展模式,这种模式对国际市场能源和原材料价格的波动十分敏感,经济增长和财政收入随其波动而波动。加之原材料的产业链条较短,附加值较低,导致产品的竞争力不足。因此,要实现俄罗斯东部大开发战略目标和经济持续发展,在发挥东部地区比较优势、实现区域经济协调发展的同时,还必须调整产业结构,改变资源依赖型经济模式,实现传统产业升级和新兴产业的同步发展。

再则,人口数量下降和劳动力短缺成为制约东部地区开发和经济社会发展的最主要因素之一。长期以来,由于自然条件恶劣、经济不景气、人口出生率下降等各种原因,致使俄东部地区人口数量不断下降,而人口数量的下降又直接导致了劳动力短缺。正如普京总统在2013年国情咨文中所指出的,未来5—6年远东和西伯利亚地区人口不足问题将相当严峻,因此启动主要经济刺激措施是正确决定。如上所述,这些主要措施包括鼓励本土居民向东部地区特别是远东地区迁移并定居,出台吸引外来移民的优惠政策,以解决人口减少和劳动力不足的问题。

　　(节选自郭连成主编:《俄罗斯东部开发新战略与东北亚经济合作研究》,人民出版社2014年版)

中国、俄罗斯粮食安全问题分析

刁秀华　郭连成

"粮食安全"是一国经济安全的重要组成部分。中国和俄罗斯作为世界上最大和各具代表性的经济转轨国家,其粮食安全问题历来为两国政府和其他转轨国家所密切关注;作为东北亚地区的重要国家,其粮食安全状况也对东北亚地区其他国家产生重要影响。以国际公认的粮食安全和安全线指标为基础,中国规定粮食自给率必须保持在95%以上,这是粮食安全的红线,但按这一标准仍时常有缺口。俄罗斯虽谷物自给率较高,但按粮食和食品安全的综合性标准衡量,其粮食和食品自给总水平一直低于90%,存在粮食安全的隐患和风险。在经济全球化背景下,一方面,受国际农产品市场波动、国际农业竞争方式改变、外资对涉农企业的控制等因素的影响;另一方面,由于国内农业投入不足和农业基础设施建设落后,以及受自然灾害的严重影响等,使得中国和俄罗斯都不同程度地面临着粮食安全问题。

一、中国的粮食安全问题

自改革开放以来,中国农业实现了稳产高产,解决了人民群众的温饱问题。在短短的几十年时间里,中国经历了从粮食短缺到供给充足的发展过程,在保障粮食和食品安全方面取得了举世瞩目的成绩。目前,中国人均粮食占有量达到450公斤,高于世界平均水平(另有资料显示,2012年世界人均粮食拥有量为321.7公斤,2013年中国人均粮食拥有量达到463公斤,是世界平均水平的1.44倍);已建立起庞大的粮食收储、加工、分销体系,城乡居民的粮食可获得性明显增强;农产品和食品质量水平逐步提高。中国粮食和食品安全状况的改善,既为中国应对改革发展的各种风险挑战、保持经济社会平稳运行奠定了坚实基础,也为全世界缓解贫困和饥饿、实现联合国千年发展目标作出了突出贡献。[①] 但受制于国内外多种因素,特别是由于中国人口众多,耕地有限并在减少,加上生态环境恶化等因素的影响,中国粮食安全一直存在诸多隐患,面临严峻的挑战。

(一) 粮食缺口不容忽视

中国自2004年到2015年实现了粮食"十二连增"。2013年粮食总产量达到60194万吨,比2012年增长2.1%;2014年粮食总产量60709.9万吨,比2013年增加516万吨,增长0.9%。但产量不断递增的背后,是需求的更快增加。中国实际已连续多年处于产不足需状态。虽然2008年中国粮食首次出现产大于需,但到2010年,又重新进入产不足需状态,当年缺口为352.3万吨。以后年份

[①] 李伟:《加快转变农业发展方式,为保障粮食和食品安全注入新动力——在第三届中国粮食与食品安全战略峰会上的致辞》,中国经济新闻网,http://www.cet.com.cn/wzsy/gysd/1689197.shtml,2015年12月16日。

也大致如此。有资料显示,2012年中国进口的大豆数量相当于粮食产量的16.6%,相当于中国粮食消费有14%左右需要通过进口解决。粮食自给率不足86%,已低于95%的粮食供给自给率目标。据国务院发展研究中心预测,到2020年,按14.3亿人口、人均消费409—414公斤计算,中国粮食总需求量将达到58487万—59202万吨。以中国的粮食生产能力计算,届时国内粮食(不含大豆)供给缺口将在4000万—5000万吨。[1] 人口总量不断增加、城乡居民生活水平提高使得饮食结构改变导致的饲料粮需求明显增加、城镇化水平持续提高所直接带动的消费增长,是粮食需求量增大的直接原因。

(二) 耕地数量持续减少,迫近耕地红线

耕地数量持续减少,意味着粮食安全的基础受到威胁。而确保耕地红线不破,是对粮食安全的基本保障,也就是说,保持必要的耕地面积是保证粮食生产与供给的基础。根据2013年年底公布的第二次全国土地调查结果,中国耕地最新数据为20.3亿亩,人均耕地已经从1996年的1.59亩降至2009年的1.52亩,不足世界平均水平3.38亩的一半。在20.3亿亩耕地中,还有需退耕还林、还草和休养生息的约1.49亿亩,受不同程度污染不宜耕种的约0.5亿亩,以及一定数量无法正常耕种的"漏斗地"。照此计算,维护18亿亩耕地红线不破,任务艰巨,不能有丝毫的松懈。况且中国耕地总体质量不高,加之城镇用地增加较快,优质耕地减少较多,后

---

[1] 焦建:《中国粮食安全报告》,《财经》2013年第35期。

备耕地资源严重不足。① 另据全国人大农业与农村委员会的资料，目前中国耕地面积约为18亿亩，比1997年的19.49亿亩减少1.49亿亩，人均耕地面积由10多年前的1.58亩减少到1.28亩，不到世界平均水平的40%，可见保护耕地的压力不断增大。保护耕地的主要挑战来源于城市和小城镇的快速膨胀和农村建设用地的扩张。此外，土地利用粗放浪费、违法违规用地十分普遍。②

（三）生态环境恶化和污染严重

农业生态环境恶化、污染严重，以资源环境遭受破坏为代价换取粮食增产，对中国粮食安全构成威胁。一方面，水土流失、土地退化、荒漠化、水体和大气污染、森林和草地生态功能退化等农业生态系统恶化威胁粮食安全。据估计，中国遭受水土流失（水蚀和风蚀）的耕地面积超过4540万公顷，约占耕地总面积的50%。有1/3至一半的耕地缺磷，1/4至1/3的耕地缺钾，缺乏微量元素的土壤也在增加。另一方面，水资源过度开发和消耗问题突出，化肥和农药过量使用，如中国施用化肥的强度是世界平均水平的2.7倍，过度施用导致土壤酸化，造成的污染成本超过了增产收益；中国单位面积农药使用量是世界平均水平的2.5倍，由此带来的环境成本和经济代价越来越突出。尤其是农业化学污染和重金属污染加剧了对粮食安全的担忧，工业污染物的大量排放也影响粮食安全。

---

① 张启良：《"十连增"后我国粮食安全面面观》，国家统计局网，http://www.stats.gov.cn/tjzs/tjsj/tjcb/dysj/201407/t20140710_579579.html，2014年7月10日。

② 何维达：《我国粮食安全面临的挑战及对策》，《南方农业》2014年第35期。

废水、废气和固体废物这"三废"造成的工业污染,既是导致农业生态环境恶化也是农业粮食减产的重要原因。如果粮食生产继续透支资源环境,农业赖以生存和发展的基础被破坏,今后粮食产量的可持续增长就必然面临巨大的风险。

(四)国际粮食市场对国内市场的冲击

在贸易自由化和生产国际化背景下,国内外粮食市场的联系愈加紧密,国际粮食市场的波动对中国的粮食安全构成直接影响。一方面,近些年国际粮食市场行情波动较大,2008年国际金融危机爆发后国际市场粮食价格大跌,但2011年国际粮食价格又逼近2008年"粮食危机"前的高位,引发全球市场的普遍担忧,也使中国担心粮食安全问题。而且,全球粮食产量增幅近几年也一直低于消费量的增长,尤其是作为粮食安全重要指标的玉米的库存消费比不断下降,到2010/2011年度已降至6.8%,远低于联合国粮农组织提出的17%—18%的安全线。同时,国际粮食市场风险在增大。2012年全球100多个国家遭遇不同程度的旱灾,美国、欧盟、俄罗斯、印度、阿根廷等主要产粮区均出现不同程度减产,致使全球粮食库存下降。在这种情况下,2013年中国的稻谷、小麦、玉米三大主粮已连续2年出现净进口。因而防范国际粮食市场波动及风险对中国粮食安全的影响十分必要。另一方面,目前粮食市场最突出的矛盾是国内粮食价格变化趋势与国际市场严重背离,国内外粮食价格倒挂问题日益突出。2013年以来,大宗农产品国内市场价格普遍高于进口价格,很多用粮企业转向国际市场进口更便宜的农产品或替代品。国内生产的高成本粮食由国家托市收购,导致粮食产量、进口量、库存量"三量齐增",库存积压严重,财政负担加重。①

(五) 外资进入影响粮食安全

由于外资大量进入粮食市场特别是外资并购,使中国对粮食的控制力减弱,尤其是大豆的进口依存度扩大。国际金融危机后,国际农业资本对中国大豆和食用油市场的争夺日趋激烈。以丰益国际、嘉吉、邦基、ADM 和路易达孚为代表的跨国企业,利用资金优势,通过资本运作垄断市场,以达到操控价格、牟取巨额利润之目的。跨国巨头曾利用期货将大豆价格抬高到每吨 4300 元的历史高位,诱使国内榨油企业集中采购了约 300 万吨的美国大豆,然后又将价格压到每吨 3100 元,致使中国油脂企业半数破产。而跨国粮商则趁机通过并购、参股、合资等形式,控制了中国近 60% 的油脂企业。可以说,外资企业已经对中国的大豆产业造成损害。②

针对粮食安全存在的以上隐患和面临的挑战,2013 年 12 月召开的中央经济工作会议明确将切实保障国家粮食安全放在 2014 年经济工作六项主要任务的首位,提出必须实施以我为主、立足国内、确保产能、适度进口、科技支撑的国家粮食安全战略。在当年 12 月召开的中央农村工作会议上,再次明确强调要确保我国粮食安全,提出

---

① 李伟:《加快转变农业发展方式,为保障粮食和食品安全注入新动力——在第三届中国粮食与食品安全战略峰会上的致辞》,中国经济新闻网,http://www.cet.com.cn/wzsy/gysd/1689197.shtml, 2015 年 12 月 16 日。

② 何维达:《我国粮食安全面临的挑战及对策》,《南方农业》2014 年第 35 期。

"中国人的饭碗任何时候都要牢牢端在自己手上","我们的饭碗应该主要装中国粮";只有立足粮食基本自给,才能掌握粮食安全主动权。要进一步明确粮食安全的工作重点,合理配置资源,集中力量首先把最基本最重要的保住,确保谷物基本自给、口粮绝对安全。明确提出耕地红线要严防死守,18亿亩耕地红线仍然必须坚守,同时现有耕地面积必须保持基本稳定。2015年12月召开的中央农村工作会议继续强调,要坚持把保障国家粮食安全作为首要任务,并再次重申要确保谷物基本自给、口粮绝对安全。

2014年1月下发的"中央一号文件",提出要抓紧构建新形势下的国家粮食安全战略,进一步明确中央和地方的粮食安全责任与分工,以确保粮食安全。2015年2月下发的2015年"中央一号文件"《关于加大改革创新力度,加快农业现代化建设的若干意见》,也针对增强粮食生产能力提出了许多细化要求,包括永久基本农田划定;高标准农田建设;耕地质量保护与提升;建立粮食生产功能区,将口粮生产能力落实到田块地头、保障措施落实到具体项目;创新投融资机制,加大资金投入等。这些措施的目的是保证农业健康发展,确保粮食安全。《国民经济和社会发展第十二个五年规划纲要》提出,坚持走中国特色农业现代化道路,把保障国家粮食安全作为首要目标,加快转变农业发展方式,提高农业综合生产能力、抗风险能力和市场竞争能力。要增强粮食安全保障能力,稳定粮食播种面积、优化品种结构、提高单产和品质,广泛开展高产创建活动,粮食综合生产能力达到5.4亿吨以上。实施全国新增千亿斤粮食生产能力规划,加大粮食主产区投入和利益补偿,将粮食生产核心区和非主产区产粮大县建设成为高产稳产商品粮生产基地。严格保护耕地,加快农村土地整理复垦。加强以农田水利设施为基础的田间工程建设,改造中低产田,大规模建设旱涝保收高标准农田。加强粮食物流、储备和应急保障能力建设。《中共中央关于制定国民经济和社会发展第十三个五年规划的建议》提出,坚持最严格的耕地保护制度,坚守耕地红线,实施藏粮于地、藏粮于技战略,提高粮食产能,确保谷物基本自给、口粮绝对安全。全面划定永久基本农田,大规模推进农田水利、土地整治、中低产田改造和高标准农田建设,加强粮食等大宗农产品主产区建设,探索建立粮食生产功能区和重要农产品生产保护区。

二、俄罗斯的粮食安全问题

俄罗斯将"粮食安全"定义为:国家有能力在不受到国内外风险威胁的情况下,依靠相应的资源、潜力和保障措施,满足居民对符合通行标准的粮食数量、质量和品种的需求。[①] 对于粮食安全,也有资料提到,按照国际通行标准,只有在下述情况下才能认为俄罗斯粮食和食品安全是有保障的:如果停止从国外进口粮食和食品,依靠国内农业原料和食品的消费占比达到以下标准:马铃薯占95%、粮食占90%、奶和奶制品占90%、肉和肉制品占85%、糖和植物油占80%,即认为不会出现粮食和食品危机。[②] 就是主张以国际

[①] Проблемы продовольственной безопасности в России, http://knowledge.allbest.ru/economy.html.

[②] Глотов О. А., Продовольственная безопасность Российской Федерации: риски и угрозы, основные направления государственно-экономической политики, Известия Тульского государственного университета, Экономические и юридические науки, 2011(1-2).

通行标准来衡量俄罗斯的粮食安全。达到这些标准,粮食安全就有保障;否则,就存在粮食安全问题或隐患。俄罗斯专家认为,从粮食安全的角度出发,从国外进口食品的品种不能超过总需求的20%,进口粮食的总量不能超过30%。而有些年份俄罗斯的粮食和食品进口都超过了这个标准,因此总体而言,俄罗斯依然面临着粮食和食品安全问题。

(一)粮食安全状况

可以从不同角度按不同标准来分析俄罗斯的粮食安全问题。有学者认为,"粮食安全一般仅侧重于数量能够满足与否,这一点与食品数量安全有较大关联度。食品数量安全在很大程度上受到粮食安全的影响和制约。……俄罗斯把粮食安全与食品安全紧密地联系在一起,认为食品安全是粮食安全的核心。"因而本章着重从食品数量安全、食品质量安全和食品可持续安全三个方面来分析俄粮食和食品安全问题。[①] 实际上,还可以从粮食自给率、粮食产量和人均占有量、粮食和食品自给总水平来分析俄粮食和食品安全问题。

1. 粮食自给率

有资料显示,俄罗斯的粮食自给率曾从 1990 年的 89.9% 降至 1992 年的 74%。之后开始提高并自 2001 年起超过了 100%。另据有关资料,自 2010 年以来,俄罗斯粮食自给率除歉收的

---

① 姜振军:《俄罗斯食品安全形势及其保障措施分析》,《俄罗斯东欧中亚研究》2013 年第 35 期。

2012年为108.3%外,其余年份都超过了120%,其中,2011年达到了135.9%。2014和2015年俄粮食产量超过了一亿吨,取得了历史性的突破,粮食自给率会高于2011年的水平。因此,以粮食自给率为衡量标准,可以认为俄罗斯的粮食安全是基本上有保障的。表1反映了1990—2013年俄罗斯粮食和食品自给率的变化。

表1 俄罗斯主要粮食和食品自给率(%)

年份	安全线指标和粮食、食品自给程度			
	谷物(>95%)	马铃薯(>95%)	奶和奶制品(>90%)	肉和肉制品(>85%)
1990	89.9	105.4	88.2	88.2
1995	99.8	104.0	86.8	73.4
2000	95.9	101.2	88.6	69.1
2005	117.5	102.0	82.3	62.0
2010	122.4	101.0	80.6	72.4
2013	128.9	104.6	77.7	78.4

资料来源:Н. Шагайда, В. Узун: Продовольственная безопасность: проблемы оценки, Вопросы экономики, 2015г., № 5, С. 67.

2. 粮食产量和人均占有量

从人均粮食占有量来看,有数据显示,1990—2010年,俄罗斯人均粮食占有量有10年在600—800公斤,另有10年在400—600公斤,只有2年是在400公斤以下。① 这些数字表明,在多数年份,俄罗斯人均粮食占有量高于世界粮食安全标准(人均400公斤),表明俄罗斯粮食能够自给自足,粮食安全有保障。此后,2011年俄罗斯农业又获丰收,粮食产量达9420万吨,较上一年大幅增长

---

① Российские реформы в цифрах и фактах, http://kaivg.narod.ru.

54.6%。2012年俄粮食歉收,总产量为7040万吨,与上年的9420万吨相比减少了25.3%。2013年粮食产量又回升到9100万吨。2014年俄粮食产量自2008年以来首次超过一亿吨,达到1.052亿吨。2015年农业又将取得好收成,产量也将超过一亿吨,截至10月6日已经收获粮食9850万吨。2014年7月到2015年7月俄出口粮食3050万吨。① 总体而言,自2011年至今,俄罗斯继续保持了粮食基本自给有余的势头。2014年和2015年这两年的人均粮食占有量均超过700公斤,大大超过世界的平均水平。基于此,俄总理梅德韦杰夫2014年11月24日在俄罗斯经济现代化和创新发展总统委员会主席团会议上表示,俄罗斯在满足国内粮食需求方面没有问题。考虑到俄罗斯拥有的丰富水资源、耕地资源等,俄完全可以成为世界粮食生产大国。他指出,2014年粮食产量达到一亿多吨,远远超出了保证俄罗斯粮食安全所需要的数量。因此,如果以粮食总产量和人均占有量为衡量标准,俄罗斯也具备了粮食安全的基本条件。

3. 粮食和食品自给总水平

粮食和食品自给总水平是衡量俄罗斯粮食和食品安全的综合性标准。根据表1,按照粮食和食品自给安全线指标和通行标准,1990—2013年,俄罗斯除谷物外,马铃薯也完全达到并超过了自给自足水平。但奶和奶制品的自给率自1990年以来至今均未达到90%的水平,2013年甚至降到77.7%,大大低于90%这一食品安全线标准。肉和肉制品除1990年超过了85%的食品安全最低线而

---

① 《俄罗斯今年粮食丰收产量将过亿吨》,环球网,http://world.huanqiu.com/hot/2015-10/7697768.html,2015年10月7日。

达到88.2%外,其余年份均在85%的安全线标准以下,最低年份的2005年仅为62%,最高年份的2013年也只有78.4%。据资料显示,糖的自给率2007—2011年一直低于安全线标准(80%),分别为52.7%、57.6%、64.4%、58.0%和61.7%,只是在2012年和2013年才达到了87.8%和82.3%。而植物油自给率自2007年以来一直在80%这一安全线标准以上,2007—2013年分别为91.8%、84.0%、109.5%、93.8%、101.7%、132.4%和132.6%。① 因此,总的来说俄罗斯的食品安全形势仍不容乐观。而如果从粮食和食品自给总水平综合看,如表2所示,1997—2013年俄罗斯粮食和食品自给总水平均低于90%,而且除1999年的最低水平79%和2012年的最高水平89%外,近十多年来俄粮食和食品自给总水平一直在86%—88%小幅波动。另据有关资料,虽然粮食产量基本有保障,但是近些年俄罗斯本国生产的食品仅能满足国内需求的约50%,进口食品已占其总需求的30%—50%。② 综上所述,总体而言,俄罗斯依然存在着粮食和食品安全问题。

表2 俄罗斯粮食和食品自给总水平

年份	食品和农产品出口/进口(百万美元)		进出口余额			居民食品支出(亿卢布)	粮食和食品自给总水平(%)
	出口	进口	百万美元	美元年均汇率	亿卢布		
1997	1600	13278	11678	5.8	675	4099	84
1998	1462	10820	9358	9.7	907	5284	83

---

① Н. Шагайда, В. Узун, Продовольственная безопасность: проблемы оценки, *Вопросы экономики*, 2015(5):68.
② 王殿华,拉娜:《俄罗斯粮食安全与政策评析》,《俄罗斯东欧中亚研究》2013年第3期。

续表

1999	976	8073	7097	24.6	1747	8278	79
2000	1623	7384	5761	28.1	1620	11211	86
2001	1887	9205	7318	29.2	2136	14958	86
2002	2801	10380	7579	31.4	2378	17810	87
2003	3411	12043	8632	30.7	2649	20266	87
2004	3292	13854	10562	28.8	3042	23039	87
2005	4492	17430	12938	28.2	3654	27639	87
2006	5514	21640	16126	27.2	4382	30583	86
2007	9090	27626	18536	25.6	4740	35240	87
2008	9278	35189	25911	24.9	6443	46497	86
2009	9967	30015	20048	31.8	6370	51188	88
2010	8755	36398	27643	30.4	8396	58005	86
2011	13330	42535	29205	29.4	8587	64295	87
2012	16663	40384	23721	31.0	7365	68669	89
2013	16228	43165	26937	31.8	8571	73919	88

资料来源：Н. Шагайда, В. Узун: Продовольственная безопасность: проблемы оценки, Вопросы экономики, 2015г., № 5, С. 69.

（二）影响粮食安全的主要因素

影响俄罗斯粮食和食品安全的因素是多方面的，既有客观因素，也有人为因素；既有国内因素，也有国际因素。

1. 不利的气候条件造成农业受灾粮食减产

特殊的地理位置使俄罗斯大部分地区时常受恶劣的气候条件影响，致使农业歉收和粮食减产。早在 1998 年，由于受旱灾的大面积侵袭，俄谷物总产量比 1997 年减少了 4000 多万吨。2009 年旱灾致使俄 15 个联邦主体的谷物总产量减少了约 1300 万吨。2010 年俄罗斯遭遇罕见高温干旱天气,受灾耕地面积达到 1330 万公顷,粮食产量降至约 6000 万吨。为稳定国内粮食市场,自 2010 年 8 月俄政府禁止粮食出口直至 2011 年 7 月 1 日。2011 年冬季的天气条件对俄农业生产也带来了不利影响,严寒天气影响了秋播作物的产量,而此后持续出现的旱情再度对俄粮食收成造成严重影响。2012 年全俄有 16 个联邦主体遭受旱灾,受旱耕地面积为 440 万公顷,占总播种面积的 5%—6%。除干旱外,严冬、火灾,以及南部粮食产区的洪灾也对粮食生产造成了较大影响。据统计,2012 年的一系列异常天气给俄罗斯农业造成了 330 亿卢布(约合 10.5 亿美元)的经济损失。

自然灾害造成的农业受灾和粮食减产,直接威胁到俄罗斯的粮食安全,也由于歉收导致食品价格上涨,出现食品安全问题。面对粮食和食品安全的挑战,俄罗斯不得不采取一些必要措施,如 2012 年 7 月俄总理梅德韦杰夫责成农业部制定防止食品和粮价暴涨的一揽子措施,包括对粮价进行干预,设置粮食最高售价;对农业生产者实行资金补贴;延长用于采购农业设备的贷款期限等。

2. 农田退化或闲置荒芜

农田是保证粮食安全的基础性条件。但近几十年来,俄罗斯一直面临着两大难题:一是农田退化严重。中强酸性的农田超过了 3600 万公顷,酸性土壤的面积增加了 3210 万公顷,其中包括耕地 2150 万公顷。约占俄罗斯国土面积 7% 的黑钙土,其中的 40% 适于农耕,在这片"黑土地"上耕种的农作物产量约占俄农作物年总产量的 2/3。但由于过度耕种、土壤改良缓慢等土地保护不力因素的影响,使俄罗斯黑钙土逐渐呈现出灰化酸性土的特征,其中约

60%的黑钙土已明显退化。农田大面积的严重退化,使俄农产品每年减产3700万吨以上(折算成谷物)。二是由于一些地区自然条件恶劣、农村人口持续减少、土地退化等因素,俄罗斯大量的农田闲置荒芜。据俄罗斯农业部的数据,荒芜农田面积数量近1000万公顷(有资料认为约有1800万公顷),主要分布在乌拉尔和西伯利亚地区。《纽约时报》认为,"俄拥有全球最大规模的闲置耕地。"

3. 农业物质技术基础薄弱

俄罗斯农业面临的最突出问题是农业生产装备和农业技术落后。长期以来,由于俄罗斯对农业的投资严重不足,加之吸引外资乏力(截至2013年年底,俄农业部门累计外资余额仅为27.5亿美元,其中,2013年吸引外资6.1亿美元),造成农业物质技术基础越来越薄弱,农业机械化水平也在降低。据俄罗斯农业科学院的统计,由于物流、仓储、运输体系发展滞后以及技术和设备不足等原因,每年造成的谷物损失达到1500万—2000万吨、肉100万吨、牛奶700万吨。[①] 俄罗斯国家粮食生产者联合会也认为,俄农业企业面临灾难性的物资技术保障形势。主要表现之一是收割和播种技术设备不足,农场无法在最佳时间完成播种和收割工作,如每年为完成全部谷物收割任务,需要增加28万台拖拉机和9万台收割机。由于技术基础薄弱,俄罗斯农工综合体每年损失的粮食高达2000万吨。

俄罗斯每年对新农业机械和设备的需求量约合30多亿美元,而国内的农业设备制造只能满足实际需求的35%—60%。尽管市

---

① 李建民:《中俄农业合作新论》,中华网,http://hlj.china.com/food/meishihui/11156100/20150508/19654287_all.html,2015年5月8日。

场需求巨大,但资金匮乏限制了农业机械设备的制造和进口。为此,俄农业部计划增加对农业部门农机供应,帮助农业设备更新,以加强农业物质技术基础。此外,还建议将农业机械补贴从15%增加到25%。

4. 谷物大量出口

俄罗斯是谷物出口大国,已成为全球第三大小麦出口国。有资料显示,近几年俄罗斯谷物出口数量庞大。2011年7月1日俄取消谷物出口禁令,恢复谷物出口,使当年谷物出口量就超过了1500万吨。2012年俄出口谷物总量为2715万吨。2013年谷物出口1900万吨;2014年俄罗斯谷物丰产,谷物出口达2530万吨;2015年俄谷物出口预测为2500万—3000万吨,1月1日—9月21日已出口谷物及其加工产品2247万吨,其中包括小麦1322万吨。

过去十年间,俄罗斯曾不止一次地实施过限制谷物出口的措施。2004年曾对谷物出口征收关税;在2007年和2008年的全球食品危机期间对小麦的出口征收过保护性关税;2010年因为干旱造成产量大降而迫使俄政府直接禁止谷物出口。特别是自2015年年初,俄开始强化对谷物出口的非正式限制,还曾决定从2015年2月1日起实施谷物出口关税等一系列限制谷物出口的措施。俄罗斯之所以实行限制谷物出口的政策,主要目的是为了防止国内粮食市场的供应短缺。同时,俄希望出口限制措施能够给国内粮价降温,遏制食品通货膨胀。俄罗斯总理梅德韦杰夫在2014年曾表示,当年俄罗斯粮食产量大幅增加,粮食的出口量也显著提升。但国家必须保有一定量的储备以确保国内粮食安全。

5. 西方经济制裁对食品安全的影响

2014年7月,由于乌克兰危机而导致以美国和欧盟为首的西方对俄罗斯实施为期一年的制裁。与此同时,俄罗斯也对西方的制裁采取了报复性措施,宣布禁止进口来自欧美的多种食品及农产品。俄政府宣布在未来一年内,禁止从欧盟、美国、加拿大、澳大利亚和挪威进口一系列食品,包括牛肉、猪肉、水果、蔬菜和乳制品等。2015年6月,欧盟又宣布延长对俄经济制裁6个月至2016年1月31日,俄罗斯也宣布延长对西方国家食品禁运6个月作为对欧盟决定的反击。

在俄罗斯禁止从欧盟进口食品后,土耳其一度成为俄所需农产品的重要供应国。然而,由于2015年11月24日土耳其在土叙边境附近击落一架俄罗斯战机,使得俄罗斯与土耳其关系急剧恶化。俄罗斯总理梅德韦杰夫12月1日签署政府令对土耳其实施制裁,其中包括自2016年1月1日起禁止从土耳其进口一系列蔬菜、水果、家禽和盐类商品。2015年12月21日梅德韦杰夫又签署命令,决定自2016年1月1日起对从乌克兰进口商品征收关税,并禁止进口乌克兰食品。俄罗斯已经禁止从欧盟和土耳其进口农产品,此次再禁止从乌克兰进口食品,会导致俄国内食品供应进一步紧张。

据俄罗斯关税总局统计,2013年俄罗斯进口食品额为430亿美元,占进口总额的13.4%。根据经济发展与贸易部的数据,以零售价格计算,进口食品的比例为25%—30%。不同食品进口的占比也不相同,奶酪的比例超过50%,酒类占35%,牛肉占60%,禽类为35%,植物油为16%,罐头占19%。而欧盟官方数据显示,进口食品占俄消费食品总量的35%,其中从欧盟国家进口占到10%。因此,无论从俄罗斯的数据还是从欧盟的数据看,禁止进口欧盟和西方国家的食品会给俄罗斯的食品供应造成较大影响。一些美欧官员、专家和媒体甚至认定,俄罗斯会是这场"食品战"的最大输家。在这种情况下,俄罗斯必须采取措施进一步提高本国农产品产量,加快实现农产品进口替代,以实现粮食和食品安全。

(三) 保障粮食安全的政策措施

俄罗斯把粮食安全作为国家经济安全的重要组成部分,将其提升到维护国家地位和主权的高度,视为国家的首要任务之一。在俄罗斯独立后的经济转轨初期,由于经济滑坡和不利的气候条件,致使农业减产和农业总产值下降、居民食品消费量减少,加之受粮食市场不健全等因素的影响,俄罗斯面临着粮食安全问题。但近些年来,俄罗斯政府越来越重视粮食安全问题。早在2009年5月通过的《俄罗斯联邦2020年前国家安全战略》,其中就有对粮食安全的明确规定:要对主要食品实行进口替代;防止土地资源枯竭,防止农业用地和耕地减少;防止国家谷物市场被外国公司占领;防止不受监督地推广来自转基因植物(利用转基因微生物和类似的转基因微生物)的食品,以保障食品安全。[①]

此后,为补充和细化国家安全战略中关于粮食安全的内容,2010年2月1日时任俄罗斯总统的梅德韦杰夫签署命令,批准通过了《俄罗斯联邦粮食安全准则》。其主旨是为居民提供可靠的食品保障,特别是保障偏远地区的粮食供应和最贫困人口的饮食;发展本国农业和渔业,降低国内农业和渔业对外国技术和设备的依

---

① 《俄罗斯联邦2020年前国家安全战略》,http://www.cetin.net.cn/cetin2/servlet/cetin/action/HtmlDocumentAction? baseid=1&docno=385648。

赖;对影响粮食市场稳定的内部及外部威胁做出快速反应,并有效参与国际粮食安全合作等。该准则提出,为确保俄粮食安全,必须稳定国内生产,并保证必要的储备;要求对粮食安全提供及时预报,查明和预防可能影响粮食安全的内部及外部威胁,并及时消除其不良后果。根据当时的规划,为保证粮食安全,在今后几年内俄罗斯中央财政每年用于扶持农业发展的资金将达到1600亿—1700亿卢布。而到2015年,俄罗斯政府和地方政府分别拨款1900亿卢布(约合31.79亿美元)和660亿卢布(约合11.04亿美元)用于完成国家农业领域发展计划。

于2013年1月1日生效的《俄罗斯联邦2013—2020年农业发展和农产品、原料、食品市场调控国家纲要》(第717号政府令)提出的目标是:确保国家粮食安全,主要措施是刺激农产品和食品生产的增长,实行进口替代政策,通过限制农产品的进口来提升本国农产品的生产能力,保证俄罗斯的食品自给率达到《俄罗斯联邦粮食安全准则》提出的标准;形成完善的农产品市场,推进其市场化进程;激励农业创新,通过农工综合体的创新发展提高俄罗斯农产品在国内和国际市场上的竞争力;实现农业综合体的金融稳定;确保农业耕地的有效使用,土地的复垦开发应当用于农业;确保农村地区的可持续发展。通过以上措施,要使满足消费的粮食和食品的自给率至少达到以下标准:谷物和土豆95%、肉和肉制品85%、渔产品80%、奶和奶制品90%。另有资料显示,按该规划纲要,到2020年,俄罗斯粮食自给程度将再度提高:粮食自给率为99.7%,甜菜和糖为93.2%,植物油为87.7%,土豆为98.7%,肉类为91.5%,奶类为90.2%。农业的盈利将为农村带来每年3.1%的固定资产增长率。农业从业人员的工资水平将达到全国平均水平的55%。另外,俄罗斯还计划扩大种植面积,将土地复垦开发、保持和提升土壤肥力以及农村可持续发展分别列为专题加以指导,以保证俄罗斯粮食长期自给自足。①

三、简要评述

根据联合国世界粮食计划署和英国著名风险分析公司 Maplecroft 公布的"2010年和2011年粮食安全风险指数",中国和俄罗斯均属"中度风险"国家。因此,中俄两国对粮食安全问题不能掉以轻心。中国面临粮食安全风险主要是由于人口众多,容易出现粮食缺口;耕地有限且数量持续减少,迫近耕地红线;生态环境恶化和污染严重;国际粮食市场波动对国内市场形成冲击;由于外资大量进入粮食市场特别是外资并购,使中国对粮食的控制力减弱,影响粮食安全。而对俄罗斯而言,粮食安全受到威胁,主要是不利的气候条件特别是自然灾害造成农业受灾粮食减产;农田退化或闲置荒芜削弱了保证粮食安全的基础性条件;农业物质技术基础薄弱尤其是农业生产装备和农业技术落后成为俄罗斯农业和保证粮食生产面临的突出问题;谷物出口数量庞大,影响到国内谷物供应,使俄罗斯曾不止一次地实施过限制谷物出口的措施;西方经济制裁对俄食品安全构成较大影响和威胁。

---

① 徐振伟、王旭隆:《俄罗斯农业生产与粮食安全评析》,《欧亚经济》2015年第4期,第55页。

虽然由于中俄两国国情不同,两国面临的粮食安全风险和问题各不相同,但应对粮食安全的挑战对两国是共同的。中俄两国除了各自采取不同措施防范粮食安全风险、保障粮食安全外,在以下两个方面相互借鉴对方经验和做法很有必要:一是将粮食安全作为国家安全法的重要组成部分。俄罗斯在2009年5月通过的《俄罗斯联邦2020年前国家安全战略》中,就对粮食安全作了明确规定。中国经2015年7月1日第十二届全国人民代表大会常务委员会第十五次会议通过的国家安全法,也将粮食安全列入其中,第二十二条规定:"国家健全粮食安全保障体系,保护和提高粮食综合生产能力,完善粮食储备制度、流通体系和市场调控机制,健全粮食安全预警制度,保障粮食供给和质量安全。"

二是注重政府对粮食市场的适度干预和调控。自2004年全面放开粮食市场,实行粮食流通体制市场化改革以来,中国政府不断完善粮食价格和市场调控机制,通过实施最低收购价、临时收储、政策性收储粮食拍卖等市场干预政策,掌握了市场上的大部分粮源,粮食市场供应主要依赖政府拍卖政策性粮食库存,形成了政府调控政策主导粮食市场基本走向的格局。自2008年起,政府连续多年提高小麦和稻谷的最低收购价格。而俄罗斯也认为,构建新型粮食供给和调控体系对粮食安全有重要意义。粮食市场失灵要求国家对粮食和食品销售过程加以适度干预,以提高粮食安全度。仅从近几年的情况看,为平抑国内粮价,俄罗斯政府曾于2012年10月23日正式启动粮食价格干预措施。2013年2月,为了稳定国内粮价并为春耕做准备,俄政府也曾动用国家粮食储备干预粮食市场,使国内粮食价格从2013年3月以来一路走低,后来农业部减小了粮价干预力度。2015年3月,俄罗斯政府再度对粮食市场实行干预。有资料显示,在干预过程中,政府3月17日共采购粮食23220吨,合计2.333亿卢布;18日采购22550吨,合计2.195亿卢布。截至2015年3月18日,俄动用干预基金共采购3级小麦87885吨、4级小麦63180吨、饲料小麦69930吨、粮食黑麦93285吨、饲料大麦113650吨。在整个粮食采购干预时期,共购进粮食427930吨,合计29.23亿卢布。[①] 实践表明,俄罗斯政府对粮食市场的干预和调控是有效的。

(原载《东北亚论坛》2016年第3期)

---

① 《俄罗斯的国家粮食采购量增加了5倍》,中俄经贸合作网,http://www.crc.mofcom.gov.cn/article/jingmaozixun/201503/99478_1.html,2015年3月24日。

俄罗斯创新发展战略及其实施效应

刁秀华　郭连成

当今社会，创新经济是每个国家尤其是转轨国家经济发展道路的必然选择，通过创新发展，不仅能够提高本国产品的市场竞争力，恢复民族企业的活力，使国内的经济得到复苏与发展，而且还能够保证国家的安全和社会的根本稳定。俄罗斯政府认为，科学技术是唯一能够使国内经济步入稳定发展道路的力量。为了使科技能够在经济发展中发挥其自身的关键作用，近年来国家不断在科技创新方面制定发展战略并采取各种措施。目前，俄罗斯创新战略已经上升为国家的发展战略。

一、俄罗斯国家创新发展战略制定的背景与动因

一是加快经济现代化进程的需要。俄罗斯在2020年前远景战略中明确提出，要走创新发展实现经济现代化之路。这是因为，俄罗斯的工业体系自转轨以来一直比较落后，机械设备严重老化，无法满足经济现代化的要求。除了食品加工业进行了设备更新外，俄罗斯工业体系中其他大部分设备均处于被淘汰的状况。这些设备不仅难以生产具有竞争力的产品，更不能依靠它们来发展创新

经济。为了提高工业、基础设施及服务领域的竞争力，只能靠科技实现创新发展，使工业劳动生产率达到或超过世界先进水平，依靠现代化技术和管理来优先发展具有竞争力的行业，如制药业、复合材料、化学工业、非金属材料、航空工业、信息技术和纳米技术等，使工业生产实现高度的自动化。可见，俄罗斯的工业企业要想提高国际竞争力，早日实现经济现代化的目标，就必须实施现代化战略，必须在整个生产领域进行技术创新。

二是加快经济结构调整的需要。长期以来，俄罗斯经济就存在着结构性问题，经济发展模式过分依赖能源产业，导致经济发展具有较大的脆弱性。这种情况不仅不利于国内经济的稳定增长，而且对经济的长期发展产生不利影响。普京在2012年12月12日发表的国情咨文中曾指出，当前俄罗斯所依赖的原料增长模式的潜力已经耗尽。为了更好地适应经济发展的需要，俄罗斯政府不断理顺国家的经济发展思路，不断完善国家的发展战略，更加重视国家的创新发展问题，力争通过创新发展之路来解决经济中的结构性问题，实现经济增长方式及发展模式的变革。因此，加快技术创新，摆脱对原材料出口的过度依赖，发展高效和低能耗的创新型经济，实现经济多元化发展，成为当前以及今后一段时期俄罗斯经济政策的主要方向。

三是提高企业创新积极性的需要。企业的技术创新是俄政府部门、企业及学术界共同关注的一个焦点问题。尽管俄罗斯科技创新潜力较大，但缺乏创新活力。很多行业的企业并不热衷于创新活动，行政壁垒和垄断程度较高的行业对创新兴趣不高，只有食品行业因可将成本不高的新技术迅速转化为新产品并获得收益而积极参与创新活动，许多大型资本尚未对创新项目及具有竞争力的行业进行投资,而作为创新主体的中小企业因面临税费较高、融资困难等诸多问题,也不愿意参与高风险的创新活动。实际上,创新活动需要所有企业的参与,尤其是大型企业的参与。企业要想强大,必须拥有核心竞争力,为此企业必须引入创新机制,不断进行技术创新,这是保持其稳定发展和参与市场竞争的重要战略。从这一角度看,对俄罗斯而言,如何提高企业的创新积极性是实现创新战略的关键所在。

四是迎接第六次科技革命挑战的需要。世界经济发展历史表明,科学技术是推动经济发展的主导力量。各国经济社会的发展,其核心均与科技创新有着密切的联系。特别是在当今这个市场国际化、生产快速化及科技高速化发展的时代,科技创新对经济发展所起的作用尤为重要。当今世界经济增长的90%是靠新知识、新技术的推广和应用来实现的。根据许多学者的研究表明,在保持当前经济技术发展速度的情况下,第六次科技革命的开始时间为2010—2020年,而最终将于2040年在美国出现。当前,第五次科技革命的技术在美国生产力中所占的比重为60%,第四次科技革命所占比重为20%,第六次科技革命的占比约为5%[①]。而在俄罗斯,第五次科技革命的技术在生产力中所占比重尚未超过10%,一半以上的技术还处于第四次科技革命的水平,且有1/3仍属于第三次科技革命的技术[②]。可见,俄罗斯拥有的科技水平远未形成现实的竞争优势。为了缩小与西方发达国家之间的经济技术差距,

---

① Каблов, Е. Шестой технологический уклад. Наука и жизнь, 2010, (4):3.
② Мальгин, В. А., России необходима структурная перестройка инновационной системы, Актуальные проблемы экономики и права, 2012, (3): 11-12.

俄罗斯在关注经济发展速度的同时,更加重视经济发展质量,不断加速技术进步,力争抓住第六次科技革命带来的机遇,以实现质量型的经济增长。

二、俄罗斯国家创新发展战略及其保障措施

创新战略在解决社会、经济、投资、生态和对外政策的主要任务、建立国家创新体系方面具有重要作用。近些年来,俄罗斯制定并实施了许多有关创新的政策、构想及战略,不断加大对创新活动的支持力度,实施了一系列研发综合措施,加快建设创新基础设施。

(一)俄罗斯国家创新发展战略的任务与目标

苏联解体后,早在1999年俄罗斯就出台了关于创新活动和国家创新政策的联邦法律,确立了创新政策的主要内容。为贯彻落实科技创新政策,同年5月,俄罗斯成立了俄联邦政府科学创新政策委员会。2002年3月,俄总统普京签署命令正式批准了《2010年前俄罗斯联邦科技发展基本政策》,确定了国家科技发展政策的方针、目标、任务、实施途径,以及促进科研和科技创新活动的一系列措施,规定建立完善的国家创新体系是国家创新政策的最重要方向,在加速国家经济向创新发展过渡的同时,大力发掘国家经济和科技潜力,建立高效、灵活和适宜的俄罗斯新经济体系。同年10月,俄罗斯政府批准了《俄联邦社会经济发展中期纲要》,把加快发

展"新经济"、"提高产品的高科技含量"和"提升俄罗斯经济的国际竞争力"作为经济强国的一项重大战略任务。

此后,为了继续调整和加快创新进程,2002年4月俄罗斯出台了《2002—2005年俄联邦国家创新政策构想》,明确将提高产业技术水平和竞争力、确保创新产品进入国内外市场作为国家创新政策所要达到的主要目的,并规定了为达到此目的政府所应做的具体工作。2003年,普京在国家杜马发表了经济必须实现多元化发展的讲话后,俄罗斯政府立即成立了工业政策委员会,开始积极探讨发展高新技术产业的政策措施。2005年8月,俄罗斯政府批准了《2010年前俄罗斯联邦创新发展体系基本政策方向》,这既是指导俄罗斯国家创新体系建设的基本文件,也是俄罗斯国家创新体系建设的中期规划。2006年,俄罗斯政府批准了《2015年前俄联邦科技与创新发展战略》。2008年11月,俄总理普京批准了《2020年前俄罗斯经济社会长期发展构想》,指出2012年前俄罗斯将为经济转型创造条件,2012—2020年将开始发展创新型经济。

2010年12月末,在《2020年前俄罗斯社会经济长期发展构想》的基础上,俄罗斯经济发展部研究制定了《俄罗斯联邦2020年前创新发展战略》。此后,俄罗斯经济发展部一直对该战略进行修订,并会同俄罗斯财政部、区域发展部、教育与科学部等部门协调立场。2011年12月8日,《俄罗斯联邦2020年前创新发展战略》新版本出台,提出要恢复俄罗斯在世界基础科学领域的领先地位,对2020年前俄罗斯创新战略的目标、任务、实施阶段等方面作了较为明确的规划,指出只有建立强大的创新型经济,俄罗斯国家长期发展的宏伟目标才能够实现,即才能使民众享受到高水平的福利,并充分发挥俄罗斯作为全球大国在地缘政治中的作用。2012

年1月,俄罗斯批准了《2020年前及未来一段时期俄联邦科技发展领域基本政策》。同年12月,俄政府通过《俄联邦2013—2020年科学与技术发展国家纲要》,将研发重点主要集中在纳米、信息技术、能源以及资源利用等领域。

在2011年年末出台的《俄罗斯联邦2020年前创新发展战略》中提出,到2020年高技术产品在俄罗斯GDP中所占份额要从当前的10.9%增加到17%—20%,即提高一倍左右;创新产品在工业产值中所占比重提高5—6倍;到2020年,包括核能、航空和航天器材在内的高技术产品和知识型服务所占比重要提高到5%—10%,在国际上位于第5—7名。该战略的实施分为两个阶段:第一阶段为2011—2013年,主要任务是从整体上提高商业和经济对创新的敏感度;第二阶段为2014—2020年,计划对工业进行大规模的技术改造和现代化改造,从2014年起拟进行大规模的军备重装,构建有工作能力的国家创新体系,提供财政激励,吸引科学家、企业家和专业人士等进入创新领域,并拟对公共部门进行现代化,将应用现代技术建立"电子政府",把大多数公共服务转换为电子形式。同时,新版本还补充了"预算战略"、"能源战略"、"运输战略"等内容,以实现"全系统创新"。

《俄罗斯联邦2020年前创新发展战略》提出如下一些目标:一是俄罗斯国内研发支出在GDP中所占比重到2020年将达到2.5%—3%(2009年为1.24%),其中一半以上的研发资金将来自于私营企业;二是俄科研人员在全球科技刊物上发表的科研论文数量到2020年时达到5%(2008年为2.5%);三是俄科研人员的科学论文引用率到2020年提升到平均每篇论文被引用5次(2009年时该数值为2.4);四是到2020年按照国际评级标准俄罗斯至少有

5所大学跻身于世界大学前200名之列(2009年为零);五是到2020年俄罗斯大学的科研经费在全国科研总经费中的比例将提高到30%;六是到2020年俄罗斯自然人和法人单位每年在美国、日本和欧盟等国家和地区的专利部门中登记注册的专利数量达到2500—3000件(2008年仅为63件)①。

为了监察创新战略的成果,2012年6月,按照《俄罗斯联邦2020年前创新发展战略》的规定,俄罗斯成立了经济现代化和创新发展委员会。该委员会定期向总统经济现代化和技术发展委员会报告,并向国家杜马作年度报告。同年10月24日,该委员会召开了首次会议。在此次会议上,俄总统普京强调了经济现代化对于俄罗斯的重要性,认为它是促进俄经济发展、提升俄经济在全球竞争中的地位以及为俄罗斯人民自我发展创造良好条件的重要途径。今后,俄罗斯经济现代化和创新发展委员会的工作主要包括以下两方面:一方面,继续完善科研体系,为经济现代化、创新活动及创新技术商业化创造综合的发展环境;另一方面,在具体的经济领域,特别是在生物、纳米技术、新材料、未来医疗、节能技术、信息化、航空、核技术、煤炭及其他资源的有效开采与加工技术领域制定计划②。

(二)俄罗斯国家创新发展战略的保障措施

第一,加大政策支持力度。俄罗斯不断完善创新机制,为了激

---

① 《俄颁布创新发展战略》,http://www.most.gov.cn/gnwkjdt/201201/t20120110_91834.htm,2012年1月11日。
② Заседание Совета по модернизации экономики и инновационному развитию,http://президент.рф,2012-10-24.

活企业的创新能力,俄政府不断改进税收条件和服务环境,为中小型创新企业制定强制保险的附加优惠条件,为其利用资本收益扩大税收优惠,重点为企业工程技术业务和IT业务提供税收减免和强制保险等优惠,在反垄断领域将进一步简化兼并与收购程序。俄政府提出将对国内所有创新领域及其资金来源、组织机构进行结构改造,逐渐把宏观金融调控方向转向国家有针对性支持的创新活动上,为科研组织在资金、税收、信贷、风险保障等各个环节提供全面的政策优惠。如对创新企业提供税收优惠政策,宣布在财经领域不再开征新的税种,且自2011年1月1日起取消了长期投资的收入税,在斯科尔科沃创新中心,投资者可享受到如下优惠政策:在税收方面,自在该创新区注册登记起,10年内年收入不到10亿卢布及累计利润未达3亿卢布的企业,可免利润税、财产税和土地税,可减免增值税和企业为员工交纳的社保费率等;在关税方面,创新中心内的企业可以免税进口用于建筑和装修以及专家工作所需的商品。

第二,加快创新基础设施的建设。为了加大在全球竞争中的优势,近年来俄罗斯不断建立和发展创新基础设施和创新活动咨询服务网,如在莫斯科郊区建立斯科尔科沃创新中心(即"俄罗斯硅谷"),建立新西伯利亚科技园、莫斯科国立大学科技园以及日古力谷科技园,等等。据俄罗斯政府预计,在斯科尔科沃创新中心工作和生活的人将达到2.5万—3万人,这些人将主要研发新的太空和通讯产品、核技术、生物科技、创新型医疗设备、信息技术、清洁能源和新型LED灯等节能产品。而信息技术、航天技术、生物技术、核能和节能是斯科尔科沃创新中心的5大优先研发方向。此外,俄罗斯还推动建立和发展科技领域小企业、知识产权和科技服务交易所,建立强大的、全方位的现代化研究开发中心,不断优化技术创新的环境,建立和完善信息保障体系,其中包括法律、行政、技术、营销许可信息、为参与创新进程的企业和私人提供一系列实用的服务信息。同时,还不断建立并完善开放的信息,引入和建立特殊形式的投资公司(如天使投资基金、风险投资基金)等有利于创新经济发展的基础设施。

第三,加大对创新领域的投资力度。俄罗斯不断完善投资环境和竞争环境,对重点科技领域的发展给予支持,为创新项目吸引从原始资本到投资组合及战略投资等各种水平的投资资本。在斯科尔科沃创新中心建设中,俄联邦政府计划在2011—2013年为其提供850亿卢布的启动资金支持,用于基础设施建设和项目研发。在《俄罗斯联邦2020年前创新发展战略》中,提出未来10年激励和扶持创新的措施,将进一步加大国家在创新发展中参与及投资的力度,将建立有效的物质和精神刺激因素,以激励那些专业技能较强的专业人才、更具主动性的企业经营人员、更善于创造的青年进入经济领域,或进入能够保障创新发展的教育和科技领域。根据该战略,到2020年俄罗斯国内研发支出应占GDP的2.5%—3%(2010年为1.3%),其中国家财政拨款不低于45%,从事技术创新的企业占全部企业的比重应达到40%—50%(2009年为9.4%)[1]。此后,普京在《我们需要新经济》一文中明确提出"私营企业应该把其总收入的3%—5%投向研发领域。"[2]

第四,加强科技与创新人才的培养。建设创新型国家的关键

---

[1] Стратегия инновационного развития Российской Федерации на период до 2020 года, http://minsvyaz.ru/common/upload/2227-pril.pdf, 2014-01-09.

[2] Путин, В.В., Нам нужна новая экономика, Ведомости, 2012-01-30.

在于人才,特别是创新型科技人才。俄总统普京认为,发展创新型经济必须从提高教育质量开始,因为创新不只局限于理念层面,某种程度上更需要大量受过高等教育的人才。因此,俄罗斯提出在增加人口数量的同时,还要提升人口素质,以便为创新型国家建设注入动力,而从企业角度来看,只有拥有了具备技术创新的核心人才,企业才有开展技术创新的可能性。为推进国家创新经济发展,俄罗斯制定了教育—科学—生产一体化发展大纲。如今,俄罗斯把增强高校国际竞争力作为国家政策,提出必须在2020年前拥有数所世界级水平的高校,2018年前俄政府用于科技创新的投资将增加数倍。到2020年,高新技术行业在GDP中的比重应该比目前提高50%,高新技术产品出口应比目前增加一倍①。在《俄罗斯联邦2020年前创新发展战略》中,提出今后要培养公民不断学习和不断完善的能力;要激发人们对新知识的渴求,培养他们的创造力、管理能力及独立工作的能力;培养他们能够在团队和激烈竞争的环境中生存的能力;培养人们运用外语的能力,培养他们能够自如地利用外语进行日常性和事务性交谈的能力②。

  第五,加快创新人才的引进。为了在世界技术市场角逐中形成新的竞争优势,俄罗斯不断创造条件吸引顶尖科学家、工程师、设计师、程序员、经理和金融家,如通过设立特殊津贴为俄罗斯大学吸引国际权威的科学家。而为了吸引国外高水平科技人才进入斯科尔科沃创新中心,俄罗斯对劳动法进行了修改,简化、逐渐取

---

① 《普京说俄罗斯必须发展创新型经济实现经济多元化》,http://news.xinhuanet.com/world/2012-01/30/c_111472077.htm,2012年1月30日。
② 江竹君:《俄政府批准〈2020年前俄罗斯创新发展战略〉》,http://intl.ce.cn/specials/zxgjzh/201112/21/t20111221_22937664.shtml,2011年12月21日。

消外国专家的工作配额、移民登记与劳动许可制度,为进驻中心的企业提供便利,企业无需发放邀请便可从国外聘请专家,并获得外国人工作许可证。如今,俄罗斯已引进了国外一些著名的企业家以及许多世界级的科学家参与创新中心的管理,如英特尔前董事长克瑞格·贝瑞特(Craig Barrett)任斯科尔科沃基金会理事会主席,而在该创新中心非常关键的科技咨询委员会中,也有外方科学家出任主席。

第六,积极借鉴国外创新领域的先进经验。俄罗斯许多著名经济学家认为,美国和法国在解决科技创新问题方面具有值得借鉴的经验,尤其是隶属美国总统的国家科学基金在这方面起到了很大的作用。他们认为,俄罗斯应学习美国在建立和发展风险投资方面的政策,借鉴美国技术创新的运行体制经验,并提议建立隶属俄联邦总统的科技管理机构,该机构的主要任务是管理科技政策,以便加快发展俄罗斯的创新进程和获得新的实际成效。该管理机构可拥有以下一些功能:一是建立俄联邦科技政策基本原则;二是制定解决俄罗斯经济现代化任务、符合人才培养的集基础研究和应用研究于一体的科研统一纲要;三是在对组织科技活动进行研究的基础上,协调和监管纲要和资金的分配情况。

三、俄罗斯国家创新发展战略实施的正负效应分析

近些年来,俄罗斯通过制定国家创新发展战略及实施一系列举措,如今在创新发展方面已经取得了一定的成效。但从总体上看,俄罗斯国家创新体系运行绩效并不高,积极开展创新活动的企

业数量不多,企业从事技术创新的研发能力较弱,技术创新中采用新工艺的比重不大,企业创新过程中对知识产权的拥有量有限,企业创新的效率不高,这些情况不利于俄罗斯国家总体创新活动的开展。

(一)实施创新发展战略的成效

从创新发展的成效来看,俄罗斯建立并不断完善创新发展的制度体系和创新机制,在一定程度上为技术创新提供了坚实的基础,使创新环境得到了优化;在创新发展进程中,不断把国家各级管理机关、科技组织和企业的力量结合起来;制定了新的风险投资法律,建立了包括俄罗斯技术发展基金、促进科技领域小企业发展基金等在内的一整套创新发展体系,为高科技项目的风险投资在制度和法律上创造了条件,从而为创新企业、风险企业及风险投资创造了宽松环境。通过联邦专项纲要及国家扶持科技与创新活动的基金,实现了对科研创新活动的拨款,2002—2011年对民用科学的联邦预算投资扩大了9.8倍[1]。

在制度环境不断完善的同时,俄罗斯还对优先发展的具体创新项目给予支持,将"工业政策"定为"优先发展处于科技进步领域领先地位的部门",利用科技创新政策对工业结构进行引导和调整。鼓励银行系统、金融市场、保险机构等发挥更重要的功能,使企业能够建立起良好的创新积极性,从而促进国家经济的发展。

---

[1] Государственная программа Российской Федерации " Развитие науки и технологий" на 2013 – 2020 годы, http://www.bsu.edu.ru/library/_files/scwork/1_Programma.pdf, 2014-10-26.

目前，俄罗斯国家已拨款 90 亿卢布用于发展创新基础设施的建设，主要包括建立技术转化中心和企业孵化器，以及为小风险投资企业进行管理培训等。俄政府对大学从事企业委托的研发项目给予资助，近 3 年资助总额为 190 亿卢布，未来这种支持仍将继续。俄罗斯对外经济银行已为 47 项创新发展的项目进行投资，这占该银行全部投资项目的 1/3，该银行对创新项目的投资总额将达 7580 亿卢布。俄罗斯纳米科技集团拥有 120 个创新项目，预算投资总额为 5150 亿卢布[①]。这些举措的实施确保了俄罗斯整个创新领域投资链条的连续性。

经过近几年的不断努力与发展，俄罗斯已成立了一批小型创新公司和技术转化中心，其中包括有外国公司参与的创新中心。当前这类小型创新公司的数量已经有 1715 家，这类企业的保险利率仅为 14%，大大低于其他企业的该项指标。尤其是一些大学和科研院所也建立了小型创新中心。此外，用于协调商业、教育、科研院所以及国家机构活动的技术平台也已经正式运作，已经获批的平台有 30 个。在这类平台中，医疗平台得到了较快的发展。俄政府高度关注研发成果在创新体系中的应用，建立了一些技术转化中心和企业孵化器，在创新和应用项目中已经吸引了大批学者和企业家参与，创建了 115 个技术转化中心、177 个商用孵化器，选出了 25 个区域发展创新集群。

俄罗斯通过对创新活动及创新计划进行扶持，保证了国家创新能力的持续发展。在俄罗斯《2012 年政府报告》中，俄总理梅德

---

① Отчёт Правительства о результатах деятельности за 2012 год，http://government.ru/news/1411，2013-04-17。

韦杰夫指出,2012年俄罗斯有31项研发成果达到国际水平,2012年俄罗斯向各类研发机构投入的资金为5000亿卢布,俄罗斯的创新投入已进入欧洲前五名。斯科尔科沃创新中心已经入驻850家企业①,自该创新中心开始运作以来,英国、法国、美国、德国、韩国及意大利等国家的知名企业均表现出了浓厚的兴趣。当前,该中心一些重要的合作伙伴从事全球创新活动的国际知名大企业,如英特尔、IBM、诺基亚、微软、波音、西门子、思科、通用、飞利浦与强生等。

(二)俄罗斯创新发展战略实施中的不利因素与存在的问题

首先,俄罗斯国内的投资环境和竞争环境仍需要进一步改善。资金不足是俄罗斯进行科技创新活动的一个重要阻碍因素。尽管俄出台政策对创新活动进行资金支持,但总体而言,对创新活动金融支持的力度并不是很大,这与俄主导的创新支持模式有一定关系:一是对创新活动的金融支持以直接投资为主,而这种投资的受益者多为大型企业,中小企业很难获得这种资助;二是俄罗斯用于科研的经费支出较少,仅占其GDP的1.2%,无论是在GDP中的占比还是在经费绝对值方面都与西方发达国家存在着较大的差距(美国占GDP的2.6%、日本为3.0%、瑞典为3.8%)②;三是作为中小企业创新资金主要来源的风险投资业尚处于起步阶段,风投公

---

① Отчёт Правительства о результатах деятельности за 2012 год, http://government.ru/news/1411, 2013-04-17.

② Мысляевая, И. Н., Кононковая, Н. П., Государственное регулирование экономики, Москва:Издательство Московского университета,2010.154.

司和天使基金的数量只有发达国家的1/10左右。这些因素不利于俄罗斯创新活动的发展。

在竞争环境方面,俄加入世界贸易组织后,需要依靠提高经济竞争力来实现经济多元化,而不可能通过保护措施来实现这一目标。但实际上尽管投入较大,但许多计划目标并未实现。如尽管生产中的创新产品比重从2006年的5.4%上升到2011年的6.1%,但在生产领域的出口中,技术创新产品所占的比重却从2003年的12.5%下降到2011年的4.9%。为了提高经济的竞争力,给私营企业和外国企业提供更加公平的竞争环境,使俄罗斯成为真正具有竞争力的国家,俄政府计划在2016年前减少在部分原材料生产企业中持有的股份,完全退出非垄断性大型企业以及大型非军工企业。2011年4月,普京在国家杜马发表上一年度政府工作报告时表示,未来10年,创新产品在工业产品总量中所占的比重应该从当时的12%提高到25%—35%[①]。

其次,企业在技术创新中的主导作用尚未发挥出来。企业创新在国家创新系统中具有核心的地位与作用,只有企业强大国家才能强大。然而,在转轨以来的20多年里俄罗斯的工业并没有得到增长,当前的工业产值还远低于苏联末期的水平。工业企业之所以没有发挥出创新潜力,主要原因如下:

一是俄工业企业固定资本更新缓慢、设备更新极低,工业结构调整与优化基本停留在理论层面。俄罗斯科学院经济研究所副所长德米特里·索罗金指出,当前俄罗斯主要工业设施严重老化,至

---

① 《2011年世界科技发展回顾:盘点各国科技政策》,http://news.xhby.net/system/2012/01/01/012430697_01.shtml,2012年1月1日。

少落后发达国家20年,机械制造企业中所使用的技术设备已超过25年。整体而言,在俄罗斯所有的经济实体部门中,有80%的技术设备已使用了16—35年①。可以说,与1991年相比,俄罗斯的机床和锻造设备生产几乎没有提高,这使得破损的设备无法更新换代,从而无法生产出有市场竞争力的产品,也就无法满足创新发展的需要。在这种情况下,为了改进生产,许多企业大力购买国外的技术,这又导致许多经济部门成为新技术的净进口者。如在机器制造业中,技术进口几乎超过技术出口的3倍。全俄有一半的企业实际上完全没有进行研发②。

二是企业缺乏创新积极性。许多大型企业对创新项目及一些具有竞争力的行业投资积极性不高,早在2007年,德国进行技术创新的企业在全部企业中所占比重就达到了62.6%(是欧盟最高的国家),而俄罗斯仅为8.5%,比欧盟该项指标最低的国家立陶宛(为16.2%)还低③。在大多数情况下,国家作为科技和实验性科研成果的主要采购方,往往是获得直接出售产品或关于项目的进展报告即可。而从企业角度看,在投入了大量资金后并没有使这些科研成果得到有效转化,导致企业失去发明和创新的动力,一些企业的研发分支机构被迫关闭。为改变这种情况,当前在大型国有

---

① 德米特里·索罗金:《俄罗斯工业面临升级改造难题》,《中国社会科学报》2013年11月1日。

② Мальгин, В. А., России необходима структурная перестройка инновационной системы. Актуальные проблемы экономики и права, 2012, (3): 11–12.

③ Гумерова, Г.И., Шаймиева, Э.Ш., Анализ управления технологическими ниновациями на промышленных российских предприятиях: источники финансирования, инновационная стратегия, Актуальные проблемы экономики и права, 2012, (3):95.

公司已制定创新发展规划,规定了公司在扩大科研开支、加强与大学合作等方面应承担的义务,但是如何保证这些规划得以实施其实是俄罗斯当前面临的一个重要问题①。

三是俄罗斯国内对创新产品的需求不足,这在一定程度影响了企业的创新发展。俄罗斯科学院通讯院士罗伯特·尼格马图林认为,创新经济的主要投资应当来自社会,国家应当对创新活动给予资金上的支持,不仅要增加科研、教育人员的工作经费,还应当努力提高普通民众的收入,以便这些人能够消费更多的创新产品②。普京在2012年度俄罗斯国情咨文中也强调,只有通过不断的科技创新,才能提供新层次的生产,以满足日益增长的消费需求,而莫斯科物理技术大学创新研究所科研负责人尤里·阿莫索夫则认为,丰富的油气资源和能源价格保持高位固然使俄罗斯赚取了大量美元,但也在客观上抑制了企业特别是能源企业的创新动力③。

再次,俄罗斯在科研成果保护方面缺乏相应的机制。目前,俄罗斯的基础法律并没有提供统一的方式来解决知识产权的审核问题,科研机构和企业对知识产权审核的重视程度还不够。对于有国家参与投资的企业创新活动,知识产权的归属也不够明晰。有资料表明,在一所拥有1500个专利的技术类大学里只有7个专利能够进行销售,而其他绝大部分科研成果既没有通过申请专利这

---

① Заседание Совета по модернизации экономики и инновационному развитию, http://президент.рф, 2012-10-24.
② 贺颖骏:《俄专家认为俄科技创新面临三方面挑战》,http://world.people.com.cn/GB/157278/18111055.html,2012年6月7日。
③ 刘恺:《俄罗斯:创新经济在坎坷中前行》,《经济参考报》2013年6月25日。

种公开方式得到保护,也没有通过专有技术和商业秘密等方式获得保护。这种状况不仅影响了企业的投资积极性,阻碍了工业的创新发展进程,也导致俄罗斯的科技产品以非法途径流入其他国家①。尽管为了扩大高科技工业生产在国内生产总值中的比重,俄罗斯通过立法、预算和技术推广等多种手段鼓励国有和私人投资者发明具备竞争优势的新技术,但成效并不显著。2012年,俄罗斯专利授权数只有800项,大大落后于其他西方发达国家。俄总理梅德韦杰夫认为,俄罗斯有许多成果因未申请专利而被竞争对手无偿使用,因而他建议所有研发成果都应该申请专利②。可见,今后俄罗斯还面临着加快制定保护知识产权的立法工作,构建更加完善的知识产权审核和保护体系等任务。同时,还要进一步完善创新领域的立法工作,对新技术和商业秘密等提供足够的法律保护。

第四,与转轨之初相比,当前俄罗斯的经济结构尚未发生实质性的变化,经济中仍具有"荷兰病"的特征,经济结构仍以出口石油和天然气产品为主,经济结构中最严重的问题是缺少知识和技术密集型产业,这成为影响创新经济发展的关键所在。当前,俄罗斯石油天然气等原材料产品的出口相当于GDP的1/4左右,俄联邦约50%的预算收入来自石油和天然气的出口收入,如果国际能源市场和金融市场出现波动的话,将会对预算收入产生巨大的影响与冲击。与此同时,俄罗斯还大量进口消费品、技术含量及附加值

---

① Заседание Совета по модернизации экономики и инновационному развитию, http://президент.рф, 2012-10-24.

② Отчёт Правительства о результатах деятельности за 2012 год, http://government.ru/news/1411, 2013-04-17.

高的产品。俄罗斯这种不合理的经济结构必然会对创新发展产生不利影响,因而由资源型向创新型转变是其经济发展的必然选择。未来15—20年,俄罗斯要想在很大程度上实现现代化的基础设施,改变工业结构、出口结构、国内市场结构及其他社会部门的结构,就必须使企业经营转向科技创新之路。

总之,今后为充分发挥俄罗斯的创新潜力,应加快现代化建设及经济结构的调整与优化,制定并实施新的创新体系及现代化管理的模式和方法,加快技术更新的进程和经济多元化发展,创造良好的经济环境和法律环境,建立有利于创新的基础设施,通过国家科技创新战略的实施,加强对中小企业的创新管理,促进科研院所的创新活动,完善高等院校的技术创新中心,完善国家促进科研成果商业转化的机制。

四、小结

综上所述,近些年来,为了改变在世界创新发展中的边缘状态,俄罗斯在发展中按照经济转轨的内在客观要求与发展的必然趋势,不断对国家创新体系进行重构与完善,积极应用新技术,以改变本国的经济发展模式,使经济结构由资源依赖型向有利于加工和服务部门的方向转变,特别是向有利于高新技术产业发展的方向变动。尽管俄罗斯为此实施了种种举措,但实际成效尚有待观察。当前,无论是在资本投入方面,还是在高科技产品的出口比重等行业综合竞争力排名方面,俄罗斯还都远远落后于许多西方发达国家。在俄罗斯国内,尚未形成产、学、研有机整合的创新体系，资本市场尚未发挥应有的作用，支持研发的风险投资机制尚未完全建立起来，工业企业与科研院所结合得并不紧密，企业很难成为研究开发的主体。

然而，无论如何，俄罗斯的创新活动终究还是取得了一定的进展。从实际情况看，俄罗斯推进创新型经济建设的政治决心较大，相关部门在制定和运用创新政策的工具方面也积累了一定经验，被视为俄罗斯"硅谷"的斯科尔科沃创新中心已吸引了一些世界著名企业入驻园区，随着时间的推移，它将成为俄创新中心的发展模式和创新经济的重要组成部分。总体而言，俄政府正在通过各种政策使国家的创新资源得以恢复并持续发展下去，正在通过建立和完善技术市场使知识配置力不断提高，从而使国家创新系统的绩效不断地提高，进一步向创新型经济迈进。

（原载《财经问题研究》2015 年第 7 期）

俄罗斯国家创新能力分析:比较的视角

刁秀华

一、引言

随着世界科技革命的迅猛发展,科技创新不仅成为世界许多国家发展的首要目标,而且也成为这些国家经济增长与发展的直接推动力。为了建设创新型国家,提高综合国力,无论是发达国家还是发展中国家特别是其中的新兴经济体,都在采取切实措施不断提高国家创新能力,加快创新步伐,以推动经济快速增长。一般认为,国家创新能力是决定一国在国家间竞争和世界总格局中地位的重要因素,是衡量创新型国家建设成效的核心指标,因而也是经济竞争的核心。国家创新能力反映的是一国通过科技创新和制度创新等途径提高经济社会发展综合实力,从而提高国际竞争力的综合能力。对国家创新能力可以主要通过创新投入、创新产出和创新潜能等加以衡量和评价。

俄罗斯是注重国家创新能力建设和创新战略发展并较早提出发展创新型经济的转轨国家。关于创新发展战略、创新政策和创新发展构想,俄罗斯自实行经济转轨以来先后于1999年、2002年、

2005年、2006年、2008年和2011年出台了若干政策措施和法规。其中,2011年12月8日出台的《俄罗斯联邦2020年前创新发展战略》最具代表性也最为重要。该发展战略提出要不断加大对科技的投入,不断完善创新体系,大力提高创新能力。不仅如此,还详细规定了至2020年前推行创新发展战略的具体措施、实施方案和所要达到的目标。此后,普京在其2012年总统竞选纲领中提出了以"创新型经济"推动俄罗斯经济发展的基本思路。他第三次就任总统后提出,到2020年俄罗斯高科技和知识产权部门的产值占GDP的比重应达到50%,从事技术创新的企业要占到企业总数的25%。

从俄罗斯的情况看,创新型经济发展与国家创新能力有密切的相关性。因此,本文首先分析了俄罗斯创新型经济发展与国家创新能力的相互关系,认为两者互为前提,并对俄罗斯与中国的国家创新竞争力进行了对比分析;在此基础上,文中通过与其他典型创新国家对比,从创新投入、创新绩效及创新潜能的视角,深入分析了俄罗斯国家创新能力及相关问题。

二、俄罗斯创新型经济与国家创新能力

发展创新型经济与提高国家创新能力是一种相辅相成和相互促进的关系。创新型经济发展需要具备必要的国家创新能力,而较强的创新能力又能促进创新型经济的发展。对此,作为经济转轨国家的俄罗斯不仅有足够的认识,而且不断出台推进创新型经济发展的若干政策措施。早在经济转轨进入中期阶段的1999年,

俄罗斯就注意到并提出了经济领域的创新问题。为鼓励创新活动和落实科技创新政策，俄不仅出台了实施国家创新政策的相关法律，还成立了俄联邦政府科学创新政策委员会。其主旨是建立完善的国家创新体系，使国家经济转向创新型经济发展道路，把加快发展"新经济"作为强国战略的一项重大任务。为加快创新进程，俄又于2002年出台了《2002—2005年俄联邦国家创新政策构想》，明确将提高产业技术水平和竞争力、确保创新产品进入国内外市场作为国家创新政策的主要目标。此后几年，俄政府密集出台了一系列的创新发展战略和发展构想：2005年，俄政府批准了作为国家创新体系建设中期规划的《2010年前俄罗斯联邦创新发展体系基本政策方向》；2006年，俄政府批准了《2015年前俄联邦科技与创新发展战略》；2008年，俄提出并批准了《2020年前俄罗斯经济社会长期发展构想》。该构想明确提出，2012年前俄罗斯将为经济转型创造条件，2012—2020年将开始发展创新型经济；2011年，俄正式出台了《俄罗斯联邦2020年前创新发展战略》。该文件对2020年前俄罗斯创新战略的目标、任务、实施阶段等作了较为明确的规划，提出要建立强大的创新型经济，并借以实现俄长期经济社会发展目标，使民众享受到高水平的福利。该创新发展战略提出的目标是：到2020年使高技术产品占GDP的比重从当前的10.9%增加到17%—20%；创新产品在工业产值中所占比重提高5—6倍；创新企业的数量从当前的9.4%增加到40%—50%；到2020年，包括核能、航空和航天器材在内的高技术产品和知识型服务所占比重要提高到5%—10%，在国际上位列第5—7名。该战略还对提高商业和经济对创新的敏感度，对工业进行大规模的技术改造和现代化改造，进行了任务分解和阶段划分。该战略提出要构建有工作能力的国家创新体系,提供财政激励,吸引科学家、企业家和专业人士等进入创新领域。为推进《俄罗斯联邦2020年前创新发展战略》的实施,俄罗斯还成立了经济现代化和创新发展委员会。在该委员会首次会议上,俄总统普京强调,今后俄罗斯经济现代化和创新发展委员会的工作主要包括以下两方面:一是继续完善科研体系,为经济现代化、创新活动及创新技术商业化创造综合的发展环境;二是在具体的经济领域,特别是在生物、纳米技术、新材料、未来医疗、节能技术、信息化、航空、核技术、煤炭及其他资源的有效开采与加工技术领域制定计划。①

虽然可以从不同角度界定和衡量国家创新能力,但国家创新能力至少包括知识创新能力和技术创新能力,这是建设创新型国家的基础,也是发展创新型经济的必要条件。国家创新能力构成了俄罗斯创新型经济发展的前提、重要支撑和基本保证。虽然目前俄罗斯的创新能力还大大低于发达国家水平,但我们看到,自普京总统第一任期以来(包括"梅普组合"时期),俄创新能力是在有升有降的起伏波动中不断提升的。特别是国际金融危机后,俄罗斯不仅深刻认识到创新对经济增长的明显作用,而且更加意识到国家创新能力在创新型经济发展中的重要作用,并为之付出了不懈努力。有资料显示,在2001年G20国家创新竞争力排名中,俄罗斯处于第二方阵,中国处于第三方阵;而在2009年G20国家创新竞争力排名中,中国排名上升了2位,而俄罗斯的排名则下降了2位,从而中国进入第二方阵,俄罗斯则退到第三方阵。从全球综

---

① Заседание Совета по модернизации экономики и инновационному развитию, http://президент.рф, 24 октября 2012 года.

合排名情况看,2001—2009年,中国的创新竞争力一直呈较为明显的上升趋势,只是个别年份出现波动。俄罗斯创新竞争力虽也呈上升趋势,但是波动比较大。从2001—2009年总的情况看,俄罗斯由第二方阵下降到第三方阵,中国则由第三方阵上升到第二方阵。就"金砖五国"而言,2001—2009年中国和俄罗斯的国家创新竞争力均高于其他3个国家,而中国和俄罗斯之间则互有高下,从2007年开始,中国的国家创新竞争力排名持续高于俄罗斯,且差距在逐年扩大。[①] 另据"2013年度全球创新指数"报告显示,俄罗斯全球创新能力排名第62位,比上年下滑了11位,但人才和科研、知识和技术、基础设施等单项指标排名靠前,分列第33、48、49位。[②] 而截至2014年3月,中国创新能力继续处于领先地位,全球排名第19位,俄罗斯排名也上升至第32位。

三、俄罗斯国家创新能力的培育与发展:路径和效应

(一)俄罗斯的创新投入

创新投入是提高创新能力和创新产出的基础,是培育国家创新能力的重要保证。本部分试图通过对俄罗斯和典型创新型国家

---

① 《G20国家创新竞争力排名出炉 美、日、德居前三甲》,中国网,http://www.china.com.cn/international/txt/2011-12/12/content_24134099.htm。
② 《俄罗斯全球创新能力排名下滑至第62位》,中华人民共和国商务部网站,http://www.mofcom.gov.cn/article/i/jyjl/m/201307/20130700182892.shtml。

创新投入情况的比较分析,来衡量俄罗斯的创新投入及其效应。

1. 物质资本投入

为了增强自主创新能力,世界各国尤其是创新型国家不断加大研发投入力度,以提高本国的国际竞争力。1991年,俄罗斯的研发支出总额为166.8亿美元。2000年前由于受经济下滑的影响,这一数值呈下降态势,基本在100亿美元以下,直到2000年才恢复到132.4亿美元。此后一直呈上升态势,2007年达到222.3亿美元,2012年达到244.97亿美元。而从典型创新型国家的情况看,2012年的研发支出总额,美国为3973.4亿美元,日本为1338.9亿美元,德国为848.9亿美元,韩国为609.9亿美元,英国为358.1美元,OECD成员的平均值为280.1亿美元,而中国为2567.9亿美元(见图1)。因此,相比之下,尽管近些年来俄罗斯的研发投入有所上升,但这一数额却远远低于美国、中国、日本、德国、英国、韩国等国家,也低于OECD成员的平均值。尤其是美国在研发投入总额方面远远高出俄罗斯,几乎是俄罗斯的16.2倍,可见二者差距之大。

在研发强度(国内研发支出占GDP的比例)方面,美国、德国、日本、韩国、英国均高于俄罗斯。2012年,典型创新型国家如美国、德国和日本的研发强度分别达到了2.79%、2.98%和3.35%,芬兰为3.55%,而韩国则高达4.36%,即使是OECD成员的平均值也达到了2.40%,而俄罗斯的研发强度仅为1.12%,远远低于上述典型创新型国家的水平。可见,俄罗斯在研发经费投入强度方面还较为落后,与典型创新型国家及大部分发达国家之间存在着巨大的差距。

从R&D经费的来源看,无论是在苏联时期还是转轨以来,政府

亿美元

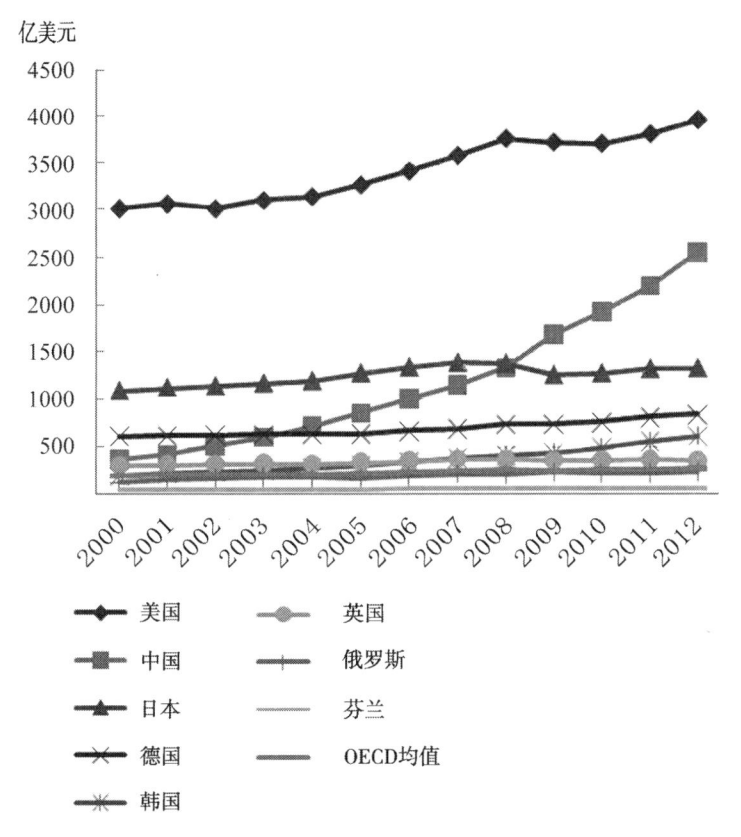

图例：
- 美国
- 中国
- 日本
- 德国
- 韩国
- 英国
- 俄罗斯
- 芬兰
- OECD均值

资料来源：OECD主要科技统计数据库（MSTI），http://stats.oecd.org/Index.aspx。

图1 2000—2012年世界主要国家研发支出总额

（公共科研机构）一直是创新投入的核心主体。2006年，俄罗斯R&D经费的61.1%来源于政府，到2012年这一比重又上升到67.84%，而企业投资所占比重则由28.81%降为27.23%。相比较而言，2006年美国R&D经费中政府投资仅占29.86%，2012年为30.97%；而企业投资所占比重较高，2006年为64.28%，2012年为59.13%。2006年，日本R&D经费中政府投资占16.18%，企业占

77.07%,2012年分别为16.84%和76.12%。2012年,韩国R&D经费中政府投资占23.85%,企业占74.73%;德国分别为29.83%和65.63%,芬兰为26.29%和63.06%。从R&D经费执行部门来看,2012年,在韩国、日本、美国、芬兰、德国等典型创新型国家中,企业所占比重分别为77.95%、76.62%、69.83、68.72%、67.76%,而俄罗斯为58.34%。可见,典型创新型国家的企业无论在研发投入,还是在研发经费执行中所占比重基本在2/3以上。这说明在这些国家中企业是创新的主体,而在俄罗斯企业尚未成为研发的主体。

在研发活动支出类别方面,总体来看,俄罗斯的研发经费活动支出情况与美国大体相同。基础研究是应用研究的基础,俄罗斯的基础科研经费尽管低于典型创新型国家意大利(24.0%)和韩国(18.1%),但与美国持平,均为16.5%,与中国相比,则远远高于中国的4.8%,试验研究占比2012年为63.7%,低于美国(64.3%)和中国(83.9%),应用研究占19.7%(详见表1)。

表1 世界主要国家各类研发活动经费支出情况

国家	意大利 (2011年)	英国 (2011年)	俄罗斯 (2012年)	韩国 (2011年)	日本 (2011年)	美国 (2012年)	中国 (2012年)
基础研究	24.0%	14.9%	16.5%	18.1%	12.3%	16.5%	4.8%
应用研究	49.0%	48.2%	19.7%	20.3%	21.0%	19.2%	11.3%
试验研究	26.9%	37.0%	63.7%	61.7%	62.1%	64.3%	83.9%

资料来源:OECD主要科技统计数据库(MSTI),http://stats.oecd.org/Index.aspx。

2. 人力资源投入

科研人力资源是一个国家创新能力建设的核心力量,该方面的投入是创新投入的重要衡量指标。因此,通过科技人力资源方面的国际比较,可以了解俄罗斯同典型创新型国家在科技人力资源方面的差距,有利于分析影响创新能力建设的关键性因素。从研发人员总数来看,苏联解体后俄罗斯的研发人员总数基本呈现出下降的态势,2012年俄罗斯的研发人员总数为82.8万人,比经济转轨初期的1994年减少了34.5%。而2012年中国的研发人员总数已达324万人,远远高于俄罗斯的研发人员总数,位居世界首位。从每百万劳动力中研究人员数量来看,2012年俄罗斯为3096人,芬兰为7482人,德国为4139人,英国为4024人。2012年,俄罗斯每百万人中研发技术人员为478人,远低于英国(2012年为1169人)、法国(2011年为1868人)、德国(2011年为1683人)、韩国(2011年为1065人)。由此可见,俄罗斯无论是从事研发人员的总数,还是从事研发的技术人员均低于其他典型创新型国家,人力资本投入相对来说不足。

从科研人员分布结构来看,典型创新型国家中大部分R&D人员都分布在企业部门。2012年,德国62%的研发人员分布在企业中,16%在政府中,高等院校占22%,而俄罗斯企业中的研发人员所占比重只有50%,政府中占比高达35%,高等院校占14%。2011年,韩国有70%的研发人员分布在企业中,日本为69%。这种情况同样表明,无论在资源投入还是资源运用方面,俄罗斯的企业均未成为最主要的主体,俄罗斯创新体系主体结构仍需进一步合理化。

(二)俄罗斯国家创新绩效

创新投入为创新活动提供了人力与物力支撑,而创新产出(创新绩效)则是各种创新投入转化的成果,是国家创新能力最直接的体现。创新产出（创新绩效）包括直接产出和间接产出。

1. 直接产出

科技论文属于科研创新活动的直接产出，一国的科学引文索引（SCI）、工程索引（EI）和科学技术会议录索引（CPCI-S）数量能够直接反映出该国的科技论文产出水平。俄罗斯科技论文产出的总体规模不大，尤其与美国相比有着巨大差距。2012年，俄罗斯科技论文发表数量仅占世界科技论文总数的2%，而美国则占25.1%，中国占16.5%，英国占6.9%，德国占6.7%。2012年，俄罗斯被上述三大索引收录的论文仅为4.7万篇，远远低于美国（60.2万篇）、英国（16.5万篇）和德国（16万篇）等典型创新型国家，也低于中国（39.5万篇）、印度（8.4万篇）和巴西（5.4万篇）等金砖国家。科学引文索引（SCI）代表三大检索工具中科技创新水平最高的检索工具，这方面指标能够反映出科技论文的质量高低。俄罗斯科学引文索引（SCI）论文数仅位居世界第16位，但在三大检索工具中所占比例最高，达到了63.8%，高于中国（48.9%），但仍低于英国（75.8%）、美国（71.8%）、德国（71.2%）及新兴经济体中的印度（63.1%）、巴西（75.9%）和世界均值66.4%。尽管俄罗斯的科学引文索引（SCI）论文数量不多（3万篇），低于典型创新型国家，但在三大检索工具中所占比例与世界平均水平接近，这说明俄罗斯的科技论文质量相对来说较高。

除科技论文产出的总体规模外，从科技论文产出效率即每千名研究人员发表的科技论文数量来看，俄罗斯这一指标较低，2011年仅为37.76篇，而美国高达166.49篇，约为俄罗斯的4.41倍；芬兰、德国、日本、韩国、英国、中国分别为84.76篇、88.86篇、52.77篇、68.22篇、107.31篇和47.17篇。由于科技论文通常是基础研究的产物，俄罗斯科技论文产出效率较低，说明研究人员中基础研究人员占比较低。

从科研创新活动直接产出的另一重要形式专利来看，根据世界银行公布的数据，2012年俄罗斯的专利申请总数为44211件，其中本国居民申请量为28701件，远低于其他典型创新型国家。俄罗斯百万人口专利申请量为200.46件，远低于韩国（2962.46件）、日本（2250.00件）、美国（856.34件）和德国（579.66件）等典型创新型国家，也低于同为新兴市场国家的中国（396.32件）（见图2）。从专利密度即专利申请量（PCT）与国内研发支出额度之比来看，更能说明专利产出的效率水平。2012年，俄罗斯专利密度为1.17（件/百万美元），而世界专利密度最高的国家韩国为2.43（件/百万美元）、日本为2.14（件/百万美元）、中国为2.08（件/百万美元）。可见，俄罗斯的这一指标低于这些国家。因此，俄罗斯专利产出水平无论是在绝对规模，还是效率水平方面均需要大大提高。

从能够反映一国创新产出质量水平的专利结构看，在专利所包含的发明专利、实用新型专利和外观设计专利三种类型中，发明专利所代表的创新质量水平最高。2012年，俄罗斯的发明专利占专利申请总数的比重为67.76%，美国、日本、韩国和德国分别为81.48%、85.51%、67.99%、58.48%，而中国仅为28.65%。发明专利在专利总量中所占比重能够反映出该国创新质量的高低，俄罗斯的发明专利占比远远高于实用新型专利（26.80%）和外观设计专利（5.44）。这说明俄罗斯的自主创新能力相对较高，但创新质量仍有待于进一步提高。

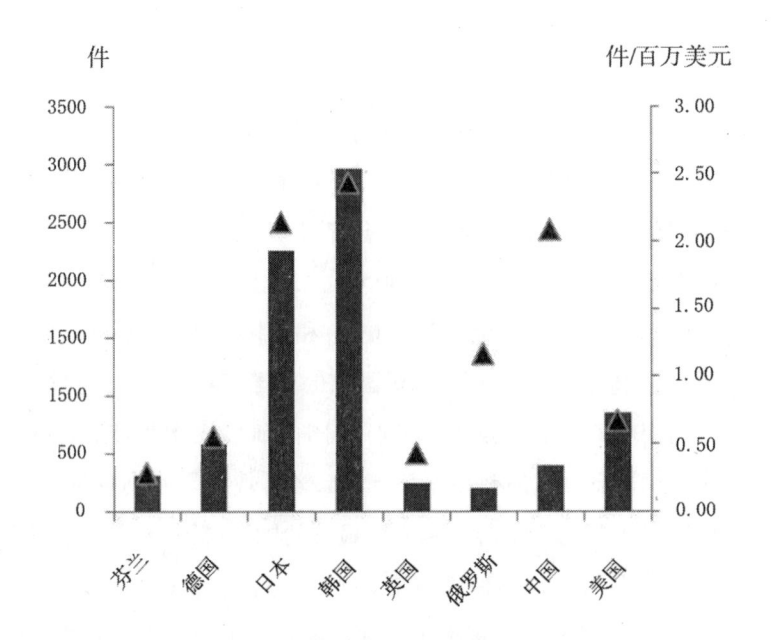

资料来源：根据世界知识产权组织（WIPO）统计数据库和OECD主要科技统计数据库（MSTI）的数据整理得出。

图2　2012年世界主要国家专利申请量和专利密度

2. 间接产出

间接产出是指创新活动的直接产出在市场上的商业化成果，以及作为生产要素对经济活动的促进作用，属于直接产出的应用，又称为应用绩效。高科技产品出口不仅体现一国的国际竞争力水平，而且能够反映出该国创新成果在国际市场上的转化能力。因此，本文从这一视角对应用绩效进行分析。

自2000年以来，俄罗斯高科技产品出口总额基本呈现出上升的态势，从2000年的39.08亿美元增加到2012年的70.95亿美元。

但与其他发达国家相比,差距十分巨大,2012年美国高科技产品出口总额为1487.7亿美元,德国为1833.5亿美元,日本为1234.1亿美元,而发展中大国中国为5056.5亿美元。在俄罗斯,尽管生产中的创新产品比重从2006年的5.4%上升到2011年的6.1%,但在生产领域的出口中,技术创新产品所占的比重却从2003年的12.5%下降到2011年的4.9%。2012年,俄罗斯高科技产品出口在制造业出口总额中所占的比重为8%(2010年为9%,2011年8%),美国、英国、德国、韩国和日本分别为18%、22%、16%、26%和17%,而中国为26%。可见,俄罗斯在国际高科技产品市场上并不具有较强的竞争优势,科技创新活动应用绩效仍需要进一步提高。

(三)创新潜能与发展趋势

创新潜能是影响一个国家创新能力的重要因素,主要包括创新型人才资源储备以及创新持续投入能力等方面。从创新人才资源储备来看,创新需要丰富的科研人力资源投入,需要以较高素质的人力资源为基础。国家的公共教育支出能够反映出该国对创新型人才的培养与储备情况。2000年,俄罗斯公共教育支出占政府总支出的2.9%,此后这一数值不断增加,2008年达到4.1%,但仍低于其他典型创新型国家。2008,芬兰、美国、英国、韩国、德国的公共教育支出占GDP的比重分别达到了6.1%、5.3%、5.3%、4.8%和4.6%。与此同时,俄罗斯大学生人均支出占GDP的比重也远远低于美国等创新型经济体,2008年俄罗斯为14.2%,芬兰为32.5%,英国为22.0%,日本为21.1%,美国为20.4%。这说明,俄罗斯对教育的投入力度还处于较低水平。今后,为了更多培养创新型人才,仍需要加大教育投入。

创新持续投入能力是一国创新潜能的重要体现,只有持续地对创新进行投入,才能使国家的创新能力不断地提高。研发投入总额和研发投入强度是物质资本投入的重要指标,研发投入在某种程度上代表了一国未来潜在的竞争力。尽管自2000年以来,俄罗斯依靠原料型产品的大量出口取得大量石油美元,但用于科技研发(R&D)投入的比例并不高。图3表明,2000年以来,俄罗斯的R&D投入强度只有2003年最高,但也仅为1.29%,不仅大大低于韩国、美国和日本、芬兰等国,而且研发投入强度增势也明显低于美国、日本、德国、中国等国家。这种情况给俄罗斯的创新发展带来不利的影响,为了提高创新能力,俄罗斯需要进行持续不断的创新投入。

从国内研发支出增长趋势来看,2012年俄罗斯国内R&D支出增长率为6.68%,低于韩国(10.09%)和中国(16.21),但却超过了美国(3.87%)、德国(3.62)、和日本(0.53%)。总体而言,自2005年以来,尤其2011年《俄罗斯联邦2020年前创新发展战略》发布以来,俄联邦政府的创新投入呈现出了增长的态势,但研发投入总额仍较低,且增长势头也不明显。2005—2012年,俄罗斯国内R&D支出增长率分别为－1.33%、8.66%、12.90%、－1.52%、10.50%、－5.66%、0.62%、6.68%,韩国分别为8.17%、13.37%、7.10%、6.30%、11.59%、12.04%、10.09%(2007年数据缺失),中国分别为19.90%、18.08%、14.78%、15.45%、14.15%、14.10%、16.21%(2009年数据缺失)。

研发经费来源部门和执行部门的所占比重对创新物质资本投入利用效率产生重要影响。如前所述,俄罗斯的研发经费2/3以上来源于政府,企业所占比重不到1/3,而执行部门中企业所占比

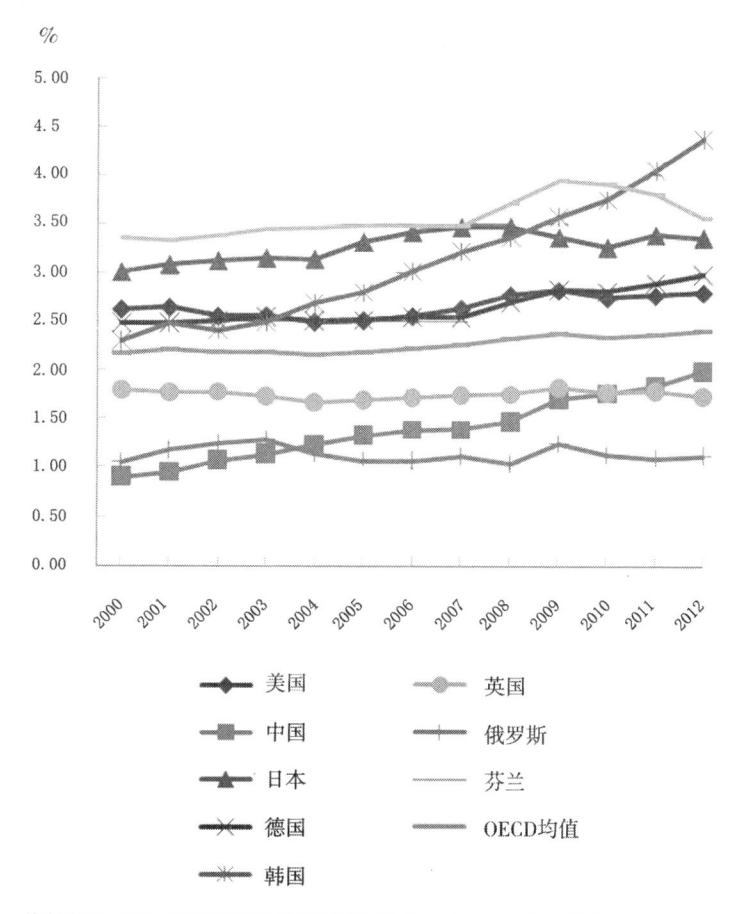

资料来源:OECD 主要科技统计数据库(MTSI),http://stats.oecd.org/Index.aspx。

图3 2000—2012年世界主要国家研发强度变化情况

重也远低于芬兰、美国、德国等典型创新型国家,因而俄罗斯研发经费的来源、利用及配置结构需要进一步合理化发展。

从政策环境角度来看,作为经济活动的创新具有一定的外部性,政府不仅可以作为创新主体直接参与创新活动,而且还能够通过各种政策对其发挥间接作用,如利用知识产权保护制度和反垄断法规等对国家创新活动进行干预。根据《2013—2014年全球竞争力报告》中的数据,芬兰、英国、德国、美国和日本的知识产权保护程度分别为6.2、5.8、5.6、5.2和5.7,而俄罗斯仅为2.9,不仅低于中国(3.9),而且低于世界平均水平(3.8)。可见,与芬兰、英国、德国等典型创新型国家相比,俄罗斯的知识产权保护程度还处于较低的水平,还不具备完善的知识产权保护体系,这主要是因为俄罗斯的立法和司法尚未同步,知识产权保护法律的执行相对不严。

此外,充分竞争的经济环境有利于激发企业竞争意识,提高创新积极性和核心竞争力。根据《2013—2014年全球竞争力报告》中的资料,芬兰在反垄断有效程度指标方面仍位居世界首位,达到了5.6,英国、德国、美国和日本也分别达到了5.0、5.1、5.0和5.2,位居世界前列,俄罗斯为3.5,低于世界均值4.1,也低于中国(4.3)。尽管俄罗斯早在1990年就颁布了《反垄断法》,而且目前已形成了以《反垄断法》为基础和核心、各相关法律法规相配套的竞争法体系,但在反垄断法执行能力和水平方面,与发达国家相比仍有较大的差距。因此,俄罗斯仍需要加大对反垄断法的司法投入,以便提高企业的创新能力。

四、结论与思考

俄罗斯注重国家创新能力建设和创新战略的推进,特别是注重在发展创新型经济中提升国家创新能力,并使两者相辅相成、相互促进。而且,从提升国家创新能力的实际效果看,尽管有许多方面并不尽如人意,甚至仍存在着诸多问题,但毕竟还是取得了一定的成效。因此,应当辩证地分析和看待俄罗斯的国家创新能力问题,对其正反面的经验和教训有必要加以总结和借鉴。

第一,俄罗斯提升国家创新能力和创新发展的制度完善、政策具体。自经济转轨中期以来的十几年间,俄罗斯每隔2—3年就要正式出台与发展创新型经济和国家创新能力相关的政策措施、法规和战略构想。应当说,经过多年的实践和充实提高,这些制度和政策法规日臻完善,为发展创新型经济和提升国家创新能力提供了有力的制度保障和政策支持,使创新战略真正上升为国家发展战略。当然,本文上面通过与典型创新型国家创新能力比较分析所暴露出的俄罗斯国家创新能力提升效果不佳的问题,说明俄罗斯贯彻落实这些政策措施、法规和战略构想并不到位、存在"雷声大雨点小"的问题。因此,如何将这些好的具体的政策措施和战略构想变成现实,仍是俄罗斯今后需要解决的难题。

第二,作为国家创新能力的两个最重要组成部分,俄罗斯知识创新能力和技术创新能力建设一直在困境中前行。虽然本文的分析表明,与最发达的典型创新型国家相比,俄罗斯在知识创新能力和技术创新能力方面尚有一定差距,但正如"2013年度全球创新指数"报告所显示的,相较于在全球创新能力总排名中的位次,俄罗斯在知识和技术创新能力等单项指标的排名靠前,说明经过坚持不懈实施创新发展战略,俄在这两个领域已具有一定的优势。这符合普京在第三总统任期伊始特别强调的,要发挥俄罗斯在工业和高科技领域的较强竞争优势,大力发展创新型经济,大规模实施创新,推动技术改造升级,实现企业现代化,提高国家总体竞争力,进而实现使俄罗斯重返技术强国之列的总体目标。当然,本文以上的分析也表明,俄罗斯要取得知识创新能力和技术创新能力在全球的明显优势,尤其是达到发达的典型创新型国家的水平,还须付出长期的甚至是极为艰苦的努力。

第三,虽然俄政府的创新投入力度不断加大,效果也较为明显,但在企业层面,创新动力不足、激励缺失、活力不够问题,依然是制约俄罗斯国家整体创新能力提升的主要因素之一。据俄总理梅德韦杰夫在俄罗斯《2012年政府报告》中披露的数字,2012年俄罗斯向各类研发机构投入的资金为5000亿卢布,俄罗斯的创新投入已进入欧洲前五名,有31项研发成果达到国际水平,斯科尔科沃创新中心已经入驻850家企业。但另一方面,作为微观创新主体,不同企业对开展技术创新往往会持不同的态度或遇到不同的困难:要么是企业具备了创新条件尤其是资金实力雄厚,但却缺乏创新的动力(如依靠资源垄断的大型资源型企业或大型国有企业);要么是企业需要创新来提高市场竞争力,但却缺乏技术创新的必要条件尤其是资金短缺(如大量的中小型企业)。加之俄罗斯国内尚未形成产、学、研有机结合的创新体系,且现有创新体系的运行效率也不高,企业的创新积极性难以调动,其在技术创新中的主导作用不能有效发挥。俄罗斯创新领域支持研发的风险投资机制也尚未完全建立起来。因此,强化中央政府对技术创新的投入和支持力度,鼓励企业开展自主创新,并实现两者的有机结合,是今后俄罗斯提高国家创新能力的必然选择。

(原载《国外社会科学》2015年第3期)

中国与俄罗斯外经贸政策调整及其效应

郭连成　边中悦

一、引言

在经济全球化背景下,经济转轨国家的外经外贸政策调整不仅对进一步融入经济全球化进程,而且对国内经济转轨和社会发展都发挥了重要的推动作用。现阶段,中国和俄罗斯作为两个最大和最具典型性的经济转轨国家,都处于经济发展模式转型的攻坚阶段。而无论是中国的经济转型升级和经济发展方式的转变,还是俄罗斯创新经济战略的实施,都必须依赖于对外开放,融入全球经济一体化进程,加强同外部世界的贸易、投资、技术、信息等全方位的交流与合作。而符合国际惯例和本国国情的外经外贸政策,是中国和俄罗斯参与经济全球化和发展对外经济关系的重要保证。本文围绕中国和俄罗斯外经外贸政策及其实施和调整展开深入的比较分析,以求为我国外经外贸政策的完善和对外经济关系的发展提供有益的参考。

二、中俄两国外经贸政策的调整状况

(一) 中国外经贸政策调整的路径

自1978年党的十一届三中全会提出实行对外开放政策以来,中国的对外经济贸易取得了长足发展。与之相伴随,外经外贸体制改革和政策调整经历了四个发展阶段。

1. 从改革开放到20世纪90年代初期的改革与调整

这一阶段主要是为适应有计划的商品经济体制发展的需要而对外经外贸政策进行相应的调整。

(1) 外贸管理体制改革与外经外贸政策的调整

针对传统外贸体制高度集中的弊端,实行外贸管理体制改革:一是下放对外贸易经营权,打破商品进出口由原来外贸部直属的十几家专业外贸公司垄断经营的局面,使更多的外贸企业和生产企业拥有外贸经营权;二是为搞活对外经济贸易,设立经济特区;三是为了调动外贸企业和生产企业的积极性,改革收购制并开始推行代理制,外贸专业公司逐步开展进出口代理业务,从而在一定程度上克服了外贸行业产销脱节的矛盾;四是在全国外贸行业全面推行承包制,使外贸行业逐渐走上统一政策、平等竞争、自主经营和自负盈亏的良性发展轨道,极大地调动了各方的出口创汇积极性,对改善外贸企业经济效益,确保国家外汇收入稳定增长都起到了积极作用。此外,配合国内外贸管理体制的改革与调整,我国关税政策也从新中国成立初期的高关税保护转向了适度保护政策;在出口退税政策方面确立了"征多少,退多少,不征不退"和"彻底退税"原则。

(2)外汇及外汇管理体制的调整

我国自1979年开始实行外汇留成制度和汇率双轨制。外汇留成制度一方面使地方、部门和企业拥有一定的自行使用外汇的权力,但另一方面也造成一些单位外汇有余,而另一些单位却外汇短缺的结构性不平衡现象。为此,从1980年10月以后,我国允许各主要城市陆续开办了外汇调剂业务,由此发展起来了外汇调剂市场。从1981年起,人民币汇率实行了双轨制,之后的13年,我国先后经历了官方汇率(用于非贸易外汇结算价)与贸易外汇内部结算价并存和官方汇率与外汇调剂价格并存的汇率双轨制时期。

(3)吸引外资与对外投资政策的调整

1978年实行改革开放后,我国不断调整利用外资政策。不仅颁布了鼓励和利用外资的相关法律,而且推出了与之相配套的外商投资企业税收优惠政策。还通过设立经济特区、沿海开放城市等形式,以减免所得税和关税的优惠政策来吸引外商投资。1986年到1992年,中国吸引外资的政策逐渐从税收优惠转向与产业导向结合的优惠政策,利用外资的政策逐步走向法制化和规范化,政策环境大为改善。另一方面,随着改革开放政策的实施和深化,在大量吸收外国资本的同时,中国也开始迈出了对外直接投资的步伐。但由于这一时期中国处于改革开放初期,加之当时政府监管严格,使得对外直接投资发展非常缓慢。从1985年开始,中国政府逐步放松对企业对外直接投资的管制,对外直接投资主体的范围才开始扩大至其他所有制的企业[①]。

2. 从20世纪90年代初期到"入世"前的改革与调整

这个时期主要是为了继续深化改革和配合"入世"谈判需要,我国政府采取了具有开放化、自由化倾向的外经外贸政策。通过一系列改革及政策调整,我国初步建立起了适应国际经济通行规则,符合社会主义市场经济体制要求的新型外贸管理体制。

(1) 外贸管理体制方面新的调整

一是着手建立法制化的外贸管理体制。1994年5月全国人大通过了《中华人民共和国对外贸易法》,1997年3月颁布了《中华人民共和国反倾销和反补贴条例》,作为我国"入世"前外贸管理和维护对外贸易秩序的重要法律而发挥作用。二是进一步下放外贸经营权,不断加大对外贸易的开放力度;保持对外经贸政策的统一性,提高政策透明度;实行企业进出口经营权由审批制向登记制转化的试点。1994年1月对官方汇率和外汇调剂市场汇率并存的"双重汇率"实行并轨,建立起以市场为基础的、单一的、有管理的浮动汇率制度。汇率并轨消除了人民币高估现象,名义汇率贬值为中国扩大出口贸易创造了有利的条件。1996年12月,我国实现了人民币经常项目(主要是贸易项下)的可兑换。至此,我国基本上实现了贸易自由化改革。

(2) 关税及出口政策的调整

在关税水平方面,中国政府从1992年开始到1996年大幅度自主降低关税。1996年4月国务院决定对进口关税政策进行重大调

---

① 唐绍祥:《基于资源及经济安全视角的中国对外投资合作研究》,《上海经济研究》2012年第7期,第32页。

整,分两年将关税总水平降低到15%左右,到2001年1月1日关税总水平降至15.3%。在关税征管制度方面,我国从1993年开始清理各种减免税政策,逐步建立起低税率、宽税基、硬税制、严征管的关税制度。在出口政策方面,这一时期陆续提出出口市场多元化战略、以质取胜战略和科技兴贸战略,以提高出口商品在国际市场上的占有率,增强外贸出口的国际竞争力。在出口退税政策上,在已经确定的"征多少,退多少,不征不退"和"彻底退税"原则基础上,1995年调整了出口退(免)税的范围,严格规范了退税办法。至此,中国对鼓励出口的货物实行了更加彻底的退税政策。特别是1998—1999年,为降低亚洲金融危机对出口的影响,我国将部分商品的出口平均退税率从6%调整到15%,甚至将纺织、机电和高新技术产品的出口退税率提高到17%,实现了出口零税率。

(3)吸引外资及对外投资政策的调整

在吸引外资政策方面,我国加大了对利用外资政策的调整力度。一是放宽外商投资的产业领域,以吸引跨国公司的直接投资,使大型跨国公司对华直接投资由20世纪90年代上半期的试探性投资发展到扩张性投资;二是建立中外合资外贸公司,敞开了外商投资贸易领域的大门,表明我国努力按照世贸组织的规则加大开放力度;三是逐步开放服务贸易领域;四是进一步完善吸引外资的相关法律法规。为了吸引更多外商投资,政府还调整了外商投资和外国金融企业营业税政策。同时,放宽了外资进入资本市场的准入限制。在对外投资政策方面,中国政府鼓励企业对外投资,提出要在政府的指导下,逐步、稳定地组织和支持一批有实力有优势的国有企业"走出去",到国外进行对外投资。

3."入世"后过渡期(2002—2006年)的改革与调整

这一时期是我国加入 WTO 以后逐渐与 WTO 规则相适应的公平与保护并存的贸易政策调整阶段。我国不仅进一步加强对进出口企业和进出口业务进行市场化管理，促进所有进出口企业的公平竞争，并大幅度削减贸易壁垒，朝着贸易自由化方向改革发展，而且也加强了对国内产业和各类企业利益的依法保护。

(1) 外贸管理体制的进一步改革与调整

一是对法律法规制度做出重大调整。自 2004 年 7 月 1 起正式实施新修订的《对外贸易法》。新法以法律形式规定外贸经营权完全放开，同时，进出口经营权由审批制改为登记制。这意味着各类企业包括外资企业均有权经营进出口贸易。新法还规范了与对外贸易有关的知识产权保护，保障了进出口企业的利益；增加了对外贸易调查内容，防止 WTO 其他成员对中国滥用贸易救济手段，最大限度保护国内产业，维护国家经济安全；增加了对外贸易救济内容，将国内产业的依法保护提高到了新的水平；新法还建立了对外贸易预警应急机制和公共信息服务体系。随后，国务院根据新的《对外贸易法》颁布了修订的《进出口关税条例》、《货物进出口条例》、《技术进出口条例》、《反倾销和反补贴条例》等相关规章制度，初步构建了中国货物贸易领域的法律框架。另一方面，进一步改进了关税征管制度。从 2002 年 1 月 1 日起实施新的《货物完税价格办法》已经与 WTO《海关估价协议》内容基本一致。2003 年 10 月修订了《中华人民共和国进出口关税条例》。在此基础上，2004 年 12 月海关总署通过了《中华人民共和国海关进出口货物征税管理办法》。二是外汇管理体制的改革。2005 年中国人民银行继续推进并完善人民币汇率形成机制改革。这一改革松动了与美元挂钩的制度，转为"有管理的浮动汇率制"。对人民币汇率也做了相应调整,实行以市场供求为基础的汇率浮动,并根据贸易收支的平衡状况,动态调节汇率浮动的幅度。

(2)关税及出口贸易政策的变化

为履行"入世"后关税水平下降的承诺,从2002年起,海关总署多次对《中华人民共和国海关进出口税则》的税率、税目进行调整,关税总水平呈逐年下降趋势,2002年降至12%,到2005年降至9.9%,基本接近所做承诺的水平。另外,对出口政策也进行了相应调整。2003年,国家对出口退税机制进行改革,对不同行业的出口退税率进行了结构性调整,建立了中央、地方共同负担的出口退税新机制。

(3)吸引外资和对外投资政策的调整

在吸引外资政策方面,加入WTO后,政府逐步放宽了外国对华投资领域和投资方式的限制,利用外资进入新阶段。利用外资的重点从引进国外资金向引进国外先进技术、现代化管理和专门人才转变;利用外资的领域从加工工业为主向服务领域大力推进;利用外资的方式从以吸引外商直接投资为主向多方式引资拓展;政府对利用外资的管理从行政性审批为主向依法规范、引导、监督转变。2002年3月公布了新的《外商投资产业指导目录》及附件,进一步开放了银行、保险、外贸、旅游、电信等服务领域。同时,完善了服务贸易领域吸引外资的法律法规。在鼓励对外直接投资政策方面,为了适应加入世贸组织的新形势,我国对对外投资政策做了进一步调整,相继制定了扩大对外投资的宽松政策,使对外直接投资得以快速发展。一是不断简化审批制度,对外投资项目从审批制改为核准制(备案制)。二是逐步放松对外投资的外汇管制。2006年7月完全取消了境外投资外汇资金来源审查和购汇额度的限制。三是政府通过信贷、基金和专项资金支持等方式对对外投资实行鼓励政策并给予必要的支持。

总之,经过这一时期的改革与调整,我国较好地履行了"入世"前对外贸制度、管理方式的承诺,而且外贸体制改革和政策调整取得了明显的成效,极大地推动了我国对外经济贸易的发展。尽管如此,我国外贸体制和外经外贸政策仍然存在着诸多的问题,因而改革和调整仍需继续深入。

4. 2007年至今的主要政策调整

(1) 外贸发展战略和政策的新调整

在平稳度过了加入WTO过渡期后,我国实行了更加自由、公平、开放的外经外贸政策。2012年4月30日,国务院出台了《关于加强进口促进对外贸易平衡发展的指导意见》,要求在保持出口稳定增长的同时,更加重视进口,适当扩大进口规模,促进对外贸易基本平衡,实现对外贸易可持续发展。这表明,我国实施了20多年的出口导向型对外贸易战略向贸易平衡发展战略转型。在调整出口政策的同时,实施积极的进口政策,并引导进口结构向技术引进方向调整,以带动产业结构调整升级;加强与主要贸易伙伴的贸易联系,不断扩大中国产品出口的市场空间。同时,根据WTO规则来完善现有的外贸政策,尤其是贸易自由化政策要在中央和地方政府中实现统一协调,促进全国统一大市场的形成和完善。

(2) 关税政策

从2007年开始,我国关税政策继续进行调整。在关税水平方面,2008年至2012年,进口关税税率不断降低,但关税总水平始终保持在9.8%。根据财政部关税司的资料,2013年要对780多种进口商品实施低于最惠国税率的年度进口暂定税率。在关税优惠政策方面,2010年1月1日中国-东盟自由贸易区如期建成,双方超过90%的产品实施零税率。

(3)吸引外资和对外投资政策的新调整

根据国内推进经济发展的战略目标和国际金融危机后经济形势的变化,我国政府调整了吸引外资的政策。一是继续实行鼓励外商投资的优惠政策,特别是加大对战略新兴产业等高端产业的外资吸引力度,对这样的外资在金融上有配套支持。[①] 二是为外资企业在华发展创造更加宽松、便利的条件。鼓励外资以参股、并购方式参与国内企业改组改造和兼并重组。三是进一步营造稳定透明的政策环境、统一开放的市场环境和规范高效的行政环境。四是优化外商投资产业结构和区域结构,重点支持结构调整、扩大就业、区域发展和节能环保等方面的外商投资等。

在对外投资政策的调整方面,2009年商务部修订发布了《境外投资管理办法》,进一步放宽了对外投资的核准制度,提升服务职能。主要是下放了境外投资审批权限、简化审批手续。2010年7月,商务部将"对外劳务合作经营资格核准"、"限额以下中外合资、合作医疗机构设立及变更审批"等事项下放地方商务主管部门。另外,为配合企业对外投资,在外汇政策上也做了相应调整。2009年国家外汇管理局又发布了《境内机构境外直接投资外汇管理规定》,拓展了对外投资的外汇自由度,促进了企业对外直接投资的发展。[②]

---

① 《中国吸引外资仍具七大优势,减速只是暂时现象》,http://finance.chinanews.com/cj/2012/08-18/4116339.shtml。
② 2009年《境内机构境外直接投资外汇管理规定》,http://money.163.com/09/0716/01/5EAACION00252G50.html。

(二) 俄罗斯外经贸政策调整的措施

总的来看,俄罗斯对外经贸体制改革和政策调整是采取"先开放、后学习、再调整"的方式。俄在改革开放初期实行"休克疗法"激进改革的同时,全面实行对外经贸自由化政策,从而直接将本国的外经外贸领域置于市场经济环境之下。后来由于这种做法对俄的负面影响和冲击较大,才促使俄调整外经外贸政策,并强化国家对外贸和外资的有效调控。而俄罗斯"入世"后,又面临着适应WTO规则的政府创新的任务。

1. 经济转轨初期的调整

在叶利钦执政初期,独立后的俄罗斯开始实行以稳定化、自由化和私有化为主要内容的经济转轨。与经济转轨进程相伴随,俄罗斯对外经外贸政策在以下三个方面做了较大的调整:一是改变国家对外贸经营权的垄断,实行贸易主体多元化和对外贸易自由化。同时,随着国家行政干预职能的弱化,1995年俄罗斯颁布了《关于俄联邦开展对外贸易活动的基本原则》、《对外贸易活动国家调节法》。这两部法律不仅保证了对外经济活动的自由化,减少国家对经济的干预,也成为俄调整对外贸易的主要法律依据。二是放松外贸管制,实施鼓励出口政策。俄罗斯先后取消了大部分商品的配额、许可证,并规范和调整了进出口税收制度。同时,为向国际通行的制度靠拢,俄着力改革和规范关税制度。1993年实行了新的海关税法,1996年又通过了关税法,表明俄罗斯在外贸管制政策方面日趋规范化。三是加快国际收支自由化步伐。1992年初,俄罗斯开始实行卢布可自由兑换制度。1992年7月,在IMF的推动下,俄开始实行由交易所市场形成的可自由浮动的卢布与美元的统一汇率,结果使国家对卢布的有效控制减弱。在这种背景下,为了稳定卢布汇率的波动,1995年俄由"内部可兑换"走向了有管理的"汇率走廊制",从而使卢布汇率不再完全由市场供求决定,而由俄央行对外汇交易所和银行间外汇市场上卢布对美元的比价预先规定一个上下浮动的范围。然而,自1998年接二连三的金融危机,使俄又实行主要由外汇市场供求来决定的自由浮动汇率制度①。

叶利钦时期,由于俄罗斯政府职能的转换和外经外贸政策的调整,使得国家对对外经济的干预程度大大降低,对外经济部门得到迅速发展,在一定程度上使俄度过了经济转型最困难的时期。这突出表现在1992年到1997年俄罗斯对外贸易一直保持快速发展,俄外贸总额从1992年的965亿美元上升到1997年的超过了1600亿美元。由于推行经济自由化和市场开放方针,在经济转轨初期俄政府对经济的干预已经大大减少。但总的来看,叶利钦时期由于政府职能严重弱化,俄罗斯的外经外贸政策并没有形成对本国经济发展的有效拉动作用,相反,国内改革陷入重重危机,经济复苏缓慢,很大程度上影响了外经外贸政策的有效性。

2. 经济转轨深化时期的调整

自2000年普京就任总统后的8年时间里,俄罗斯经济转轨得以深化,政府作用得以强化,尤其是加强了中央对地方的控制,为集中发展本国经济创造了良好的政治和体制环境。这一时期,俄

---

① 米军:《融入经济全球化进程中经济转轨国家贸易改革的路径选择》,人大复印资料《外贸经济与国际贸易》2005年第2期。

吸取叶利钦时代的教训，积极调整外经外贸政策，提升本国经济的竞争力。

(1)进一步完善对外贸易政策法规

俄罗斯政府积极推进"入世"进程，为适应WTO关税减让的要求，从2001年起大幅度降低关税，同时调整和修改了国内相关法律和政策，最主要的是2003年通过了《海关法典》，2007年2月俄关税委员会发布了《2008—2010年海关政策基本方针》；2003年还颁布了《对外贸易活动国家调节原则法》，以取代1995年的《对外贸易活动国家调节法》。此外，2003年12月颁布了俄罗斯反倾销法及实施细则，坚决抵制国际商品、服务和投资市场歧视俄罗斯的行为。

(2)采取积极政策措施大力吸引外资

一是简化对外资的审批程序，从2002年起，外资企业只需向俄联邦地方税务检查部门提交申请就可以完成基本注册。而且，外国投资企业和俄罗斯的经济实体一样按《法人国家注册法》规定的程序进行注册。二是依据2005年通过的《俄罗斯联邦经济特区法》设立经济特区，以保护外国投资者的合法权益。经济特区实行有效期不超过20年的最低投资规模限制政策、税收优惠政策、关税优惠政策和财务优惠政策。当然，俄政府在采取诸多吸引外资优惠政策的同时，也对外资的进入设限。俄政府2005年10月底公布了禁止外国资本进入的首批战略资产名单，主要是石油、黄金和铜矿产地。直至2008年5月5日，普京在卸任总统前夕又签署了《俄罗斯限制外资程序法》，表明俄罗斯对战略行业，特别是战略矿产资源的控制力进一步增强。

(3)实施较为宽松的外汇政策

2006年5月起,俄罗斯中央银行将与资本出入境有关的外汇业务准备金提取额度降低一半,并将出口企业外汇收益强制结售汇额度降至零。同年6月,俄联邦政府又提出并通过了外汇调节和外汇监督法的相关修正法案,取消了对资本流动的所有限制。到了7月,卢布成为可自由兑换货币。

普京执政8年期间,俄罗斯通过颁布和修改一系列与贸易、投资相关的法律和政策,对外经济交往的制度环境基本构筑起来,同时把发展区域合作放在对外交往的重要位置,首先加强同独联体成员国的经济联系,其次是加强同欧盟、中国、美国、日本的经济合作。俄罗斯新的对外经济政策的实施,促进了对外贸易的迅速发展,尤其是扩大了能源及原材料部门的出口,改善了俄财政状况,国家偿债能力不断增强。普京时期,虽然俄罗斯实行了宽松的资本流动政策,但俄吸引外资的成效不甚显著。这主要是俄罗斯对外资企业进入石油、天然气、铜矿、军事工业、核能开发、航空航天等战略领域采取严格的限制措施,导致俄罗斯吸引外资较为乏力,大多数进入俄罗斯的外资属于短期金融投资,流动性大,对俄经济发展的贡献率不大。

2008年梅德韦杰夫继任总统,俄罗斯进入"梅普组合"时期。这一时期,在对外贸易政策方面,俄一方面采取措施继续扩大出口,另一方面重点强化政府职能及相关贸易法律法规建设,按照WTO的要求积极推进"入世"步伐。与此同时,2010年俄罗斯、白俄罗斯和哈萨克斯坦关税同盟成立后,俄白哈三国颁布了《关税同盟海关法典》(2010年)。在俄白哈关税同盟框架下,三国达成一致,决定简化并最终消除海关关税,三国统一实行公共的对外关税及贸易政策。这实际上意味着象征主权意义的《俄罗斯海关法典》

第一部分 基础性研究

一定程度被取代。2012年俄白哈三国启动统一经济空间,在海关监管、关税与非关税政策、宏观经济政策等诸多领域进行协调与合作。"梅普组合"时期俄罗斯正式加入了世贸组织。这一时期,俄罗斯按照"入世"要求不断完善国内立法,对外贸易对经济增长的拉动作用依然十分明显。

三、中俄外经贸政策调整绩效的比较

(一) 对外贸易政策调整对两国贸易发展的不同影响

俄罗斯在经济转轨初期实行对外贸易自由化政策,虽然促进了对外贸易的快速发展,但经济却出现了衰退,对外经济依存度上升。2000年后,俄罗斯对外贸易发展依然较快,而经济增长也较快,但对外经济依存度却总体出现了下降趋势。虽然2010年俄外贸依存度达到了44%,相较于1995年提高了8%,但是比1999年的71%仍有明显下降,降幅达到27%。而受外贸政策的影响,俄罗斯对外贸易结构一直处于畸轻畸重的不平衡状态。大宗燃料、金属和原材料商品占出口份额的80%以上,这表明俄罗斯对外贸易质量和层次的低端性,也是2008年国际金融危机对俄罗斯经济造成巨大冲击,使其饱受"资源诅咒"之苦的根源之一。

与俄罗斯相比,中国外贸政策的不断调整不仅促进了对外贸易的快速发展,使进口规模和出口规模均呈上升态势,对外贸易依存度总体上也不断提升,而且进出口商品结构也不断得到优化。

一方面,高附加值、高技术含量的制成品出口快速增长。1986年纺织品和服装等取代了石油等成为我国第一大类出口产品,标志着我国出口商品从资源密集型为主向劳动密集型为主转变;1996年机械及运输设备取代纺织品和服装成为第一大类出口产品,标志着出口商品开始从劳动密集型为主向资本技术密集型为主转变,而高新技术产品(主要为机电产品)出口也呈现快速增长特征。另一方面,进口商品结构不断优化升级。自1980年起,初级产品进口不断下降,工业制成品进口迅速上升。1986年到2011年间,进口工业制成品所占比重为80%左右,而进口初级产品所占比重为20%左右。

(二) 对外贸易政策调整对两国经济增长绩效的影响

如上所述,中俄两国对外贸易政策的调整极大地促进了对外贸易的发展,而对外贸易的扩大对两国经济增长具有显著的促进作用。下面用对外贸易的经济增长弹性来度量其所产生的绩效。

对外贸易的经济增长弹性可以分别通过进口(或出口)的经济增长弹性来表示。GDP的进口(或出口)增长弹性,是指GDP变动对进口(或出口)变动的反应程度,用国内生产总值变动的百分比除以进口额(或出口额)变动的百分比,它可以分别反映进口或出口变动对GDP增长率的影响程度。当弹性大于1时,说明进口(或出口)对GDP增长的推动作用较大;当弹性小于1时,说明进口或出口对GDP增长的推动作用较小;当弹性等于0,则说明进口对国内经济的增长没有影响。利用该理论,可以分别粗略分析中国和俄罗斯的情况。

1. 中国对外贸易对经济增长弹性分析

从表1中的数据变化可以看出,从1978年到2011年的33年间,其中有13年GDP出口增长弹性大于1,有9年GDP进口增长弹性大于1。这表明,我国进口增长和出口增长均对国内经济增长发挥了重要的作用。

表1　中国对外贸易的经济增长弹性(%)

年份	GDP增长率 %	出口额增长率 %	进口额增长率 %	GDP出口弹性	GDP进口弹性
1979	11.45	20.94	29.67	0.55	0.39
1980	11.89	21.83	22.96	0.54	0.52
1981	7.61	26.22	23.06	0.29	0.33
1982	8.83	11.16	−2.77	0.79	−3.18
1983	12.01	5.59	17.99	2.15	0.67
1984	20.89	24.50	47.11	0.85	0.44
1985	25.08	28.24	102.71	0.89	0.24
1986	13.97	25.25	19.12	0.55	0.73
1987	17.36	26.39	7.74	0.66	2.24
1988	24.75	16.79	27.31	1.47	0.91
1989	12.96	9.68	7.05	1.34	1.84
1990	9.86	34.49	17.02	0.29	0.58
1991	16.68	21.98	32.02	0.76	0.52
1992	23.61	18.16	30.74	1.30	0.77
1993	31.24	11.51	34.72	2.71	0.90
1994	36.41	49.29	66.38	0.74	0.55
1995	26.13	16.30	10.92	1.60	2.39
1996	17.08	0.99	4.61	17.24	3.70

续表

1997	10.95	17.05	2.16	0.64	5.08
1998	6.87	0.41	-1.53	16.64	-4.50
1999	6.25	5.79	18.15	1.08	0.34
2000	10.64	21.69	35.69	0.49	0.30
2001	10.52	6.31	8.16	1.67	1.29
2002	9.74	18.27	21.19	0.53	0.46
2003	12.87	25.74	39.97	0.50	0.32
2004	17.71	26.10	35.79	0.68	0.49
2005	15.67	21.62	16.88	0.72	0.93
2006	16.97	19.26	16.77	0.88	1.01
2007	22.88	17.06	15.66	1.34	1.46
2008	18.15	6.80	8.49	2.67	2.14
2009	8.55	-22.39	-13.72	-0.38	-0.62
2010	17.78	23.35	38.01	0.76	0.47
2011	17.77	13.16	19.50	1.35	0.91

数据来源：根据中国统计年鉴历年数据整理得出。

以上数据表明，中国进口和出口对经济增长都发挥有效作用。而且，通过进口可以间接促进出口贸易的发展。中国进口的多是一些高技术含量、高附加值的产品，这给中国带来了先进的设备和技术，也在一定程度上促进了产业结构的优化升级和技术进步。现阶段中国仍然是以生产劳动密集型或资源密集型产品为主，短期内产业结构升级仍需要引进国外先进技术和设备的支持，这也有助于快速提高出口产品的技术含量和质量。

2. 俄罗斯对外贸易对经济增长弹性分析

从表2中数据变化可以看出，从1996年到2010年的15年间，其中有7年GDP出口增长弹性大于1，有4年GDP进口弹性大于

1。这表明,对外贸易对俄罗斯经济增长同样具有推动作用,尤其是出口对 GDP 增长推动作用更大。

表 2　俄罗斯对外贸易的经济增长弹性

年份	出口额增长率 %	进口额增长率 %	GDP 增长率 %	GDP 的出口弹性	GDP 的进口弹性
1996	8.86	9.09	−0.70	−0.08	−0.08
1997	−3.12	−31.02	−32.53	10.42	1.05
1998	−14.38	10.07	−8.55	0.59	−0.85
1999	1.61	120.12	133.66	82.87	1.11
2000	38.89	66.48	53.25	1.37	0.80
2001	−3.05	−20.13	0.75	−0.25	−0.04
2002	5.40	−3.54	−3.93	−0.73	1.11
2003	26.65	29.37	27.26	1.02	0.93
2004	34.81	49.42	22.46	0.65	0.45
2005	33.02	32.18	53.06	1.61	1.65
2006	24.58	17.84	−1.79	−0.07	−0.10
2007	16.73	−6.03	21.54	1.29	−3.57
2008	33.07	37.25	36.62	1.11	0.98
2009	−35.67	−37.93	−30.77	0.86	0.81
2010	31.84	35.84	25.02	0.79	0.70

数据来源:根据俄罗斯联邦统计局数据计算。

上述数据表明,俄罗斯商品和服务出口是拉动经济增长的主要因素之一。作为能源大国,石油出口多年来一直占俄罗斯出口总额的 40% 左右。石油是俄出口的大宗商品,石油收入对俄财政收入和经济稳定的影响是巨大的,尤其是近年来石油价格的攀升大大提高了石油出口对俄经济增长的影响效果。也正是由于俄罗斯出口产品的结构比较单一,资源性产品的出口比重过大,因而国际市场行情的经常性波动使得俄罗斯经济难以保持长期和稳定的增长,也不利于提升其参与国际分工的水平。从 GDP 进口弹性看,由于俄罗斯进口产品中机电产品占了较大的比重,因而高技术和高附加值产品进口对推动俄经济增长的作用也不容忽视。

(三) 吸引外资和对外投资政策调整对两国的不同影响

1. 对吸引外资的影响

2000 年前,俄罗斯外资流入较少。自 2000 年以来,由于吸引外资政策的调整和投资环境的改善,俄吸引外资的规模不断扩大,到 2007 年甚至出现了爆发性的增长。只是受 2008 年国际金融危机的影响才出现了较大幅度的下降,但到 2010 年重又恢复了较高的增速。根据权威机构的评价,俄罗斯在全球最具投资吸引力国家中的排名不断攀升,2008 年已经位列前三甲。从实际利用外资情况看,受鼓励外商投资于服务业政策的积极影响,近年来俄金融服务、IT、信息、餐饮、批发零售、旅游等服务业利用外资一直占有主要地位。这与中国外资主要集中在制造业的情况有很大的不同。这是因为,与中国相比,俄罗斯的服务经济较为发达,居民消费与服务的比重较大,而且其劳动力成本也高于中国。但俄罗斯与中国的另一个差异,是俄吸引的直接投资占比不是很高,而且近两年还呈现下降的趋势。

与俄罗斯不同,我国从 20 世纪 80 年代开始至今,利用外资总额与外商直接投资一直保持着稳定的增长趋势。同时,外国投资者进入投资领域也发生着显著的变化,第二产业中的加工制造业一直是外商投资的主导产业,直到目前仍在各行业中占据首位。而农林牧渔业占比较低且一直停滞不前。服务业在"入世"后呈上升趋势。我国不断出台鼓励外资进入第三产业的政策,尤其是2009年国际金融危机后,我国调整了吸引外资政策,进一步放松了对外商投资房地产业的限制,外商在第三产业投资呈现增长态势。其中,房地产是我国吸引外商投资占比最大的行业,到2011年房地产业占外商直接投资比重达到23.17%,比2004年的9.81%上升了超过13个百分点。

2. 对对外直接投资的影响

加入WTO以后,外经外贸政策的不断调整促进了中国对外直接投资的快速增长,2002年到2011年,对外直接投资额年平均值达到326.91亿美元,2010年中国对外直接投资存量达到3100多亿美元。同样,近些年俄对外直接投资增长速度也很快。截至2010年,对外直接投资存量达到4300多亿美元,已经超过中国、巴西、新加坡。但进入2009年以来,中国对外投资流量超过了俄罗斯,且呈现不断上升的趋势,这主要与我国雄厚的资本储备优势和国家大力推进"走出去"战略有关。

中俄对外直接投资的迅猛发展,与两国不断推进的对外投资体制改革和政策调整密不可分。俄罗斯积极支持企业对外投资,在近20年内有关投资合作国际协议的保障机制不断完善,已签署的50多项关于鼓励和相互保护投资的政府间双边协议大部分生效。俄还专门成立了对外投资局,对境外投资给予财政金融支持。与俄罗斯相比,中国从1978年改革开放至今,对外直接投资也从无到有逐渐发展起来。对外直接投资的各项管理制度和法律法规不断得以完善,基本实现了对外投资管理的法制化。与此同时,中国政府一直致力于积极完善对外直接投资的综合政策服务体系。而且,非国有制企业已经成为中国对外直接投资重要的投资主体。

(四)对外经贸合作政策调整对中俄双边合作的影响与绩效

1. 投资领域

在投资领域,两国相互直接投资以较快的速度增长。俄罗斯对中国直接投资从2001年的2976万美元增长至2004年的历史最高值1.264亿美元,年均增幅达71.62%,但2004年以后俄罗斯对中国的直接投资持续收缩。2002—2003年,俄政府对《俄罗斯联邦外国投资法》进行多次修订,大大改善了俄罗斯的投资环境。在这一背景下,中国对俄罗斯直接投资连续两年突破3000万美元。特别是由于2006年签订的《中国和俄罗斯政府关于促进和相互保护投资协定》和其他政策调整因素的积极影响,中国对俄罗斯直接投资步入了最为活跃的时期。有资料显示,中国对俄直接投资2006—2008年连续三年增幅超过100%。虽然2009年国际金融危机期间增速下降,但2010—2011年又以更快的速度增长,2011年达到了7.2亿美元。

2. 双边贸易

在双边贸易领域,中俄两国政府出台了一系列鼓励双边贸易的政策,积极推动双边贸易的发展。中俄双边贸易额从2000年的80亿美元增加到2005年的291亿美元,到2012年达到了881.6亿美元。这一时期中俄双边贸易额的年均增速都达到了两位数(受国际金融危机影响的2009年除外),其中很多年份保持了30%—40%的增速,2007年较上年增长了44.42%。图1分别计算了

1995—2011年中国对俄罗斯的贸易依存度、俄罗斯对中国的贸易依存度和中俄贸易融合度。结果显示,中国对俄罗斯贸易依存度和俄罗斯对中国贸易依存度总体上均呈现上升趋势,说明中俄贸易融合水平有所提高。

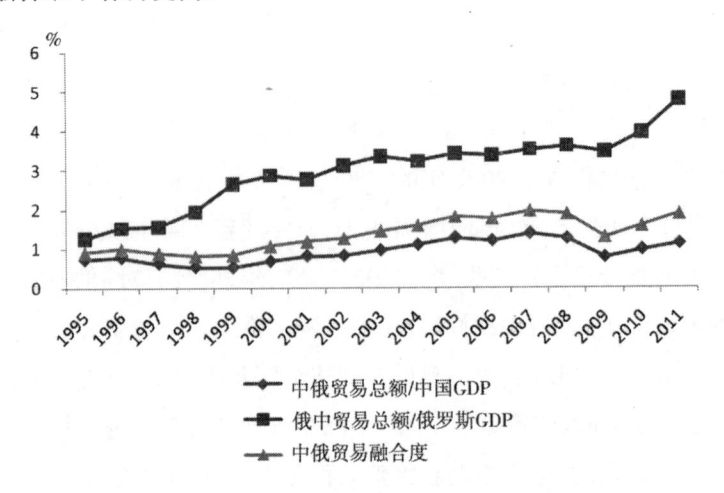

图1 中俄贸易总额相当于各自GDP情况

数据来源:根据UNCTAD数据库计算得出(http://unctad.org/en/Pages/Statistics.aspx)。

四、总结性评述

第一,中俄两国外经贸体制改革和政策调整的方式和路径不同。我国从一开始就采取循序渐进的方式改革外经贸体制,并在经济转轨发展过程中根据实际需要,分四个阶段来逐步推进体制改革和外经贸政策调整。特别是加入WTO后,我国进入了与WTO规则相适应的公平与保护并存的外经贸政策调整阶段。不仅强化了对进出口企业和进出口业务的市场化管理,促进企业的公平竞争,而且大幅度削减贸易壁垒,并使外经贸政策的调整更加有利于贸易自由化和市场开放。这些举措有力地推动了我国对外经济贸易的发展。而俄罗斯在经济转轨初期实行激进的"休克疗法"的同时,全面开放市场,实行对外经贸自由化政策,基本放弃了国家对经济的垄断,政府的职能作用严重弱化,致使俄陷入重重经济危机。这一阶段俄罗斯的外经贸政策并没有对经济产生有效的拉动作用。后来在普京执政时期,俄重新调整了外经贸政策,进一步强化国家对外贸和外资的有效调控。特别是俄罗斯正式加入世贸组织后,按照"入世"要求不断完善国内立法,外经贸政策也随之发生调整和变化。

第二,中俄两国外经贸政策调整的绩效既有相同点也有差异。首先,两国对外经贸政策的调整有效促进了对外贸易的快速发展,而对外贸易的扩大对两国经济增长具有显著的促进和拉动作用。只不过是俄罗斯在经济转轨初期进行的外经贸政策调整,在促进对外贸易发展的同时,却没有对经济产生足够的拉动作用,经济反而出现了衰退,对外经济依存度上升。到经济转轨深化时期,俄罗斯才出现了对外贸易发展较快、经济增长也快速增长的局面。说明这一时期对外贸易对俄经济增长的拉动作用明显,其中出口对GDP增长的推动作用更大。而自经济转轨以来,中国进口和出口一直对经济增长发挥有效的拉动作用。而且,由于中国进口的多是一些高技术含量、高附加值的产品和先进的技术设备,也有助于推进产业结构的优化升级和技术进步。

其次,吸引外资和对外投资政策调整对中俄两国利用外资和对外投资的影响各异。在吸引外资方面,自20世纪80年代至今,我国无论是利用外资总额还是外商直接投资,都一直保持稳定的快速增长态势。而与中国不同,俄罗斯在2000年前外资流入较少,只是自2000年以来,由于吸引外资政策的调整和投资环境的改善,俄吸引外资的规模才得以不断扩大,但俄吸引外资中的直接投资占比并不高,这与中国有着明显的差异。在对外投资方面,近一个时期特别是加入WTO以后,中国对外直接投资迅猛增长,俄罗斯对外直接投资的增速也很快。中俄两国对外直接投资的这一发展势头,是两国不断推进对外投资体制改革和政策调整的结果。

再次,中俄对外经贸合作政策的不断调整,推动了两国双边经贸合作关系的进一步发展。在投资领域,两国相互直接投资增速较快。在双边贸易领域,两国政府出台的一系列鼓励双边贸易的政策,推动了双边贸易的快速发展,中俄双边贸易额大幅攀升。而且,中俄两国间相互贸易依存度的上升趋势,也说明两国贸易融合水平在逐渐提高。

(原载《财经问题研究》2014年第5期)

俄罗斯货币政策演进及其特点

郭连成　仲晓天

一、引言

实行经济转轨以来,俄罗斯将金融体制改革作为经济转轨和制度变迁的重要环节,其中,不断调整和完善货币政策,是俄为适应经济转轨的需要而采取的经常性措施。经过多年的改革和调整,俄货币政策发生了较大变化,其对经济的影响程度日益加深。总的来看,转轨以来俄罗斯货币政策的总体目标是抑制通货膨胀和保持卢布币值稳定。以此为基础,形成了以稳定汇率和以稳定物价为主要目标的两种货币政策目标。而综观俄罗斯经济转轨时期货币政策的发展变化,货币政策在不同经济发展时期的演化呈现出不同的特点,总的来看经历了实行紧缩性货币政策——由紧缩到适度扩张再趋向从紧的货币政策——由从紧到相对宽松货币政策的演进变化过程。本文一方面基于2008年国际金融危机前、国际金融危机期间和危机后期以来俄罗斯货币政策的变化,另一方面鉴于经济转轨不同时期俄货币政策的不同特点,对俄罗斯货币政策的演进及其特点加以深入剖析。

二、紧缩性货币政策的实施与小幅调整

1991年年底苏联解体俄罗斯正式独立后,俄在经济转轨进程的不同阶段一直面临着货币政策的选择和货币政策目标的确定问题。在经济转轨初期直至1998年8月金融危机前,俄罗斯根据当时的经济形势和需要,选择了实行紧缩性货币政策。我们认为,这一政策的实施大体可分为两个阶段:

(一) 第一阶段

这一阶段为经济转轨初期的1992—1994年,俄罗斯实行的是严厉的紧缩性货币政策。因为在这一时期,俄经济严重滑坡,生产持续衰退,卢布贬值,通货膨胀居高不下。俄专家学者指出,由经济转轨初期价格自由化所导致的价格剧烈波动而引起的高通货膨胀,与生产高速下滑相伴随,这促使俄中央银行一方面严厉地、目标明确地抑制通货膨胀,另一方面发行信贷为财政赤字融资。[①] 表1反映了1992—1994年俄罗斯经济转轨初期面临的严峻经济形势和俄实行严厉的紧缩性货币政策的原因。

---

① В. Садков и др., О содержании денежно-кредитной политики России, Финансы, 2002 г., №3, с. 66.

表1　1991—1994年俄罗斯经济增长和通货膨胀指标(%)

年份	1991	1992	1993	1994
GDP增长率	-5.0	-14.5	-8.7	-12.7
通货膨胀率	160.4	2508.8	839.9	215.1

资料来源：俄罗斯国家统计局网站数据(http//www.gks.ru)，转引自高晓慧：《俄罗斯经济增长与通货膨胀》，《俄罗斯中亚东欧市场》2010年第11期。

经济严重衰退和恶性通货膨胀迫使俄罗斯实行严厉的紧缩性货币政策，以抑制通货膨胀和稳定卢布币值。这一时期俄罗斯主要采取了如下货币政策措施。

一是提高利率。无论是存款利率还是银行和银行间贷款利率都大幅提高。表2显示，1992—1994年，俄罗斯央行曾18次调整再融资利率，其中，1993年调整7次，1994年调整9次。再融资利率从1993年年初的80%分次提高到年末的210%。这也使得金融市场上的所有利率都随之相应上调。自1993年9月，俄罗斯开始将以前实际上无偿发放的所有政府专项贷款，改为按不低于再融资利率的利率水平来提供。进入1994年，虽然再融资利率由前4个月的210%分次降到8月下旬至10月上旬的130%，但到年底又反弹至180%。说明这一时期俄依然试图通过大幅提高再融资利率来抑制通货膨胀。

表2　俄罗斯央行再融资利率(1992—1994)(%)

日期	利率
1991年1月1日—1992年4月9日	20
1992年4月10日—1992年5月22日	50
1992年5月23日—1993年3月29日	80
1993年3月30日—1993年6月1日	100

续表

1993年6月2日—1993年6月21日	110
1993年6月22日—1993年6月28日	120
1993年6月29日—1993年7月14日	140
1993年7月15日—1993年9月22日	170
1993年9月23日—1993年10月14日	180
1993年10月15日—1994年4月28日	210
1994年4月29日—1994年5月16日	205
1994年5月17日—1994年6月1日	200
1994年6月2日—1994年6月21日	185
1994年6月22日—1994年6月29日	170
1994年6月30日—1994年7月31日	155
1994年8月1日—1994年8月22日	150
1994年8月23日—1994年10月11日	130
1994年10月12日—1994年11月16日	170
1994年11月17日—1995年1月5日	180

资料来源：O. Беленькая, Анализ влияния инструментов кредитно-денежной политики банка России на параметры реальных инвестиций, http://www.auditfin.com/fin/2001/2/rbelenkaya/rbelenkaya.asp.

二是逐年大大减缓货币发行量的增速。有资料显示，俄罗斯央行广义货币量（M2）的增长速度从1992年的668%降至1993年的418.75%，再降到1994年的194.58%。[1] 另据时任俄财政部长的库德林提供的数据，1992年2月至1995年2月，广义货币量（M2）的平均增速为382%。[2] 与以上1992年和1993年的数据相比，这

---

[1] O. Беленькая, Анализ влияния инструментов кредитно-денежной политики банка России на параметры реальных инвестиций, http://www.auditfin.com/fin/2001/2/rbelenkaya/rbelenkaya.asp.

[2] А. Кудрин, Инфляция: российские и мировые тенденции, *Вопросы экономики*, 2007г., №10.

一数据说明货币发行量的增速在减缓。从基础货币的情况看,俄基础货币的增长率也由1992年的13.1%降至1993年的5.2%和1994年的2.3%。

三是调高商业银行法定存款准备金率。经济转轨初期,为了达到降低通货膨胀和控制货币总量增加的目的,俄罗斯曾多次提高法定存款准备金率。仅1992年1—4月,长期和短期存款准备金率就由2%和5%分别提高到15%和20%。①

四是严格控制贷款规模和限额,禁止央行向商业银行自动提供贷款。

总的来看,俄罗斯在经济转轨初期的1992—1994年实行严厉的紧缩性货币政策有其客观必要性。由于经济形势恶化、恶性通货膨胀和卢布贬值,俄罗斯货币政策一直以抑制通货膨胀和稳定卢布币值为政策目标。但这种紧缩性货币政策不仅造成企业生产规模和投资规模萎缩,并加剧俄罗斯国内支付危机和企业之间的相互拖欠,而且通货膨胀也并没有从根本上得到有效遏制。有数据表明,1992年2月至1995年2月,俄通胀率平均为595.3%,②依然居高不下。俄专家也指出,自1992年俄罗斯央行试图实行缩减货币量的硬性政策以抑制通货膨胀,但这一政策效果不佳。③

---

① Из отчета Центрального банка РФ за 1992 г., *Деньги и кредит*, 1993 г., №8.

② А. Кудрин, Инфляция: российские и мировые тенденции, *Вопросы экономики*, 2007г., №10.

③ ВЫЯВЛЕНИЕ ЭФФЕКТИВНЫХ ИНСТРУМЕНТОВ ДЕНЕЖНО - КРЕДИТНОЙ ПОЛИТИКИ РФ НА ОСНОВЕ СРАВНИТЕЛЬНОГО АНАЛИЗА, http://www.scienceforum.ru/2013/196/2162.

(二) 第二阶段

这个阶段是从 1995 年至 1998 年 8 月金融危机前。我们认为，这是俄罗斯在继续实行从紧货币政策前提下，对货币政策适时进行小幅调整，使其较为温和并具有一定灵活性的时期。特别是 1995 年俄罗斯颁布了《俄罗斯联邦中央银行法》，该法不仅明确确立了央行独立制定和执行货币政策的权限，而且规定央行不再为弥补联邦财政赤字融资。这样一来，俄罗斯央行的独立性得到增强。

这一时期，俄罗斯利率政策的运用具有较为灵活的特点。再融资利率经历了先升后降和此后有升有降的过程，详见表 3。

表 3　俄罗斯央行再融资利率(1995—1998)(%)

日期	利率
1994 年 11 月 17 日—1995 年 1 月 5 日	180
1995 年 1 月 6 日—1995 年 5 月 15 日	200
1995 年 5 月 16 日—1995 年 6 月 18 日	195
1995 年 6 月 19 日—1995 年 10 月 23 日	180
1995 年 10 月 24 日—1995 年 11 月 30 日	170
1995 年 12 月 1 日—1996 年 2 月 9 日	160
1996 年 2 月 10 日—1996 年 7 月 23 日	120
1996 年 7 月 24 日—1996 年 8 月 18 日	110
1996 年 8 月 19 日—1996 年 10 月 20 日	80
1996 年 10 月 21 日—1996 年 12 月 1 日	60
1996 年 12 月 2 日—1997 年 2 月 9 日	48

续表

时间	利率
1997年2月10日—1997年4月27日	42
1997年4月28日—1997年6月15日	36
1997年6月16日—1997年10月5日	24
1997年10月6日—1997年11月10日	21
1997年11月11日—1998年2月1日	28
1998年2月2日—1998年2月16日	42
1998年2月17日—1998年3月1日	39
1998年3月2日—1998年3月15日	36
1998年3月16日—1998年5月18日	30
1998年5月19日—1998年5月26日	50
1998年5月27日—1998年6月4日	150
1998年6月5日—1998年6月28日	60
1998年6月29日—1998年7月23日	80
1998年7月24日—1999年6月9日	60

资料来源：О. Беленькая, Анализ влияния инструментов кредитно-денежной политики банка, России на параметры реальных инвестиций, http://www.auditfin.com/fin/2001/2/rbelenkaya/rbelenkaya.asp.

由表3可见，再融资利率由1995年1月5日的180%，提高到1995年1月6日至5月15日200%的最高点，然后下降到1995年5月16日至6月18日的195%，再分次降到1997年10月6日至11月10日21%的最低点。此后，再融资利率的调整进入了有升有降的阶段。再融资利率自1997年11月11日至1998年5月26日在28%—50%的区间波动，1998年5月27日至6月4日受国内货币金融危机的影响升至150%的高点，而在接下来的1998年8月金融危机前后则分别降到60%和80%。表3还显示，1998年俄罗斯对再融资利率做有升有降的调整多达9次。

从汇率政策看,1995年7月,俄罗斯开始实行管理浮动汇率制度,即实行盯住美元的"外汇走廊"政策,卢布汇率不再完全由市场供求来决定,而是中央银行根据外汇交易所和银行间外汇市场上卢布对美元的比价,将卢布与美元的汇率限定在一定的区间内浮动。如果卢布与美元的汇率超过规定的浮动区间,央行就会加以干预,人为抑制卢布汇率的上升。有资料显示,自1995年7月6日起,俄央行将卢布兑换美元的汇率限制在4300—4900∶1,到1996年又调整至4550—5150∶1,这一"外汇走廊"政策大体维持到1998年8月金融危机前。[①] "外汇走廊"政策当时对加强外汇管理、稳定卢布汇率和稳定金融形势都发挥了一定的积极作用。实施"外汇走廊"政策期间,卢布汇率保持基本稳定,外汇比价的变动较小,美元兑卢布的汇率仅上升了1.1%。1998年9月,俄央行宣布放弃实施"外汇走廊"政策即放弃支持卢布汇率,转而实行有管理的自由浮动汇率政策,汇率水平主要由外汇市场供求关系决定。时任俄央行副行长的基谢列夫认为,在当时不断恶化的政治、经济形势下,建立浮动的卢布汇率是俄罗斯唯一可行的汇率政策。[②] 俄放弃"外汇走廊"政策后,卢布便开始大幅贬值。

从控制货币总量和降低通货膨胀情况看,有资料显示,1995—1998年,俄罗斯中央银行货币量(M2)的增速一直在下降,从1994年的194.58%分别降至1995年的125.77%、1996年的30.57%、1997年的29.76%和1998年的19.9%。而基础货币的增速则在上

---

① 黄丽新、吴艾君:《俄罗斯货币政策的执行经历和启示》,《中国金融》2009年第14期,第58页。
② 《俄罗斯央行弃守汇率 市场物价飞涨》,《人民日报》1998年9月5日。

升,1997 年为 25.7%,1998 年为 27.9%,1999 年甚至达到 54.1%。①通货膨胀率由 1995 年的 131% 降至 1996 年的 21.8%。由于 1997 年俄将制止经济衰退、继续降低通货膨胀、实现金融稳定作为货币政策的基本目标,使通胀率降到 11%。② 根据《俄罗斯 1998 年国家统一货币信贷政策的主要方向》制定的 1998 年货币政策目标,要将年通货膨胀率降至 5%—8%,货币量(M2)年增速达到 30%。但由于金融危机的严重影响,1998 年制定的货币政策目标不仅无法实现,反而使通胀率反弹,达到 84.4%,1999 年才回落到 36.5%。

此外,从 1995 年起,俄罗斯央行逐步降低了商业银行法定存款准备金率。在 1998 年以前,央行根据商业银行吸收资金的期限实行差别法定存款准备金率。对期限不超过 30 天的银行资金实行最高的法定存款准备金率。但从 1998 年 2 月起,俄央行首次规定了统一的存款准备金率,而不再实行任何形式的差别存款准备金率。③ 当时将外币和卢布的存款准备金率统一为 11%,8 月降到 10%。1998 年金融危机期间俄罗斯央行于 9 月 1 日—11 月 17 日重新短暂恢复了差别存款准备金率,但 11 月 17 日之后重又制定并实行统一的存款准备金标准,将外币和卢布的存款准备金率统一

---

① O. Беленькая, Анализ влияния инструментов кредитно-денежной политики банка России на параметры реальных инвестиций, http://www.auditfin.com/fin/2001/2/rbelenkaya/rbelenkaya.asp.

② O. Беленькая, Анализ влияния инструментов кредитно-денежной политики банка России на параметры реальных инвестиций, http://www.auditfin.com/fin/2001/2/rbelenkaya/rbelenkaya.asp.

③ ВЫЯВЛЕНИЕ ЭФФЕКТИВНЫХ ИНСТРУМЕНТОВ ДЕНЕЖНО-КРЕДИТНОЙ ПОЛИТИКИ РФ НА ОСНОВЕ СРАВНИТЕЛЬНОГО АНАЛИЗА, http://www.scienceforum.ru/2013/196/2162.

规定为5%。①

自1993年5月,一种新的货币政策工具——国家短期债券和联邦债券进入俄罗斯金融市场,但在1993—1994年发展并不快。有资料显示,俄罗斯1993年发行国家有价证券总额为1500亿卢布,到1994年也仅为17.5万亿卢布。而自1995年起,按新的《俄罗斯联邦中央银行法》的规定,央行不能为弥补联邦财政赤字融资,因而在1995年、1996年和1997年,俄发行以国家短期债券为主的国家有价证券分别达134.2万亿卢布、374.1万亿卢布和449.2万亿卢布,②用以弥补联邦财政赤字。

总的来看,在第二阶段,虽然俄罗斯仍以实施紧缩性货币政策为基点,但俄货币政策出现了某种积极的迹象。由于央行不再为弥补政府财政赤字融资,并能够独立制定货币政策,从而使央行的货币政策具有了更多的独立性。与此相关,央行的货币政策能够根据经济形势的变化和需要适时做出一些调整,在利率、汇率和货币供应量的调整方面表现出较为温和、较为灵活的特点。特别是降低商业银行法定存款准备金率更进一步表明了紧缩性货币政策的松动。

最后,还可以大致勾勒出1992年至1998年8月金融危机前这一时期俄罗斯紧缩性货币政策目标的演进及特点:1992年货币政策的目标是缓解通胀压力,并保持国民经济的可控性;1993年的目

---

① 高晓慧、陈柳钦:《俄罗斯金融制度研究》,社会科学文献出版社2005年版,第372页。

② О. Беленькая, Анализ влияния инструментов кредитно－денежной политики банка России на параметры реальных инвестиций, http://www.auditfin.com/fin/2001/2/rbelenkaya/rbelenkaya.asp.

标是缩减通货膨胀,减缓经济下滑速度;1994年将目标定为降低通货膨胀,为生产稳定创造条件;1995年的目标为控制通胀率,并使货币供应量符合反通胀的目标任务;1996年确定的目标是降低通货膨胀水平,稳定卢布汇率;1997年则两次降低通胀率,并力图达到保持卢布汇率稳定的目标;1998年将货币政策的目标再次确定为降低通胀率,保持卢布汇率稳定。虽然俄罗斯确定的货币政策目标在很多年份并没有达到,但抑制通货膨胀,稳定卢布汇率,维持卢布币值稳定,始终是这一时期俄罗斯紧缩性货币政策的首要目标。

三、货币政策的重大调整:由紧缩到适度扩张再趋向从紧

1998年8月金融危机后,俄罗斯经济逐步走出了金融危机的阴影,自1999年经济形势开始趋好。特别是2000年普京执政后,由于有利的国际市场行情,俄罗斯包括石油在内的主要商品的出口连年大幅增长,加之经济转轨的深化和宏观经济条件的不断改善,俄罗斯经济进入了快速增长期。尤其是经过多年的金融体制改革和自2000年的大规模银行重组,不仅使央行的地位明显提高,也进一步加强了资本的集中。普京时期,俄罗斯调整了宏观经济政策目标,将重点从优先实现宏观经济稳定转向优先发展生产,与此相适应,俄中央银行也对货币政策做出相应的重大调整,将克服危机后果特别是稳定金融市场作为货币政策的主要目标。俄央行一方面试图维持相对稳定的卢布汇率,干预卢布过度下跌;另一方面,采取措施增加商业银行的贷款规模,并大幅降低法定存款准

备金率,恢复银行体系的流动性和清偿力,增加货币供应量。因此,我们分析认为,1998年8月金融危机后,俄罗斯大体上经历了从先前实行的紧缩性货币政策转向适度扩张的货币政策,之后又转为趋向从紧的货币政策的过程。从时间上看,这一时期是自1998年8月俄罗斯金融危机后至2008年9月国际金融危机爆发前的10年时间。正如俄专家学者所指出的,虽然人们对1998年俄罗斯金融危机后的货币政策存有许多争议,但这一时期的货币政策是充分权衡和适度的,能够为经济增长提供有利条件。[1]

(一) 抑制通货膨胀仍为优先目标

1999年俄罗斯货币政策的目标是将通货膨胀率降至年30%的水平。据有关资料显示,实际通胀率从1998年的84.3%降到1999年的36.5%,2000年又进一步降至20.2%。在此后的2001—2006年,通货膨胀基本得到遏制,通胀率逐年降低:2001年为18.6%,2002年为15.1%[2],2003—2006年这4年的通胀率分别为12%、11.7%、10.9%和9%。2006年,俄罗斯央行制定的货币政策具体目标是消费价格上涨不超过8.5%,核心通货膨胀率在7%—8%。而这一年实际通胀率虽未达到预期目标,但也降到个位数(9%),达到了7年来的最低水平。2007年和2008年的通货膨胀率分别上升到11.9%和13.3%。有关2000—2008年俄罗斯通货膨胀、通胀

---

[1] С. Дробышевский и др., Некоторые вопросы денежной и курсовой политики в России в 2000 – 2006 годах и на ближайшую перспективу, *Вопросы экономики*, 2007г., №2, с.26.

[2] С. Игнатьев, О денежно – кредитной политике Центрального банка Российской Федерации *Деньги и кредит*, 2003 г., №5, с.13.

目标和实际通胀率情况,详见图 1 和表 4:

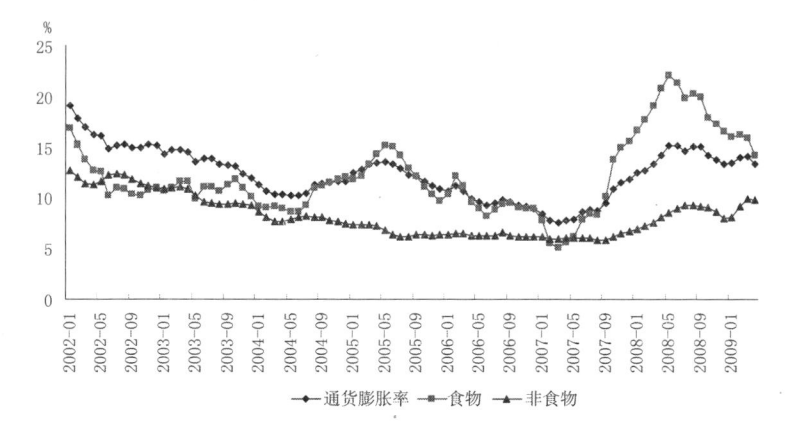

图 1　俄罗斯通货膨胀情况(2002 年—2009 年 1 月)(同比增长)

资料来源:*OECD Economic Surveys: Russian Federation* 2009,第 79 页。

表 4　俄罗斯通货膨胀目标和实际通胀率(%)

年份	年底通胀目标	实际通胀率
2000	18	20.2
2001	12—14	18.6
2002	12—14	15.1
2003	10—12	12.0
2004	8—10	11.7
2005	8.5—11	10.9
2006	8.5	9.0
2007	6.5—8	11.9
2008	6—7	13.3

资料来源:Tuuli Juurikkala, Alexei Karas, Laura Solanko:The Role of Banks in Monetary Policy Transmission: Empirical Evidence From Russia, BOFIT Discussion Papers 8/2009, June 2009, http://www. suomenpankki. fi/en/suomen_pankki/organisaatio/asiantuntijoita/Documents/DP0809.pdf; Основные направления единой государственной денежно‐кредитной политики на 2008 год, *Вестник банка России*, 2007 г., №47(991), c.19.

(二) 再融资利率的调整与变化

表5显示,为了达到预期的货币政策目标,刺激经济主体对贷款的需求,促进经济增长,俄央行自1999年6月10日到2008年2月3日共17次下调再融资利率(仅2000年就降低了5次),使利率从55%下降至10%。而自2008年2月4日,俄央行又5次小幅提高了再融资利率,从10%提高至11月底的12%。到2009年年初,再融资利率已升至13%。这种变化反映了这一时期俄罗斯货币政策先适度扩张后又趋向从紧的变化过程。

表5 俄罗斯央行再融资利率(1999—2008)(%)

日期	利率
1999年6月10日—2000年1月23日	55
2000年1月24日—2000年3月6日	45
2000年3月7日—2000年3月20日	38
2000年3月21日—2000年7月9日	33
2000年7月10日—2000年11月3日	28
2000年11月4日—2002年4月8日	25
2002年4月9日—2002年8月6日	23
2002年8月7日—2003年2月16日	21
2003年2月17日—2003年6月20日	18
2003年6月21日—2004年1月14日	16
2004年1月15日—2004年6月14日	14
2004年6月15日—2005年12月25日	13
2005年12月26日—2006年6月25日	12

续表

2006年6月26日—2006年10月22日	11.5
2006年10月23日—2007年1月28日	11
2007年1月29日—2007年6月18日	10.5
2007年6月19日—2008年2月3日	10
2008年2月4日—2008年4月28日	10.25
2008年4月29日—2008年6月9日	10.5
2008年6月10日—2008年7月13日	10.75
2008年7月14日—2008年11月11日	11
2008年11月12日—2008年11月30日	12

资料来源：ВЫЯВЛЕНИЕ ЭФФЕКТИВНЫХ ИНСТРУМЕНТОВ ДЕНЕЖНО-КРЕДИТНОЙ ПОЛИТИКИ РФ НА ОСНОВЕ СРАВНИТЕЛЬНОГО АНАЛИЗА, http://www.scienceforum.ru/2013/196/2162.

（三）汇率政策的变化

自2000年以来，随着外部市场环境的改善和俄罗斯国内宏观经济形势的不断好转，卢布升值的速度开始加快。由于担心卢布升值过快可能对宏观经济带来负面影响，并出于维持卢布币值稳定的货币政策目标，避免卢布汇率剧烈波动，从2002年起，俄央行开始对外汇市场上的卢布和美元汇率进行积极干预。但正如时任俄罗斯央行行长的伊格纳季耶夫在俄罗斯银行联合会第十四次代表大会的报告中所指出的，俄货币政策应努力达到两个目标：一是降低通货膨胀；二是不能突然固定卢布实际汇率，因为这会导致实体经济发展条件恶化，并降低经济增长速度。[①]

---

① С. Игнатьев, О денежно－кредитной политике Центрального банка Российской Федерации, Деньги и кредит, 2003 г., №5, с.13.

有资料显示,2000—2002年,美元对卢布的汇率提高了17.7%,从2000年1月1日的1美元兑27卢布提高到2003年1月1日的1美元兑31.78卢布。三年间汇率的变动相对比较平稳,呈现总体上升趋势范围内的小幅平稳波动状态。2000—2002年,卢布实际汇率指标逐渐稳定,与2001年相比,2002年卢布年均实际有效汇率仅提高了1.7%,而2001年与2000年相比则提高了16.2%。①2003年1—9月卢布对美元的名义汇率提高了4.1%;与2002年12月相比,2003年1—9月卢布实际有效汇率提高了3.9%。卢布名义汇率的相对稳定促进了外国投资流入和生产的技术更新。②从2004年起,俄罗斯开始实行有管理的浮动汇率制,在这一制度下,俄央行汇率政策的目标是继续控制卢布汇率的剧烈波动。据俄央行发布的数据,2004年卢布名义汇率的稳定使卢布的稳定趋势得以持续。而2004年1—9月卢布对美元的月均实际汇率提高了5.6%,2004年卢布实际有效汇率相较于2003年12月提高了5.3%。③有资料显示,俄罗斯卢布名义汇率2004年12月—2005年12月提高了3.2%。2005年1—9月卢布月均实际有效汇率相较于2004年12月提高了8.3%。④ 2006年,俄罗斯汇率政策的目标是抑制通货膨胀,并防止卢布汇率的剧烈波动。数据表明,卢布名义汇率2005年12月—2006年12月提高了2.2%。2006年1—9月,

---

① Банк России, Денежно-кредитная политика, политика валютного курса и развитие банковского сектора.

② Основные направления единой государственной денежно–кредитной политики на 2004 год ,*Деньги и кредит* , 2003 г., №12, c.7.

③ Основные направления единой государственной денежно-кредитной политики на 2005 год ,*Вестник банка России* , 16 декабря 2004 г., №70(795).

④ Основные направления единой государственной денежно-кредитной политики на 2006 год ,*Деньги и кредит* , 2005 г., №12, c.10.

卢布名义有效汇率提高了 3.2%,而卢布实际有效汇率则提高了 8%。① 2007—2008 年,俄央行汇率政策的目标依然是实行有管理的浮动汇率制,并抑制通货膨胀,防止卢布汇率的剧烈波动。2007 年卢布实际有效汇率上升 5.3%。2008 年 1—9 月卢布对美元的名义汇率和实际汇率分别提高了 3.36% 和 3.5%,而卢布实际有效汇率则提高了 3.3%。②

应当指出,为更好实行有管理的浮动汇率制,俄罗斯自 2005 年 2 月 1 日起引入由美元和欧元构成的货币篮子(2007 年以后货币篮子中美元占 55%,欧元占 45%),采取"钉住一篮子货币+浮动区间"的汇率政策。其实质是卢布对一篮子货币的汇率由外汇市场的供求来决定。俄罗斯央行为卢布对一篮子货币的汇率设定了浮动区间,一旦卢布汇率的波动达到浮动区间的上限或下限,央行便在外汇市场通过买入或者卖出美元的方式对汇率加以干预,以控制卢布汇率特别是卢布对美元实际有效汇率的剧烈波动。

(四) 法定存款准备金率的调整

1999 年 3 月,俄罗斯央行将法人本外币存款的准备金率从 5% 提高到 7%,6 月又提高至 8.5%。2000 年 1 月,俄罗斯银行董事会宣布再提高法定存款准备金率。对商业银行吸收的法人本币存款、法人和自然人的外币存款,法定存款准备金率从 8.5% 提高到

---

① Основные направления единой государственной денежно‐кредитной политики на 2007 год, *Вестник банка России*, 30 ноября 2006 г., №66(936).

② Основные направления единой государственной денежно‐кредитной политики на 2009 год и период 2010 и 2011 годов, *Вестник банка России*, 14 ноября 2008 г., №66(1082).

10%;而对吸收的自然人本币存款,法定存款准备金率从5.5%提高到7%。① 此次调整后,随着俄罗斯适度扩张货币政策的实施,根据2004年俄罗斯银行董事会的决议,对商业银行吸收的法人本币存款、法人和自然人的外币存款,法定存款准备金率2004年4月1日从10%降到9%,6月15日从9%降至7%,7月8日又从7%降至3.5%;对吸收的自然人本币存款,法定存款准备金率2004年7月8日从7%降到3.5%。这两者降幅之大,足见扩张性货币政策的明显取向。据俄罗斯央行估算,降低法定存款准备金率腾出的资金总额为1500多亿卢布。② 此后,时任俄罗斯央行第一副行长的乌留卡耶夫曾宣称,"俄罗斯央行并没有提高准备金率的打算"。③ 但随着2007年通货膨胀的日益加剧和俄罗斯总体上从扩张性货币政策转向从紧的货币政策,2007年5月俄罗斯银行董事会决定,自7月1日起将银行吸收的自然人本币存款的法定存款准备金率从3.5%提高到4%,将其他类型的本外币存款的法定存款准备金率从3.5%提高到4.5%。此举是与其他措施相配套,意在限制货币量的增加并降低可能产生的通货膨胀后果。④ 之后,为抑制通胀,俄罗斯央行又分别于2008年3月1日、7月1日和9月1日三次宣布提高法定存款准备金率。有资料显示,2008年3月1日,央行将自然人本币存款的法定准备金率从4%调高到4.5%,将自然人的外币

---

① Основные направления единой государственной денежно-кредитной политики на 2001 год ,*Деньги и кредит* , 2000 г., №12, с.9.

② Основные направления единой государственной денежно-кредитной политики на 2005 год ,*Вестник банка России* , 16 декабря 2004 г., №70(795).

③ А. Улюкаев, У меня нет сомнений в реалистичности Основных направлений,*Вестник банка России* , 30 ноября 2006 г., №66(936).

④ Основные направления единой государственной денежно-кредитной политики на 2008 год ,*Вестник банка России* , 22 августа 2007 г., №47(991).

存款及法人本外币存款的法定准备金率从 4.5% 调高到 5%;①7 月 1 日起再度将自然人本币存款的法定存款准备金率从 4.5% 提高到 7%;②自 9 月 1 日起将外资银行的外币存款准备金率从 7% 上调至 8.5%。央行提高存款准备金率是为了减少货币供应量和为降低通胀创造条件。③

(五) 货币供应量的变动

摆脱 1998 年的金融危机后,俄罗斯经济自 1999 年开始出现恢复性增长,国内生产总值 1999 年增长了 5.4%,对货币量的需求也随之增加。据有关资料,俄罗斯货币量(M2)的增长率从 1998 年的 19.9% 猛增到 1999 年的 57.2%,大大高于央行预定的 18%—26% 的增长目标区间。2000 年 1—9 月,俄罗斯流通中的货币量(M2)增加了 40.8%(扣除消费价格上涨因素,货币量实际增加了 23.4%),达到 9924 亿卢布。④ 而到 2000 年年底,货币量(M2)增加到 11433 亿卢布,增速为 47%。⑤ 这一数据也明显高于央行预定的 21%—25% 的增长目标区间。另据俄罗斯央行发布的权威数据,2002—2008 年各年度 1—9 月货币量(M2)的实际增速分别为

---

① Центральный банк РФ, Бюллетень банковской статистики, №1(176), 2008 г. стр. 51.

② 闫午:《俄罗斯中亚东欧经贸动态》,《俄罗斯中亚东欧市场》2008 年第 8 期。

③ 《俄罗斯央行自 9 月 1 日起提高存款准备金率》,中华人民共和国驻俄罗斯联邦大使馆经济商务参赞处网站,2008 年 9 月 3 日。

④ Основные направления единой государственной денежно‐кредитной политики на 2001 год ,Деньги и кредит , 2000 г., №12, с.7.

⑤ Коммерсантъ, 13.03.2001;Эксперт, №45, 27.11.2000 г., с. 16.

15.2%、28.9%、16%、21.3%、28.3%、48.3%和25.0%。① 表6反映了俄罗斯2001—2008年全年货币量(M2)的实际增长率：

表6　2001—2008年货币量(M2)增长率(%)

年份	年底M2增长率预测	实际M2增长率
2001	27—34	39.7
2002	22—28	32.4
2003	20—26	50.5
2004	19—25	35.8
2005	19—28	30.0
2006	19—28	48.8
2007	19—29	47.5
2008	—	25.0

资料来源：Tuuli Juurikkala, Alexei Karas, Laura Solanko：The Role of Banks in Monetary Policy Transmission：Empirical Evidence From Russia, BOFIT Discussion Papers 8/2009, June 2009, http://www.suomenpankki.fi/en/suomen_pankki/organisaatio/asiantuntijoita/Documents/DP0809.pdf.

由表6及以上相关数据可见，1999—2007年俄罗斯货币量(M2)的实际增速均大大超过央行预定的目标，其中，有些年份如1999年、2000年、2003年、2006年和2007年的增速还相当高，分别达到57.2%、47%、50.5%、48.8%和47.5%。这种情况一方面说明由于这一时期经济的快速增长，俄罗斯对货币的需求量大幅增加；另一方面也表明了俄央行适度扩张货币政策的实施。但到2008年，受国际金融危机的深刻影响，俄罗斯经济形势恶化，货币政策由适度扩张趋向从紧，货币量(M2)的增速也由2007年的47.5%降至2008年的25%。

---

① Основные направления единой государственной денежно‑кредитной политики на 2003, 2004, 2005, 2006, 2007, 2008, 2009 годы.

四、货币政策的进一步调整：由从紧到相对宽松货币政策的变化

（一）国际金融危机期间的货币政策

自 2008 年下半年国际金融危机席卷俄罗斯，致使其经济形势急转直下，股市、汇市剧烈震荡，卢布贬值，通胀率上升，外资加速撤离俄罗斯。为恢复市场信心和稳定经济形势，俄罗斯议会和政府先后批准或出台了以支持国家金融系统为目的的一系列法律和政策措施。特别是时任俄罗斯总统的梅德韦杰夫 2008 年 10 月 13 日签署了《支持金融体系补充措施》法案，标志着政府开始全面救市。主要是采取各种措施向银行注资，以化解流动性风险。该法案规定，俄中央银行要向贷款机构提供担保，向证券市场投放资金，帮助本国公司偿还外债，上调居民存款完全保险补偿金标准等。而当时作为俄政府总理的普京也表示，政府将适时推出相关金融政策，采取一切措施抑制通货膨胀和卢布贬值，保持本国货币稳定。他于 2008 年 12 月初宣布，政府承诺拿出 5 万亿卢布，用于帮助银行系统应对金融危机。① 到 2009 年 2 月，俄政府就已拨款 400 亿美元来支持银行系统。梅德韦杰夫在金融危机之初也表示，俄打算划拨 2000 亿美元来增加银行资本并弥补清偿能力的不足。

---

① 《综述：俄罗斯积极应对金融危机挑战》，http://www.sina.com.cn，2008 年 12 月 27 日。

这样一来,银行将会有更多的资金提供贷款并扶持实体经济的发展。①

纵观金融危机持续的2009年,俄罗斯的货币政策经历了一个由从紧到逐步宽松的变化过程。2009年年初,俄央行根据国际市场能源价格下跌和美元走弱的市场预期,实行了使卢布分阶段贬值的政策;为限制对外汇的需求并降低通货膨胀,俄央行采取了提高利率并同时降低贷款上限的措施;为稳定卢布对货币篮子的汇率,俄央行规定卢布对货币篮子的极限区间为26—41卢布,使卢布汇率可以在较大的区间内自由浮动。如果卢布对货币篮子的市场汇率进入这一区间的上限或下限,俄央行将通过在外汇市场上买入或者卖出美元的办法,对卢布汇率进行适度干预;为了补充市场流动性,提高商业银行的贷款能力,央行在调高基准利率的同时,下调了法定存款准备金率。此后,随着国际能源价格回升和通货膨胀压力下降,卢布开始出现升值的压力。鉴于此,俄央行开始放松银根,自2009年4月起,先后9次降低再融资利率,由2009年4月23日之前的13%降至当年11月25日至12月27日的9%(详见表7)。此举旨在刺激商业银行的贷款积极性,鼓励各商业银行为企业提供更多的信贷资金,改变信贷紧缩的局面。同时,俄央行通过加大干预力度,降低卢布实际升值速度。2009年下半年,由于银行流动资金更加短缺,俄央行进一步调整利率政策,大幅提高存款利率,并实行贷款补贴措施。2009年货币需求的增长也大大慢于上年。总体而言,2009年俄罗斯的货币政策开始由从紧向逐步

---

① 梅德韦杰夫:《金融危机不会影响俄经济发展》,《远东经贸导报》2008年11月25日。

宽松过渡。政府的反危机措施加之货币政策的共同作用,使得俄罗斯银行部门出现了一些积极的变化,主要表现为银行的资本充足率得到提高,流动性严重不足的情况得以缓解;银行存款尤其是居民存款稳步增长;银行对实体经济的贷款逐步恢复。此外,通胀率和再融资利率也都有一定程度的降低。

表 7 俄罗斯央行再融资利率(2009 年)(%)

日期	利率
2008 年 12 月 1 日—2009 年 4 月 23 日	13
2009 年 4 月 24 日—2009 年 5 月 13 日	12.5
2009 年 5 月 14 日—2009 年 6 月 4 日	12
2009 年 6 月 5 日—2009 年 7 月 12 日	11.5
2009 年 7 月 13 日—2009 年 8 月 9 日	11
2009 年 8 月 10 日—2009 年 9 月 14 日	10.75
2009 年 9 月 15 日—2009 年 9 月 29 日	10.5
2009 年 9 月 30 日—2009 年 10 月 29 日	10
2009 年 10 月 30 日—2009 年 11 月 24 日	9.5
2009 年 11 月 25 日—2009 年 12 月 27 日	9

资料来源:ВЫЯВЛЕНИЕ ЭФФЕКТИВНЫХ ИНСТРУМЕНТОВ ДЕНЕЖНО-КРЕДИТНОЙ ПОЛИТИКИ РФ НА ОСНОВЕ СРАВНИТЕЛЬНОГО АНАЛИЗА, http://www.scienceforum.ru/2013/196/2162.

(二)国际金融危机后期至今的货币政策

1. 利率政策

自 2010 年,俄罗斯经济逐渐走出由国际金融危机引发的深度衰退,经济得以逐步恢复。为提振经济,到 2010 年 6 月初,俄罗斯央行已决定4次降低再融资利率。这样,从2009年4月至2010年6月1日,俄央行已连续13次下调再融资利率,使再融资利率从自2009年4月24日的12.5%降至2010年6月1日的7.75%。此后,直至2011年2月27日,再融资利率一直保持在7.75%的水平上。虽然自2011年2月28日俄将再融资利率微调至8%,但直到2014年2月,三年间再融资利率也只是在8%—8.25%小幅波动。即使是在西方因乌克兰危机而开始制裁俄罗斯的2014年,在经济下滑、卢布贬值和通胀率上升的情况下,俄央行虽一度将主要再融资利率提高到9.5%—10.5%,但有资料表明,直到2015年1月30日,俄再融资利率仍保持在8.25%的水平。[1] 以上数据表明,自2010年至2015年,俄罗斯一直延续了始于2009年的逐步宽松的货币政策。正如俄罗斯央行在阐明2011年和今后两年的货币政策时所指出的,这种利率政策的实施,主要是基于对通胀风险和经济可持续性增长风险的评估,以及出于对全球经济不确定性、俄罗斯当前货币市场环境和银行业流动性的考虑。今后一段时间,俄央行的最重要任务之一是为实现有效的利率政策创造必要条件,要进一步完善货币信贷政策工具体系。央行利率政策进一步发展的方向还包括完善货币信贷调节工具体系,收窄利率走廊。[2]

2. 汇率政策

在汇率政策方面,控制卢布汇率、保持卢布稳定,是这一时期俄央行货币政策的主要目标。在这一目标下,自2009年年末以

---

[1] 《2015年全球主要央行当前基准利率》,http://www.360doc.com/content/15/0506/14/12042389_468478551.shtml,2015年5月6日。

[2] Основные направления единой государственной денежно－кредитной политики на 2011 год и период 2012 и 2013 годов,*Деньги и кредит*,2011,№1,с.19,20。

来,俄罗斯卢布汇率趋于稳定,2010—2013 年,卢布兑美元汇率的波动一直处于央行的掌控之内,主要是在 29—33 卢布波动。其间,只是在 2012 年 6 月 5 日卢布兑美元汇率跌破了 1 美元兑 34 卢布。而第二次跌破 34 卢布,则是在进入 2014 年的 1 月 24 日。综合来看,由于俄央行实行降低利率和稳定汇率政策,2010—2013 年卢布兑美元的年平均汇率保持了相对稳定,分别为 30.3679 卢布、29.3823 卢布、31.0661 卢布和 31.9063 卢布。但在 2014 年,由于国际市场石油价格暴跌和西方因乌克兰危机而对俄罗斯实施制裁,造成卢布大幅贬值甚至是暴跌。2014 年短短一年内,卢布兑美元曾累计贬值超过 45%,卢布兑美元汇率也曾跌破 1 美元兑 60 卢布大关,12 月 18 日达到 67.79 卢布。而 2015 年 2 月 3 日更是一度贴近 1 美元兑 70 卢布大关,为 69.66 卢布,到 7 月 2 日仍为 55.48 卢布。① 卢布暴跌使得俄央行不得不出手干预外汇市场,减缓卢布汇率的剧烈波动。据俄罗斯央行提供的数据,仅 2014 年 1—7 月,央行就卖出外汇 409 亿美元,其中有 113 亿美元是在 3 月 3 日一天抛售的。② 但这只是特殊时期采取的临时性干预措施。

总体而言,自 2010 年以来的几年间,俄罗斯在逐步实行通货膨胀目标制并向卢布汇率自由浮动过渡。俄央行强调实行更加灵活的汇率政策,减少对外汇市场和汇率形成过程的直接干预,对本国货币汇价不做明确的限制。在俄央行制定的自 2010 年至 2015 年各年度的《国家统一货币信贷政策的主要方向》中,都对上述货币

---

① 以上数据根据俄罗斯中央银行公布的相关年份汇率变动情况整理而成。
② Основные направления единой государственной денежно‑кредитной политики на 2015 год и период 2016 и 2017 годов, Центральный Банк Российской Федерации, Одобрено Советом директоров Банка России 26.09.2014.

政策提出了明确的实施目标、措施或规划。① 特别是《2015 年和 2016—2017 年国家统一货币信贷政策的主要方向》中提出,放弃按外币调整卢布汇率的政策,并在 2014 年年底前完成向浮动汇率制的过渡,央行应在浮动汇率制下实施汇率政策。② 这意味着俄央行事实上允许卢布汇率自由浮动,使卢布汇率主要由市场因素来决定。而且,为使卢布汇率逐步走向自由浮动,近几年俄央行一直在放宽卢布对货币篮子的浮动区间的限制。俄央行明确表示,增加卢布弹性、扩大浮动区间的目的不是为了卢布贬值,而是要减少政府干预。有资料显示,自 2011 年 3 月 1 日起,俄央行将卢布对一篮子货币(55%美元和45%欧元构成)汇率的每日浮动区间从 4 卢布扩大到 5 卢布。而到 2014 年,浮动区间从 8 月 18 日前的 7 卢布扩大到 8 月 18 日后的 9 卢布。③ 今后俄罗斯央行只有在特殊需要时才通过外汇市场买卖外汇来调节卢布汇率,适时采取措施干预外

---

① 参见 Основные направления единой государственной денежно-кредитной политики на 2010 год и период 2011 и 2012 годов; Основные направления единой государственной денежно-кредитной политики на 2011 год и период 2012 и 2013 годов; Основные направления единой государственной денежно-кредитной политики на 2012 год и период 2013 и 2014 годов; Основные направления единой государственной денежно-кредитной политики на 2013 год и период 2014 и 2015 годов; Основные направления единой государственной денежно-кредитной политики на 2014 год и период 2015 и 2016 годов; Основные направления единой государственной денежно-кредитной политики на 2015 год и период 2016 и 2017 годов。

② Основные направления единой государственной денежно-кредитной политики на 2015 год и период 2016 и 2017 годов, Центральный Банк Российской Федерации, Одобрено Советом директоров Банка России 26.09.2014.

③ Основные направления единой государственной денежно-кредитной политики на 2015 год и период 2016 и 2017 годов, Центральный Банк Российской Федерации, Одобрено Советом директоров Банка России 26.09.2014.

汇市场。

3. 降低通货膨胀的货币政策基本目标

近几年来,抑制和降低通货膨胀一直作为俄罗斯货币政策的主要任务和基本目标。在《2009—2011年国家统一货币信贷政策的主要方向》中,俄央行就提出计划用三年时间向以抑制通货膨胀为优先目标的通货膨胀目标制过渡。①《2010年和2011—2012年国家统一货币信贷政策的主要方向》提出,要创造条件在未来三年内实现通货膨胀目标制。货币政策的主要目标,是将通货膨胀率在2010年降至9%—10%,在2012年降至5%—7%。而且,为降低通胀率,央行将充分使用其现有的一切货币政策工具。②而《2011年和2012—2013年国家统一货币信贷政策的主要方向》也提出,2011年—2013年货币信贷政策的主要目标,是将通货膨胀率控制在年5%—7%。③《2012年和2013—2014年国家统一货币信贷政策的主要方向》又一次强调,要在三年内完成向通货膨胀目标制的过渡。近几年央行货币政策主要集中于不断降低通货膨胀,而此后几年是要保持物价稳定。2014年应将通货膨胀降到4%—5%。④《2013年和2014—2015年国家统一货币信贷政策的主要方向》中

---

① 《俄罗斯政府通过2009至2011年货币政策主要方向》,http://www.hljzew.gov.cn/sszx/,2008年3月21日。

② Основные направления единой государственной денежно‐кредитной политики на 2010 год и период 2011и 2012 годов, Центральный Банк Российской Федерации, Одобрено Советом директоров Банка России 11.11.2009.

③ Основные направления единой государственной денежно‐кредитной политики на 2011 год и период 2012 и 2013 годов, *Деньги и кредит*, 2011, №1, с. 3, 17.

④ Основные направления единой государственной денежно‐кредитной политики на 2012 год и период 2013и 2014 годов, Центральный Банк Российской Федерации, Одобрено Советом директоров Банка России 28.10.2011.

明确提出,俄罗斯央行计划到 2015 年完成向通货膨胀目标制的过渡。在这一制度下,货币政策的优先目标是确保物价稳定,即保持价格稳定地低速增长。为此,作为货币政策的主要目标,央行将消费价格增速 2013 年降到 5%—6%、2014—2015 年降至 4%—5%。① 此后,《2014 年和 2015—2016 年国家统一货币信贷政策的主要方向》也将实现通货膨胀目标制和稳定物价作为货币政策的基本目标。② 但受西方制裁等因素的影响,2014 年俄罗斯的通货膨胀率高达 11.4%,远远超过了原计划的 5% 的通胀水平。因此,俄央行认为,继续实行减缓消费价格增速的货币政策是重中之重。而《2015 年和 2016—2017 年国家统一货币信贷政策的主要方向》则明确规定,自 2015 年起要在通货膨胀目标制下实施货币政策。保持物价稳定和低通胀率是货币政策的主要目标。应在 2016 年将通货膨胀降至 4%,而且今后也应大致维持这一水平。③

4. 货币供应量

2010 年,俄罗斯经济逐步摆脱了国际金融危机的影响,经济开始复苏使得对货币的需求量增加。据俄央行的相关资料,截至 2010 年 10 月 1 日,广义货币量的年增速为 22.9%,而 2010 年全年

---

① Основные направления единой государственной денежно-кредитной политики на 2013 год и период 2014и 2015 годов, Центральный Банк Российской Федерации, Одобрено Советом директоров Банка России 1.11.2012.

② Основные направления единой государственной денежно-кредитной политики на 2014 год и период 2015и 2016 годов, Центральный Банк Российской Федерации, Одобрено Советом директоров Банка России 27.09.2013.

③ Основные направления единой государственной денежно-кредитной политики на 2015 год и период 2016 и 2017 годов, Центральный Банк Российской Федерации, Одобрено Советом директоров Банка России 26.09.2014.

货币量(M2)的增速高达30%。自2011年以来,虽然货币量(M2)的绝对额逐年增加(截至2011、2012、2013和2014这四年的年初,货币量(M2)分别为20.01万亿卢布、24.48万亿卢布、27.41万亿卢布和31.41万亿卢布①),但货币量(M2)的增速却呈总体下降的趋势:截至2011年9月1日降至20.9%,截至2012年10月1日再降至14.8%。虽然2013年货币量(M2)的增速曾一度有所上升,达17%,但到2014年1月1日又降到14.6%并再降至同年8月1日的6.2%,为2010年以来的最低。截至2014年8月1日,广义货币量的年增速为9%,而上年同期为17.5%。② 可见,货币量的增速明显放慢。

5. 法定存款准备金率

2010年,俄央行决定对所有类型的存款准备金实行2.5%的法定存款准备金率,作为直接调节流动性的工具。③ 2011年央行又决定提高法定存款准备金率,将法人本外币存款准备金率从2.5%提高到5.5%,将吸收的自然人本外币存款的法定存款准备金率从2.5%提高到4%。

---

① Российский статистический ежегодник: Стат.сб./Росстат. -Р76 М., 2014.-516с.

② Основные направления единой государственной денежно-кредитной политики на 2015 год и период 2016 и 2017 годов, Центральный Банк Российской Федерации, Одобрено Советом директоров Банка России 26.09.2014.

③ Основные направления единой государственной денежно кредитной политики на 2011 год и период 2012 и 2013 годов // Вестник Банка России. № 67 (1236) от 9.12.2010 г.

五、总结性评述

第一,自经济转轨以来,俄罗斯的货币政策经历了复杂而曲折的演进过程,可谓独具俄罗斯特色。本文的分析研究表明,自1992年开启经济转轨进程至今,俄罗斯的货币政策经历了实行紧缩性货币政策──由紧缩到适度扩张再趋向从紧的货币政策──由从紧到相对宽松货币政策的演进变化过程。这是俄罗斯货币政策基本的演进路径和演进特点,若具体到某一时期某种货币政策的实施,俄罗斯则往往更加注重货币政策的松紧搭配和适度的小幅调整。例如,从经济转轨初期到1998年8月金融危机前,俄罗斯总体上实行紧缩性货币政策。其间,在经济转轨初期(1992—1994年),实行的是严厉的紧缩性货币政策;而从1995年到1998年8月金融危机前,俄在继续实行从紧货币政策的背景下,对货币政策适时进行小幅调整,使其较为灵活与温和。这一时期,再融资利率曾先升后降,此后就一直实行有升有降的政策;由于实行钉住美元的"外汇走廊"政策,也使利率政策的运用具有较为灵活的特点。再如,自2008年下半年,受国际金融危机的深刻影响俄罗斯货币政策由先前的适度扩张趋向从紧;而从2009年起至今,货币政策又经历了由从紧到总体逐步宽松的变化。这期间,2014年俄罗斯因乌克兰危机而遭到西方制裁,加之油价暴跌,卢布持续贬值,导致经济衰退,因而曾一度收紧货币政策,多次上调基准利率,以应对卢布贬值和通货膨胀。但这是俄根据特殊时期的特殊需要而对货币政策进行的短时小幅调整,并不能说明这些年实施的相对宽松货币政策的整体改变。事实上,截至 2015 年 4 月 30 日,俄央行年内已三次降息。央行还表示,随着通胀放缓,将进一步下调利率,释放出准备进一步放松货币政策的信号。

第二,尽管在不同经济发展时期俄罗斯货币政策的目标和措施不同或有差异,但整体而言,俄货币政策始终是以抑制通货膨胀和保持卢布稳定为主要目标或优先目标:

——叶利钦时期俄罗斯实行缩性货币政策,其首要目标是抑制通货膨胀,稳定卢布汇率,维持卢布币值稳定;

——普京时期(第一和第二任期内)俄罗斯虽然大体上经历了由紧缩性货币政策转向适度扩张的货币政策再转为趋向从紧的货币政策的过程,但抑制通货膨胀,通过实行有管理的浮动汇率制来防止卢布汇率的剧烈波动,保持卢布稳定,依然是这一时期货币政策的主要目标;

——"梅普组合"时期俄罗斯货币政策由从紧到相对宽松,在普京第三任期内也基本延续着这种货币政策。其间,无论是国际金融危机时期,还是危机后期至今,降低通货膨胀(包括实现通货膨胀目标制)和保持物价稳定、稳定汇率(包括向浮动汇率制过渡)和保持卢布汇率稳定,成为这一时期俄罗斯货币政策的主要目标。应当指出,国际货币基金组织在 2011 年曾建议俄罗斯收紧货币政策,该组织的专家认为,俄央行应该通过减少流动性和加息来收紧货币信贷政策。否则通货膨胀将仍会超过央行制定的 2011 和 2012 年目标区间。收紧货币政策才能使 2012 年前的通胀率降低到 6%,继而降至 3%—5%。① 然而,俄罗斯继续实行相对宽松的货币政策,也依然将通货膨胀控制在了央行 2011—2013 年货币政策

---

① 《国际货币基金组织建议俄罗斯收紧货币政策》,http://commerce.dbw.cn/system/,2011 年 6 月 16 日。

规定的年5%—7%的目标区间;2011年通货膨胀率由2010年的8.8%回落到6.1%,创1991年以来通胀率的最低水平;2012和2013年的年通胀率分别为6.6%和6.5%。

第三,在货币政策的演进和发展中,俄罗斯一直强调要注重增加货币政策的有效性,减少政府干预。特别是近几年来,央行通过向通货膨胀目标制和浮动汇率制过渡来减少干预的意图尤为明显。尤其是在汇率政策方面,采取了诸如增加汇率弹性,扩大浮动区间,取消对汇率的定期干预等措施,实行更加灵活的汇率政策,以减少央行对外汇市场的干预。即使是在2014年危机时期,俄央行依然提出要在2014年年底前完成向浮动汇率制的过渡,并在浮动汇率制基础上实施汇率政策。这些都说明,俄罗斯为实施相对宽松的货币政策进一步拓展了政策空间。

第四,从发展趋势看,俄罗斯经济依然面临着多重压力:全球经济复苏步伐低于预期,而且今后全球经济整体仍将缓慢弱势复苏;俄国内经济低迷,特别是因乌克兰危机而遭受西方制裁,以及油价下跌和资本外逃使得经济下行压力异常增大。面对这种形势,俄罗斯央行认为,俄现行货币政策已难以对抗结构性增速下滑。因而,我们认为"保增长"依然是俄罗斯当前和今后一个时期的首要任务。而经济增长又对石油、天然气等能源出口有很高的依赖性,这给新形势下俄罗斯的货币政策提出了既要能够抑制国内通胀;又要有利于能源出口的难题。因为前者需要卢布升值;而后者则需要卢布贬值。如何解决这对矛盾,寻求两者之间的平衡,这考验俄罗斯货币政策的有效性。俄政府官员认为,卢布汇率大幅波动已成为过去,俄已经找到了卢布对美元汇率新的平衡点。俄政府希望卢布既不直线贬值,也不过分升值。总体而言,今后一个时期,在全球货币政策总体宽松的背景下,俄罗斯为促进经济增长实行相对宽松货币政策的总基调不会改变。世界银行俄罗斯首席经济学家 Birgit Hansl 甚至认为,为支撑经济增长,俄央行会以更快的速度放宽货币政策。

(原载《国外社会科学》2015 年第 6 期)

俄罗斯农业政策评析

孙化钢　郭连成

农业政策在俄罗斯经济政策中占有重要地位。总的来说,俄罗斯确定的国家农业政策的目标和基本取向可以概括为:依靠国内农业生产来保证居民对农产品和食品的需求;促进形成有效运行的农产品、原料和食品市场;稳步发展农业地区,提高农业人口的生活水平,缩小城乡差距;大力扶持农业生产,提高农业综合体的竞争力,对农产品实行有效进口替代并培植出口潜力;提高农业生产中土地使用及其他自然资源的效能。2006 年出台的《俄罗斯联邦农业发展法》对国家农业政策的主要方向作了如下表述:保持居民稳定的食品供应;建立和调节农产品、原料和食品市场,发展其基础设施;对农业商品生产者给予国家支持;保护俄罗斯农业商品生产者在国内和国外市场的经济利益;在农工综合体领域促进科技和创新活动;保证农村地区的稳定发展;完善农业专家的教育、培训和再培训体系。①

为有效实施农业政策,加强国家对农业和农业地区的支持力度,俄罗斯增加了用于发展农业和实施联邦农业专项纲要的支出。

---

①《俄罗斯联邦农业发展法》,中华人民共和国驻俄罗斯联邦大使馆经商参处网站,http://ru.mofcom.gov.cn/article/ddgk/ddfg/201406/20140600644658.shtml,2014 年 6 月 30 日。

对农业和农业地区的财政支出主要有以下几个方面：用于实施土地改革的拨款；对农工综合体农场发展和市场发展的财政支持；支持农村社会基础设施、住宅建设、保健卫生设施、学校、学龄前机构和道路建设；土壤改良和与提高肥力相关的土地改良；改造或改建农业食品和加工企业。俄罗斯还实施其他的农业扶持措施：为农业商品生产者支付补贴和补偿；对农业部门的国家保险支持；对农村燃油、化肥等的信贷支持；实行税收优惠政策。

一、加入世界贸易组织前的农业政策

（一）加大对农业的资金投入和支持力度

在农业政策实施和调整过程中，俄罗斯不断加大对农业的资金投入和支持力度，以解决农业企业和农户生产与发展的资金需求。俄在这方面所采取的措施，一是鉴于一般商业银行不愿意向收益低、风险大的农业贷款，加之农民也无力支付高额贷款利息，俄政府出面成立了俄罗斯农业银行，专门负责分配使用国家对农业的投资，发放农业贷款，并将长期贷款的期限从原来的8年延长到10年，同时还加大了对长期贷款的补贴额。农民可以以抵押土地的方式申请贷款，政府补贴贷款利息。二是政府资助建立农村信贷合作社，帮助农户和小型农业合作集体解决生产资金问题。三是针对农民无力购买农业机械问题，俄政府又成立了农业机械设备租赁公司，农民支付低廉的租金就可以使用农业机械。四是为了保护农民利益,建立了政府干预粮食市场制度,每当粮价走低,政府就收购余粮;而当粮价过高时,政府即出售储备粮食以平抑粮价。五是为解决农村劳动力流失严重问题,政府投入专项资金为农村青年建房或发放建房补贴,以留住农业人才。六是政府利用配额制和关税等手段保护本国农产品生产者,对一些食品如肉类和食糖等实行进口配额。

自2005年俄罗斯将农业确定为国家重点扶持的领域后仅仅过了两年的时间,俄罗斯对农业的投入就增加了近10倍,达到3600亿卢布(当时1美元约合24.5卢布),对农业提供长达8年的贴息贷款1910亿卢布。2007年俄罗斯政府又出台了农业发展五年规划,决定加大对农业的支持力度,鼓励对农业的投资,进一步增加对农业贷款利息的补贴,推动农业生产现代化。同时为大中小农业企业参与竞争创造平等条件。[1] 据俄《生意人报》报道,2011年,俄罗斯政府继续推行大规模的农业扶持计划,用于扶持农业的财政资金至少增加16%。另有资料显示,俄罗斯"农业和渔业"项下的财政支出2009年为831亿卢布,2011年划拨资金总额增加到1423亿卢布,2012年为1488亿卢布。自2010年起,俄开始在2008—2012年国家农业发展纲要,以及农产品、原料和食品市场调节项下划拨资金。2010年这类资金总额为77亿卢布,在支出结构中所占比重为21.8%;2011年这一项目的拨款总额增加到1062亿卢布,占这一科目全部支出的74.6%;2012年拨款总额增加到1156.7亿卢布,占77.72%。[2] 而为实现《2014—2017年和至2020

---

[1] 《综述:俄罗斯重视发展农业以保证粮食安全》,http://news.163.com/08/0127/15/437MVVSG000120GU.html,2008年1月27日。

[2] Коокуева В. В., Эрдниева Б. Ю., Актуальные вопросы государственной поддержки сельских территорий и сельского хозяйства//Молодой ученый, 2014, №19.

年农村地区稳定发展联邦专项纲要》,俄罗斯最初确定的用于农村地区发展的资金为904.15亿卢布,后来拨款总额增加到2991.67亿卢布,其中,联邦预算资金904.15亿卢布,俄罗斯联邦主体综合预算资金1506.12亿卢布,预算外资金581.4亿卢布。此外,支持农业发展的贷款也不断增加。据俄新社的数据,2012年俄罗斯农业银行向农业企业发放540亿卢布贷款,俄储蓄银行也向农业企业发放贷款285亿卢布。

(二) 实行农业补贴政策

农业补贴政策是俄罗斯政府对本国农业支持与保护体系中最主要也是最常用的政策工具。俄在实践中注意调整对农业企业、私人农场和农户的农业补贴政策。在独立之初,俄罗斯曾全面放开农产品价格,并取消对农产品收购价格的补贴。但由于恶性通货膨胀和相关政策不落实,使整个农业处于亏损境地,农民的生产积极性受到严重挫伤。鉴于这种情况,自1993年7月起,俄罗斯政府开始对农业补贴政策做出调整,决定对农业企业、私人农场和农户实施一系列的补贴措施。

俄罗斯国家农业补贴政策说到底是对农业的财政补贴政策,或者说,对农业的财政补贴是俄农业补贴政策的重要组成部分。长期以来,俄罗斯农业的发展在很大程度上是依靠国家财政对农业的扶持特别是实行农业补贴政策来实现的。据有关资料,俄罗斯农业部提出每年用于农业补贴的资金约需要1100亿卢布,详见表1。

表 1 俄罗斯农业部提出的每年用于农业必要补贴的数额

农产品	补贴额	资金用途
牛奶	260 亿—290 亿卢布	增加牲畜总头数
食糖	250 亿卢布	甜菜播种
禽肉	200 亿卢布	扶持出口
猪肉	200 亿卢布	扶持部门
牛肉	170 亿卢布	补偿损失

资料来源：Сельское хозяйство России и ВТО, http://statistic.su/blog/agriculture_in_russia_and_wto/2012-02-15.

1. 对农业企业的财政补助

据俄政府经济行情中心发布的《1991—2000 年俄罗斯联邦农业集体企业财务状况》报告，财政补助构成了俄罗斯农业企业账面利润相当大的一部分，而且财政补助的比重从 1992 年的 43% 增加到 2000 年的 72%。尽管如此，财政补助仍不能抵补农业企业的亏损。从绝对额看，1994 年俄罗斯农业企业亏损超过了财政补贴和补偿的近 10%。而 1996—1998 年农业企业亏损大大超过财政补贴和补偿：1996 年超过 1.7 倍，1997 年超过 2.4 倍，1998 年超过 3.1 倍。① 也有资料显示，在 1998 年以前，俄罗斯对农业的财政补贴在减少，1997 年与 1990 年相比，对农业生产的财政专项补贴和资助减少到原来的 33%。②

2. 贷款补贴政策

自 2000 年秋开始，俄罗斯将一部分农业预算资金用于支付商

---

① Сельское хозяйство России: результаты реформы, http://www.situation.ru/app/j_art_44.htm.

② Гордеев А., Экономические механизмы регулирования агропромышленного производства//Экономист, 1998, №6.

业银行的贷款利息,以鼓励商业银行向农业贷款。该政策刚一开始实施,俄罗斯农业部门中就出现了贷款热。2001年,农工综合体的银行贷款同比增长了5倍,而且规定用于补贴的预算资金(130亿卢布)也全部用完,212家银行对8000多家农工综合体企业发放了165亿卢布的贷款。2005年俄罗斯政府规定,农业企业和畜牧业的贷款期限可以延长到8年,由政府提供财政贴息支持。国家财政对农业企业支付银行贷款利息提供的补贴即财政贴息支出,2006年达到135亿卢布,比2005年增长了1.5倍。2007年开始实施的新农业发展法,进一步明确了农业贷款支持政策。俄罗斯政府依据新农业发展法颁布了7个扶持农业和水产业的法令,主要措施都是对各类农产品生产者提供贷款利息补贴,贴息比例70%—95%。① 按照《2008—2012年国家农业发展和农产品、原料及食品市场调节规划》,贴息总额占到5年期预计开支总额的45%。贷款优惠补贴受益者的范围不断扩大,涵盖了包括农户和生产合作社在内的所有生产者。

3. 价格补贴和价格调节政策

俄罗斯政府经济行情中心发布的《1991—2000年俄罗斯联邦农业集体企业财务状况》报告指出,自1992年1月开始的价格自由化不仅导致食品价格上涨,致使居民食品需求缩减,而且使工业品尤其是农用机器和材料的价格上涨快于农产品价格,因而造成农业企业、农场和农户亏损。② 因此,俄政府不得不实行价格补贴

---

① 国家发改委农村经济司:《俄罗斯农业改革历程及对我国的启示》,《中国科技投资》2011年第2期,第77页。

② Сельское хозяйство России: результаты реформы, http://www.situation.ru/app/j_art_44.htm.

和价格调节政策来扶持农业发展。价格补贴政策主要面向农业企业和小型农场,包括购买化肥补贴、良种补贴、用于农业播种的燃料补贴等。此外,俄罗斯政府还提供用于农场建筑和改善土地灌溉的补助金。2012年6月俄总理梅德韦杰夫在政府主席团会议讨论农业政策问题时承认,过去几年政府"对化肥价格进行了控制,对采购化肥的开支进行了部分补贴"。这类价格补贴2010年超过100亿卢布,2012年减至50多亿卢布。[①] 此外,俄罗斯还规定地区财政对农民出售的肉类、牛奶、鸡蛋和羊毛等畜产品实行价格补贴,并对粮食市场价格加以干预。

从1999年起,俄政府采取措施调节工农业产品的价格比例,也就是解决工农业产品价格剪刀差即工农业产品价值的不等价交换问题,还为此制定了专门的政策纲要。自2001年以来,俄政府通过限定最低和最高粮食价格来制定价格区间,调节和稳定国内农产品价格。2006年出台的《俄罗斯联邦农业发展法》规定,要以稳定农产品、原料和食品市场价格,维护农业商品生产者收入水平为目的实行国家采购干预和商品干预。所谓国家采购干预,是在农产品销售价格下降至低于最低的结算价格时,国家从自主进行农产品生产的农业商品生产者或以抵押其产品方式进行农业产品生产的农业商品生产者那里采购农产品。而国家商品干预则是在农产品销售价格上涨至高于最高的结算价格时出售所购买的农产品。为稳定粮食市场,可以对食用小麦、饲料、饲料大麦、黑麦和玉米实行国家采购干预和商品干预。

---

① 刘乾:《俄罗斯因粮食减产和入世将调整农业补贴政策》,中国农业信息网,http://www.agri.cn/V20/SC/jjps/201207/t20120724_2800859.htm,2012年7月24日。

4. 农作物保险补贴政策

俄罗斯从政策上支持发展农作物保险，建立农作物产量保险机制。2005年俄政府决定成立国家保险公司，负责执行农业保险政策。《俄罗斯联邦农业发展法》规定：影响农产品生产的自然灾害造成的农产品风险损失或部分损失，其中包括农作物（粮食作物、油料作物，经济作物、饲料作物、瓜类作物等）的收成，以及多年生植物的种植和收获，均在国家支持实施的农业保险范围内。农业商品生产者从财政资金中按保险合同缴纳的保险金（保险费）的50%获得补助金。在《2008—2012年国家农业发展和农产品、原料及食品市场调节规划》中，将作物保险土地面积占全国耕地总面积的比重从2006年的18%提高至2012年的40%，政府将为粮食、油籽、工业作物、饲料作物、土豆、蔬菜以及多年生作物提供40%的作物保险费用补贴。俄罗斯农业部还鼓励签署农业保险协议，并主张将这种农业保险同国家保险补贴挂钩。

（三）实行农业税收优惠政策

俄罗斯在农业政策的调整中注重采取切实的政策措施减轻农民负担，其中最重要的举措是减少税种并实行统一农业税。自2002年起，俄罗斯将农业商品生产者缴纳的税种由原来的20余种减为10种。2004年1月1日俄罗斯《统一农业税法》开始生效，俄改为征收统一农业税。缴纳统一农业税后，农业企业不再缴纳利润税（企业所得税）、增值税、财产税和统一社会税。而个体农户则不再缴纳个人所得税、增值税、用于生产经营的个人财产税、统一社会税。除此之外，农业企业和个体农户应缴纳的其他税费按照一般规定缴纳。实行统一农业税总的原则是减轻税负,农业商品生产者的纳税额应相当于被该税取代的上一年所缴纳全部税费总额的1/4。农业企业可选择缴纳统一农业税,也可按原来的税制纳税。截至2008年,约有65%的农业企业开始缴纳统一农业税。俄罗斯规定统一农业税按农业企业总收益与其总成本之差的6%征收,实行这一税率使农业企业和农户每年少缴150亿卢布的税款。2005年俄政府还免除了农产品生产企业的一些税务负担,政府对农业企业的补贴远远超过企业上缴的税收。① 此外,俄罗斯还对农产品增值税实行税收优惠,即按10%的优惠税率课税(标准税率为18%)。这一优惠政策的适用对象为饲养牲畜家禽类农业企业;肉类、牛奶和奶制品、植物油和人造黄油、精炼糖与原糖、鸡蛋和蔬菜等主要农产品;饲料谷物、混合饲料、油籽粕和油籽饼等农业投入品。为了适应"入世"的需要,俄罗斯国家杜马于2012年9月三读通过了一项法律,强化对农业生产者实施的税收优惠政策:规定农业企业利润税将无限期实行零税率政策;在2017年12月31日前对一些粮食种子、种畜等农产品的增值税继续实行10%的优惠税率。②

前文从三个重要方面分析了加入世界贸易组织前俄罗斯的农业政策。应当说,这一时期俄罗斯农业政策的实施及其不断调整是与经济转轨进程和本国国情密切相关的。但在实现所确定的农业政策目标过程中,存在的问题依然不少。例如,俄罗斯曾对农场

---

① 国家发改委农村经济司:《俄罗斯农业改革历程及对我国的启示》,《中国科技投资》2011年第2期,第76页。
② 《俄通过立法对农业实施税收政策》,中国人民共和国商务部网站,http://www.mofcom.gov.cn/aarticle/i/jyjl/m/201209/20120908349524.html,2012年9月20日。

主做过问卷调查,80%以上的受访者认为,国家并没有兑现改革当初对农户和农场加以扶持的承诺,表2反映了问卷调查的结果。

表2 1999年国家对农户(农场)的扶持措施

(占受访者的比重,%)

扶持类型	实行扶持措施的程度			
	基本实现	未实现	数额不足	难以回答
获得农作物生产的补贴和补偿	0.9	86.5	5.7	6.9
获得畜产品生产的补贴和补偿	0.6	83.5	5.3	10.6
控制能源价格	0.7	79.8	3.6	15.9
以农产品作抵押担保的贷款	1.5	81.8	5.7	11.0
从《农工综合体优惠贷款专项基金》中获得的贷款	1.2	85.1	3.3	10.4
保障最低采购价格水平	0.7	80.9	2.5	15.9
长期租赁条件下提供物质技术资源	0.9	82.9	3.4	12.8
对供货人的债务重组	0.4	79.9	1.0	18.7

资料来源:Кара－Мурза. С. Г., Батчиков. С. А., Глазьев. С. Ю. Белая книга. Экономические реформы в России 1991 － 2001, http://www.redov.ru/politika/belaja_kniga_yekonomicheskie_reformy_v_rossii_1991_2001/index.php.

应当指出,长期以来,俄罗斯一直与世贸组织和有关国家就加入WTO进行谈判,特别是围绕国家对农业的扶持问题以及对农业原料和食品出口补贴问题讨价还价。虽然俄罗斯对农业的补贴大大低于许多农产品生产国和出口国(每年用于农业补贴的财政支出约为50亿美元),但一些世贸组织成员尤其是15个主要农产品出口国仍坚持要求俄罗斯完全取消对农产品的出口补贴。这种情况也对俄罗斯的农业补贴政策造成很大冲击。而在加入世贸组织的谈判中,俄罗斯在承诺对农业补贴政策做出调整以符合世贸规则的同时,也在争取农业方面更多的保护政策。

二、加入世界贸易组织后农业政策的调整和变化

经过历时18年的马拉松式谈判,俄罗斯终于在2012年8月正式加入世界贸易组织。农业被俄罗斯视为"入世"后受冲击较大因而需要加以重点保护的领域,特别是政府要在世贸组织规则内不断完善对农业的扶持补贴政策,以保护和发展本国的农业并提高农业竞争力。为适应"入世"后的新形势,俄总理梅德韦杰夫要求政府在2012年9月底之前制定出新的农业生产扶持政策。同时,按照"入世"议定书中的市场准入协议,俄罗斯须扩大农产品市场准入,减少农业贸易保护。

(一)按"入世"承诺减少农业补贴

根据俄罗斯至2020年国家农业发展规划,2012年、2013年和2020年俄扶持农业的国家拨款要分别达到43亿美元、71亿美元和129亿美元。虽然按俄罗斯的"入世"承诺,2013—2017年应将农业补贴即"黄箱补贴"降至每年44亿美元,但农业发展规划规定的扶持农业的财政拨款与俄"入世"承诺并不矛盾,因为上述扶持农业的拨款并不是全部都用于补贴农产品生产和贸易,有一部分拨款是不受俄"入世"承诺限制的。[①] 从实际情况看,"入世"后的

---

① 《俄2020年国家农业发展规划将推迟至2013年实施》,中华人民共和国商务部,http://www.mofcom.gov.cn/aarticle/i/jyjl/m/201111/20111107849140.html,2011年11月25日。

2013年俄罗斯实际农业补贴额为1904亿卢布（约合57.7亿美元），而俄"入世"协议中规定的这一年的最高补贴上限为90亿美元，可见俄农业补贴额并未超出WTO的规定。总的来看，"入世"后俄罗斯对农业的补贴和补助在逐步减少。根据2015年2月13日的政府令，在《2013—2020年国家农业发展和农产品、原料及食品市场调节规划》内分配的补助金总额仅为357.3亿卢布（按当时的汇率约合5.5亿美元）。① 同时，为充分利用WTO规则，俄罗斯农业部将83个联邦主体中的63个列为不适于从事农业的地区。根据WTO规则，今后这些地区可以获得用于扶持农业的补贴。②

为使"入世"后的几年内国家对农业的扶持规模不至于大幅和过快降低，促进农业发展，针对WTO对农业补贴的限制性规定，俄农业部力图改变农业补贴模式，建议将购买燃料、化肥、种子的补贴和农业贷款补贴等按照播种面积发放。在每公顷开支约为6000—7000卢布的情况下，各级财政的补贴总额可能达到每公顷1000卢布。这在世贸组织框架内属于菜篮子补贴，因此不受限制。③ 此外，俄罗斯政府在保证对农业企业允许的直补的同时，还充分利用WTO允许的"绿箱补贴"政策来扶持农业。其中的一些主要措施包括：扶持农业科研与教育；支持农村基础设施建设；生态工程和农业环保补贴；对农业企业的法律咨询服务等。此外，农

---

① О распределении в 2015 году субсидий на поддержку сельского хозяйства, http://government.ru/docs/16916/, 13 февраля 2015г.

② Седова К.С., государственная поддержка сельского хозяйства и развития сельских территорий: актуальные вопросы, http://www.scienceforum.ru/2014/443/1649

③ 《俄罗斯成为世贸新成员倒计时 积极应对新挑战》，http://commerce.dbw.cn/，2012年7月8日。

业保险补贴也符合《农业协定》对"绿箱政策"的要求。为实施2011年通过的国家扶持农业及在农业领域引入保险机制的法律,提升农民和农业企业的抗风险能力,在"入世"后的2013年,俄罗斯联邦预算列支约60亿卢布用于补贴农业保险的保费,其中,50亿卢布用于种植业,10亿卢布用于畜牧业。同时,要求地方政府也必须从地方预算中拨出相应款项,以保证支付国家承担的50%的农业保险费。① 总之,"绿箱补贴"政策使得俄罗斯政府在实现其农业政策目标时能够有较大的灵活性。

(二) 兑现农产品市场准入的"入世"承诺

俄罗斯农产品市场准入涉及的核心问题是关税削减和关税配额的使用。在关税削减方面,入世后,俄罗斯农产品平均进口关税税率从13.2%降至10.8%。有些农产品在"入世"过渡期后的最高关税下降幅度较大,如乳制品税率由19.8%降至14.9%,谷物税率由15.1%降至10.0%;有的农产品税率降幅较小,如油料类种子与油脂税率由9.0%降至7.1%。至于关税配额,加入世贸组织后,俄罗斯对进口肉类产品和乳制品实行关税配额制度。关税配额产品共有146个税目,占全部农产品的6%,包括牛肉、猪肉、禽肉和乳清四类。配额内与配额外进口肉类产品和乳制品的税率有很大差异:牛肉进口关税配额内为15%,配额外为55%;猪肉进口关税配额内为零,从2020年1月1日起调整为25%,而配额外则为65%;

---

① 廖伟径:《俄罗斯:灵活应对入世补贴扶持农业》,《经济日报》2013年12月10日。

禽肉类进口关税配额内为25%,配额外则高达80%;乳制品类进口关税配额内为10%,配额外为15%。① 俄罗斯"入世"后关税配额的使用和关税的降低,会使肉类产品和乳制品的进口大量增加,从而对俄本国畜牧业造成前所未有的压力,使其面临更大的挑战。尤其是配额内的猪肉进口关税降为零后,势必促使国外猪肉大量进口。进口零关税且WTO限制政府农业补贴,会导致俄罗斯本国猪肉产量快速增长的养猪业处境十分艰难。从整个肉类行业看,正如俄罗斯肉业联合会主席马米科尼扬所认为的,"入世"对俄肉类加工业将产生灾难性后果,会造成俄罗斯肉类工业瓦解,原料和加工业经济协作关系退化。②

不管怎样,从兑现农产品市场准入承诺的角度,"入世"后俄罗斯农业政策的调整和变化,实际上就是按"入世"承诺实行农产品市场准入政策,其中主要是削减关税和实行关税配额政策,以减少农业贸易保护。

(三) 大力扶持农工综合体发展

为使农业在加入世界贸易组织之后更具竞争力,俄罗斯农业部提出对农工综合体实施新型工业化,强调"新型工业化要引进和建立符合21世纪标准的现代化技术",新型工业化必须对所有的农业机械进行根本性的更新。从财政支持力度看,俄罗斯曾一度

---

① 张健荣:《俄罗斯入世及其影响》,《国际关系研究》2013年第2期,第105页。
② Российские промышленники заявляют: модернизация в ВТО невозможна! http://wto-inform.ru/~QOgSt.

减少了对农工综合体的财政支出。按照修改后的至 2020 年农工综合体发展国家计划,用于农工综合体的财政支出 2016 年从原定的 2581 亿卢布减至 2370 亿卢布再缩减到 2150 亿卢布。但自 2017 年起要逐步增加对农工综合体的财政支出:2017 年为 3002 亿卢布,2018 年为 3240 亿卢布,2019 年为 3377 亿卢布,到 2020 年要达到 3503 亿卢布。① 此外,加入 WTO 后为保障远东地区社会经济可持续发展和地区粮食安全,大力推动远东种植业、养殖业及农产品加工业的发展,俄罗斯在远东联邦区的滨海边疆区、哈巴罗夫斯克边疆区、阿穆尔州、萨哈林州和犹太自治州建设 5 个大型农工综合体的计划也正在实施当中。

三、结论与评述

长期以来,俄罗斯注重实施有效的农业政策,对农业、农村地区和农民实行扶持政策。但与发达国家相比,俄罗斯的农业保护政策实际上处于较低的水平。有资料显示,俄罗斯对农业的支持水平大大低于美国、欧盟和其他一些主要的东欧国家;俄罗斯农产品的加权平均进口税率也低于世界上大多数国家。尽管如此,在"入世"谈判过程中,俄罗斯的农业政策还是遭到西方发达国家的诟病。在"入世"前,俄罗斯加大国家财政对农业的资金投入和支持力度,并通过各类财政补助、贷款补贴、价格补贴等政策措施对

---

① 王新宇:《俄将削减农工综合体发展国家计划开支》,http://commerce.dbw.cn/system/2016/02/04/001062814.shtml,2016 年 2 月 4 日。

农业加以扶持和保护。同时,还实行农业税收优惠政策。普京也曾指出,许多农业单位的经验表明,俄罗斯乡村能够也应当在经济上取得成功和具有投资吸引力。必须对农业企业,包括农民经济和副业给予追加支持,同时要特别注重为畜牧业的发展创造条件。① 这里普京表明了国家对农业实行扶持政策的明确态度。总的来说,"入世"前俄农业政策对农业和农村地区发展发挥了重要作用。

与"入世"前相比,"入世"后俄罗斯农业政策发生了重大变化。这种变化主要体现在两个方面:一是国内支持政策的变化。国内支持政策是各国保护农业和农产品贸易常用的政策工具。虽然俄罗斯认为在"入世"谈判中俄争取到了对本国有利的农业政策,达成了WTO历史上"前所未有的优惠条件",但俄罗斯仍有义务在WTO框架内削减能够产生贸易扭曲的国内支持,规范农业国内支持政策。因此,俄罗斯的农业政策尤其是农业补贴政策面临着巨大挑战。按照俄罗斯的承诺,在"入世"后的五年内应将农业补贴即"黄箱补贴"降至每年44亿美元,这对长期以来一直依靠财政补贴扶持的农业会产生十分不利的影响。因而俄罗斯必须善于运用WTO规则,特别是充分利用WTO允许的"绿箱补贴"政策来扶持并促进农业发展。二是兑现农产品市场准入的"入世"承诺,采取的主要政策措施是削减关税和实行关税配额。

虽然"入世"后俄罗斯农业政策的实施会对其农业特别是农产品贸易产生较大的不利影响,但短期内这种影响和冲击不会太大,

---

① Трансформация аграрной сферы экономики России, http://xreferat.com/13/1894-1.

因为在部分商品进口关税和市场准入享受5年至7年的过渡期内，俄罗斯仍可通过营销贷款、面积补贴、牲畜数量补贴、农资补贴和贴息贷款等补贴手段对农业加以必要的扶持。另一方面，总体上看，俄罗斯"入世"后农产品的关税削减程度并不太高，对肉类产品和乳制品又采用关税配额加以必要保护，因而俄罗斯的农业国内支持仍有较大空间。但从中长期看，"入世"过渡期结束后，俄罗斯对农产品出口补贴将降至零，并取消对部分农产品免征增值税的规定。① 这样一来，畜产品、加工食品、水果等竞争力不强的农产品进口会大幅增加，尤其是2020年取消关税配额后畜牧业将面临更大的压力。而谷物作为俄优势农产品，不仅不会因有限的关税削减而受到影响，反而由于出口环境的改善会使其出口优势进一步增强。据美国农业部预计，2019年俄罗斯将成为世界第一大小麦出口国。② 总之，对俄罗斯"入世"后农业政策的变化和实施效果，我们将拭目以待。

（原载《国外社会科学》2016年第6期）

---

① 张健荣：《俄罗斯入世及其影响》，《国际关系研究》2013年第2期，第105页。
② 高道明、王桦、田志宏：《俄罗斯加入WTO的农业承诺及其影响》，《欧亚经济》2014年第2期，第78页。

中俄财税制度改革的比较与借鉴

刘彦君　米军

中国和俄罗斯在由高度集中的计划经济体制向市场经济体制转型过程中，必然导致财政职能发生重大转变，财政需要逐渐由直接介入生产、搞建设向弥补市场失灵、提供公共物品转变。中国通过财政分权化改革、推行分税制和建立公共财政框架，实现与社会主义市场经济体制相适应的财税政策调整。通过上述调整解决了中央与地方财政困难，提升了国家的财政实力，加大了对社会发展薄弱环节的保障力度，促进了经济发展。同样，俄罗斯利用国际通行的工具加强财政税收调控手段的运用，推行绩效预算、改革税收制度、设立稳定基金、兴建发展机构、推出国家优先项目、优化国家债务，通过这些政策调整俄罗斯取得了远比20世纪90年代更好的成绩。中俄两国有着相似的历史背景和相同的改革起点，对中俄财税制度改革及其改革中一些重要问题进行深入、系统的比较研究，这必将对我国财政制度的改革和完善具有重要的启示和借鉴意义。

一、财政分权化及转移支付制度

中俄在向市场经济过渡进程中都实行了财政分权化改革，但存在绩效方面的差异。两国都经历了向地方政府过度分权再向中央适度集权的转化，均取得显著进展。20世纪90年代初，俄罗斯财政资金高度集中于联邦政府，但支出责任向地方政府倾斜。为解决地方财政困境，俄通过改革扩大地方税收权限，赋予地方立法机关有权开征地方税和确定税率，结果导致纳税人税负加重和税收秩序混乱并削弱了联邦政府的宏观调控能力。1999年普京当选总统后，为了强化中央权力，通过完善《税法典》和《预算法典》将税收立法权收归中央，通过划分收入权限和建立长期稳定的税收分成标准，妥善处理了中央与地方财政权限关系。同样，我国在90年代以前通过财政放权让利和财政包干制度的实施，极大地提高了地方财政收入，同时也出现了税收秩序混乱和中央政府宏观调控能力弱化的局面。1994年我国通过构建分税分级财政体制正确处理了中央与地方两大关系，也为市场经济条件下正确处理政府与市场关系以及财政职能转轨奠定了基础。

但是，与俄罗斯财政分权化改革相比，中国财政分权化有待进一步改革和完善。俄罗斯为了完善中央与地方财政权力关系，通过加强法制化建设不断完善财政法规，以法律形式明确划分各级政府支出责任。俄罗斯不仅明确了各项政府管辖权的归属层级，还为每一项政府管辖权配置了与其相适应的资金来源，极大保障了地方财政收入的相对稳定，尤其是从2006年全面禁止无资金保障的委托义务。这种支出责任和收入权限的明确划分，有效地激励了地方政府提供公共服务的责任感，使得各级政府在效率、公平与稳定等方面呈现出积极反应。俄罗斯财政分权化改革的积极方面值得我国借鉴。我国1994年实行的分税制改革使财政分权制度得以确立，但事实上我国当前的财政体制与"标准的财政分权"

制度还有很大的差距。"标准的财政分权"要求下级政府在一定的法规约束下,拥有对称的财政收入与支出的自主权,收入自主权主要包括税种的设置和税率的确定,支出自主权主要包括支出项目和数量的确定。然而我国的现实情况是,税种的设置和税率的确定权力都属于中央政府,地方政府只能对部门小税种的设置进行微调,对部分税种的课征给予减免税优惠。因此,从"标准的财政分权"角度来讲,我国在财政支出上实现了真正的分权,而财政收入上的分权更多的是名义上的①。尽管在2010—2012年我国省管县的财政管理体制的实施,大大解决了财政资金层级过多的问题,同时我国在地方税制度方面进行了开征新税种填补地方税种缺位的改革,如2010年在12省区率先实施资源税改革,2011年在重庆和上海试点开征房产税,2013—2014年讨论推出环境税以及广义的财产类税种,但这些措施仍不足以解决地方财权与事权不匹配以及地方税缺乏主体税种、税收渠道狭窄等问题。当前我国财政分权对责任政府的形成缺乏激励作用,各级政府的收支不匹配加深了地方政府对预算外资金和转移支付的依赖。民主分权是财政分权有效性的基础。目前中国民主化进程还没有对支持有序的分权制度形成有效激励。只有完善政府间财政关系,通过以提高地方政府财政自主权为核心的财政体制改革,加强地方税制建设和地方问责制以及财政的民主监督等约束机制的形成,才能提高政府治理效率。②

另一方面,中俄两国的财政分权化改革也影响两国转移支付

---

① 潘孝珍:《财政分权和地方政府规模膨胀:来自中国经验数据分析》,《上海经济研究》2012年第8期。

② 李淑霞:《俄罗斯财政分权程度》,《世界经济研究》2007年第7期。

制度的建设。财政分权化改革使得两国都建立起一套偏重纵向控制功能的政府间财政预算安排，由于转移支付制度的执行主要依托于收入来源地规则，由此导致两国在转移支付制度上都存在结构不尽合理、均等化效果不佳的问题。为了协调各地区间的预算保障水平，推进各地区财政健康发展，俄罗斯不断完善转移支付制度建设，建立起以地区财政支持基金和地区财政发展基金为主要内容的更为规范的转移支付模式。地区财政支持基金以全国财力均衡化为目标，预算资金的转移摆脱了人为因素的干扰，公平、客观地评价了各联邦主体的预算保障水平，极大地提高了转移支付的透明度和可预测性。地区财政发展基金则引进地区竞争机制，通过提供地区发展的额外补贴，在本地区提出科学的财政预算改革规划后才能获得相应补贴，同时加强了对补贴地区的检查和监督力度，这一举措极大推进了各地区财政健康化发展。与俄罗斯不同，当前我国地方获得中央税收返还和转移支付资金依然是支撑地方本级支出的重要部分，但这些资金多为有特定用途的专项转移支付。一是中央以项目作为转移支付承载体的做法要求地方对项目配套资金，增加了地方的负担。二是地方将中央配套转移支付视为一大财源，为此不惜拼命上项目以套取中央资金。现有财政转移支付机制加剧了事权与财力的错配，尤其是全国主体功能区基本确定后，如果延续现有机制，势必会导致更大矛盾的发生。俄罗斯转移支付制度成功的经验表明，只有在广泛开展政府间收入分配和支出责任改革的前提下，才能建立起新型均等化转移支付体系。

二、财政预算制度与国家发展战略的有效性

中国和俄罗斯的财政预算制度有着阶段性的相似性,两国都曾实行传统的投入预算办法,即给某个支出机构开支多少预算,主要通过控制预算过程中投入类别(如资金、人员、办公用品等)和开支标准来实施管理。由于投入预算编制方法相对简单,便于进行支出控制,只需考虑投入是否合规,因而得到了较多国家的使用。中国一直实行传统的投入预算制,俄罗斯则在2007年前实行这种预算制度。中国和俄罗斯在实行"投入预算"的时期,两国均出现财政预算资金的配置和国家发展战略与政策脱节,导致两国均等化的改革目标长期未能实现。究其原因,这种预算制度在编制、审查、执行及审计时,注重资金使用的合规性而轻视资金的使用成效,表面上规章制度严格,实际上执行约束软弱,致使资金获得者应该承担的责任具有极大的弹性和不确定性,进而导致预算目标无法有效执行的情况时有发生。当前,中国财政资金的配置和国家发展战略脱节现象较为严重,即使在财政支出规模膨胀的时期,公共产品供给却始终严重不足,教育、医疗、保障房建设等民生领域在财政大盘子中的比重仍停留在一个较低水平,直到现在这种状况也未能得到根本性改善,主要原因是与现行财政体系基础架构的陈旧过时和预算理念的落后有密切关系。中国落后的预算理念导致政府提出的建设和谐社会的国家发展战略长期未能得到财政资金的有力支持,从而可能造成政府承诺苍白、可信度下降的严重后果。

与中国不同,俄罗斯从2007年开始实施新的预算理念,预算的政策取向得到了改善。俄罗斯2008年引入全面、详细的中期预算框架,2014年在预算中又引入了一套新的程序和绩效预算制度。中期预算框架是一种对连续多个年度(一般为3年)的财政收支进行预测、规划的预算管理模式。这种以"绩效预算"取代"投入预算"的预算改革,强调预算资金的使用效益,有效地规避了投入预算的弊端。为了由投入预算转向绩效预算,俄对预算的编制、审批和执行等进行了改革,实行规划预算,这种预算的编制有明确的目标和结果要求,从而保障了预算资金的配置符合国家战略重点需求,又提高了财政部门对预算资金运营的管理效率。规划预算打破了传统投入预算按照组织本位来归集预算资源的做法,按照特定规划与活动归集投入的预算资源,使得跨部门的规划活动成为可能,极大地促进了预算资源的优化配置。与此同时,这种基于新理念的公共预算制度改革还强调预算的公开性,要求加强财政透明度建设。所以,通过中期预算改革和规划预算改革,俄罗斯的预算与国家战略与政策得到有效的衔接。这种新的预算制度突出了预算与战略目标的互动关系,即以战略与政策引导和约束预算,以预算反映和支撑战略与政策。以绩效为目标的公共预算改革约束了政府行为,实现了预算决策与国家政策重心及民众需求偏好的有效结合,极大增强了政府施政能力,也使国富民强的战略方针得以顺利实施。俄罗斯国家统计局资料显示,俄绩效预算制度实施以来,各级政府70%以上的财政支出用在了教育、社会政策、医疗卫生、住房等民众需求巨大的公共服务领域,老百姓实实在在地分享到了经济增长的成果。从俄罗斯的经验可以看出,中国要想实现预算与国家战略及政策有效衔接,就要进一步推动预算体制改革,采纳先进的预算理念,加强外部监督力量,落实财政责任,实现预算的硬约束。

三、税制改革与税收结构

为了实现向市场经济体制转轨,充分发挥税制的重要作用,中俄两国的税收制度都发生了巨大变化。在中国30多年的经济体制改革中,税制经历了3次重大改革:第一次是1983—1984年的普遍实行国营企业"利改税"和全面改革工商税收制度;第二次是1994年再次全面改革工商税收制度,尤其是1994年的分税制;第三次是2004年以来的新一轮税制调整。俄罗斯从1992年开始税制改革,早期完全照搬西方发达市场经济国家税收制度阻碍了经济发展,1998年之后不断加强税制调整,2007年宣布已经建立起符合市场经济需要的税收制度。当前中国和俄罗斯的税级结构与分税制紧密联系,这是一种多税种多层次征税的复合税制体系。中俄税制结构中增值税占比都较高,但俄罗斯企业利润税是仅次于增值税的关键性税种,而我国是以流转税制为主、所得税制为辅的税制结构。

中俄税制改革对两国财政状况产生了积极的影响效应,但存在问题不容忽视。2000年以来,俄罗斯实行了以简化税制、减少税种、降低税率、减轻税负为核心的税制改革。这一改革对促进税基扩大起到了积极作用,不仅减少了纳税人过重的税收负担,而且还实现了国家财政收入的稳定增长。其中,能源及相关产品税收收入明显增加,以单一税率为核心的个人所得税改革在提高政府财政收入和加速灰色收入合法化方面带来极强的正效应。但是，俄罗斯能源及原材料特征显著的经济结构，导致税收增长点与此密切相关，而能源类产品严重受制于外部环境影响，这也成为俄罗斯财政安全的重要隐患。对于俄罗斯来说，培养新的税收来源尤其是挖掘非能源及相关产品税收收入，促进财政收入可持续发展，成为俄税制改革面临的新的难题。同样，中国1994年进行的分税制改革取得了一定的成果，中央税和地方税的划分保障了政府财政收入稳定增长，尤其是进入21世纪，中国税收增长迅猛，大大超过同期GDP和居民收入的增长速度，出现了税收增长近乎失控状态，尽管2004年开始实施减税政策，但企业和居民税负沉重的状况并没有得到根本性的改变，长期必然制约生产水平的提高和国家财政收入的稳定增长。

总结俄罗斯税制改革经验教训，对我国解决税制改革与财政收入的可持续发展问题具有重要意义。其一，俄罗斯以单一税制为核心的个人所得税改革总体上是成功的，一些做法值得中国借鉴。俄单一所得税税率的实施，改变了改革前90%以上个人所得税来自中低收入居民的状况，而我国目前的个人累进所得税制依然没有改变来自工薪阶层的状况（工薪阶层承担了65%以上的税负，所得税的逆调节作用十分明显）。俄罗斯10年的改革实践证实，在税收秩序混乱、灰色经济活跃、税收遵从度低普遍存在的情况下，以降低税率、拓宽税基、简化税制为原则的单一税制更符合改革的实际需求。此外，俄在征收个人所得税时在教育、医疗、赡养等方面增加税前扣除，确保了低收入阶层的发展需求。中国目前仍在实行的个人累进所得税发展仍处在初级阶段，它在税收总额中的地位与俄2000年的水平相当，如何改革我国当前所得税逆调节作用成为所得税改革的重要问题,而俄罗斯的做法值得相关部门重视。其二,俄罗斯在社会保障税改革方面的经验教训同样值得关注。2000年俄罗斯过于激进的社会保障税改革带来一系列负面影响,其中突出的是养老保险赤字巨大,政府不得不动用稳定基金来弥补。2010年俄罗斯被迫放弃统一社会税,重新开征各类保险费。从国际经验看,各类社会保险费合并为社会保险税,统一计征是发展的大趋势。俄罗斯2000年统一社会税改革正是顺应这种发展趋势,然而2010年税改费的改革是一种倒退,必然会引发一系列问题。如社会保险费的征收管理权由税务局转为国家预算外社会保障基金,使得俄罗斯财政部和联邦税务局失去了对这部分资金的监控,同时也加大了社会保险基金的业务工作量,各个社会保险基金实际上变成了专业的检查机构[①]。同时,由于社会保险费是由雇主在向雇员发放工资时强制性代收代缴,既增加了企业运营负担,企业要应对税务局和社会保险基金的多重检查和监督,又会促使部分工资逃离进入灰色地带,影响工资合法化改革。当前,我国正在进行社会保障费改税的争论,关注俄罗斯存在的问题,对我国同样具有积极意义。其三,中俄两国都严重依赖增值税。长期以来,增值税是中俄财政收入的最主要来源。1994年税制改革后,我国开始大规模实行增值税,是我国第一大税种。根据财政部数据统计,在2005年时,增值税对全国财政收入的贡献率曾一度高达47%,此后几年间增值税占财政收入的比重虽有所减少,但其作为财政收入最大来源的地位一直未被撼动。我国的高

---

① 高际香:《俄罗斯新一轮养老保障制度改革解析》,《俄罗斯中亚东欧研究》2010年第4期。

增值税不仅令企业负担过重,而且通过流转推高商品售价,损害低收入者,抑制了民间消费。因为增值税作为间接税,会通过价格的变动最终全部或部分地转嫁给商品或劳务的消费者来承担,政府降低税率为企业减轻负担,实际上是为所有消费者减税,受益最大的是低收入群体。高增值税还会带来地方盲目投资的行为。因为增值税是对经济行为征税,而不是对经济成果征税,一些税源紧缺的地方,为了本地财政收入,盲目扩大地方投资规模。俄罗斯从2001年1月开始开征增值税,一直是俄的第一大税种。但俄罗斯为了降低企业负担,通过税法的变更使得增值税收入呈现下降趋势。如2004年增值税税率由20%降到18%,其他年份通过对部分商品实行增值税返还制度或免征增值税或免税收益额变动等方式,都引起增值税收入的下降。与此同时,俄罗斯从2002年开征企业所得税,在俄财政预算收入中的比重不断提高,一度超过增值税成为俄各级预算中最重要的收入来源;同样地,我国应该适度降低增值税,扩大企业所得税的比重。

四、财政风险及财政透明度差异

防范财政收支不可持续性带来的财政风险也是转轨国家财政体制改革的重点问题。国际上通常用财政赤字和债务水平两个指标来衡量一国的财政风险。下面我们对中国和俄罗斯近年来的情况进行比较。

表 1　2008—2014 年中国与俄罗斯的财政赤字(结余)情况
(相当于 GDP 比重,%)

	2008	2009	2010	2011	2012	2013	2014
世界	-2.2	-7.4	-6.0	-4.5	-4.3	-3.5	-3.0
中国	-0.7	-3.1	-1.5	-1.3	-2.2	-2.1	-1.8
俄罗斯	4.9	-6.3	-3.4	1.5	0.4	-0.3	-1.0
美国	-6.7	-13.3	-11.1	-10.0	-8.5	-6.5	-5.4

资料来源:IMF database,2013,其中 2013 年和 2014 年为估计值。

从表 1 中可见,中国目前的赤字率仍然在警戒范围内,但与欧盟规定的 3% 警戒标准相当接近。

表 2　2008—2014 年政府总债务情况(相当于 GDP 比重,%)

	2008	2009	2010	2011	2012	2013	2014
世界	65.7	75.8	79.5	79.7	81.1	79.3	78.6
中国	17.0	17.7	33.5	25.5	22.8	21.3	20.0
俄罗斯	7.9	11.0	11.0	11.7	10.9	10.4	11.8
美国	75.5	89.1	98.2	102.5	106.5	108.1	109.2

资料来源:IMF database,2013,其中 2013 年和 2014 年为估计值。

经济学家认为,过高的债务水平会导致利率上升和经济增长减缓。从表 2 可见,中国和俄罗斯存在不同规模的债务负担,而且中国较俄罗斯偏高。根据国际货币基金组织(IMF)统计,2012 年中国公共债务相当于 GDP 比重达到 22.8%,而俄罗斯则为 10.9%,预计 2013 年、2014 年中国将进一步降低该比重。按照欧盟对成员国规定的 60% 的政府债务警戒线来衡量,我国与之相比仍有一定距离,但由于我国还有大量未公开的债务,例如地方政府债务、高等院校的债务等等,如果将这些债务也加总中国政府总债务就会达到 GDP 的 50% 左右,如果再将我国社会保障欠账、金融机构对国有企业的不良贷款等方面产生的债务加总起来全面衡量,中国的隐性和或有债务的规模水平不容乐观。

与中国不同,金融危机促使俄罗斯政府改革财政制度,在财政收支状况好转时期,建立财政稳定基金,提高国家财政实力和防范风险能力。俄罗斯正是汲取了金融危机带来的严重教训,不断完善财政管理制度,通过法律形式确认了稳定基金在国民经济中的重要地位,以应对国际突发事件对国家财政预算平衡带来的不利影响,保障宏观经济稳定运行和全体国民的绝对公共利益。俄罗斯自2004年建立稳定基金以来,由于大量资金进入稳定基金账户而不是货币流通领域,在抑制通货膨胀方面发挥重要作用;同时该基金在减轻国家外债负担方面的作用显著。在2008年国际金融危机全球蔓延和2014—2015年国际油价暴跌的情况下,俄罗斯稳定基金在平抑经济波动、保障国家预算平衡、防范财政金融危机方面发挥了积极功效。

另一方面,中俄两国在财政透明度方面存在显著差异。20世纪90年代以来,随着经济和金融全球化进程加快,世界各国开始将其公共财政管理的重点转向公共财政透明度,并且通过专门立法规定政府必须公开披露所要求的财政信息。在这样的国际潮流下,中俄两国也积极推进财政透明度建设。财政透明度提高,有利于加强公共治理,提升市场信心,加强公众监督,发扬政治民主,提高财政预算效率。与国际标准相比,我国的财政透明度仍然相距甚远。根据2012年国际预算合作组织发布的《预算公开性指数》报告,预算透明度满分为100分,各国平均得分为43分,俄罗斯74分,中国只有11分。[1] 这说明中国政府向公众提供的国家政府预

---

[1] *Open Budget Survey*, IBP Report, 2013.

算和财务活动的信息不足,公民在督促政府对其管理的公众资金负责方面没有发挥较大作用。近年来俄预算透明度取得了很大的进步,从 2006 年的 47 分持续上升到 2012 年 74 分,这与俄 2007 年以来新的预算制度改革和为各级政府的财政管理建立了全面的法律框架密切相关。

国际预算合作组织评估每个国家的预算透明度主要通过公开预算调查来实现,即中央政府是否向公众提供了八个关键的预算文件,以及这些文件所包含的数据是否全面、及时和有用。下面是中俄两国预算公开性指数主要调查结果比较。

表 3　中俄两国预算公开性指数主要调查结果比较

文件	文件说明	中国			俄罗斯		
		2010得分	2012得分	出版状态	2010得分	2012得分	出版状态
预算前报告(PBS)	通常阐明提交给立法机关的预算提案的主要参数。	0	0	没有	89	78	发布
行政机构的财政预算提案(EBP)	介绍政府通过税收和其他来源而获得财政收入的计划,如何支付这些钱以支持其优先考虑,从而将政策目标转化为行动。	0	0	有,供内部使用	56	82	发布
制订的财政预算案(EB)	它是授权行政机关获得财政收入、开支并承担债务的法律文书。	0	0	有,供内部使用	100	100	发布
公民预算(CB)	使广大公众了解政府获得财政收入、支出公共资金以实现政策目标的计划。	0	0	没有	0	0	没有

续表

年内报告（IYR）	提供定期（每月或每季度）实际收入、支出和债务的趋势衡量指标，可以与预算数字进行比较并调整。	75	75	发布	96	96	发布
年中审查（MYR）	在预算年度的中期对预算的影响提供一个概述。	0	0	没有	0	0	有，供内部使用
年终报告（YER）	对实际预算的执行与所制订的财政预算进行比较。	27	20	发布	57	70	发布
审计报告（AR）	由该国的最高审计机构对政府账目进行的独立评估。评估政府收入和支出账目是否准确和可靠。	48	30	发布	67	67	发布

资料来源：*Open Budget Survey*, IBP Report, 2013。

从表3可见，俄罗斯预算透明度整体上高于中国。目前俄罗斯已经除了公民预算没有出版及年中审查供内部使用外，其他预算文件都已经公开发布，这表明俄罗斯政府向公众提供了重要的国家政府预算和财务活动信息，在一定程度上保障了公民参与督促政府财政预算活动的权力。中国只是公开发布年内报告、年终报告及审计报告，行政机构的财政预算提案和财政预算案仅供内部使用，甚至没有出版预算前报告、公民预算及年中审查报告，这说明目前中国政府引入预算公开措施较少，政府在财政预算透明度方面面临很大的挑战。

五、结论与思考

根据国家发展和改革委员会研究机构的最新估算，目前我国地方政府的债加上中央政府的债是27万亿元,相当于GDP的53%。其中,地方政府借债是主要的,大约19万亿元,这些资金主要用于地方市政工程建设,而作为中国重要支柱产业的房地产的下行,给地方政府的还债带来极大压力。因此,提高财政预算效益和防范财政风险,已成为我国预算改革和提高政府施政能力需要面对的重要问题之一。本文通过对中俄财政制度改革及政策调整的比较,对我国财政制度的改革和完善具有重要的现实意义。

第一,要正确认识我国财政制度改革取得的成绩与问题。改革开放30年来,我国财政制度改革取得的成绩是值得肯定的,财政分权化改革及分税制的财政体制的实行调动了中央和地方的积极性,建立了稳定的财政收入稳定增长机制,而公共财政框架下以国库集中收付、政府采购、部门预算改革、政府收支分类为核心的财政管理制度改革,体现了科学理财和依法理财的理念,为规范预算管理和强化预算监督奠定了基础。然而,在财政制度执行过程中存在的问题也是比较严重的,如预算编制缺乏客观性、科学性、合理性,预算监督软约束使得预算审议形式化及执行随意性大,一些重点加强的民生领域长期得不到资金支持,使得国家战略目标无法有效实现,各地区存在较为严重的公共支出和公共服务分配不公的问题。

第二,要正确汲取俄罗斯改革的成功经验与失败的教训,制定科学的公共财政制度。其一,财政体制改革应是政改的核心问题。当前中国存在的诸多问题都与财政问题有关,建立科学合理、民主公正的财政制度刻不容缓。无论是俄罗斯还是其他新兴经济体的改革经验,都揭示出公共财政制度约束机制的建立不是一个技术性的问题,而是一个政治体制改革的问题。当前,财政部对部门预算科学性的指导以及审计署的审计，都是"体制内的监督"，而要提高财政支出的效益，必须强化外部监督的力量。同时，加强财政制度的政治体制改革，有助于加快推进财政制度的现代转型，提高财政透明度建设，加强公众监督和保障政府和官员承担责任。中俄两国都应该根据自身实际情况，努力采取措施提高财政透明度，尤其是两国都需要扩大向公众提供参与国家预算编制及决策的机会，从而促进廉洁高效政府的建立。其二，完善分税制的财政体制，实现各区域财政资源基本均衡。已有的分税制体制实行全国统一的分成比例，其所带来问题非常严重，必须坚决贯彻不同的区域实行不同的税收分成比例与转移支付政策。我国应借鉴俄罗斯转移支付制度建设中的成熟经验，以公共服务均等化为核心，建立新型的转移支付制度，这个财政体制旨在保证不同经济发展水平县乡和不同收入阶层在享受基本公共产品方面达到均等化，特别是加强对"三农"和民生领域的支持力度。其三，借鉴俄罗斯成功经验，对我国防范预算风险具有重要意义。俄从实行预算稳定基金制度和"以结果为导向"的中期预算改革以来，财政风险披露和管理得到显著的提高，其做法应引起重视。尤其是以绩效为导向的中期预算制度，不仅提高了预算风险的有效控制，而且还强化了与国家战略之间的有效对接。不仅如此，俄罗斯还建立对财政风险关键来源的中央控制，包括对联邦政府发行的债务、信用和担保及各级政府的借款进行年度限制[1]，同样值得借鉴。其四，加强税制改革，完善税收结构，适当时机扩大所得税比重，降低增值税税

---

[1] *Russian Federation Fiscal Transparency Evaluation*, IMF Country Report No. 14/134, 2014.

收收入,必要时候全面开征针对富人的房产税和遗产税新税种,弥补财政缺口。有学者评价,俄罗斯企业所得税改革是俄税制改革中最为顺利和成功的。① 从国际经验和发展趋势看,所得税才是政府主要财政收入来源。其五,加强法制化建设。世界上大部分国家均以法律形式,甚至通过宪法对有关政府间财税关系做出明确规定,使其具有权威性和可操作性。俄罗斯注重税收法制建设,独立至今颁布了一系列税收法令。相比起来,我国税收法制建设方面略显落后,至今没有类似俄罗斯《税法典》这样阐述国家税收基本原则和每个具体税种的大法,在税收法制化方面我国还有大量的工作要做。

(原载《财经问题研究》2015 年第 11 期)

---

① 童伟等著:《2012 年俄罗斯财经研究报告》,经济科学出版社 2012 年版。

第二部分 专题研究

中国东北地区与俄远东地区交通运输网络及城市群空间经济联系

郭连成　周瑜　马斌

一、引言

长期以来,俄罗斯东西部地区社会经济发展严重失衡。相比较而言,西部地区(欧洲部分)较为发达,而东部尤其是远东地区则长期处于发展缓慢、经济落后的状态。虽然苏联时期和俄罗斯历届政府都十分重视东部地区经济发展和开发,多次提出发展规划和战略目标,但东部地区的落后状况始终没有根本改观。俄罗斯已经认识到,东部地区的落后状态不仅阻碍国家现代化发展战略的实现,而且将制约俄罗斯陆地和海洋大国国际地位和影响力的提升。因此,为了加快东部地区开发和经济发展步伐,无论是在叶利钦时期,还是在普京时期和"梅普组合"时期,俄罗斯先后出台了一系列有关东部开发的战略规划纲要,对东部开发做出了详细的规划和具体部署,以保证东部开发战略的贯彻实施。这些战略规划纲要中,最重要的有:1996年出台的《1996—2005年远东和外贝加尔地区社会经济发展联邦专项纲要》;2002年俄政府批准的《西伯利亚社会经济发展战略》;2007年出台的《2013年前远东和外贝加尔地区社会经济发展联邦专项纲要》;2009年出台的《2025年前远东和贝加尔地区社会经济发展战略》等。上述战略规划纲要的实施,不仅推进了俄东部地区尤其是远东地区的开发和经济发展,而且也为中俄两国深化经济合作、拓展中国东北地区与俄东部地区的双边区域经济合作关系、实现互利共赢,创造了新的契机。而2009年中俄两国共同出台的《中华人民共和国东北地区与俄罗斯联邦远东及东西伯利亚地区合作规划纲要(2009—2018年)》(以下简称《中俄地区合作规划纲要》),则将中俄两地区的区域经济合作推向了一个新的发展阶段。本文依据《中俄地区合作规划纲要》,以新经济地理学和空间经济学理论为基础,利用SWOT分析法和引力模型,深入分析中国东北地区与俄罗斯远东地区的区位特征和地缘优势;两地区交通运输网络的形成与交通运输合作;边界效应、交通运输网络与城市群空间经济联系;交通运输网络对两地区城市群空间经济联系强度的影响,揭示了两地区交通运输网络发展与城市群空间经济联系的密切相关性。

二、背景分析:中国东北地区与俄罗斯远东地区经济联系与合作状况

俄罗斯远东地区即远东联邦区,包括阿穆尔州、滨海边疆区、哈巴罗夫斯克边疆区等9个联邦主体。远东地区总面积为616万平方公里,占俄罗斯总面积的36%。人口660万人,仅占俄总人口的5%。远东地区自然资源十分丰富,俄罗斯98%的金刚石、80%

的锡、50%的黄金以及40%的鱼和海产品均产自这里。其煤炭储量、水资源和森林资源占到俄罗斯总储量的1/3。① 中国东北地区与俄远东地区接壤,两地区在经济上有很强的互补性。然而,虽然两地区的经济合作历史悠久,但合作进展较为缓慢。中俄两地区的经济合作进入快速发展的新时期,则是在《中华人民共和国东北地区与俄罗斯联邦远东及东西伯利亚地区合作规划纲要(2009—2018年)》正式签署之后。俄罗斯力图借助中国实施东北老工业基地振兴战略之机,推动其远东地区的开发和经济社会发展;中国希望通过东北老工业基地振兴所提供的巨大市场,吸引俄远东地区丰富的自然资源和雄厚的科技实力,促进东北地区经济的快速发展。因而中国东北地区与俄罗斯远东地区的经济合作能够对双方形成较为明显的互补关系。

在贸易领域,有资料显示,2010年俄罗斯与中国边境地区的贸易额为167亿美元,与上年相比增加了41%,占两国双边贸易额的比重达30%以上。② 在遭受西方制裁前的2013年,俄远东地区与中国之间的贸易额达到了120亿美元。而到2020年,中俄贸易额要达到2000亿美元的规模,其中相当大的一部分要依靠远东地区的合作项目尤其是"西伯利亚力量"天然气管道来实现。③ 2014年5月21日,中俄两国签署了《中俄东线天然气合作项目备忘录》和《中俄东线供气购销合同》,合同总金额达到4000亿美元,成为迄

---

① Сотрудничества ДФО и Северо‐Востоком Китая: потенциал взаимодействия, http://www.amur.info/news/2016/01/05/105354.

② Проблемы приграничной торговли между российским Дальним Востоком и КНР, http://www.bibliofond.ru/view.aspx? id=824690.

③ Дальний Восток: перспективы развития (общая характеристика), http://fb.ru/article/193948/dalniy-vostok-perspektivyi-razvitiya-obschaya-harakteristika.

今为止中俄经贸合作的一笔特大项目。按合同规定，俄罗斯自2018年起通过中俄天然气管道东线向中国供气，合同期为30年，每年供气量380亿立方米。另据有关资料，2015年，中国占远东联邦区外贸总额的比重为26.2%。这一年中国特别是东北地区在俄远东联邦区的主要贸易伙伴是滨海边疆区、萨哈林州、哈巴罗夫斯克边疆区、阿穆尔州。① 据中国商务部提供的数据，2016年上半年，中国跃升为俄远东地区第一大贸易伙伴，对华贸易额占俄远东联邦区外贸总额的近1/4。②

在投资领域，俄罗斯对远东地区选择了追赶型和加速发展型的发展模式，意在使落后的远东地区比俄罗斯其他地区发展得更快些。因此，根据《2025年前远东和贝加尔地区社会经济发展纲要》，计划到2025年不仅要使GDP增长1.6倍，明显高于俄罗斯全国水平，而且投资也应当保证这种快速发展，俄罗斯对该地区的投资总额要达到4110亿卢布，约增长340%，也大大高于全俄指标。③俄罗斯特别看重中国对其远东地区的投资。普京在2014年5月访华期间，提出邀请中国投资开发远东地区，希望中国成为远东地区开发的领跑者。同年12月，俄副总理在中俄合作圆桌会议上推介远东优先发展的地区投资项目时，希望将中俄在该地区的密切合作拓展到科技、制药、基因技术等领域。俄总理梅德韦杰夫也指出，目前整个远东地区的协议投资总额超过了一万亿卢布，这一数

---

① Д. В. Суслов, Проблемы и перспективы экономического взаимодействия КНР и России, Власть и управление на Востоке России, 2016（2）.

② 《商务部：中国已跃升为俄远东地区第一大贸易伙伴》，中国新闻网，http://finance.chinanews.com/cj/2016/11-02/8050910.shtml，2016年11月2日。

③ Дальний Восток: программа развития до 2025 года, http://kapital-rus.ru/articles/article/dalnij_vostok_programma_razvitiya_do_2025_goda/.

额中相当大的一部分来自于中国投资者。我们特别期待中国投资者能够获得必不可少的收益,以便进一步发展自己的项目。① 据最新资料,2016 年 10 月,中国国家发改委与俄罗斯远东发展部达成合作意向,中国将对远东地区涉及自然资源开采加工、农业、港口和道路等基础设施在内的 13 个投资项目进行投资,总额达 7500 亿卢布。中俄双方拟成立专门委员会来推进中国对俄远东超前发展区和符拉迪沃斯托克自由港的投资合作。2016 年 12 月,俄罗斯政府批准了中国黑龙江省和吉林省与俄远东港口间的《"滨海 1 号"和"滨海 2 号"国际交通走廊构想》。中国明确表示积极参与中国东北地区与俄罗斯远东地区"滨海 1 号"和"滨海 2 号"国际交通走廊建设,认为这是欧亚经济联盟与丝绸之路经济带对接的重要项目。俄罗斯也强调,国际交通走廊"滨海 1 号"和"滨海 2 号"是中国东北与俄远东地区协同发展的重要的相互作用点。②

总的来看,正如中国商务部所指出的,中俄远东地区开发合作已取得明显进展。中俄双方不仅启动了能源、矿产、航空、船舶、农林、港口建设等领域的一批重点投资合作项目,而且开始建设包括界河桥梁、跨江索道、公路口岸等在内的多条跨境通道。今后,中俄双方将发挥业已建立的两国政府间和地方间合作机制的作用,拓展合作领域,用好融资渠道,改善营商环境,共同打造开放、包容的远东地区开发合作新格局。

综上所述,中国东北地区与俄罗斯远东地区的经济联系日益

---

① Дальний Восток России и Северо‑восток Китая будут развивать параллельно,http://vladivostok.bezformata.ru/listnews/vostok‑rossii‑i‑severo‑vostok/52055768/.

② Более 750 млрд рублей готовы вложить китайские инвесторы в развитие Дальнего востока России,http://novostivl.ru/msg/22408.htm.

紧密,经济合作扎实推进。本文对中国东北地区与俄罗斯远东地区城市群空间经济联系和交通运输网络的发展演化及两者相关性的分析,正是基于这一背景展开的。

三、中俄两地区的区位特征与优势

新经济地理学的代表人物克鲁格曼认为,技术成本差异、要素禀赋差异、需求和贸易运输距离的下降会吸引生产者和消费者在边境地区的集中,而且商品与要素自由流动性越强,越容易形成集聚效应,对市场一体化也越有利。新经济地理学实现了比较优势在地区之间的空间整合(产业集聚与分散)。而发展中的中国东北地区与俄罗斯远东地区正在成为双方贸易和投资的热点地区,这正是新经济地理学对发展中的边境经济的很好阐释。

(一)优越地理位置带来的地缘优势

中国东北地区与俄罗斯、日本、韩国、朝鲜相邻,有4637公里的边境线和2178公里的大陆海岸线。俄罗斯远东地区位于俄罗斯最东部,西起勒拿河东部,北临北冰洋,南部与中国、朝鲜接壤,海岸线长达1万多公里,东北部与美国的阿拉斯加州相隔白令海峡,东南部与日本海相望,是俄罗斯通往亚太地区的门户。中国东北地区与俄罗斯远东地区毗邻。实现中国东北地区与俄罗斯远东地区的区域经济合作,尤其是发挥经贸与科技合作的地缘优势,推动两国毗邻地区的经济发展和相关产业的升级,无论是对中国东北老工业基地振兴,还是对俄罗斯远东地区发展,都具有重要的战略意义。

对中国东北地区与俄罗斯远东地区的地理区位优势可作些具体分析。

黑龙江省拥有最长的对俄边境线,在中俄两国总长为4314公里的边境线上,黑龙江省与俄罗斯接壤部分长达3038公里,占中俄边境线总长的70%,远长于吉林省(241公里)、内蒙古自治区(1010公里)和新疆维吾尔自治区(54公里),地理区位优势明显。佳木斯市位于黑龙江省东北部,北隔黑龙江、东隔乌苏里江与俄罗斯相望。该市是我国与俄罗斯远东地区直线距离最近的地方。佳木斯的黑瞎子岛处于东北亚的中心地带,将成为佳木斯市和黑龙江省向北开发开放的"桥头堡"。黑瞎子岛具有独特的地缘和区域优势,"一岛两国"的战略位置极其重要,它的开发建设是促进黑龙江与俄罗斯远东地区经贸合作,实现中俄双方优势互补,进而成为拉动佳木斯市乃至黑龙江省对俄区域经贸合作快速发展的重要引擎。

吉林省与俄罗斯拥有241公里的边境线,由公路和铁路相连,同俄罗斯远东地区开展经济合作也具有得天独厚的地缘、资源、人文以及政策优势。吉林省对俄口岸基础设施建设逐步完善,合作环境不断优化,民间交往日趋频繁,为双方进一步扩大经贸合作奠定了良好基础。在2009年9月23日中俄两国批准的《中华人民共和国东北地区与俄罗斯联邦远东及东西伯利亚地区合作规划纲要(2009—2018年)》中涉及中方的111个重点合作项目中,吉林省就占了37个,数量最多。

辽宁省作为东北地区唯一的沿海省份和中国沿海省份中地理

位置最接近俄罗斯的省份,在对俄合作中占有重要地位。辽宁处于东北亚经济区中心位置,也是东北地区唯一既沿海又沿边的省份,是东北地区及内蒙古自治区东部对外开放的门户,在中俄地区合作方面具有一定的区位优势和竞争合作优势。辽宁虽与俄远东地区没有边界接壤,但辽宁沿海经济带发展依托的腹地黑龙江、吉林以及内蒙古与俄罗斯有绵长的边境线。因此,辽宁始终把俄远东地区看作是有地缘优势的合作伙伴,在其对外开放战略中占有重要地位。

(二) 自然资源与人力资源形成的经济互补优势

俄罗斯远东地区地域广阔,是资源和能源的"聚宝盆"。这里自然资源不仅品种多,而且储量大,拥有丰富的铜、镍、锌、铁、钛等有色金属,金、银等贵金属,钨、钼、锡等稀有金属。俄罗斯远东地区天然气、煤炭、森林资源、水资源等的蕴藏量极为丰富。这些丰富的自然资源成为该地区经济发展的基础。另一方面,俄远东地区虽然土地肥沃,但由于气候条件差和生产经营落后等原因,农业生产特别是粮食产量很不稳定。加之俄实施远东开发战略,至少需要补充250万劳动力,人力资源严重不足。而我国东北老工业基地自然资源与俄相比较为匮乏,对石油、天然气、钢铁、木材等资源的需求有增无减。东北地区又是我国重点建设的绿色食品生产基地、全国重要商品粮生产基地和畜牧业生产基地。东北地区的农业生产技术水平较高,粮食蔬菜和奶制品等不仅能够满足自己,而且大量出口。此外,东北老工业基地拥有庞大的产业技术工人队伍和大量的农村剩余劳动力,劳动力成本较低且具有熟练的产品加工、工程承包、农业种植、养殖等技术优势。因此,中国东北地区与俄罗斯远东地区在经济上各具优势,经济互补性很强。尤其是经过多年的发展,东北地区形成了以重工业为主体、门类众多的工业体系,钢铁工业、煤炭工业、电力工业、石油工业、化学工业、机械工业、建材工业都得到了快速发展,成为全国最大的钢铁基地、石油化工基地、机械装备工业基地和汽车工业基地。俄罗斯东部地区重工业,尤其是军事工业比较发达,科技实力可与欧美媲美,中俄两地区这种很强的互补性,促使两地区间的资源、产业和科技等方面的交流与合作不断深化。

(三) 交通运输网络提供的有力保障

目前,东北区域内基础设施的一体化已初步形成,公路、铁路、机场、港口、通信、电力、邮电等都已初步互联成网。东北三省交通四通八达,已形成由水陆空立体交通组成的综合运输体系。自实施东北老工业基地振兴战略以来,该地区积极推进公路网的建设,大力推进铁路电气化改造,积极筹划建设东北东部铁路大通道。当前东北对俄运输通道网络已经形成。黑龙江省拥有最发达的对俄立体交通网络,以哈尔滨为中心呈放射状伸向中俄边境各口岸的铁路、公路、水运体系,与俄罗斯远东和西伯利亚交通干线紧密相连,客运、货运量分别占全国对俄运量的 1/2 和 1/3。哈尔滨航空港作为东北亚地区的空中交通枢纽,与俄各主要城市都建有空中航线,年对俄客运量达 15 万人次。黑龙江省铁路营运里程 6575.6 公里,通过全国最大的陆路口岸满洲里口岸和位居第三位的绥芬河口岸,分别与俄罗斯外贝加尔铁路和远东铁路接轨。主要通航河流总通航里程7570公里,沟通中国东北地区9市55个县(旗)及俄罗斯远东地区。同江铁路大桥、前抚铁路、黑瞎子岛上公路口岸通道建成后,将直接与俄罗斯远东铁路和公路网相连接,有力地拉动佳木斯乃至全国的对俄经贸合作升级,对促进中俄双边贸易及东北亚经济发展必将起到积极的推动作用。吉林省大图们江区域开放开发经过十多年的发展建设,已取得了初步成效。今后主要是重点推进中俄珲春-哈桑公路和铁路、扎鲁比诺港、中俄珲春-克拉斯基诺口岸的一体化工程建设。这是大图们江地区国际合作开发的重大项目。其次是重点改变珲春—卡梅绍娃亚铁路"通而不畅"的状态。辽宁省作为东北地区的经济中心和交通、通信枢纽,是连接中俄两国合作的重要通道,每周有飞往莫斯科和伊尔库茨克的航班,北京至莫斯科国际列车经至沈阳站,大连和沈阳开通了多条至俄罗斯的航线。

四、中俄两地区交通运输网络的形成与交通运输合作

(一)俄罗斯远东地区的交通运输网络

远东地区幅员辽阔但交通运输网络密度低,成为制约该地区资源和经济潜力发挥的因素。俄罗斯东西伯利亚和远东地区的主要交通运输干线是跨西伯利亚大铁路和贝阿铁路干线。跨西伯利亚大铁路西起俄罗斯首都莫斯科,东至远东地区的符拉迪沃斯托克,全长9289公里,是世界上最长的铁路线。目前跨西伯利亚大

铁路的出口和过境运输主要货物的年通过能力达到1亿吨。而贝阿铁路是跨西伯利亚大铁路的干线,全长4234公里。贝阿铁路西起跨西伯利亚大铁路的泰舍特,经乌斯季库特、下安加尔斯克、恰拉、滕达、乌尔加尔、共青城,至远东地区哈巴罗夫斯克边疆区的苏维埃港。贝阿铁路干线的年通过能力为1460万吨。从布局看,俄罗斯铁路线主要集中在伊尔库茨克州、外贝加尔边疆区和克拉斯诺亚尔斯克边疆区,以及远东南部地区——滨海边疆区、哈巴罗夫斯克边疆区、阿穆尔州和萨哈林州。根据俄罗斯制定的铁路运输发展战略,到2030年前要在远东新建雅库茨克—马加丹、下别斯加赫—莫马—马加丹(总长度1131公里)、萨哈林—谢尔盖耶夫卡(总长度1085公里)、苏克巴伊—萨马尔卡(总长度1085公里)等铁路线。

从公路情况看,远东地区公路网主要分布在滨海边疆区、哈巴罗夫斯克边疆区和阿穆尔州,公路平均密度为每千平方公里8.9公里,大大低于俄罗斯每千平方公里37.9公里的平均水平。[1] 鉴于公路发展的落后状况,俄罗斯至2030年前交通运输发展战略规定要优先建设和改造的公路包括:"维柳伊"、M-60"乌苏里"、M-56"勒拿"、"科雷马",通往(阿穆尔河畔)共青城的哈巴罗夫斯克—尼古拉耶夫斯克(庙街)、乌斯季堪察加茨克—(堪察加)彼得罗巴甫洛夫斯克、南萨哈林斯克—特莫夫斯科耶—奥哈,以及由联邦公路网通往布拉戈维申斯克,通往符拉迪沃斯托克港、瓦尼诺港和东方港的公路等。

---

[1] Транспортная инфраструктура Востока России, http://cyberleninka.ru/article/n/transportnaya-infrastruktura-vostoka-rossii.

至于港口建设,俄罗斯远东地区沿海有各类港口32个。其中,较大的港口有滨海边疆区的东方港、纳霍德卡港、符拉迪沃斯托克港,哈巴罗夫斯克边疆区的瓦尼诺港,萨哈林的霍尔姆斯克港、科尔萨科夫港,以及马加丹港和(堪察加)彼得罗巴甫洛夫斯克港。沿海地区港口和瓦尼诺港直通跨西伯利亚大铁路和贝阿铁路干线,形成了符拉迪沃斯托克、纳霍德卡和瓦尼诺港口交通运输枢纽。有资料显示,2010年远东港口的货物转运量达到1.18亿吨。远东地区最大和现代化的港口是东方港,其货运量为3568万吨。瓦尼诺港货运量为1730万吨,纳霍德卡港货运量为1532万吨,符拉迪沃斯托克港货运量为1118万吨。①

根据俄罗斯远东地区发展规划,到2030年"滨海1号"和"滨海2号"国际交通走廊年运输粮食和集装箱货物可达4500万吨②,其中粮食2300万吨、集装箱货物2200万吨。③ 而要真正达到这一货运能力,俄罗斯需要大力发展远东各港口和铁路运输网络,加快货物运至港口的速度。

(二) 中俄两地区在交通基础设施建设领域的合作

总体而言,中国东北地区与俄罗斯远东地区的交通基础设施

---

① Транспортная инфраструктура Востока России, http://cyberleninka.ru/article/n/transportnaya-infrastruktura-vostoka-rossii.

② 《俄政府批准"滨海1号"和"滨海2号"国际交通走廊开发构想》,中华人民共和国商务部网站, http://gpj.mofcom.gov.cn/article/zuixindt/201701/20170102496611.shtml。

③ Транспорт как залог развития, http://www.eastrussia.ru/material/vef-18。

建设较为滞后,尤其是双方边境道路、桥梁、港口等相关基础设施建设,尚不能完全满足两地区经贸发展的需要。俄远东开发和发展规划与中国东北地区振兴战略的对接,都离不开两地区交通基础设施建设和边境口岸建设。俄境内有多条铁路需要现代化改造及建设,其中包括连接西伯利亚大铁路与俄中边界的铁路卡雷姆斯卡亚—外贝加尔斯克、别洛戈尔斯克—布拉戈维申斯克(海兰泡)。此外,同江—下列宁斯阔耶口岸铁路桥、东宁—波尔塔夫卡公路口岸也正由中俄两国合作建设。俄方边境交通基础设施不发达一直是制约俄中经贸合作发展的主要因素,许多边境口岸基础设施也破旧不堪,边境口岸的通过能力与货流量和货运量不相称而导致大批货物积压。显然,要大规模增进中俄经贸合作,就必须进一步扩大两国边界交通运输干线的通过能力。中俄双方规划了国界两侧公路的建设和改造,其中包括公路配套设备的安装;规划了国界两侧国际货物终点站、放行站(关卡)通道的建设;还规划了额尔古纳河、阿穆尔河(黑龙江)和乌苏里江公路桥以及几座冰上浮桥的建设。2015年5月13日,俄罗斯远东发展部部长加卢什卡与中国黑龙江省省长陆昊在莫斯科就加快推进同江—下列宁斯阔耶口岸铁路桥、黑河—布拉戈维申斯克口岸公路桥、绥芬河口岸扩能改造等跨境交通运输设施建设进一步达成共识。目前中俄两国边境地区交通基础设施建设领域的合作正在不断拓展。2016年11月7日在俄罗斯圣彼得堡举行的中俄总理第二十一次定期会晤,决定建立中国东北地区和俄罗斯远东及贝加尔地区政府间合作委员会,支持交通基础设施领域的重大项目合作,包括制定两国关于发展"滨海1号"和"滨海2号"国际交通走廊的合作文件,对联合开发北方海航道运输潜力的前景进行研究。双方将继续落实

《中华人民共和国东北地区和俄罗斯联邦远东及东西伯利亚地区合作规划纲要（2009—2018年）》。①

（三）中俄两地区铁路运输合作

中俄铁路运输货运量约占中俄过货总量的70%。进一步开发和建设跨西伯利亚大铁路及其干线铁路，特别是发展贝阿铁路干线，能够使布里亚特共和国、萨哈（雅库特）共和国、外贝加尔边疆区、阿穆尔州及哈巴罗夫斯克边疆区的现有矿产地接近交通运输线路，特别是接近通向西伯利亚大铁路乃至符拉迪沃斯托克港、纳霍德卡港、苏维埃港、瓦尼诺港等，以及与中国、朝鲜和蒙古国接壤的边境口岸。《中华人民共和国东北地区和俄罗斯联邦远东及东西伯利亚地区合作规划纲要（2009—2018年）》确定开辟中俄国际铁路联运通道，南起辽宁省丹东市，北到黑龙江省佳木斯、牡丹江等市，经乌苏里斯克与跨西伯利亚铁路相连；俄罗斯铁路经满洲里—海拉尔至两伊铁路，接入中国东北铁路网。同时，恢复珲春—马哈林诺—扎鲁比诺铁路运行，增加货运量。② 此外，黑龙江省拟改造提速并修建连通一条总长近3000公里的完整沿边铁路。这条沿边铁路将黑龙江省沿边各市县和口岸连接起来，将形成以哈尔滨为中心，以大（连）哈（尔滨）佳（木斯）同（江）、绥满、哈黑、沿边铁路四条干线和俄罗斯西伯利亚、贝阿铁路全面连通的"黑龙江

---

① 《中俄总理第二十一次定期会晤联合公报》，《人民日报》，2016年11月9日。

② 《中华人民共和国东北地区和俄罗斯联邦远东及东西伯利亚地区合作规划纲要（2009—2018）》，国家发改委网站，http://www.chinaeast.gov.cn/2010-06/03/c_13331199.htm。

通道"。① 绥芬河新火车站已于2016年6月7日落成，俄罗斯宽轨列车可以直接驶入车站，这样能够提高绥芬河与对面俄城市格罗杰科沃之间的交通运输效率。中俄两国的铁路运输合作不仅对俄西伯利亚和远东地区的经济发展至关重要，而且也是提升中国东北地区与俄罗斯远东地区经济联系和经济合作水平的关键因素。

（四）中俄两地区公路运输与口岸建设合作

公路交通运输对于中俄两地区经贸合作的发展同样具有重要意义。根据《中华人民共和国东北地区和俄罗斯联邦远东及东西伯利亚地区合作规划纲要（2009—2018年）》，中国东北地区和俄罗斯远东地区的公路运输合作主要包括：中俄双方设立和改造洛古河—波克罗夫卡双边公路口岸。中方建设洛古河口岸—洛古河—漠河公路，建设洛古河—古莲铁路，接入富西铁路。俄方建设从阿玛扎尔镇到洛古河口岸的联邦公路"阿穆尔"支线，包括跨阿穆尔河大桥；在黑河和布拉戈维申斯克所在区域建设公路桥梁。双方建设连接口岸的公路，以及装卸码头和货场；建设珲春—扎鲁比诺港口跨境公路。中方建设长岭子口岸—珲春公路，建设珲春—图们高速公路，与长春—珲春高速公路连接；继续研究开通"哈尔滨—饶河—比津—哈巴罗夫斯克"、"饶河—比津"公路常设客运线路问题；研究和讨论新开设跨境公路线路的可能性。2014年，绥芬河到符拉迪沃斯托克的高等级公路基本修完，如果正式开

---

① 《黑龙江拟改造沿边铁路加速融入"一带一路"》，国务院新闻办公室网站，http://www.scio.gov.cn，2015年4月14日。

通,从绥芬河到符拉迪沃斯托克 200 公里的路程只需要两个小时。黑龙江省利用振兴东北老工业基地的战略机遇,积极争取国家财政支持,计划到 2020 年投资 900 亿元人民币建设对俄边境公路运输通道。通过大力加强对俄边境运输通道的建设,使口岸过货能力从 2010 年的 2000 万吨提高到 2020 年的 6000 万吨。

在口岸建设方面,进一步发展和改造中俄口岸,加快口岸电子化,提高通关效率,完善与口岸相关的基础设施,是当前和今后一个时期中国东北地区和俄罗斯远东地区区域经济联系和经济合作的重要任务。双方口岸建设合作主要包括:改造满洲里—外贝加尔斯克国际公路口岸和铁路口岸;改造黑山头—旧粗鲁海图双边公路口岸,完善口岸基础设施;建设或改造绥芬河—波格拉尼奇内多边公路口岸;改造同江—下列宁斯阔耶、萝北—阿穆尔泽特、嘉荫—巴思科沃、饶河—波克罗夫卡水运口岸;设立和建设同江—下列宁斯阔耶铁路口岸;设立和改造洛古河—波克罗夫卡双边公路口岸;建设珲春—克拉斯基诺多边公路口岸;加强黑河—布拉戈维申斯克等口岸的基础设施建设。此外,继续推进中俄黑瞎子岛—大乌苏里斯克边境口岸合作;全力推动珲春—马哈林诺铁路口岸建设,使该口岸成为继绥芬河和满洲里后,中国对俄经济合作的又一重要口岸。

(五) 中俄两地区港口建设合作

2014 年 5 月,吉林省与俄罗斯最大的港口运营商苏玛集团签订了合作建设扎鲁比诺港的框架协议,将其打造成为年吞吐能力 1 亿吨,集粮食、集装箱、普通货物等运输功能于一体的大型海港。扎鲁比诺港是俄罗斯远东地区的天然不冻港,有铁路、公路与俄罗斯腹地和吉林省珲春市连接，距离珲春口岸仅 60 公里。辽宁大连港集团计划投资俄远东纳霍德卡渔港改建项目，双方将以此拓展纳霍德卡港和大连港的物流联系，便利大连港与西伯利亚大铁路和俄北极航线的对接，加快中国产品通向欧洲的运速。据测算，北极航线不仅航路大为缩短，而且节约大量运输成本。到 2020 年，这条航线有望承载约 10% 的中国对外贸易货运量。①

五、边界效应、交通运输网络与城市群空间经济联系

中国东北地区与俄罗斯远东地区毗邻，由于两地区间的经济联系和经济合作是中俄地理相邻地区间跨国界和跨国境的经济联系和经济合作，因而会受到国家边界效应的影响。一方面，边界"屏蔽效应"会限制中俄两地区跨边界生产要素、商品、服务和资本的自由流动；另一方面，边界"中介效应"又增加了中俄两地区由边界所带来的直接经济联系和经济合作机会，从而使中俄边界两侧区域间的经济联系和经济交往具有一定的天然优势，彼此间具备了更有利的经济合作基础。尽管中国东北地区与俄罗斯远东地区的资源要素禀赋差异大、经济发展水平差异较大，但随着区域间资源要素和经济发展水平梯度差异的增大，区域间相互联系的频率反而会更高，地理邻近性也使得区域间相互作用的强度加大。正是这种明显的梯度差异，使中俄两地区具有较强的经济互补性，从而使生产要素的跨边界流动成为可能。这种经济互补性成为中俄两地区减少或弱化边界"屏蔽效应"，增强边界"中介效应"，强化

---

① 《远东，中俄经贸合作新天地》，《人民日报》2015 年 11 月 4 日。

经济联系和经济合作的推动力,这是其一。其二,中国东北地区和俄罗斯远东地区核心城市群发展及与此相关的城市群空间经济联系的不断增强,促使两地区经济资源的过境需求日益扩大,跨边界的要素流动加快,促进了双方城市群与边境地区的协同发展,推进了跨境区域经济合作。因此,中国东北地区和俄罗斯远东地区的边界正由经济"隔离线"转变成为经济"接触带"。而且随着两地区经济联系、经济合作和经济互补性的增强,以及核心城市群发展和城市群空间经济联系的强化,边界"中介效应"得以进一步显现。因此,边界"中介效应"在助推中俄两地区跨边界的要素流动和跨境区域经济合作发展的同时,必然影响并促进两地区间交通基础设施尤其是交通运输网络的形成与发展。而交通运输网络是区域经济空间结构形成的基础,与城市群空间经济联系的强度具有密切的相关性。

中国东北地区与俄罗斯远东地区城市群空间经济联系,道路联通和交通运输网络的形成是基础。目前,中俄两地区铁路、公路、海运、航空联运的大通道正逐步形成。尤其是贯通海路、升级陆路的陆海联运工程"滨海1号"(符拉迪沃斯托克—波格拉尼奇内—绥芬河)和"滨海2号"(扎鲁比诺港—波斯耶特港—珲春)国际交通走廊建设正在加快推进。而且,中俄双方达成共识,建立"中俄联合国际交通走廊建设管理公司"。20%的国际交通走廊项目建设资金由俄方承担,其余80%由中方和银行承担,投资回收期限为10年。[①]

中国东北地区与俄罗斯远东地区主要城市或城市群空间经济

---

① 《俄罗斯远东发展部向中方提供"滨海1号"、"滨海2号"国际交通走廊建设方案》,中国国际贸易促进委员会网,http://www.ccpit.org/Contents/Channel_4117/2016/0429/638330/content_638330.htm。

联系的强弱,一般来说都与地理区位优势和交通运输网络条件,以及双方的经济发展水平密切相关。截至目前,黑龙江省及省内哈尔滨、牡丹江、佳木斯、大庆等9个城市已分别与俄罗斯滨海边疆区、阿穆尔州、哈巴罗夫斯克边疆区、斯维尔德洛夫斯克州等12个区、州、市结成了友好省区(州)、市。吉林省与俄罗斯滨海边疆区、长春市与克拉斯诺亚尔斯克市、延边州与符拉迪沃斯托克市、珲春市与乌苏里斯克市等,缔结了友好省区(州)、市关系。辽宁省与俄罗斯伊尔库茨克州、大连市与符拉迪沃斯托克市、丹东市与阿斯特拉罕市等,也缔结了友好省(州)、市关系。辽宁省编制了2009—2015年辽宁与伊尔库茨克州合作规划。2010年4月,辽宁省政府举行了由400余人参加的伊尔库茨克州与辽宁省合作项目推介会,并签署了辽宁省政府与伊尔库茨克州政府友好合作备忘录。以上述中心城市或城市群为中心,中俄两地区全方位的经贸合作得以顺利开展。表1的分析说明了中俄两地区交通运输网络发展与城市群空间经济联系的相关性:

表1 中俄两地区交通运输网络发展与城市群经济联系相关性的SWOT分析

有利因素	构筑两地区经贸大通道,发挥经济合作区区位优势
	拓宽两地区对外出海视野
	推动两地区内部经济发展
	交通运输基础设施的发展为劳动力引入远东提供保障,加强人力资源互动
不利因素	不可再生资源日趋减少
	大规模交通运输网络的形成不利于环保
	两地区增强联系的同时内贸相对减少
机会	建立有效稳定发展的经济共同体
	独特的地缘优势促使两地区互动发展、优势互补

续表

	提升两地区在东北亚的地位
威胁	可能出现地缘政治问题并尖锐化

六、中俄两地区若干城市群空间经济联系的强度分析

(一) 空间经济联系模型构建

为定量测度中国东北地区与俄罗斯远东地区之间的空间经济联系,本文借鉴秦尊文[①]和邓春玉[②]关于测度一国城市间经济联系的引力模型,并将其扩展至国际范围,构建如下模型:

$$R_{ij} = (\sqrt{P_i V_i} \times \sqrt{P_j V_j})/(D_{ij})^2$$

$$F_{ij} = R_{ij} \bigg/ \sum_{j=1}^{n} R_{ij}$$

其中,R_{ij} 表示地区 i 与地区 j 之间的经济联系量,i 表示中国东北地区某一省份,j 表示俄罗斯远东地区某一行政区;P_i 和 P_j 分别为省份 i 和行政区 j 的人口总数;V_i 和 V_j 分别表示省份 i 和行政区 j 的 GDP 总量;D_{ij} 表示省份 i 和行政区 j 之间的空间距离。F_{ij} 衡量了省份 i 和行政区 j 间的经济联系隶属度,F_{ij} 的值越大,表明省份 i 和行政区 j 间的经济联系越强。通常而言,根据 F_{ij} 值的大小,可将

---

① 秦尊文:《武汉城市圈各城市间经济联系测度及其核心圈建设》,《系统工程》2005 年第 12 期,第 91—94 页。
② 邓春玉:《珠三角与环珠三角城市群空间经济联系优化研究》,《城市问题》2009 年第 7 期,第 19—27 页。

省份 i 和行政区 j 之间经济联系强度划分为五个等级类型：强联系型（$F_{ij} > 0.5000$）、较强联系型（$0.1000 \leqslant F_{ij} \leqslant 0.5000$）、一般联系型（$0.0100 \leqslant F_{ij} \leqslant 0.1000$）、较弱联系型（$0.0010 \leqslant F_{ij} < 0.0010$）和弱联系型（$F_{ij} < 0.0010$）。

（二）样本选取、数据来源与处理

本文选择中国东北地区与俄罗斯远东地区下辖的省份或行政区为样本。一般而言，中国东北地区包括辽宁、吉林、黑龙江三个省以及内蒙古自治区的呼伦贝尔市、通辽市、赤峰市、兴安盟和锡林郭勒盟。俄罗斯远东地区则选择其涵盖的九个行政区，包括萨哈共和国、勘察加边区、滨海边疆区、哈巴罗夫斯克边疆区、阿穆尔州、马加丹、萨哈林地区、犹太自治州和楚科奇自治州。受数据可得性限制，本文仅考察辽宁、吉林和黑龙江三个省与俄罗斯远东地区各行政区之间的经济联系。

文章选取 2008—2012 年的年度数据进行分析。其中，黑龙江、吉林、辽宁三省人口数量和 GDP 数据来源于 2013 年《中国统计年鉴》；俄罗斯远东 9 个行政区的人口数量和 GDP 数据来源于 2009—2013 年《俄罗斯统计年鉴》。黑龙江、吉林、辽宁分别与俄罗斯远东 9 个行政区间的距离，采用黑、吉、辽三省省会与俄上述各行政区首府之间的直线距离计算，并采用 WinGlobe V2.1 软件进行测度。

中国东北三省 GDP 采用人民币计价，而俄罗斯远东地区各行政区 GDP 采用卢布计价，为统一量纲，本文采用卢布兑人民币汇率将中国东北各省 GDP 总量转换为以卢布计价，其中卢布兑人民币汇率,采用人民币兑美元汇率和卢布兑美元汇率进行折算;人民币和卢布兑美元汇率数据均来源于 IMF 的 IFS 数据库。因俄罗斯远东 9 个行政区 2011 年 GDP 数据缺失,故本文仅分析 2008—2010 年和 2012 年中国东北三省与俄罗斯远东各行政区间的空间经济联系强度。

(三) 空间经济联系计算结果与分析

表 2、3、4 是黑龙江、吉林、辽宁分别与俄罗斯远东各行政区之间的经济联系程度。从表中可以看出,总体而言,2008 年以来,黑龙江、吉林和辽宁三省分别与俄罗斯远东各行政区间的经济联系量均不断上升,表明中国东北三省与俄罗斯远东地区的空间经济联系不断增强。分境外地区来看,俄罗斯滨海边疆区是与中国东北各省空间经济联系量最高的行政区,楚科奇自治州与黑龙江、吉林和辽宁的空间经济联系量均最低;阿穆尔州与黑龙江和吉林的经济联系量仅次于滨海边疆区;哈巴罗夫斯克边疆区与辽宁省经济联系量在俄罗斯远东九个行政区中位列第二,与黑龙江和吉林两省的经济联系量在俄罗斯远东九个行政区中均位列第三;阿穆尔州与辽宁省的经济联系量仅略低于哈巴罗夫斯克边疆区,位列第三;萨哈林地区、萨哈共和国、犹太自治州、勘察加边区和马加丹与中国东北各省的经济联系量在俄罗斯远东九个行政区中均分别位列第四至八位。

从东北三省的角度来看,比较表 2、3、4 可知,黑龙江省与萨哈共和国、滨海边疆区、哈巴罗夫斯克边疆区、阿穆尔州、马加丹、萨哈林地区、犹太自治州的经济联系量在东北三省各自与俄罗斯远东上述七个行政区的经济联系量中是最高的,吉林省则是最低的;辽宁省与勘察加边区、楚科奇自治州的经济联系量在东北三省中是最高的,吉林省亦是最低的。总体而言,在中国东北三省中,吉林省与俄罗斯远东地区的经济联系量最低,黑龙江省相对较高。

表2 黑龙江省与俄罗斯远东各行政区经济联系量与经济联系隶属度

	2008年		2009年		2010年		2012年		经济联系强度类型
	R	F	R	F	R	F	R	F	
萨哈共和国	1.6156	0.0276	1.9262	0.0267	2.2645	0.0264	3.0394	0.0272	一般联系型
勘察加边区	0.2234	0.0038	0.2845	0.0039	0.3093	0.0036	0.3898	0.0035	较弱联系型
滨海边疆区	30.8146	0.5270	38.4808	0.5338	46.3080	0.5403	60.1661	0.5381	强联系型
哈巴罗夫斯克边疆区	8.8586	0.1515	10.4008	0.1443	12.3997	0.1447	15.8947	0.1422	较强联系型
阿穆尔州	13.5050	0.2310	16.7381	0.2322	19.3337	0.2256	25.7118	0.2300	较强联系型
马加丹	0.1372	0.0023	0.1686	0.0023	0.1983	0.0023	0.2661	0.0024	较弱联系型
萨哈林地区	2.3325	0.0399	2.9219	0.0405	3.4898	0.0407	4.5891	0.0410	一般联系型
犹太自治州	0.9604	0.0164	1.1433	0.0159	1.3662	0.0159	1.7191	0.0154	一般联系型
楚科奇自治州	0.0208	0.0004	0.0290	0.0004	0.0306	0.0004	0.0382	0.0003	弱联系型

注:经济联系量(R)的单位为亿卢布·万人/平方千米,F为经济隶属度。下同。

就经济隶属度而言,黑龙江、吉林、辽宁三省与滨海边疆区的经济隶属度在其各自与俄罗斯远东九个行政区的经济隶属度排名中均位列第一,该三省与滨海边疆区的空间经济隶属度均属于强联系型;但比较东北三省分别与滨海边疆区的经济隶属度值发现,吉林省与该行政区的空间隶属度最高,黑龙江省则最低。中国东北各省与哈巴罗夫斯克边疆区和阿穆尔州的经济隶属度都属于较强联系型,且黑龙江与俄罗斯远东上述两个行政区的经济隶属度值均最高;辽宁省与哈巴罗夫斯克边疆区的经济隶属度值高于吉林,但其与阿穆尔州的经济隶属度值则低于吉林。中国东北各省分别与萨哈共和国、萨哈林地区、犹太自治州的经济隶属度均属于一般联系型,且辽宁与萨哈共和国以及萨哈林地区的经济隶属度均高于黑龙江和吉林,黑龙江上述两个行政区的经济隶属度在东北三省中是最低的,但黑龙江与犹太自治州的经济隶属度在东北三省中最高,吉林与该行政区的经济隶属度则最低。黑龙江、吉林和辽宁与勘察加边区以及马加丹的经济隶属度均属于较弱联系型,且辽宁省与上述两个行政区的经济隶属度值都是最高的,其次为吉林,黑龙江省与两个行政区的经济隶属度值均为最低。就楚科奇自治州而言,东北三省与其经济隶属度都属于弱联系型,但相比之下辽宁省与其经济联系较强,黑龙江与楚科奇自治州的经济联系则最弱。

表3 吉林省与俄罗斯远东各行政区经济联系量与经济联系隶属度

	2008年		2009年		2010年		2012年		经济联系强度类型
	R	F	R	F	R	F	R	F	
萨哈共和国	0.9299	0.0284	1.1621	0.0274	1.3572	0.0271	1.8616	0.0279	一般联系型
勘察加边区	0.1474	0.0045	0.1967	0.0046	0.2124	0.0042	0.2736	0.0041	较弱联系型
滨海边疆区	20.1251	0.6153	26.3426	0.6222	31.4912	0.6279	41.8142	0.6262	强联系型
哈巴罗夫斯克边疆区	4.4679	0.1366	5.4984	0.1299	6.5118	0.1298	8.5306	0.1277	较强联系型
阿穆尔州	5.0015	0.1529	6.4975	0.1535	7.4555	0.1486	10.1328	0.1517	较强联系型

续表

									经济联系强度类型
马加丹	0.0867	0.0026	0.1116	0.0026	0.1304	0.0026	0.1789	0.0027	较弱联系型
萨哈林地区	1.4492	0.0443	1.9029	0.0449	2.2577	0.0450	3.0341	0.0454	一般联系型
犹太自治州	0.4844	0.0148	0.6044	0.0143	0.7175	0.0143	0.9227	0.0138	一般联系型
楚科奇自治州	0.0144	0.0004	0.0210	0.0005	0.0220	0.0004	0.0280	0.0004	弱联系型

表4 辽宁省与俄罗斯远东各行政区经济联系量与经济联系隶属度

	2008年		2009年		2010年		2012年		经济联系强度类型
	R	F	R	F	R	F	R	F	
萨哈共和国	1.3583	0.0382	1.6859	0.0369	1.9926	0.0363	2.7044	0.0374	一般联系型
勘察加边区	0.2298	0.0065	0.3047	0.0067	0.3330	0.0061	0.4244	0.0059	较弱联系型
滨海边疆区	21.5629	0.6059	28.0333	0.6131	33.9156	0.6185	44.5596	0.6170	强联系型
哈巴罗夫斯克边疆区	5.1913	0.1459	6.3454	0.1388	7.6054	0.1387	9.8584	0.1365	较强联系型
阿穆尔州	4.5979	0.1292	5.9326	0.1298	6.8892	0.1256	9.2648	0.1283	较强联系型
马加丹	0.1290	0.0036	0.1650	0.0036	0.1951	0.0036	0.2648	0.0037	较弱联系型
萨哈林地区	1.9349	0.0544	2.5235	0.0552	3.0301	0.0553	4.0292	0.0558	一般联系型
犹太自治州	0.5628	0.0158	0.6975	0.0153	0.8380	0.0153	1.0663	0.0148	一般联系型
楚科奇自治州	0.0232	0.0007	0.0337	0.0007	0.0357	0.0007	0.0450	0.0006	弱联系型

七、简要结论

综合本文以上所述,可以得出如下三点结论:

第一,中国东北地区与俄罗斯远东地区相邻,优越的地理位置构成了两地区各城市群空间经济联系和经济合作的基础性条件,形成了独特的地缘优势;自然资源和人力资源的互补性为两地区各城市群空间经济联系创造了必要条件;而日趋完善的交通运输网络则为两地区空间经济联系与经济合作提供了有力保障。本文对中国东北地区与俄罗斯远东地区城市群空间经济联系问题的研究,正是基于对上述三个关键性因素的深入分析与考量。

第二,中国东北地区与俄罗斯远东地区主要城市或城市群空间经济联系及其强度,与地理区位优势和交通运输网络发展程度的关联度最大。本文分析了中俄两地区交通运输网络发展与城市群空间经济联系的相关性,并利用SWOT分析法对这种相关性作了进一步说明。

第三,本文通过引力模型的进一步分析表明,在具有一定地理区位优势和经济发展水平接近的条件下,交通运输网络的发达与否对中俄两地区主要城市或城市群空间经济联系程度特别是强度的影响是截然不同的。中国东北三省与俄罗斯滨海边疆区的交通运输网络相较其他地区更加完善,因而两者对应的空间隶属度为强联系型;中国东北三省与俄阿穆尔州及哈巴罗夫斯克边疆区的交通运输网络较为完善,因而两者对应的空间隶属度为较强联系型;中国东北三省与俄萨哈林地区、犹太自治州及萨哈共和国的交通运输网络完善程度一般,两者相对应的空间隶属度也为一般联系型;中国东北三省与俄马加丹及勘察加边区的交通运输网络不发达,两地区相对应的空间隶属度就为较弱联系型;中国东北三省与俄楚科奇自治州的交通运输网络最不发达,因而两者的空间隶属度为弱联系型,经济联系量也最少。

本文以上对中国东北三省与俄罗斯远东这两个地区主要城市或城市群的地理区位优势、经济发展水平特别是交通运输网络发展完善程度的综合分析和考量,为两地区根据主要城市或城市群空间经济联系的强度,按由强到弱的顺序来选择和确定两地区主要城市间或城市群之间的经济联系和经济合作,提供了充分的依据。

(原载《东北亚论坛》2017年第3期,内容有增加)

中俄东部地区城市经济联系测度及促进策略

郭连成　刘彦君　陈菁泉

一、中国东北地区与俄罗斯远东地区经济联系的发展

中国东北地区和俄罗斯远东地区①作为地理上相邻的两个地区,其经济联系程度日益加深。经过多年的发展,中国与俄罗斯的大部分经济联系活动都集中于中国东北地区与俄罗斯远东地区。目前,中国东北地区早已发展成为俄罗斯远东地区的重要经贸合作伙伴,两国相邻地区的经济合作几乎涵盖了贸易、科技、能源、农业、林业、旅游业、金融业和劳务输出等所有领域和行业。

---

① 本文所指的中国东北地区与俄罗斯远东地区的城市为:哈尔滨、长春、沈阳、大连、齐齐哈尔、大庆、佳木斯、牡丹江、黑河、鸡西、吉林、辽源、通化、松原、白城、延边、鞍山、抚顺、本溪、丹东、锦州、营口、符拉迪沃斯托克、哈巴罗夫斯克、阿尔乔姆、纳霍德卡、乌苏里斯克、阿穆尔河畔共青城、比罗比詹、布拉戈维申斯克、马加丹、南萨哈林斯克、雅库茨克、阿纳德尔、勘察加彼得罗巴甫洛夫斯克,共35个主要的中心城市。本文的数据来源于《黑龙江省统计年鉴》、《吉林省统计年鉴》、《辽宁省统计年鉴》、《俄罗斯联邦统计年鉴》等,以及中国国家统计局网站、东北各省统计局网站和俄罗斯联邦统计局网站。

(一)贸易是加强中俄经济联系的主要方式

一直以来,俄罗斯在东北地区的对外贸易中占有重要地位。东北地区对俄贸易规模不断扩大,成为全国对俄贸易的主力军。2000—2008年,东北地区对俄贸易规模呈现快速增长的趋势,年均增长30%以上,2007年和2008年的对俄贸易规模达到历史高位。国际金融危机使得东北地区对俄贸易出现大幅下降,但到2010年就止跌回升。值得一提的是,黑龙江一直在中俄贸易中占有重要地位,俄罗斯也一直是黑龙江的第一大贸易伙伴。黑龙江毗邻俄罗斯东部地区,具有对俄经贸合作的整体优势,其中,哈尔滨是中国东北北部地区最大的对俄集装箱和铁路货运集散地,加之黑龙江省政府一直把对俄经贸合作作为对外开放的重点工作加以推进。2014年黑龙江全年总贸易额为389亿美元,其中,对俄贸易占比达到60%。

(二)投资是促进中俄经济联系的关键因素

俄罗斯远东地区资金短缺,经济较为落后,中国东北地区与俄罗斯东部地区的投资合作主要表现为中国对俄罗斯远东地区的投资。荷兰、日本对俄罗斯远东和外贝加尔地区的投资占比一直居于重要地位,而中国对该地区的投资额总体还处于相对低的水平。在2011年之前,中国对俄罗斯远东地区的投资占比徘徊在1%左右,其中,2006年之前的年投资额在2000万美元以下,2006年之后,对俄罗斯远东地区的投资呈现上升态势,但年投资额最高没有超过1亿美元;2012年以后,伴随着欧美国家对俄罗斯的制裁和俄罗斯"向东看"战略的不断强化,中国成为俄罗斯远东地区重要的外资来源投资国,仅在2015—2016年的一年多时间,中国对俄罗斯远东地区投资占到该地区吸引外资总额的15%(约28亿美元)。目前,中国对俄罗斯远东地区的投资由贸易、餐饮转向森林采伐加工、矿物开采及机械制造业,近年来加强了在俄罗斯远东地区的基础设施及其他重大投资项目的合作。中国东北的四省区凭借与俄罗斯远东地区的地缘经济优势,成为俄罗斯远东地区最重要的投资参与者。

(三)俄罗斯重视与中国的高新技术园区合作

自1998年中俄烟台高新技术产业化合作示范基地创立以来,中俄双方先后建立了浙江巨化中俄科技园和莫斯科中俄友谊科技园,特别是一批中俄科技园区在中国东北的哈尔滨、牡丹江、长春、沈阳和大连等城市得到显著的发展。中俄两国通过引进、孵化、产业化等方式开展科技创新合作,取得了一系列成果。如辽宁中俄科技园采用"合作项目—联合研发中心、科技发展中心及合资经营企业—产业园区"圈层结构创新模式,不断引进高端人才和技术,加快区内高新技术产业发展,拓展俄罗斯高新技术产品市场。长春中俄科技合作园采取"政府推动+市场运作+中俄双方高新技术支持"的运营模式,不断推进成果产业化和市场化的循环发展。"双园制"是中俄科技园建设的显著特点,即根据协议提供相应的孵化场所和相应的政策支持,这种在两地区分别建园的方式对两国科技合作发挥了巨大作用。

（四）中俄金融务实合作取得了实质性进展

中俄金融合作的成果与中俄银行（或金融）合作分委会和中俄金融合作论坛机制紧密相关，而国家间的金融合作推进了地区层面的务实合作深入开展。一方面，两地区互设分支机构开展业务活动。早期，中国东北地区商业银行主要与俄罗斯银行建立代理行关系；2012年起，中国银行开始拓展在俄罗斯远东地区的业务，相继成立中行哈巴罗夫斯克分行和滨海分行，两分行将对在俄罗斯远东地区为中资企业、机构、人员及俄当地居民提供便利的金融服务。同时，俄罗斯的银行也在中国积极设置分支机构，2008年2月，俄罗斯的第二大银行外贸银行在上海建立了首家分行。另一方面，积极推动本币结算。2002年，中俄签订了《关于边境地区银行间贸易结算协议》；2007年，人民币和卢布本币结算从黑河与阿穆尔州扩展至中俄全线边境区域，且从商贸领域拓展至旅游及相关的服务领域。此外，两地区信贷融资不断扩大。中国国家开发银行和中国进出口银行以及几大商业银行是合作的主力军。为了推进中俄各个领域合作，截至2015年年底，中国国家开发银行已为俄罗斯提供超过620亿美元的贷款。其中，2013年中国国家开发银行提供20亿美元的资金用于俄罗斯能源集团和神华集团在俄罗斯远东地区建立开发煤炭的相关基础设施；同年与俄罗斯远东发展部签订了合作协议，为2018年前俄罗斯远东地区与中国东北地区的合作项目提供50亿美元的融资支持。

二、国内外研究现状评述与城市经济联系测度

(一) 国内外研究现状评述

区域经济联系的准确判断和度量是制定跨国区域经济合作发展战略的重要依据,而城市又是跨国区域内社会经济活动的重要载体,因而有必要对中俄跨国区域内城市经济联系进行深入研究。早在1929年,赖利(Reilly)[1]就利用引力模型进行实证研究,其后国外学者如科恩(Cohen)[2]、弗里德曼(Friedmann)[3]、梅耶(Meyer)[4]则侧重于经济联系等级规模结构的研究;舍恩哈廷(Schönharting)[5]、海塞和罗德里格(Hesse and Rodrigue)[6]、詹科夫和弗罗因德(Djankov and Freund)[7],

---

[1] Reilly, W. J., *Methods for the Study of Retail Relationships*, Bulletin: University of Texas, 1929.9.

[2] Cohen R., The International Division of Labor, Multinational Corporation and Urban Hierarchy, in Dear, Scott, *Urbanization and Urban Planning in Capitalist Society*, 1981:287-315.

[3] Friedmann J., World Cities Hypothesis. *Growth and Change*, 1986, 17:69-83.

[4] Meyer D., World System of Cities: Relation between International Financial Metropolises and South American Cities, *Social Force*, 1986, 64:553-581.

[5] Schönharting, J., Schmidt, A., Frank, A., Bremer, S., Towards the Multimodal Transport of People and Freight: Interconnective Networks in the RheinRuhr Metropolis, *Journal of Transport Geography*, 2003, 11(3):193-203.

[6] Hesse, M., Rodrigue, J. P., The Transport Geography of Logistics and Freight Distribution, *Journal of Transport Geography*, 2004, 12(3):171-184.

[7] Djankov, S., Freund, C., Trade Flows in the Former Soviet Union, 1987 to 1996, *Journal of Comparative Economics*, 2002, 30, (1):76-90.

松本(Matsumoto)①则侧重于城市经济联系视角的研究。国内学者如王欣等②、顾朝林和庞海峰③、姜博等④、李红锦和李胜会⑤借鉴国外的相关理论展开城市经济联系的实证研究。国内对中俄区域经济联系及经济合作的研究已积累起一定成果,大部分属于定性研究。如陆南泉系统总结了中俄加强经贸合作重大意义和现实可能,分析了合作的条件、领域、地区及方式⑥;郭连成勾勒出中俄区域经济合作的演化路径,提出东西两翼的合作构想⑦;郭力提出按照伞型模式推进区域经济合作⑧;曲伟研究了中俄区域合作应增加空中航线航班、提高铁路运输能力、扩大互市自由贸易、发展住宅建筑、加强农业资源产业、改善经济合作发展环境等方面实现六个重大互动⑨;张楠对深化中俄区域经济合作机理做了分析,提出后危机时期中俄需要在贸易、投资、科技等重点领域加强合作⑩。只

---

① Matsumoto, H., International Urban Systems and Air Passenger and Cargo Flows: Some Calculations, *Journal of Air Transport Management*, 2004, 10 (4): 239-247.
② 王欣、吴殿廷、王红强:《城市间经济联系的定量计算》,《城市发展研究》2006年第3期,第56—58页。
③ 顾朝林、庞海峰:《基于重力模型的中国城市体系空间联系与层域划分》,《地理研究》2008年第1期,第3—8页。
④ 姜博、修春亮、赵映慧:《"十五"时期环渤海城市群经济联系分析》,《地理科学》2009年第3期,第347—351页。
⑤ 李红锦、李胜会:《基于引力模型的城市群经济空间联系研究——珠三角城市群的实证研究》,《华南理工大学学报(社会科学版)》2011年第1期,第19—24页。
⑥ 陆南泉:《中俄经贸关系现状与前景》,中国社会科学出版社2011年版。
⑦ 郭连成:《新世纪新思考——对中俄经贸合作问题的再审视》,《东欧中亚市场研究》2001年第6期。
⑧ 郭力:《中俄区域合作的"伞"型模式》,《俄罗斯中亚东欧研究》2007年第3期。
⑨ 曲伟:《中俄区域合作应实现"六个重大互动"》,《西伯利亚研究》2008年第1期,第7页。
⑩ 张楠:《后金融危机时期深化中俄区域经济合作的机理分析》,《俄罗斯中亚东欧研究》2010年第6期,第47—53页。

有极少数学者从定性和定量相结合的视角展开研究,如米军等通过构筑中俄经济融合评价模型分析中俄经济合作一体化程度,认为中俄需要进一步深化经济融合水平,重点从完善战略经济合作机制、构建跨境经济合作区、采取主辅式复合型产业合作、推进本币国际化战略等方面开展多维、高层次战略合作[1];张英基于引力模型分析中俄双边贸易流量与潜力,提出深化区域合作机制,尤其是完善贸易制度安排,加强各领域的务实性合作[2]。可见,对区域间经济联系的定量分析国内外已有比较成熟的方法,成果颇多,但也存在诸多不足。由于研究视野有限,对区域间联系的研究较多,而对区域内部的联系研究较少;对发育相对成熟的区域研究较多,但对发育欠成熟的区域研究较少等问题,尤其是对跨国空间经济联系的研究明显不足。

(二) 实证分析

本文结合中国东北地区与俄罗斯远东地区双边经济合作的实践,分析其特殊性,建立适合中国东北与俄罗斯远东跨国次区域内城市经济联系测算模型。本文以中俄东部区域 35 个中心城市为分析对象,分析中俄地区城市经济联系及其空间格局。为了说明两地城市经济联系的发展趋势,本研究选取 2006 年、2009 年、2012 年的数据,利用引力模型,反映中俄东部地区城市经济结构的变化

---

[1] 米军、刘彦君、黄轩雯等:《中俄经济融合水平测度及促进策略》,《经济社会体制比较》2014 年第 2 期,第 145—155 页。
[2] 张英:《基于引力模型的中俄双边贸易流量与潜力研究》,《国际经贸探索》2012 年第 6 期,第 25—33 页。

特征。引力模型的基本公式为：$F_{ij} = k\dfrac{M_i M_j}{d_{ij}^2}$。其中，$F_{ij}$ 代表两个城市间的空间经济吸引力，M_i 和 M_j 分别表示城市 i 和城市 j 的"质量"，D_{ij} 表示两个城市之间的距离，k 为经济引力系数，为简化研究，一般情况下取 $k=1$。在多数研究中，评价城市质量采用单一指标，如 GDP 或人口总量等，本文选择 GDP、固定资产投资额、人均 GDP、客运总量、教育经费投入、外贸总额、外贸依存度、人口总量和市区面积等多指标来评价城市质量。这些指标初步反映了一个城市的经济综合实力、对外开放程度及城市规模影响力。由于国外文献大多采用绝对距离而不是相对距离，而且国内有学者对绝对距离和相对距离有效性检验结果表明前者回归系数的显著性较高。因此，本文采用绝对距离，也就是地理空间上的距离代入模型进行分析。鉴于构建的城市质量指标体系比较复杂，本文采取主成分分析法对相关指标和数据进行处理。由于篇幅有限，历年实证分析过程不一一赘述，下文仅选取 2006 年的数据进行论述说明，其他年份数据按照相同方法处理。

1. 利用主成分分析法评估两地城市质量

一般的步骤是利用 SPSS 20.0 软件对两地的原始数据进行标准化处理，然后计算其 R 阵、R 阵的特征值和特征向量及主成分贡献率，从而确定主成分个数，计算得到各主成分综合评价值。

(1) 数据标准化处理

先对原始数据进行标准化处理，以消除量纲和数量级对处理数据的影响。在此基础上利用 SPSS 分析软件的因子分析功能对数据进行标准化处理，得到特征值及方差贡献率矩阵（见表 1）。这里我们主要采用相关性矩阵对 9 个指标进行分析发现，大部分指标间相关系数都比较大,这表明各个指标间的相关性比较显著。而且,KMO 测度和 Bartlett 球形分析得出,KMO 的值为 0.705,渐进卡方值为 312.612,自由度为 36,检验结果表明,在相关系数矩阵是一个单位矩阵的原假设下,观测的显著性水平为 0.000,故拒绝原假设,说明这些变量各自不完全独立,它们之间存在简单线性相关关系,适合做因子分析。对 9 个子因子采用主成分分析法,提取公共因子,以最大方差法对公共因子进行正交旋转,简化因子结构体系。通过正交旋转后,得到方差贡献率矩阵、因子载荷矩阵(见表 2)。

表 1 俄罗斯远东地区与中国东北地区城市质量指标标准化处理结果(2006 年)

	城 市	GDP	固定资产投资额	人均GDP	客运总量	教育经费投入	外贸总额	外贸依存度	人口总量	市区面积
俄罗斯	符拉迪沃斯托克	-0.48	-0.32	0.06	-0.13	-0.39	-0.16	0.35	-0.70	-0.82
	阿尔乔姆	-0.70	-0.60	0.04	-0.33	-0.89	-0.32	-0.25	-0.91	-0.83
	纳霍德卡	-0.68	-0.60	-0.05	-0.25	-0.82	-0.31	0.07	-0.89	-0.83
	乌苏里斯克	-0.67	-0.60	0.06	-0.32	-0.85	-0.29	0.34	-0.88	-0.65
	哈巴罗夫斯克	-0.41	-0.31	0.47	0.05	-0.34	-0.07	0.64	-0.72	-0.83
	共青城	-0.60	-0.54	0.42	-0.16	-0.49	-0.26	0.09	-0.85	-0.84
	布拉戈维申斯克	-0.65	-0.59	0.11	-0.23	-0.80	-0.23	1.28	-0.87	-0.84
	马加丹	-0.68	-0.60	0.91	-0.28	-0.70	-0.31	-0.05	-0.91	-0.78
	南萨哈林	-0.51	-0.46	2.95	-0.32	-0.61	-0.20	0.22	-0.89	-0.80
	雅库茨克	-0.51	-0.50	1.69	-0.09	-0.44	-0.33	-0.76	-0.86	-0.85
	阿纳德尔	-0.74	-0.60	3.07	-0.34	-0.97	-0.33	-0.16	-0.95	-0.85
	比罗比詹	-0.72	-0.59	-0.06	-0.33	-0.91	-0.31	0.97	-0.93	-0.85
	堪察加彼得罗巴甫洛夫斯克	-0.63	-0.57	0.63	-0.22	-0.44	-0.27	0.21	-0.88	-0.83

续表

中国	哈尔滨	2.22	1.26	-0.42	5.61	3.44	0.11	-0.59	3.16	2.21
	齐齐哈尔	-0.07	-0.34	-0.97	0.15	1.12	-0.31	-0.81	1.41	1.59
	大　庆	1.54	0.36	1.25	0.54	0.88	-0.26	-0.81	0.17	0.37
	佳木斯	-0.36	-0.48	-0.86	0.42	-0.01	-0.14	0.09	0.08	1.02
	牡丹江	-0.26	-0.38	-0.78	0.26	-0.03	0.80	3.60	0.17	1.39
	黑　河	-0.56	-0.53	-1.00	-0.29	-0.19	-0.05	2.05	-0.23	3.01
	鸡　西	-0.42	-0.49	-0.81	-0.08	-0.12	-0.31	-0.68	-0.16	0.44
	长　春	1.72	1.51	-0.33	-0.02	1.20	0.62	-0.13	2.15	0.34
	吉　林	0.28	0.84	-0.61	-0.12	0.52	-0.20	-0.63	0.85	0.71
	辽　源	-0.51	-0.32	-0.74	-0.23	-0.59	-0.34	-0.84	-0.44	-0.56
	通　化	-0.35	-0.19	-0.80	-0.18	-0.35	-0.28	-0.57	-0.01	0.02
	松　原	-0.08	-0.17	-0.61	-0.20	-0.17	-0.31	-0.79	0.21	0.36
	白　城	-0.49	-0.38	-0.94	-0.30	-0.33	-0.33	-0.82	-0.11	0.63
	延　边	-0.41	-0.22	-0.86	-0.13	-0.20	-0.14	0.26	-0.04	1.67
	沈　阳	2.82	3.82	0.20	-0.26	2.77	0.63	-0.36	2.00	-0.78
	大　连	2.89	3.03	0.60	-0.28	1.83	5.52	2.22	1.44	-0.13
	鞍　山	0.84	0.33	0.04	-0.32	0.10	-0.22	-0.73	0.51	-0.32
	抚　顺	-0.11	-0.11	-0.47	-0.33	-0.21	-0.31	-0.80	-0.02	-0.20
	本　溪	-0.19	-0.24	-0.24	-0.29	-0.15	-0.27	-0.63	-0.30	-0.37
	丹　东	-0.25	-0.21	-0.71	-0.33	-0.10	-0.28	-0.65	0.06	0.03
	锦　州	-0.14	-0.31	-0.74	-0.32	-0.35	-0.29	-0.73	0.34	-0.28
	营　口	-0.48	-0.32	0.06	-0.13	-0.39	-0.16	0.35	-0.70	-0.82

表 2 方差贡献率矩阵

成分	初始特征值			提取平方和载入			旋转平方和载入		
	合计	方差的 %	累计 %	合计	方差的 %	累计 %	合计	方差的 %	累计 %
1	4.412	49.025	49.025	4.412	49.025	49.025	3.795	42.169	42.169
2	1.769	19.652	68.677	1.769	19.652	68.677	1.642	18.250	60.419
3	1.353	15.037	83.715	1.353	15.037	83.715	1.524	16.932	77.351
4	0.836	9.294	93.009	0.836	9.294	93.009	1.409	15.658	93.009
5	0.304	3.378	96.387						
6	0.202	2.248	98.635						
7	0.058	0.646	99.281						
8	0.039	0.435	99.716						
9	0.026	0.284	100.00						

从表 2 可以看出,解释累计方差比例 90% 以上的因子有 4 个,初始特征值累计方差贡献比例为 93.009%,旋转后提取因子的载荷平方和累计方差贡献率也达到了 93.009%,这意味着所有指标 93.009% 的信息被浓缩在这四个子因子当中。为此,将我国东北地区与俄远东地区城市经济联系测算指标浓缩为 4 个公共因子,将提取的 4 个公共因子分别命名为 F1、F2、F3、F4。因子载荷矩阵如表 2 所示。在因子旋转基础上,根据 SPSS 20.0 软件得到各评价指标的主成分分析结果,从而得到我国东北地区与俄远东地区城市质量评价因子得分系数(如表 3 所示)。

表 3 因子载荷矩阵

成分	F1	F2	F3	F4
Z(X1)	0.961	0.205	−0.023	0.037
Z(X2)	0.977	−0.014	−0.020	0.066

续表

Z(X3)	-0.040	0.029	-0.958	0.070
Z(X4)	0.244	0.919	0.028	-0.082
Z(X5)	0.854	0.473	0.137	-0.031
Z(X6)	0.678	-0.148	-0.067	0.629
Z(X7)	-0.054	0.011	0.030	0.969
Z(X8)	0.811	0.417	0.339	-0.095
Z(X9)	0.078	0.579	0.683	0.221

（2）构建计算城市质量模型

以4个公共因子作为变量，以每个公共因子的解释方差贡献率为权数，得出计算城市质量得分模型如下：F = 0.42169×F1+0.1825×F2 +0.16932×F3+0.15658×F4。上式中，F 为城市质量总分，F1、F2、F3、F4 为公共因子得分。通过以上城市质量得分模型，利用 SPSS 软件进行分析，可以得出 2006 年我国东北地区与俄远东地区 35 个城市质量的综合得分与排序，如表3。综合得分是反映城市之间综合实力的相对值，故可能出现城市得分为负的情况。为此，本文采用加拿大数据挖掘专家 Micheline Kamber 的最小-最大规范化方法，将上表中数据进行转化，使全部城市质量得分为正值。转化计算公式如下：

$$V' = \frac{V - \min_A}{\max_A - \min_A}(N\max_A - N\min_A) + N\min_A$$

其中，V' 为新数据，V 为原数据，$\max_A$ 和 $\min_A$ 为原数据列的最大和最小值，$N\max_A$ 和 $N\min_A$ 为新数据列的最大和最小值。选取合适的映射区间，将确保新数据列全部为正值。为了维持原数据列的大小次序特征，这里选取与原数据列区间[-0.66, 1.54]长度相同的映射区间[1, 3.2]进行线性变换，得到新的数据如表4综合质量指数所示。

表4 俄罗斯远东地区与中国东北地区城市综合质量指数（2006年）

城市	综合得分F	综合质量指数	排序
符拉迪沃斯托克	-0.25	1.41	23
阿尔乔姆	-0.44	1.22	31
纳霍德卡	-0.39	1.27	30
乌苏里斯克	-0.36	1.3	27
哈巴罗夫斯克	-0.23	1.43	22
共青城	-0.37	1.29	28
布拉戈维申斯克	-0.29	1.37	24
马加丹	-0.46	1.2	32
南萨哈林	-0.53	1.13	34
雅库茨克	-0.51	1.15	33
阿纳德尔	-0.66	1	35
比罗比詹	-0.34	1.32	26
堪察加彼得罗巴甫洛夫斯克	-0.38	1.28	29
哈尔滨	1.40	3.06	2
齐齐哈尔	0.33	1.99	7
大庆	0.15	1.81	9
佳木斯	0.10	1.76	11
牡丹江	0.54	2.2	5
黑河	0.37	2.03	6
鸡西	-0.10	1.56	15
长春	0.72	2.38	4
吉林	0.26	1.92	8
辽源	-0.29	1.37	25
通化	-0.11	1.55	16
松原	-0.05	1.61	13
白城	-0.11	1.55	17
延边	0.14	1.8	10

续表

沈阳	0.99	2.65	3
大连	1.54	3.2	1
鞍山	0.03	1.69	12
抚顺	−0.14	1.52	19
本溪	−0.20	1.46	21
丹东	−0.09	1.57	14
锦州	−0.12	1.54	18
营口	−0.15	1.51	20

2. 利用引力模型计算城市联系强度

本文中,城市之间距离为直线距离,通过 Google Earth 软件得出数据。运用 SPSS 软件对城市间距离数据进行标准化处理,再采用上述最小-最大规范化方法进行转化,得到最终标准化数据。

根据上文中引力模型公式,计算 2006 年中国东北地区与俄罗斯远东地区 35 个主要中心城市间的经济联系强度值及具体的排序。重复上面的方法,同样可以计算出 2009 年和 2012 年各年份各城市间的经济联系强度值和排序(表 5 中只列出 2006 年城市间的经济联系强度均值和排序以及 2009 年和 2012 年城市间的经济联系强度值排序)。

表 5 中国东北地区与俄罗斯远东地区主要城市经济联系强度均值及排序

城 市	2006		2009	2012	城 市	2006		2009	2012
	均 值	排 序	排 序	排 序		均 值	排 序	排 序	排 序
哈尔滨	2.16	1	1	1	符拉迪沃斯托克	0.9	23	19	23
沈 阳	1.87	2	2	2	乌苏里斯克	0.85	24	23	24
长 春	1.82	3	3	3					
大 连	1.64	4	4	4					

续表

牡丹江	1.53	5	7	7	阿尔乔姆	0.79	25	25	26
吉 林	1.48	6	5	6	纳霍德卡	0.75	26	27	28
大 庆	1.26	7	6	5	布拉戈维申斯克	0.73	27	26	25
松 原	1.25	8	9	9					
佳木斯	1.24	9	10	11	比罗比詹	0.7	28	29	29
齐齐哈尔	1.24	10	13	14	哈巴罗夫斯克	0.67	29	28	27
延 边	1.24	11	12	13					
鞍 山	1.2	12	8	8	阿穆尔河畔共青城	0.5	30	31	31
抚 顺	1.15	13	15	12					
通 化	1.13	14	14	16	南萨哈林斯克	0.35	31	30	30
本 溪	1.08	15	11	10					
辽 源	1.07	16	17	18	雅库茨克	0.31	32	32	32
白 城	1.06	17	21	22	马加丹	0.19	33	33	33
黑 河	1.05	18	22	17	堪察加彼得罗巴甫洛夫斯克	0.18	34	34	34
鸡 西	1.03	19	24	19					
营 口	1.03	20	16	15					
丹 东	1.02	21	18	21	阿纳德尔	0.08	35	35	35
锦 州	0.97	22	20	20					

从表5发现,中国东北地区四大核心城市哈尔滨、沈阳、长春和大连的城市经济联系强度一直稳居中俄东部区域的前列,这四大核心城市主导了地区经济发展。该地区城市经济联系的显著特点是,东北地区四大核心城市之间经济联系日益紧密,互相促进,融合发展,同时以四大核心城市为中心形成各自的城市经济联系圈。以2012年为例,哈尔滨作为核心城市,与长春、大庆、吉林、沈阳、牡丹江、松原的经济联系最强;沈阳作为核心城市,与大连、长春、鞍山、哈尔滨、本溪、抚顺的经济联系最强;长春作为核心城市,

与哈尔滨、沈阳、吉林、大连、大庆、松原的经济联系最强；大连作为核心城市，与沈阳、营口、鞍山、长春、哈尔滨、锦州、丹东的经济联系最强。受要素集聚的区位因素影响，中国东北地区以哈尔滨、沈阳为中心向其他城市辐射发展的经济空间结构特别明显。大连城市质量一直高居首位，但主要与区域内港口城市保持较强的经济联系，对边缘城市的辐射带动作用还没有形成，城市经济联系强度排在长春之后。长春对周边城市的辐射影响力较强，其城市经济联系强度仅排在哈尔滨、沈阳之后。营口、丹东、锦州因城市质量较低，其空间影响力较弱。

俄罗斯远东地区的符拉迪沃斯托克、乌苏里斯克、阿尔乔姆、哈巴罗夫斯克等城市经济联系强度表现较强，尤其是符拉迪沃斯托克的经济联系强度一直居于远东区域的首位。在经济方面，符拉迪沃斯托克作为经济核心，与阿尔乔姆、乌苏里斯克、纳霍德卡的经济联系最为紧密。哈巴罗夫斯克作为政治、文化核心，与比罗比詹、阿穆尔共青城、布拉戈维申斯克的经济联系最为紧密。俄罗斯远东地区基本形成以符拉迪沃斯托克、哈巴罗夫斯克为中心向区内其他城市辐射的经济空间。俄罗斯远东地区的生产要素主要集中在以符拉迪沃斯托克为中心的东南部地区，这里不仅是劳动、资本、技术和信息等要素的汇集地，而且已经成为远东地区经济发展的辐射源。哈巴罗夫斯克的重要性更多体现在其是远东地区的政治、文化中心以及重要的交通枢纽，因而城市质量高于符拉迪沃斯托克。符拉迪沃斯托克因其优越的交通位置成为远东的经济中心，与远东的主要港口城市形成较强的经济联系，与中国远东地区的港口也联系紧密，已经在地区间形成了较高的经济空间相互作用力。俄罗斯远东地区的其他城市如阿纳德尔、勘察加彼得罗巴甫洛夫斯克、马加丹,因其经济发展水平低、交通不发达而与其他城市经济联系较弱。

中国东北地区与俄罗斯远东地区经济空间结构呈现明显的核心-边缘格局,两国区域分别形成了各自的核心都市区,城市经济联系呈现出以哈尔滨、沈阳、长春、大连、符拉迪沃斯托克、哈巴罗夫斯克为核心逐渐向外减弱的状况,特别是中国东北地区的中部区域和俄罗斯远东地区的东北部区域,这两个区域的城市经济联系需要提高。值得关注的是,两国边境城市间的经济联系相对较强。

3. 城市经济联系总强度分析

为了反映两地区城市经济联系的总体发展水平,本文将各年份35个城市间引力值分别求和得到各年份该跨国区域城市经济联系的总强度值(如图1所示)。

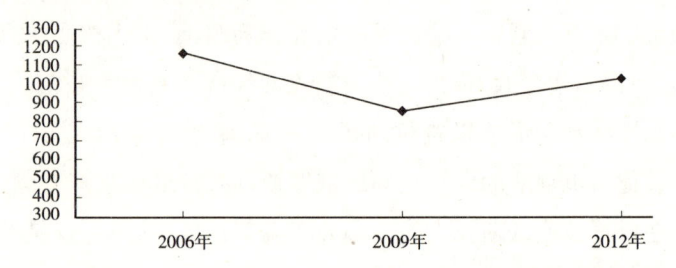

图1 我国东北地区与俄远东地区城市经济联系总强度值演变图

中国东北地区与俄罗斯远东地区城市空间经济联系强度的发展变化趋势分两个阶段:第一阶段是2001—2006年,中俄东部地区的经济联系强度得到明显提升,这与两国同步启动东部地区的振兴战略密切相关。第二阶段是2006—2009年,中国东北地区与俄罗斯远东地区城市经济联系强度呈现下滑趋势,这与2008年国际金融危机的影响有关。第三阶段是2009—2012年,中俄东部地区城市经济联系强度呈现上升趋势。2009年中俄达成《中国东北地区同俄罗斯远东及西伯利亚地区合作规划纲要（2009—2018年）》，为地区合作的可持续发展注入新的活力，城市经济联系也得到进一步提高。2012年以来，随着中国"一带一路"倡议的实施，特别是中俄发表了《中华人民共和国与俄罗斯联邦关于丝绸之路经济带建设和欧亚经济联盟建设对接合作的联合声明》，签署了《建设中蒙俄经济走廊规划纲要》，中俄毗邻地区合作继续向前推进，地区间城市经济联系继续保持上升趋势。

三、结论与政策建议

本文的实证研究表明，中国东北地区与俄罗斯远东地区构成的跨国区域内各城市经济发展呈现不平衡状态，东北地区城市质量总体上高于远东地区城市质量。跨国区域内各城市对外经济联系水平参差不齐，东北地区城市的对外经济联系水平总体上高于远东地区。中国东北地区与俄罗斯远东地区城市经济联系强度的总体状况，尽管呈现不平衡发展态势，但近几年来城市经济总联系强度出现一定的上升趋势，反映了中国东北地区与俄罗斯远东地区经济联系有所增强。基于此，本文提出提升中国东北地区与俄罗斯远东地区城市经济联系的政策建议。

（一）充分发挥核心城市的辐射牵引作用

在中俄东部区域合作的进程中，需要两国通力合作，才能提升两地区的经济联系强度。为此,必须充分发挥哈尔滨、沈阳、长春、大连、符拉迪沃斯托克、哈巴罗夫斯克等六大城市的核心辐射作用,带动外围城市的发展,促进区域经济的协调发展。应抓住当前"一带一路"和中俄蒙经济走廊建设的机遇,充分发挥六大核心城市的区域优势、主导地位和辐射牵动作用。

第一,以区域经济一体化思维打造对俄合作的核心城市并建立以哈尔滨、沈阳、大连为中心的中俄自贸区。一体化的思维有利于在互利共赢的基础上实现资源、资金、技术和人力资源的自由流动,促进两地经济的互动发展。建立以哈尔滨、大连和沈阳为中心的中俄自贸区,将提升这三个城市作为中俄区域合作中心城市的经济规模和辐射力,促使其成为对俄合作的龙头城市,也是推进区域经济一体化的重要抓手。目前,辽宁自由贸易试验区已经正式成立,沈阳、大连等核心城市要充分利用好这一平台,在对俄国际区域合作中发挥好地区经济增长极的辐射影响力。辽宁自贸试验区涵盖大连片区、沈阳片区和营口片区。其中,大连片区要重点发展港航物流和航运服务等产业,推动东北亚国际航运中心、国际物流中心的建设,与俄罗斯符拉迪沃斯托克自由港的功能定位有较多的契合点,可以率先开展对接合作。黑龙江要探索建设以哈尔滨为中心的中俄自贸区,积极向国家争取将哈尔滨综合保税区纳入自由贸易区。长春地处东北亚十字经济走廊核心地带,未来可以打造成面向俄罗斯远东开放的重要门户,通过发展长吉图区域,实现与东北其他区域联动合作开发。

第二,发挥核心城市在促进人文合作、增强互信中的作用,强化城市经济联系的软联系。中俄核心城市建设,不仅只具有政治经济价值,在某种程度上,其人文价值更加重要。多年来,中国东北地区的主要核心城市在对俄文化合作方面取得显著成绩,为促进中俄东部区域文化全方位交流,两国的核心城市要加强文艺、语言、体育、风土人情、旅游观光的普及、交流、友谊赛等,定期举办各种形式的研讨会,促进相互之间的认识,为区域经济互动发展奠定深厚的社会、民意基础,从而打造中俄之间持久的睦邻友好关系和命运共同体。

(二) 有效挖掘处在半边缘区的中心城市的经济发展潜力

处在半边缘区的中心城市作为跨国次区域经济活动的重要联结点,对区域经济发展起着承上启下的重要桥梁作用,必须要充分发挥中心城市的次级增长极作用。既要积极引进核心城市的各类优势资源,又要大力提供周边地区经济发展所需的各类资源要素。实证分析表明,中俄边境城市处于两国城市联系的半边缘区,有效发掘处在半边缘区中心城市的经济发展潜力意义重大。

第一,依托中国东北地区与俄罗斯远东地区相互对应的沿边口岸所在城市,构建沿中俄边境线的边境城市带。中俄边境城市作为对外合作的前沿和窗口,具有外引内联的重要作用,边境城市既接收来自合作区域内核心城市的经济辐射,又可以通过以窗口带动腹地的开发与开放,实现跨边界次区域合作向更大范围扩展。该城市带自西向东沿线主要经过满洲里-外贝加尔斯克、黑河-布拉戈维申斯克、伊春-奥布卢奇子区、佳木斯-列宁斯阔耶区、鸡西-兴凯区和列索扎沃茨克区、牡丹江-波格拉尼奇内区、珲春-克拉斯基诺区等城市区域。大力推进边境-腹地互动发展,由边境城市搭桥,促进腹地城市资源要素、产业、基础设施和市场等的跨界整合,通过边境城市点对点交流及交通通道轴线联结,实现跨边界次区域经济空间的点、轴、面共同发展。

第二,两地政府要建立城市发展的沟通合作机制,对边境城市要进行合理的分工整合,以满足中俄两国地区合作的现实需要。这方面的工作不仅有现实的必要性,在实践中也开始出现合作迹象。早在2011年,黑河市政府与阿穆尔州政府就"两国一城"发展理念达成共识,通过城市共建,发挥双向辐射作用,带动两国其他城市和区域的发展。当前,亟需对边境城市进行合理分工整合,那些经济缺乏发展、生产加工能力薄弱但地处两国交通走廊上的边境城市,应定位为以发展双边贸易为主的贸易口岸;对经济发展水平差异大但资源要素互补性强的边境城市,应定位为以发展产业分工合作为主的出口加工区;对经济发展水平较高、基础设施发育良好、各领域互动交流频繁且产业分工协作能力强的边境城市,应定位为全面开放的跨境经济合作区。中俄绥-波贸易综合体、中俄珲春-哈桑经济贸易区都是边境城市合作的典范。

(三)强化东西向跨境沿海港口经济带或陆港连通经济带的空间布局

从近期和中期看,要继续完善点轴式的城市经济空间布局,即合理选择增长极(点)和主要陆海交通轴线,促进产业向点轴集中布局,充分发挥交通主轴上经济发达城市的集聚和辐射功能,推动资源和要素跨国密集的流动和交换,联结带动周围城市发展,形成开放有效的跨境经济带。经济轴带分为两条:一条是打造沿海港口经济带,即大连港、丹东港与符拉迪沃斯托克港、苏维埃港相连的经济带；另一条则是陆港连通经济带。陆港联通经济带共分两个方向：一是东向沿着大连港与丹东港、经哈大主干铁路线、向东连接哈尔滨—绥芬河—符拉迪沃斯托克港，进而与俄罗斯远东地区的滨海边疆区、哈巴罗夫斯克边疆区、萨哈林州、马加丹州、勘察加边疆区、楚科奇自治区、萨哈（雅库特）共和国等地的各港口延伸扩展；二是西向沿着中国东北地区的中西部与俄罗斯远东腹地陆路交通相连，进而与辽宁港口及远东各港口连通。俄罗斯远东地区的港口面向太平洋，其战略地位对俄罗斯至关重要，特别是符拉迪沃斯托克港连接西伯利亚大铁路，苏维埃港也位于贝加尔—阿穆尔铁路的核心位置，而且途经苏维埃港的航道将纳霍德卡港、瓦尼诺港、符拉迪沃斯托克港、波西耶特、德卡斯特里等港口城市连接起来。打造东向跨境沿海港口经济带或陆港连通经济带，不仅能强化中国东北地区与俄罗斯远东地区陆海经济联系，而且可以深化俄罗斯与中国长三角、珠三角、京津冀等地区的双边经贸合作。在该经济轴带上，重点以发展海洋经济为突破口，加强陆港联运和海运物流及临港产业等领域合作。如通过加强大连、扎鲁比诺港、符拉迪沃斯托克、纳霍德卡、苏维埃港和季克西港等重要港口物流业发展，促进港口城市的建设。同时，也对推进沿线港口城市间互联互通和开放合作，努力探索产业园区的双向投资途径，以带动中俄产业集群式发展具有重要的意义。

大连是中国东北地区的重要大城市之一，也是东北地区最大的外贸口岸和物流平台，还是东北亚地区的重要港口；符拉迪沃斯托克是俄罗斯东部地区第二大城市，符拉迪沃斯托克港既是俄罗斯远东地区和太平洋沿岸的重要港口，也是东北亚地区的主要港口之一。这两个港口城市占据东北亚地区优越的地理位置，有海路和陆路两条通道相连接。大连港到符拉迪沃斯托克港的海上距离为1100海里,大连至符拉迪沃斯托克的陆路通道全长约1500公里。因此,两个港口城市的合作具备得天独厚的地缘优势。此外,还应当特别重视大连、符拉迪沃斯托克等国际性港口城市在金融、会计、法律方面的现代服务业发展,为中俄跨国次区域内产业发展提供相关配套服务。①

(四)积极推动两国金融合作,形成有利于地区全方位合作的金融支撑机制

当前,中俄两国及边境地区的金融合作还处于起步阶段,迫切需要完善地区经济合作的贸易信用保障机制、区域贸易结算支付体系、跨国经营投融资服务机制。要强化两国的金融合作,需要从以下四方面入手:

第一,积极推动东北地区核心城市对俄货币交易中心的建设。目前,哈尔滨已经逐渐建成全国卢布现汇交易中心,要进一步依靠哈尔滨银行在卢布做市、对俄代理行方面的网络优势,在哈尔滨试行卢布兑换先行先试政策,推动哈尔滨建设对俄货币交易中心,待条件成熟,可以在中国东北其他核心城市布局对俄货币交易中心。

第二,提高金融创新和综合服务能力。要推进企业跨境经营发展,大力支持对俄跨境融资租赁业务,积极发展"跨境商行+跨境投行"的综合性金融服务。同时,完善中俄金融联盟建设,实现在

---

① 鞠华莹、李光辉:《建设21世纪海上丝绸之路的思考》,《国际经济合作》2014年第9期,第55—58页。

金融信息交流、组织银团贷款、中俄地方基础设施建设项目融资等方面的抱团发展。

第三,继续推进在证券、保险领域的合作。允许两国企业交叉上市,鼓励两国各类投资主体参与两国的资本市场,加强两国在贸易、工程承包和投资等领域的信用保险方面的合作。

第四,加快建设人民币跨境支付系统。尽快在人民币国际化的初期阶段投入运行,及早培养俄罗斯使用和接纳人民币的习惯。同时,还要紧紧抓住设施联通的机遇,逐步提升人民币跨境支付系统的效率及安全性。

中俄跨国区域的城市经济联系强度、方向与格局分析是一个非常复杂的系统工程。本文基于城市综合质量和地理空间距离,并应用引力模型,测算出的中国东北地区与俄罗斯远东地区城市经济联系强度、方向与格局的成果仍是初步的。目前,俄罗斯远东地区的开发进入新时期,俄罗斯不仅成立远东发展部,而2015年又设立超前发展区,将符拉迪沃斯托克开辟为自由港,俄罗斯诸多举措意在借力中国加速远东开发。"一带一路"倡议与欧亚经济联盟对接的国家战略,以及俄罗斯诸多举措的出台,为中俄合作提供了重要的机遇。因此,对于中国东北地区与俄罗斯远东地区城市经济联系这一重大课题,今后应进一步深化在改进方法、优化指标选取等方面的研究,为新形势下提出深化中俄区域经济合作新对策提供科学的支撑。

(原载《财经问题研究》2017年第12期,内容有增加)

我国东北与俄罗斯远东跨国次区域经济融合进程的社会网络分析

刘彦君　郭连成　米军

我国东北地区与俄罗斯远东地区跨国次区域经济合作取得了重要进展,而城市则是该跨国次区域社会经济活动的重要载体。通过对跨国次区域内各城市间经济联系的准确判断和度量,不仅有助于了解区域经济空间结构和经济融合的发展状况,还可以为制定中俄区域经济合作发展战略提供重要依据。

一、文献评述与问题的提出

近年来,国内外学者对中俄地区经济合作进行了大量研究。国内学者的研究主要集中于宏观对策或具体合作领域,代表性著作如李传勋(2003)《中俄区域合作研究》,宋魁(2003)《俄罗斯东部资源开发与合作》,陆南泉(2011)《中俄经贸关系现状与前景》,朱显平(2013)《俄罗斯东部与中国东北的互动发展及能源合作》,郭连成(2014)《俄罗斯东部开发新战略与东北亚经济合作研究》等。还有学者如郭力(2007),张楠(2010),郭连成(2011),戚文海、唐朱昌(2012—2014)等从中俄区域合作的合作机理、合作路径、合作模式、前景趋势、影响因素等视角展开研究。为数较少的学者构筑计量模型加以分析,如郝宇彪基于贸易引力模型对中俄贸易合作水平影响因素进行分析①,米军等通过构筑中俄经济融合评价模型分析中俄经济合作一体化程度②。

国外学者的研究成果主要是来自俄罗斯科学院远东研究所、俄罗斯战略研究所等研究机构。代表性研究观点主要有:季塔连科认为应该大力推进中国东北地区与俄远东地区经济合作,特别是关注高新技术领域合作③;阿·布雷和尤·邱多杰耶夫基于俄东部经济社会形势分析了俄远东与东北亚国家经济贸易合作发展,同时展望了21世纪第二个十年中俄远东区域合作的前景④;阿·塔拉修克深入分析了中国东北地区经济潜力,并提出为推进中俄毗邻地区统一经济空间建设,双方要努力弱化和取消要素流动限制⑤;马·拉德琴科指出,俄罗斯应积极改变对中国出口政策,扩大对附加值较高产品及机械、技术设备等高科技产品的出

---

① 本文数据主要来源于《黑龙江省统计年鉴》、《吉林省统计年鉴》、《辽宁省统计年鉴》、《俄罗斯联邦统计年鉴》。郝宇彪:《中俄贸易合作水平的影响因素分析——基于贸易引力模型》,《经济社会体制比较》2013年第5期,第175—182页。

② 米军、刘彦君、黄轩文、陈菁泉:《中俄经济融合水平测度及促进策略》,《经济社会体制比较》2014年第2期,第145—155页。

③ 季塔连科:《中国振兴东北战略与俄中合作》,《东北亚论坛》2004年第11期,第25页。

④ А.Г.布雷:《21世纪第二个十年中俄远东区域合作的现状及前景》,《西伯利亚研究》2011年第4期,第15页;А.Г.布雷:《俄东部地区与东北亚国家经济贸易合作的发展》,《西伯利亚研究》2008年第4期,第18—19页;Чудодеев Ю. В, Проблемы и перспективы экономического сотрудничества России и Китая, www.rakurs-art.ru/, 2008。

⑤ А.塔拉修克:《中国东北和俄罗斯边境区域合作的经济潜力》,《远东问题》2007年第2期,第31—39页。

口①。波·卡尔彼奇提出了中俄跨地区合作的方式及各省区角色②;拉·诺沃谢洛娃提出了通过多种模式活跃双边投资以推进中俄地区合作③;阿塔诺夫提出将中俄地区合作项目按重要性及其对经济发展的战略意义进行分类排序,以实现经济合作最优化④。阿·奥斯特洛夫斯基认为,俄远东地区必须依靠科技与资源优势参与中国东北老工业基地合作⑤;弗·苏斯洛夫建议中俄在交通运输、能源开发、科技教育等领域深入合作。

  综合来看,对中俄地区经济合作的已有研究大致是从宏观合作构想、地区合作模式及多领域合作等方面展开。这些成果为推进中俄跨国次区域经济融合的研究奠定了一定基础,但是也存在一定的问题,如:研究多是基于现状描述和经验归纳来提出宏观合作对策,很少从定性和定量相结合视角加以深入研究;研究多是关注中俄地区合作的一般性,很少注意到东北各省的特殊性,忽略了各省之间的联动与协作,没有统筹规划各省参与跨国区域合作的合理定位。特别是如何从城市经济联系的视角,对诸如我国东北地区与俄远东地区跨国次区域经济空间结构的变化、区域内各城

---

  ① М.В.拉德琴科:《俄罗斯远东地区与中国东北地区发展边境合作的趋势和前景》,《俄罗斯中亚东欧市场》2012 年第 5 期,第 42 页。

  ② Роль провинций во внешнеэкономическом развитии КНР и межрегиональные связи России и Китая.

  ③ Л. Новоселова, Российско－китайское экономическое взаимодействие: проблемы оживления инвестиционной составляющей, *Российский экономический журнал* ,2008(6).

  ④ 阿塔诺夫:《2018 年前俄联邦远东和东西伯利亚与中国东北地区合作纲要实现的条件和风险研究》,《西伯利亚研究》2010 年第 5 期,第 11 页。

  ⑤ А.В.奥斯特洛夫斯基:《俄罗斯远东和中国东北共同发展计划:问题与前景》,《俄罗斯学刊》2012 年第 2 期,第 13 页。

市间的经济联系及其程度、各城市在该跨国次区域经济发展中的地位等问题,以及如何整合和优化城市功能,实现城市间的产业合作有效对接及经济空间合理布局,从而深化中俄地区务实合作,进一步推动该跨国次区域的经济融合,都缺乏较为深入的分析研究。

二、区域城市经济联系的模型构建

(一) 利用引力模型测算城市经济联系

最早引用牛顿力学引力模型研究经济联系的地理学家,是1929年对零售业经济联系进行研究的 Reilly。此后,国外许多学者从区域经济学、城市地理学、经济地理学等角度对城市之间的空间流及城市相互作用模型加以研究。近年来,国内一些学者借鉴国外城市经济联系的相关理论,对我国局部区域的城市群或城市圈的主要经济联系方向进行了广泛研究。成果大多基于城市人口数量、城市 GDP、地理距离等要素进行定量研究,并寻求不同程度的修正,以增加测算的准确性。本文认为,单一指标存在较大缺陷。本文选择 GDP、全社会固定资产投资额、人均 GDP、人口数、外贸总额、对外贸易依存度、市区面积、客运总量、教育经费投入来评价城市质量。这些指标初步反映了一个城市经济综合实力、对外开放程度及城市规模影响力。由于绝对距离和相对距离有效性检验结果表明,前者回归系数的显著性较高,因而本文采用绝对距离,也就是地理空间上的距离代入模型进行分析。鉴于构建的城市质量指标体系比较复杂,本文采取主成分分析法对相关指标和数据进行处理。考虑到我国东北地区与俄远东地区城市间经济联系的发展趋势以及数据的可获取性和计算的简便性,本文分别选取了2006年、2009年、2012年这三个时点的数据,时间跨越7年且时点分布均匀,可以反映我国东北地区与俄远东地区城市经济结构的变化特征。按照引力模型分别计算出2006年、2009年、2012年我国东北地区与俄远东地区35个主要中心城市间的经济联系值。由于篇幅有限,表1仅给出2012年该区域6大核心城市间的经济联系值。

表1 我国东北地区与俄远东地区六个核心城市间的经济联系值(2012)

城市	哈尔滨	长春	沈阳	大连	符拉迪沃斯托克	哈巴罗夫斯克
哈尔滨	—	4.36	3.08	2.67	1.47	1.24
长春	4.36	—	3.59	2.89	1.17	0.81
沈阳	3.08	3.59	—	4.49	1.00	0.40
大连	2.67	2.89	4.49	—	0.99	0.66
符拉迪沃斯托克	1.47	1.17	1.00	0.99	—	0.44
哈巴罗夫斯克	1.24	0.81	0.40	0.66	0.44	—

(二)基于社会网络理论的区域经济空间结构分析

城市区域通过空间经济联系的集聚与扩散,形成错综复杂的网络关系。这种社会网络关系又会进一步影响到城市和区域发展。本文基于社会网络分析的视角,将我国东北地区及俄远东地区构成的跨国次区域看作一个以城市为节点、以城市间经济联系为边的经济网络。根据前面对我国东北地区与俄远东地区城市间经济联系的测算结果并进行一定的处理①,采用 Ucinet 软件对这些数据分别从经济联系网络的密度、中心度、中心势、凝聚子群、核心-边缘结构等方面进行分析,以全面深入地认识该跨国次区域的经济融合发展进程。

三、我国东北地区与俄远东地区经济联系发展进程的社会网络分析

(一) 网络密度分析

在社会网络分析法中,网络密度是用来描述城市之间关联的紧密程度,通过网络中城市之间实际拥有连接关系数和理论上可能拥有的最大关系数的比值来表示。其公式为:

$$D = \sum_{i=1}^{t} \frac{d_i(c_i)}{t(t-1)}, 其中, d_i(c_i) = D = \sum_{i=1}^{t} d_i(c_i, c_j) \qquad (1)$$

---

① 这里从相对经济联系强度角度来分析比较不同时间截面的网络联系。考虑到数据的可取性及修正异常值,对计算结果按照相同比例进行处理。具体方法是借鉴赵渺希(《长三角区域的网络交互作用与空间结构优化》,《地理研究》2011 年第 2 期。)的做法,分别选取各截面年份中城市经济联系最大的 F_{ij},计算其他城市间经济联系与相应年份最大值的比值 T_{ij},在此基础上计算 T_{ij} 大于一定阀值(为简化网络图这里选择阀值为 20%)的城市经济联系总数,以分析该区域网络联系强度。社会网络分析各方面使用的公式均来自罗家德:《社会网分析讲义》,社会科学文献出版社 2005 年版。

上式中，D 为网络密度；t 为城市节点数，i 和 j 表示城市；当城市 i 和 j 之间相互联系，则 $d_j(c_i,c_j)$ 为 1，否者为 0。D 的取值范围是 0 到 1，D 越近 1 代表城市节点间经济联系越紧密，D 越接近 0 则表示城市节点间经济联系越微弱。

表2 我国东北地区与俄远东地区城市经济联系网络密度表

年份	2006	2009	2012
网络密度	0.4471	0.2723	0.2857

根据 Ucinet 软件应用公式（1）可以得到各年份我国东北地区与俄罗斯远东地区城市经济联系网络密度，如表2所示。网络密度值越高，代表城市之间相互作用越强，从其他城市获得越多的联系途径。从网络密度总体上看，该跨国次区域的网络密度还比较低，2006—2012年的均值仅为 0.335，2012年仅为 0.2857，这表明城市之间经济联系还相对较弱，该跨国次区域仍有很大的发展空间，城市间经济合作仍具有很大的潜力。未来进一步扩大城市间的交流与合作，将有力地促进我国东北地区及俄远东地区跨国次区域的经济融合。

（二）网络中间中心度分析

在社会网络分析法中，网络中间中心度用来描述两个非相邻的城市之间联系依赖于网络中其他城市的程度（尤其是介于两个城市之间路径上的城市），说明网络中节点城市对资源信息的控制程度。如果节点城市处在其他城市节点的最短路径上，则该城市便拥有较高的中间中心度。其表达式为：

$$C_{ABi} = \sum_{j}^{n} \sum_{k}^{n} (f_{jk}(i)/f_{jk}), 其中, j \neq k \neq i \quad (2)$$

上式中，C_{ABi} 为网络中间中心度，f_{jk} 为城市 j 与 k 之间存在捷径的数目，$f_{jk}(i)/f_{jk}$ 表示城市 i 控制城市 j 与 k 联系的能力，即城市 i 处在城市 j 与 k 之间捷径上的概率。

根据 Ucinet 软件应用公式(2)可以得到各年份我国东北地区与俄罗斯远东地区城市经济联系网中间中心度数值。通过比较发现：其一，该区域中间中心度非0的城市基本上都是我国东北三省的主要城市和俄远东地区的少数主要城市，其中，哈尔滨、长春、沈阳、大连、哈巴罗夫斯克、符拉迪沃斯托克等城市排名一直比较靠前，说明这些城市在该跨国次区域中处在连接两地城市的重要位置，并且掌握和控制着较大的信息量和较为广泛的资源。这种分布格局的主要原因在于，我国东北地区内部比俄远东地区内部的交通网络更为发达，而俄远东地区与我国东北地区之间交通网络联系主要依靠其大城市哈巴罗夫斯克及符拉迪沃斯托克等来实现。其二，2006—2012年，该跨国次区域城市间经济联系网络的中间中心度总体上呈现逐渐增加的趋势，这说明主要城市控制资源程度在逐渐增强，其中，哈尔滨、长春、沈阳、大连、哈巴罗夫斯克、符拉迪沃斯托克等城市的中间中心度分别提高了2.18、2.99、1.11、2.67、10.6和20.34倍，这种较大幅度的提高说明整个区域的核心城市地位正在逐步强化。其三，俄罗斯远东地区的纳霍德卡、阿穆尔河畔共青城、阿纳德尔、勘察加彼得罗巴甫洛夫斯克、马加丹、雅库茨克等城市的中间中心度为0，说明这些城市经济发展独立性比较强，与其他城市之间互动连接比较弱，在未来发展中需要合理定位城市产业，增加城市竞争力，强化与其他城市的经济联系。总的来看,未来要在继续扩大主要城市间联系的同时逐步增强其他边缘城市间的联系。

(三) 凝聚子群分析

在社会网络分析法中,凝聚子群是指在整个网络中某些行动者之间关系紧密而形成次级团体。凝聚子群分析则是研究在整个网络中存在联系紧密的子群数量、这些子群内部行动者及不同子群之间的连接关系及其特点。在整个网络中,凝聚子群之间交往越多,联系越紧密,对整体网络发展就越有利,反之则相反。本文采用 Ucinet 软件中迭代相关收敛法进行聚类分析,得到我国东北地区与俄远东地区城市经济联系网络凝聚子群及其密度表(见表3、表4)。

表3 我国东北地区与俄远东地区城市经济联系
网络凝聚子群分析结果

时点		凝聚子群
2006年	1	符拉迪沃斯托克、阿尔乔姆、纳霍德卡、乌苏里斯克、鸡西
	2	哈巴罗夫斯克、阿穆尔共青城、比罗比詹
	3	阿纳德尔、南萨哈林斯克、勘察加彼得罗巴普洛夫斯克、雅库茨克、马加丹
	4	布拉戈维申斯克、黑河
	5	哈尔滨、佳木斯、牡丹江、延边、沈阳、长春、吉林
	6	齐齐哈尔、大庆、松原、白城、大连
	7	通化、辽源、鞍山、抚顺、本溪、丹东、锦州、营口
2009年	1	符拉迪沃斯托克、延边、鸡西、乌苏里斯克、牡丹江
	2	白城、齐齐哈尔、松原、佳木斯、黑河、大庆

续表

	3	沈阳、吉林、哈尔滨、长春、大连
	4	通化、辽源、营口、本溪、鞍山、锦州、抚顺、丹东
	5	纳霍德卡、布拉戈维申斯克、阿尔乔姆
	6	哈巴罗夫斯克、比罗比詹、阿穆尔共青城
	7	勘察加彼得罗巴甫洛夫斯克、阿纳德尔、南萨哈林斯克、雅库茨克
2012年	1	符拉迪沃斯托克、延边、鸡西、牡丹江
	2	吉林、松原、布拉戈维申斯克、大庆、白城、黑河、齐齐哈尔、佳木斯
	3	长春、哈尔滨、沈阳、大连
	4	鞍山、辽源、营口、通化、丹东、锦州、抚顺、本溪
	5	乌苏里斯克、南萨哈林斯克、阿尔乔姆、纳霍德卡
	6	比罗比詹、哈巴罗夫斯克、阿穆尔共青城
	7	阿纳德尔、马加丹、勘察加彼得罗巴甫洛夫斯克、雅库茨克

从表3可以看出,随着相关年份我国东北地区与俄远东地区城市间经济联系的变化,凝聚子群中的成员也发生了变化。而从表4看到,2006—2012年各凝聚子群的密度值略有波动但总体上有增大趋势,这表明我国东北地区与俄远东地区城市间的经济联系逐渐紧密。

表4 我国东北地区与俄远东地区城市经济联系网络凝聚子群密度表

2006年		1	2	3	4	5	6	7
	1	1.000	0.133	0.000	0.100	1.000	0.240	0.025
	2	0.133	0.667	0.000	0.333	0.333	0.000	0.000
	3	0.000	0.000	0.000	0.000	0.000	0.000	0.000
	4	0.100	0.333	0.000	1.000	0.786	0.700	0.000
	5	1.000	0.333	0.000	0.786	1.000	1.000	0.929
	6	0.240	0.000	0.000	0.700	1.000	1.000	0.875

续表

		1	2	3	4	5	6	7
	7	0.025	0.000	0.000	0.000	0.929	0.875	1.000
2009年		1	2	3	4	5	6	7
	1	0.700	0.167	0.760	0.050	0.400	0.000	0.000
	2	0.167	0.800	0.900	0.021	0.111	0.111	0.000
	3	0.760	0.900	1.000	0.950	0.267	0.133	0.000
	4	0.050	0.021	0.950	0.786	0.000	0.000	0.000
	5	0.400	0.111	0.267	0.000	0.333	0.000	0.000
	6	0.000	0.111	0.133	0.000	0.000	0.667	0.000
	7	0.000	0.000	0.000	0.000	0.000	0.000	0.000
2012年		1	2	3	4	5	6	7
	1	1.000	0.281	1.000	0.031	0.438	0.000	0.000
	2	0.281	0.679	0.938	0.156	0.000	0.000	0.000
	3	1.000	0.938	1.000	1.000	0.438	0.167	0.000
	4	0.031	0.156	1.000	0.786	0.000	0.000	0.000
	5	0.438	0.000	0.438	0.000	0.167	0.000	0.000
	6	0.000	0.000	0.167	0.000	0.000	0.667	0.000
	7	0.000	0.000	0.000	0.000	0.000	0.000	0.000

从凝聚子群内部间的密度来看：在2006年，由符拉迪沃斯托克、阿尔乔姆、纳霍德卡、乌苏里斯克、鸡西组成的凝聚子群，由布拉戈维申斯克、黑河组成的凝聚子群，由哈尔滨、佳木斯、牡丹江、延边、沈阳、长春、吉林组成的凝聚子群，由齐齐哈尔、大庆、松原、白城、大连组成的凝聚子群，由通化、辽源、鞍山、抚顺、本溪、丹东、锦州、营口组成的凝聚子群，这些凝聚子群内部之间的经济联系都比较紧密，其密度均高于整体网络的密度。到2009年，除了由沈阳、吉林、哈尔滨、长春、大连组成的凝聚子群联系仍然比较紧密外，其他凝聚子群内部成员都发生了变化且联系有所减弱。到2012年，由符拉迪沃斯托克、延边、鸡西、牡丹江组成的凝聚子群，以及由长春、哈尔滨、沈阳、大连组成的凝聚子群，其内部城市间联

系趋于密切和频繁。总体上看,除了由勘察加彼得罗巴甫洛夫斯克、阿纳德尔、雅库茨克组成的凝聚子群内部联系非常弱外,其他凝聚子群内部联系有所增强。

从凝聚子群相互之间的密度比较来看:2006年,由哈尔滨、佳木斯、牡丹江、延边、沈阳、长春、吉林组成的凝聚子群与由符拉迪沃斯托克、阿尔乔姆、纳霍德卡、乌苏里斯克、鸡西组成的凝聚子群以及由齐齐哈尔、大庆、松原、白城、大连组成的凝聚子群之间的经济影响较大。2009年,由沈阳、吉林、哈尔滨、长春、大连组成的凝聚子群对白城、齐齐哈尔、松原、佳木斯、黑河、大庆组成的凝聚子群以及由通化、辽源、营口、本溪、鞍山、锦州、抚顺、丹东组成的凝聚子群的经济影响较大。2012年,由长春、哈尔滨、沈阳、大连组成的凝聚子群对由鞍山、辽源、营口、通化、丹东、锦州、抚顺、本溪组成的凝聚子群,对由吉林、松原、布拉戈维申斯克、大庆、白城、黑河、齐齐哈尔、佳木斯组成的凝聚子群,以及对由符拉迪沃斯托克、延边、鸡西、牡丹江组成的凝聚子群的经济影响都比较大。此外,这些年间由勘察加彼得罗巴甫洛夫斯克、南萨哈林斯克、阿纳德尔、南萨哈林斯克、雅库茨克组成的凝聚子群除了成员出现略微变动外,其内部及与其他凝聚子群之间几乎没有经济联系。

从凝聚子群的成员来看:2006年,我国东北地区的哈尔滨、牡丹江、佳木斯、延边、沈阳、长春、吉林等城市及俄远东地区的哈巴罗夫斯克、符拉迪沃斯托克、乌苏里斯克等城市对周边的城市及其相互之间的经济影响比较大。随着中俄两国政治互信加深及地区经济合作的深入,到2009年我国东北地区的哈尔滨、长春、大连、沈阳、吉林等城市及俄远东地区的哈巴罗夫斯克、符拉迪沃斯托克、阿尔乔姆等城市的经济影响作用进一步增强。这与前面中心度分析结果是一致的。到 2012 年,对我国东北地区及俄远东地区城市经济影响大的城市进一步集中在哈尔滨、长春、沈阳、大连及哈巴罗夫斯克、符拉迪沃斯托克等城市,这也与前面中心度分析结果一致。

综合以上分析可以得出结论,我国东北地区与俄远东地区各凝聚子群之间的经济联系尽管发生波动和变动,但是总体呈现出逐渐强化的趋势。这必将推动我国东北地区与俄远东地区跨国次区域经济融合的发展。

(四) 核心-边缘结构分析

核心-边缘模型分析是根据整个网络中节点间联系的紧密程度,研究哪些节点处于核心区域,哪些节点处于边缘区域。分析我国东北地区与俄远东地区跨国次区域是否存在核心-边缘结构,以及中心城市所处的经济位置,这对于研究该跨国区域经济空间结构具有重要意义。本文采用 Ucinet 软件 Core/Periphery model 构建连续的核心-边缘模型进行分析,得出我国东北地区与俄远东地区城市经济联系网络的核心-边缘分析结果,如表 5 所示:

表 5 我国东北地区与俄远东地区城市经济联系网络核心-边缘结构分析结果

时点	区域	城市
2006 年	核心	哈尔滨、沈阳、长春、大连;符拉迪沃斯托克、哈巴罗夫斯克
	半边缘	吉林、牡丹江、大庆、松原、鞍山、齐齐哈尔、延边、抚顺、佳木斯、通化;乌苏里斯克、阿尔乔姆、纳霍德卡、布拉戈维申斯克、比罗比詹
	边缘	本溪、辽源、白城、营口、丹东、锦州、鸡西、黑河;阿穆尔共青城、南萨哈林斯克、雅库茨克、马加丹、勘察加彼得罗巴甫洛夫斯克、阿纳德尔
2009 年	核心	哈尔滨、沈阳、长春、大连;符拉迪沃斯托克、哈巴罗夫斯克

续表

	半边缘	吉林、大庆、鞍山、牡丹江、松原、本溪、抚顺、通化、齐齐哈尔、佳木斯、延边；乌苏里斯克、阿尔乔姆、布拉戈维申斯克、纳霍德卡、比罗比詹
	边缘	营口、辽源、丹东、锦州、白城、黑河、鸡西；南萨哈林斯克、阿穆尔共青城、雅库茨克、马加丹、阿纳德尔、勘察加彼得罗巴甫洛夫斯克
2012年	核心	哈尔滨、沈阳、长春、大连；符拉迪沃斯托克、哈巴罗夫斯克
	半边缘	大庆、吉林、鞍山、松原、本溪、牡丹江、抚顺、营口、佳木斯；乌苏里斯克、布拉戈维申斯克、阿尔乔姆、纳霍德卡、比罗比詹
	边缘	通化、延边、齐齐哈尔、辽源、锦州、丹东、白城、黑河、鸡西；南萨哈林斯克、阿穆尔共青城、雅库茨克、马加丹、阿纳德尔、勘察加彼得罗巴甫洛夫斯克

我国东北地区与俄远东地区跨国次区域城市经济联系网络中存在核心-边缘结构。从表5可以看出，在2006年、2009年和2012年，处在核心区的一直是中俄六大核心城市；处在半边缘区的城市多是我国东北地区的经济较为发达的内陆及边境城市如吉林、大庆、牡丹江等以及俄远东地区南部发达城市如乌苏里斯克、比罗比詹等；处在边缘区的城市多是辽宁南部港口城市及吉林中部城市如通化、丹东等以及俄远东地区北部的资源型城市及港口城市如雅库茨克、马加丹、勘察加彼得罗巴甫洛夫斯克等。从近七年的发展情形来看，该区域城市经济联系网络的核心-边缘结构并未发生重大变化，但是受到经济全球化和中俄两国经贸关系进一步深化的影响，我国东北地区与俄远东地区城市经济联系网络结构也会发生变化，处在核心区、半边缘区及边缘区的城市可能不断变化，这将影响到该跨国次区域经济融合的发展。因此，在今后我国东北地区与俄远东地区跨国次区域经济合作的发展中，必须要继续发挥核心区城市的强有力辐射和支撑作用；必须要充分发挥半边缘区中心城市承上启下作用，尤其是边境城市外引内联的重要作用；必须要积极发挥边缘区城市的资源和市场保障作用，特别是要加强港口城市间的交通运输联结以增进两地经贸往来。

四、结论与建议

基于本文以上分析可以得出结论,目前我国东北地区与俄远东地区跨国次区域经济融合程度并不高,这主要表现在:该跨国次区域城市经济联系网络整体密度仅为 0.2857,城市间经济联系水平还比较低;经济联系网络中间中心度有所提高,核心城市控制资源能力不断增强,各城市间经济联系发展不均衡;经济联系网络中存在七个凝聚子群。然而,经济融合逐步深化的发展趋势也明显可见,主要表现在:城市经济联系网络整体密度逐渐增大,各城市间经济联系趋于紧密,经济联系网络中的凝聚子群内部及其之间经济联系密度不断扩大。

为促进我国东北地区与俄远东地区跨国次区域经济合作向纵深发展并实现有效对接,实现产业优势互补与协同发展,形成网络式全域开放型的跨国区域体系,本文提出以下建议:

(一)关于跨国次区域合作的城市定位

第一,要积极发挥核心城市的重要增长极作用。哈尔滨、长春、沈阳、大连和哈巴罗夫斯克、符拉迪沃斯托克分别对我国东北地区及俄远东地区城市的经济辐射程度很大,中俄两地区的内部发展主要依靠六大核心城市的带动。未来我国东北地区与俄远东地区经济合作规划必须要重视六大核心城市对跨国次区域经济融合的重要影响,尤其是通过形成核心城市的良性互动,加强其区域辐射力和产业带动力。

第二,要充分发挥中心城市的次级增长极作用。边境城市是处在半边缘区的重要的中心城市,作为跨国次区域经济活动重要联结点和对外合作的前沿和窗口,要发挥其外引内联的重要作用,以窗口带动腹地的开发与开放,实现跨国次区域合作向更大范围扩展。俄远东地区的布拉戈维申斯克与我国东北地区的黑河、大庆、齐齐哈尔、佳木斯、吉林、白城、松原等城市,以及俄远东的乌苏里斯克、南萨哈林斯克、阿尔乔姆、纳霍德卡、符拉迪沃斯托克与我国东北的牡丹江、鸡西、延边等城市,这些城市间经济联系比较密切且逐步形成了边境城市群。未来边境城市会不断向各自地区内扩展彼此的影响力,一方面需要实现转型,积极发展现代服务业,特别是发挥地处边境的优势,重点发展物流产业,形成该跨国次区域经济合作的桥头堡;另一方面,通过跨境产业链合作,即对外投资合作建立境外产业园区、对内构建边境城市产业带的方式,进一步发展边境地区经济,提升边境城市竞争力。例如:绥芬河市依托俄罗斯的丰富林业资源,在俄米哈伊洛夫卡投资建立境外园区,与俄共同发展森林采伐和木材加工业,在俄进行粗加工后出口到中国境内加工成品;还有些边境城市通过共同合作开发多条边境跨国旅游线路,对深化双方的经贸关系发挥了重要作用。

第三,我国东北地区辽宁省的鞍山、抚顺、本溪、丹东、营口、锦州与吉林省的通化、辽源等城市联系比较紧密,这实际上是由辽中南城市群向吉林南部城市不断扩展而成的。未来发展的重点是,继续发挥辽中南城市群作为东北地区装备制造中心的重要作用,不断打破行政约束来吸引东北其他重工业城市,共同打造结构优化的东北区域产业网络。其中,积极提升丹东和营口作为现代化港口的国际竞争力,加强与我国东北最大港口城市大连的协作,打通与俄远东及东北亚其他国家经贸往来的海上通道。

第四,俄远东地区哈巴罗夫斯克边疆区的哈巴罗夫斯克、阿穆尔河畔共青城与犹太自治州的比罗比詹等城市聚集在阿穆尔河流域,从而形成了经济联系紧密的城市群。这些城市未来发展的重点是凭借紧邻黑龙江省的区位优势,积极开展中俄界河沿岸城市合作,并不断向各自内陆腹地扩展,从而形成以界河为纽带、以内陆腹地为支撑的中俄界河城市群。

第五,俄远东的阿纳德尔、马加丹、勘察加彼得罗巴甫洛夫斯克、雅库茨克等城市,尽管其所在区域的资源都比较丰富,但由于地理位置偏远并受交通基础设施条件的制约,这些城市不仅与我国东北地区甚至与俄远东地区其他城市之间的经济联系都比较弱。未来必须要改善这种现状,这不仅需要俄政府更加注重完善基础设施,也需要中国政府引导地方政府和企业积极参与跨境投资合作。

总之,在我国东北地区与俄远东地区跨国次区域经济融合发展进程中,在不同阶段形成的凝聚子群,要由其中心城市积极带动小区域内部的一体化。要克服跨国边界和国内行政区划的不对称障碍,打通中俄毗邻地区之间的交往通道,加速经济资源的跨境自由流动,加强跨境城市之间经济合作,从而有效地促进我国东北地区与俄远东地区跨国次区域社会经济的协调发展。

(二)关于跨国次区域合作的空间布局

从近期和中期来看,应继续完善点轴式经济空间结构,构建轴带式的跨国次区域产业空间布局。在我国东北地区与俄远东地区的跨国次区域经济合作中,必须合理选择增长极(点)和主要交通轴线,促进产业向点轴集中布局,充分发挥交通主轴上经济发达城市的集聚和辐射功能,推动资源和要素跨国密集流动与交换,联结带动周围城市发展,形成开放有效的跨境经济带,从而实现"由点带轴"、"由轴带面"的跨国次区域经济合作与发展。具体来说:

第一,打造东向跨境沿海港口经济带。这条经济轴带主要沿着我国东北地区的辽宁省、吉林省,向俄远东地区的滨海边疆区、哈巴罗夫斯克边疆区、萨哈林州、马加丹州、勘察加边疆区、楚科奇自治区、萨哈(雅库特)共和国等地的各港口延伸扩展。该经济带沿线主要港口(或城市)有:大连港、丹东港、珲春、符拉迪沃斯托克港、纳霍德卡港、东方港、波谢特港、扎鲁比诺港、苏维埃港、瓦尼诺港、霍尔姆斯克海港、科尔萨科夫港、涅维尔斯克港、勘察加彼得罗巴甫洛夫斯克港、马加丹港、阿纳德尔港、季克西港等。该经济带一方面可以深化中俄地区双边经贸合作,强化我国东北地区与俄远东地区的经济联系;另一方面可以促进中俄与东北亚其他国家的多边合作。在该经济轴带上,中俄两国应该以海洋经济为突破口,积极开拓港口、海运物流和临港产业等领域合作,加快推进沿线港口城市间互联互通和开放合作,努力探索产业园区双向投资以带动中俄产业集群式发展。① 在邻近资源产地的港口如科尔萨科夫港、马加丹、勘察加彼得罗巴甫洛夫斯克、阿纳德尔、佩韦克港等地,建立矿产加工业、化工、钢铁业、造船业等产业聚集区;在大

---

① 范力:《中马钦州产业园区建设21世纪海上丝绸之路先行园区的战略构想》,《东南亚纵横》2014年第10期。

型重要港口如大连、符拉迪沃斯托克、纳霍德卡、苏维埃港、季克西港等地,继续扩大货物贸易和转口贸易的规模以带动港口物流业快速发展;在国际性港口如大连、符拉迪沃斯托克等地,大力发展现代服务业,尤其注重金融、会计、法律等行业,为跨国次区域内产业发展提供相关配套服务。

第二,打造西向跨境经济带。它主要沿着辽宁省西部地区、吉林省和黑龙江省的中西部地区、内蒙古东部地区,经蒙古国向俄罗斯西伯利亚地区的广袤腹地纵深辐射。该经济带主要包括:辽宁省的锦州,吉林省的松原、白城,黑龙江省的大庆、齐齐哈尔,内蒙古东部地区的通辽、赤峰、呼伦贝尔、满洲里,蒙古国南戈壁省、东戈壁、巴音洪格尔省、东方省、肯特省、苏赫巴特尔省,俄西伯利亚地区的赤塔州、克拉斯诺亚尔斯克边疆区、外贝加尔边疆区、布里亚特共和国、伊尔库茨克州等地的主要资源型城市。该线一方面有利于我国东北三省与内蒙古东部地区资源整合,促进东北三省一区形成统一战略经济体,共同开展对俄、蒙的经贸合作;另一方面有利于蒙古国和俄西伯利亚地区拓展对外开放的新局面,依托我国东北地区沿海港口优势,有效解决俄蒙内陆地区资源和产品向外出口运输问题。在该经济轴带上,中俄蒙三国可以共同发展资源经济,推进煤炭、矿产、油气等资源领域投资合作与开发,努力打造资源合作开发跨境产业链。① 为此,中俄蒙三国要注重加强基础设施建设领域的合作,以保障资源合作的可持续性。

第三,打造中部跨境经济带。它主要由东北区域中心城市沈

---

① 王建:《中俄矿产资源合作有望打造跨境产业链》,《中国有色金属报》2014年6月14日。

阳、长春、哈尔滨,黑龙江沿边各口岸城市,向俄远东南部的阿穆尔州、哈巴罗夫斯克边疆区、滨海边疆区及北部的萨哈共和国内陆腹地城市推进。该经济带一方面有利于促进中俄两地区沿海和沿边优势联合,充分发挥跨国次区域经济整合效应,有效推动中俄地区合作战略互动与对接;另一方面有利于加强中俄边境地区腹地城市间交流与合作,特别是在贸易、投资、产业、社会文化等方面实现多元化、多层次的开放性战略合作。

(三) 关于跨国次区域合作的机制保障

在新形势下,我国东北地区与俄远东地区跨国次区域经济合作的进一步深化,还有赖于来自市场、政府、非政府机构等方面的机制保障。其一,发挥市场自组织机制的作用。在我国东北地区与俄远东地区的跨国次区域经济合作中,市场力量是合作的基本动力,企业是合作的重要行为主体。要努力构建资源共享的跨国次区域市场体系,充分调动企业参与跨境合作的积极性和主动性。其二,发挥社会组织促进机制的作用。如:建立跨国次区域行业发展联合会来共同制定次区域经济圈行业发展规划;由相关行业的专家学者共同组建跨国次区域经济合作的专家咨询研究机构,推动中俄两地区发展的产学研一体化等。其三,发挥中俄两地区政府调控机制的作用。当前重点是设立多层次的行政协调机制,统筹协调合作中的问题,如由相关机构共同成立跨国次区域经济合作发展委员会,负责组织和推动中俄两地区各城市间的协调发展。

(原载《俄罗斯东欧中亚研究》2015 年第 6 期)

中国东北地区与俄罗斯远东地区空间经济联系、地缘经济关系与经贸合作[①]

周 瑜

一、中国东北地区与俄罗斯远东地区空间经济联系分析

中国东北地区振兴与俄罗斯远东地区开发战略的实施,迎来了两地区区域经济合作的新契机。在这种机遇与挑战并存的特殊时期,需要对两地区间的区域经贸合作进行更加深入的分析,且需要有新的分析视角。因此,本文从空间经济联系的视角对中国东北地区与俄罗斯远东地区的区域经济合作加以分析。

(一) 空间经济联系模型的构建

1. 引力模型的构建说明

本文分析俄罗斯远东地区与中国东北地区的经济联系,因而选取东三省及俄罗斯远东联邦区为样本。根据所选的样本值,代

---

① 本文由作者的博士学位论文相关部分修改而成。

入引力模型进行回归,得出空间经济联系量,进而进行接下来的分析。

在本文中,使用截面数据代入基本引力模型进行分析。大量的研究表明,利用截面数据分析的结果是可信的,并且能够反映现实,具有研究价值。本文中将所取的样本数据进行无量纲化处理,以尽可能避免引力方程的异方差问题。

2. 解释变量说明及选取

考虑本文的基础性研究,采用原始经典模型中的经济规模(GDP)、人口和距离作为基础研究变量。其中,经济规模采用国内生产总值来体现最为贴切,因为其不仅能体现经济发展水平、需求水平、要素分配水平,还能体现人口规模水平。这里的人口变量是指人口数量。本文所使用的距离是绝对距离,在绝大多数研究文献中的研究采用绝对距离而不是相对距离。绝对距离是平面直角坐标系中两点差值绝对值与纵坐标差值的绝对值的和。相对距离是两参考物之间的距离。

3. 样本数据来源及说明

本文选择中国东北地区与俄罗斯远东地区下辖的省份或行政区为样本。一般而言,中国东北地区包括辽宁、吉林、黑龙江三个省以及内蒙古自治区的呼伦贝尔市、通辽市、赤峰市、兴安盟和锡林郭勒盟。俄罗斯远东地区则选择其涵盖的九个行政区,包括萨哈共和国、勘察加边疆区、滨海边疆区、哈巴罗夫斯克边疆区、阿穆尔州、马加丹州、萨哈林州、犹太自治州和楚科奇自治区。受数据可得性限制,本文仅考察辽宁、吉林和黑龙江三个省与俄罗斯远东地区各行政区之间的经济联系。

文中选取2008—2014年的年度数据进行分析。其中,黑龙江、吉林、辽宁三省人口数量和 GDP 数据来源于 2015 年《中国统计年鉴》；俄罗斯远东九个行政区的人口数量和 GDP 数据来源于 2009—2015 年《俄罗斯统计年鉴》。黑龙江、吉林、辽宁分别与俄罗斯远东 9 个行政区间的距离，采用黑、吉、辽三省省会与俄上述各行政区首府之间的直线距离计算，并采用 WinGlobe V2.1 软件进行测度。

由于中国东北三省 GDP 采用人民币计价，而俄罗斯远东地区各行政区 GDP 采用卢布计价，为统一量纲，本文采用卢布兑人民币汇率将中国东北各省 GDP 总量转换为以卢布计价，其中卢布兑人民币汇率，采用人民币兑美元汇率和卢布兑美元汇率进行折算；人民币和卢布兑美元汇率数据均来源于 IMF 的 IFS 数据库。因俄罗斯远东 9 个行政区 2011 年 GDP 数据缺失，故本文仅分析 2008—2010 年和 2012—2014 年中国东北三省与俄罗斯远东各行政区间的空间经济联系程度。

4. 构建的引力模型

本文将中国东北三省与俄罗斯远东地区的各个联邦区主观上看成范围更广的城市，将其之间的区域经贸合作看作各城市之间的经济联系和相互作用，因此，为定量测度中国东北地区与俄罗斯远东地区之间的空间经济联系，本文借鉴秦尊文[1]和邓春玉[2]关于测度一国城市间经济联系的引力模型，并将其扩展至国际范围。具体而言，本文构建如下模型：

---

[1] 秦尊文：《武汉城市圈各城市间经济联系测度及其核心圈建设》，《系统工程》2005 年第 12 期，第 91—94 页。

[2] 邓春玉：《珠三角与环珠三角城市群空间经济联系优化研究》，《城市问题》2009 年第 7 期，第 19—27 页。

$$R_{ij} = \left(\sqrt{P_i V_i} \times \sqrt{P_j V_j}\right)\Big/ D_{ij}^2 \tag{1}$$

$$F_{ij} = R_{ij}\Big/\sum_{j=1}^{n} R_{ij} \tag{2}$$

其中，R_{ij} 表示地区 i 与地区 j 之间的经济联系量，i 表示中国东北地区某一省份，j 表示俄罗斯远东地区某一行政区；P_i 和 P_j 分别为省份 i 和行政区 j 的人口总数；V_i 和 V_j 分别表示省份 i 和行政区 j 的 GDP 总量；D_{ij} 表示省份 i 和行政区 j 之间的空间距离。F_{ij} 衡量了省份 i 和行政区 j 间的经济联系隶属度，F_{ij} 的值越大，表明省份 i 和行政区 j 间的经济联系越强。模型是在假设产业结构与分工、交通方式、信息传输和人力资源吸引能力等要素相同的条件下构建的。中国东北地区与俄罗斯远东地区拥有相当长的共同边境线，因而从空间的角度来看，可以认为是一个地区，那么，东北三省和俄罗斯远东联邦区的各行政区就可以看作区域内的城市，因此可运用该模型。

（二）空间经济联系强度分析

1. 指标的选取

根据 2009—2015 年《俄罗斯统计年鉴》和 2015 年《中国统计年鉴》，选取 2008—2014 年俄罗斯远东联邦区与中国东北三省主要省会城市的总人口数和当年国内生产总值以及各省省会到俄罗斯远东联邦区各区的空间距离（表1）。

表1 2008—2014年东北三省与远东联邦区的人口总数、当年国内生产总值及各区到东北三省的距离

	人口总数(万人)							距离(km)		
	2008	2009	2010	2011	2012	2013	2014	黑龙江	辽宁	吉林
萨哈共和国	950	949	958	956	955.6	954.8	949	1892	2408	2150
堪察加边疆区	344	342	322	320	320.6	319.9	317.2	2795	3216	2967
滨海边疆区	1988	1982	1953	1951	1947.2	1938.5	1925.6	524	731	559
哈巴罗夫斯克边疆区	1402	1400	1343	1342	1342.1	1339.9	1335.2	860	1311	1044
阿穆尔州	864	861	828	821	816.9	811.3	807.9	516	1032	731
马加丹州	163	161	157	155	152.3	150.3	148.9	2537	3053	2752
萨哈林州	514	511	497	495	493.173	491.0	490	1376	1763	1505
犹太自治州	185	185	176	175	172.7	170.4	169.3	860	1311	1044
楚科奇民族自治区	50	49	50	51	50.8	50.5	50	4472	4945	4644
黑龙江省	3825	3825	3833	3834	3834	3835	3833	0	0	0
辽宁省	4315	4341	4375	4383	4389	4390	4391	0	0	0
吉林省	2734	2740	2747	2749	2750	2751	2752	0	0	0

	当年GDP(亿卢布)						
	2008	2009	2010	2011	2012	2013	2014
萨哈共和国	309.518	328.202	384.726	–	483.0	534.6	600.3
堪察加边疆区	77.854	94.643	101.677	–	112.8	120.8	134.2
滨海边疆区	316.582	368.997	464.325	–	546.5	600.8	663.2
哈巴罗夫斯克边疆区	269.178	276.895	351.261	–	401.5	425.3	431.6
阿穆尔州	131.564	151.119	179.509	–	223.7	251.7	273.4
马加丹州	42.054	47.896	58.174	–	75.1	81.4	89.1
萨哈林州	333.582	392.380	492.730	–	596.9	643.2	680.3
犹太自治州	23.977	25.320	32.538	–	36.5	44.9	52.7
楚科奇民族自治区	30.559	45.068	41.974	–	44.8	52.4	58.1

续表

黑龙江省	51803.07	53501.76	64602.23	78392.86	85306.37	158666.29	165081.80
辽宁省	85163.09	94782.48	114999.31	138484.80	154807.37	298709.62	314223.56
吉林省	40038.30	45350.82	54004.01	65849.62	74388.26	143205.59	151512.05

资料来源：РОССИЯ в цифрах 2009 - 2015，ФЕДЕРАЛЬНАЯ СЛУЖБА ГОСУДАРСТВЕННОЙ СТАТИСТИКИ；《中国统计年鉴2015》，中国统计出版社。

2. 经济联系强度类型分析

运用经济联系强度公式(1)，测得俄罗斯远东联邦区与中国东北三省主要省会城市的空间经济联系量，再运用公式(2)，计算空间经济隶属度 F_{ij}，并根据隶属度大小进行竞争性排序，对空间经济联系强度进行相对类型划分(表2)。将经济联系强度分为五个等级类型：(1)强联系型($F_{ij}>0.5000$)、(2)较强联系型($0.5000 \geq F_{ij} \geq 0.1000$)、(3)一般联系型($0.1000> F_{ij} \geq 0.0100$)、(4)较弱联系型($0.0100> F_{ij} \geq 0.0010$)、(5)弱联系型($F_{ij} < 0.0010$)。据此分析：

表2 2008—2014年中国东北地区与俄罗斯远东联邦区的空间经济联系强度类型

黑龙江省与俄远东各地区		萨哈共和国	堪察加边疆区	滨海边疆区	哈巴罗夫斯克边疆区	阿穆尔州	马加丹州	萨哈林州	犹太自治州	楚科奇民族自治区
2008	R	2.132	0.2949	40.671	11.692	17.825	0.181	3.0785	1.2676	0.0275
	F	0.028	0.0038	0.5270	0.1515	0.2310	0.004	0.0399	0.0164	0.0004
2009	R	2.230	0.3295	44.555	12.043	19.380	0.195	3.3832	1.3238	0.0337
	F	0.027	0.0039	0.5338	0.1443	0.2322	0.002	0.0405	0.0159	0.0004
2010	R	2.669	0.3645	54.575	14.613	22.785	0.234	4.1128	1.6101	0.0360
	F	0.026	0.0036	0.5404	0.1447	0.2256	0.002	0.0407	0.0159	0.0004
2012	R	3.432	0.4402	67.945	17.950	29.036	0.301	5.1824	1.9414	0.0431
	F	0.027	0.0035	0.5381	0.1422	0.2300	0.002	0.0410	0.0154	0.0003

续表

2013	R	2.149	0.3949	46.691	12.772	17.885	0.182	3.0765	1.1679	0.0258
	F	0.030	0.0045	0.5870	0.1595	0.2320	0.003	0.0310	0.0184	0.0004
2014	R	3.438	0.4793	68.945	18.950	39.036	0.309	4.1824	1.9914	0.0343
	F	0.027	0.0060	0.5081	0.1429	0.2800	0.005	0.0460	0.0157	0.0004
经济联系强度类型		一般联系	较弱联系类型	强联系类型	较强联系类型	较强联系类型	较弱联系类型	一般联系类型	一般联系类型	弱联系类型
吉林省与俄远东各地区		萨哈共和国	堪察加边疆区	滨海边疆区	哈巴罗夫斯克边疆区	阿穆尔州	马加丹州	萨哈林州	犹太自治州	楚科奇民族自治区
2008	R	1.227	0.1945	26.562	5.8970	6.6013	0.114	1.9127	0.6393	0.0190
	F	0.028	0.0045	0.6153	0.1366	0.1529	0.003	0.0443	0.0148	0.0004
2009	R	1.346	0.2278	30.508	6.3678	7.5348	0.129	2.2037	0.6999	0.0243
	F	0.027	0.0046	0.6222	0.1299	0.1534	0.003	0.0449	0.0143	0.0005
2010	R	1.600	0.2503	37.118	7.6753	8.7875	0.154	2.6610	0.8457	0.0259
	F	0.027	0.0042	0.6279	0.1298	0.1486	0.003	0.0450	0.0143	0.0004
2012	R	2.102	0.3090	47.217	9.6328	11.442	0.202	3.4261	1.0419	0.0316
	F	0.028	0.0041	0.6262	0.1277	0.1517	0.003	0.0454	0.0138	0.0004
2013	R	1.257	0.1956	29.566	1.2573	6.6693	0.114	1.9243	0.6304	0.0200
	F	0.049	0.0053	0.6193	0.0494	0.1528	0.003	0.0483	0.0168	0.0007
2014	R	2.192	0.5540	37.217	9.6281	11.842	0.272	4.4261	1.8418	0.0386
	F	0.028	0.0038	0.6270	0.1297	0.1527	0.003	0.0460	0.0148	0.0004
经济联系强度类型		一般联系	较弱联系类型	强联系类型	较强联系类型	较强联系类型	较弱联系类型	一般联系类型	一般联系类型	弱联系类型
辽宁省与俄远东各地区		萨哈共和国	堪察加边疆区	滨海边疆区	哈巴罗夫斯克边疆区	阿穆尔州	马加丹州	萨哈林州	犹太自治州	楚科奇民族自治区
2008	R	1.793	0.3033	28.460	6.8518	6.0685	0.170	2.5538	0.7428	0.0306
	F	0.038	0.0065	0.6059	0.1459	0.1292	0.004	0.0544	0.0158	0.0007
2009	R	1.952	0.3528	32.463	7.3481	6.8701	0.191	2.9223	0.8077	0.0390
	F	0.037	0.0067	0.6131	0.1388	0.1298	0.004	0.0552	0.0153	0.0007

续表

2010	R	2.348	0.3924	39.973	8.9637	8.1196	0.230	3.5712	0.9876	0.0420
	F	0.036	0.0061	0.6185	0.1387	0.1256	0.004	0.0553	0.0153	0.0007
2012	R	3.054	0.4793	50.320	11.133	10.463	0.299	4.5501	1.2041	0.0509
	F	0.037	0.0059	0.6170	0.1365	0.1283	0.004	0.0558	0.0148	0.0006
2013	R	1.893	0.3038	32.460	6.9528	6.0985	0.179	2.6530	0.7439	0.0309
	F	0.037	0.0070	0.6559	0.1489	0.1092	0.006	0.0694	0.0179	0.0005
2014	R	3.058	0.2981	54.360	11.713	10.963	0.391	4.5581	1.2049	0.0529
	F	0.039	0.0039	0.6575	0.1965	0.1483	0.002	0.0559	0.0198	0.0007
经济联系强度类型		一般联系	较弱联系类型	强联系类型	较强联系类型	较强联系类型	较弱联系类型	一般联系类型	一般联系类型	弱联系类型

注：经济联系量（R）的单位为亿卢布·万人/平方千米。

综合 2008—2014 年的数据，中国东北三省与俄罗斯滨海边疆区的空间隶属度属于强联系型；中国东北三省与阿穆尔州及哈巴罗夫斯克边疆区的空间隶属度属于较强联系型；中国东北三省与萨哈林州、犹太自治州及萨哈共和国的空间隶属度属于一般联系型范围内；中国东北三省与马加丹州及堪察加边疆区的空间隶属度属于较弱联系型；中国东北三省与楚科奇民族自治区的空间经济联系量最少，空间隶属度属于弱联系型。

（三）主要经济联系方向

本文借助区域间相互作用的引力模型，利用东北三省及俄罗斯远东地区的相关资料，对两地区之间的区域经济联系强度与距离之间的相关性进行了客观验证，通过两地区区域经济联系强度所占比例的大小来确定区域经济联系的方向，并通过俄罗斯远东地区经济联系方向和强度的具体计算，来分析东北三省分别与俄罗斯远东地区各联邦区的经贸合作的现实基础。

1. 引力模型的使用

国内外学者在进行区域间的主要经济联系方向的定量研究时,大部分都使用能基本反映区域间相互作用的引力模型。该模型来源于牛顿力学,最早引用的是赖利①,对零售关系的研究方法进行了探索。二十年后,齐普夫②对引力模型进行了充分的理论阐释。自此,引力模型开始在经济地理学范围内广泛使用。随着经济地理学的不断发展和进步,其越来越看重定量研究,并且与区域经济学等新兴学科相结合,为引力模型提供了更为广阔的发展空间。特别值得一提的是大卫·史密斯③和 P.哈格特④,他们将引力模型应用于"距离衰减效应"和"空间相互作用"的经验研究当中。自 20 世纪 90 年代以来,国内学者也在研究区域经济联系的定量分析中使用引力模型⑤,如周一星等,以山东半岛为主要研究对象,研究了山东半岛城市群的发展战略⑥;李国平和王立明,对深圳和珠江三角洲区域经济联系进行了测度及分析⑦;王德忠和庄仁兴对上

---

① Reilly, W. J., Methods for the Study of Retail Relationships, University of Texas, *Bulletin*, 1929(2944):1-9.

② Zips, G.K., The PIP2/D Hypothesis ; On the Intercity Movement of Persons, *American Sociological Review*, 1946(12):677-686.

③ Smith David, Interaction within a Fragmented States: The Example of Hawau, *Economic Geography*, 1963 39 (3).

④ Haggett P., *Locational Analysis in Human Geography*, London: Edward Arnold Ltd., 1965, pp. 33-40.

⑤ 苗长虹、王海江:《河南省城市的经济联系方向与强度——兼论中原城市群的形成与对外联系》,《地理研究》2006 年第 2 期,第 222—232 页。

⑥ 周一星、杨焕彩:《山东半岛城市群发展战略研究》,中国建筑工业出版社 2004 年版。

⑦ 李国平、王立明:《深圳与珠江三角洲区域经济联系的测度及分析》,《经济地理》2001 年第 1 期,第 33—37 页。

海和苏锡常地区进行区域经济联系定量分析来研究地区经济联系[①];郑国和赵群毅研究了山东半岛的主要经济联系方向[②];陈彦先和刘继生做出了基于引力模型的城市空间相互联系功率的分析[③]。

参考国内外学者的研究成果和分析方法,本文测度主要经济联系方向时运用如下的引力模型:

$$R_{ij} = \left(\sqrt{P_i V_i} \times \sqrt{P_j V_j}\right) \big/ D_{ij}^2 \quad (1)$$

$$F_{ij} = R_{ij} \bigg/ \sum_{j=1}^{n} R_{ij} \quad (2)$$

该模型是在假设产业结构与分工、交通方式、信息传输和人力资源吸引能力等要素相同的条件下构建的。公式(1)、(2)中,R_{ij}为i、j两地区经济联系强度;P_i、P_j为i、j两地区总人口数;V_i、V_j为i、j两地区当年GDP;D_{ij}为i、j两地区空间距离;F为隶属度。

2. 数据的收集与整理

人口和GDP数据来源于《中国统计年鉴(2015)》和《俄罗斯统计年鉴(2009—2015)》。各地区之间的距离采用绝对距离。具体数据如表3。

表3 俄罗斯远东地区与东北三省空间经济联系量及当年GDP

| 2008年 | 空间经济联系量 | | | | 当年GDP |
俄远东地区	总值	辽宁省	黑龙江省	吉林省	(亿卢布)

---

① 王德忠、庄仁兴:《区域经济联系定量分析初探——以上海与苏锡常地区经济联系为例》,《地理科学》1996年第1期,第51—57页。
② 郑国、赵群毅:《山东半岛城市群主要经济联系方向研究》,《地域研究与开发》2004年第5期,第51—54页。
③ 陈彦先、刘继生:《基于引力模型的城市空间互相关和功率语分析》,《地理研究》2002年第6期,第742—752页。

续表

滨海边疆区	95.69284	28.45985	40.67075	26.56224	316.582
阿穆尔州	30.494374	6.068511	17.82459	6.601273	131.564
哈巴罗夫斯克边疆区	24.44082	6.851797	11.69204	5.896983	269.178
萨哈共和国	5.152379	1.792701	2.132338	1.22734	309.518
萨哈林州	7.545046	2.553844	3.078502	1.9127	333.582
犹太自治州	2.649753	0.742838	1.267593	0.639322	23.977
马加丹州	0.465727	0.170279	0.181071	0.114377	42.054
堪察加边疆区	1.258433	0.303322	0.294883	0.194501	77.854
楚科奇民族自治区	0.077119	0.030643	0.027513	0.018963	30.559

2009 年	空间经济联系量				当年 GDP（亿卢布）
俄远东地区	总值	辽宁省	黑龙江省	吉林省	
滨海边疆区	107.52588	32.46291	44.55541	30.50756	368.997
阿穆尔州	33.775189	6.870062	19.38034	7.524787	151.119
哈巴罗夫斯克边疆区	25.758607	7.348101	12.04272	6.367786	276.895
萨哈共和国	5.528447	1.952314	2.230289	1.345844	328.202
萨哈林州	8.50918	2.922255	3.383193	2.203732	392.380
犹太自治州	2.831511	0.807739	1.323794	0.699978	25.320
马加丹州	0.515528	0.191103	0.195174	0.129251	47.896
堪察加边疆区	1.425645	0.352845	0.329453	0.227819	94.643
楚科奇民族自治区	0.096885	0.038981	0.033615	0.024289	45.068

2010 年	空间经济联系量				当年 GDP（亿卢布）
俄远东地区	总值	辽宁省	黑龙江省	吉林省	
滨海边疆区	131.6653	39.97275	54.57487	37.11768	464.325
阿穆尔州	39.692288	8.119617	22.78516	8.787511	179.509
哈巴罗夫斯克边疆区	31.252247	8.963636	14.61333	7.675281	351.261
萨哈共和国	6.61686	2.348455	2.668759	1.599646	384.726
萨哈林州	10.345061	3.571204	4.112813	2.661044	492.730

续表

犹太自治州	3.443341	0.987604	1.610082	0.845655	32.538
马加丹州	0.617329	0.229984	0.23365	0.153695	58.174
堪察加边疆区	1.624567	0.392413	0.364476	0.250349	101.677
楚科奇民族自治区	0.103941	0.042022	0.036047	0.025872	41.974

2012年	空间经济联系量				当年GDP（亿卢布）
俄远东地区	总值	辽宁省	黑龙江省	吉林省	
滨海边疆区	165.48162	50.32042	67.94454	47.21666	546.5
阿穆尔州	50.94038	10.46253	29.03587	11.44198	223.7
哈巴罗夫斯克边疆区	38.715315	11.1329	17.94961	9.632805	401.5
萨哈共和国	8.588464	3.054058	3.432307	2.102099	483.0
萨哈林州	13.158597	4.550136	5.182393	3.426068	596.9
犹太自治州	4.18736	1.204109	1.941389	1.041862	36.5
马加丹州	0.801558	0.299085	0.300501	0.201972	75.1
堪察加边疆区	2.030043	0.479273	0.44024	0.308972	112.8
楚科奇民族自治区	0.125631	0.050853	0.04314	0.031638	44.8

2013年	空间经济联系量				当年GDP（亿卢布）
俄远东地区	总值	辽宁省	黑龙江省	吉林省	
滨海边疆区	108.7168	32.45985	46.69075	29.56624	534.6
阿穆尔州	30.65237	6.098511	17.88459	6.669273	120.8
哈巴罗夫斯克边疆区	25.63182	6.952797	12.77204	5.906983	600.8
萨哈共和国	5.299387	1.892701	2.149338	1.257348	425.3
萨哈林州	7.65382	2.653044	3.076502	1.924274	251.7
犹太自治州	2.542253	0.743938	1.167893	0.630422	81.4
马加丹州	0.475024	0.179276	0.182271	0.113477	643.2
堪察加边疆区	0.894316	0.303822	0.394893	0.195601	44.9
楚科奇民族自治区	0.07671	0.030943	0.025814	0.019953	52.4

2014年	空间经济联系量				当年GDP（亿卢布）
俄远东地区	总值	辽宁省	黑龙江省	吉林省	

续表

滨海边疆区	160.5216	54.36042	68.94454	37.21666	600.3
阿穆尔州	61.84038	10.96253	39.03587	11.84198	134.2
哈巴罗夫斯克边疆区	40.29095	11.71329	18.94961	9.62805	663.2
萨哈共和国	8.688464	3.058058	3.438307	2.192099	431.6
萨哈林州	13.1666	4.558136	4.182393	4.426068	273.4
犹太自治州	5.03816	1.204909	1.991389	1.841862	89.1
马加丹州	0.971245	0.390501	0.308772	0.271972	680.3
堪察加边疆区	1.331402	0.298085	0.479293	0.554024	52.7
楚科奇民族自治区	0.12581	0.052853	0.034319	0.038638	58.1

3.远东地区各区对东北三省空间经济联系量总值与GDP之间相关性的实证分析

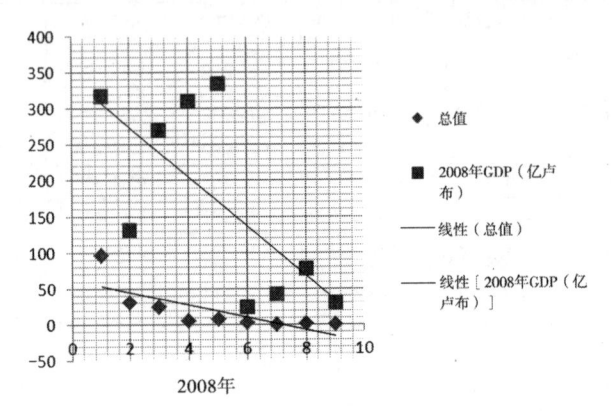

我们分别用2008—2014年俄罗斯远东地区各区对中国东北三省的空间经济联系量总值及GDP值各自所占全部数据的比例来标准化数据,利用两个变量的具体值进行两者之间的相关性分析,并根据具体的数值绘制了简单散点图(图1)。由散点图可以看出,上述变量之间具有很强的线性关系;而GDP是计算经济联系强度的三个要素之一,这足以显示出经济联系强度与GDP的强相关性。

2009年

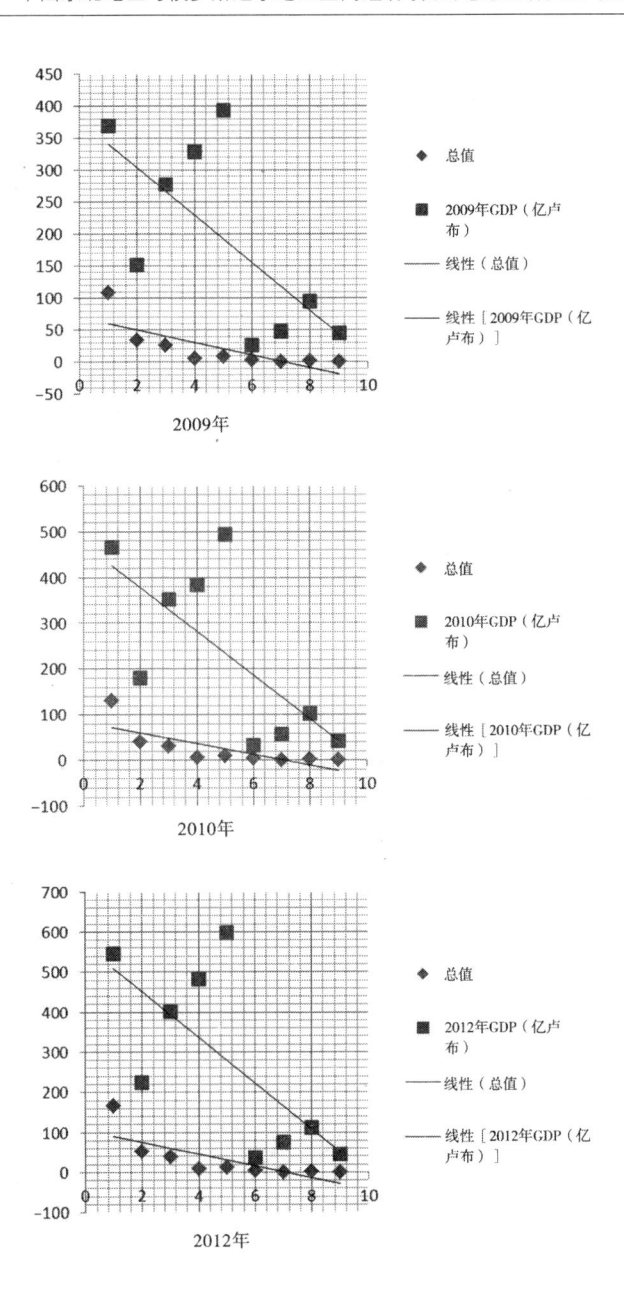

2010年

2012年

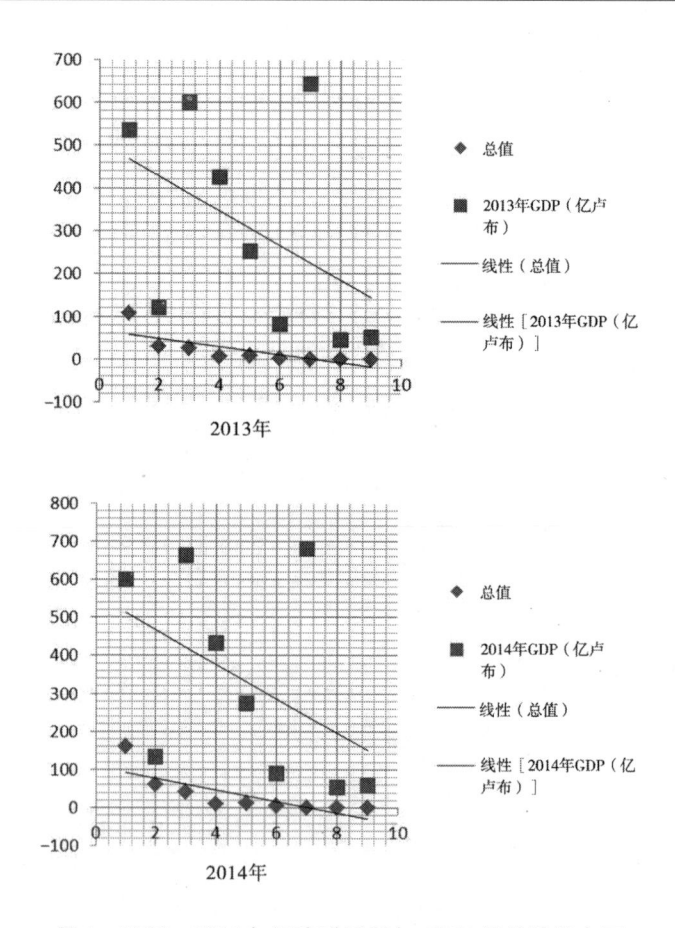

图1　2008—2014年经济联系量与GDP相关性散点图

通过上述对经济联系强度与GDP之间的相关性分析,我们可以用相对准确的量化指标即GDP的数值来描述区域之间经济联系强弱,而不是单纯从两地区之间的不能充分统计的货物、劳动力以及信息的交流等情况来笼统地感知经济联系强度。这种感知很感性,而且很主观,因此不能准确地反映现实。由此,我们可以运用包含GDP这一变量的引力模型来计算出中俄两地区的经济联系强度值,进而将所得数值作为衡量两地区之间的经济联系强度大小的实用性量化指标,并且由经济联系强度在全部数据中所占比例的大小来从量化的角度确定两地区的经济联系的主要方向。①

4. 主要经济联系方向的确定

运用经济联系强度公式(1),测得俄罗斯远东地区与中国东北三省主要省会城市的空间经济联系量,再运用公式(2),计算空间经济隶属度 F_{ij} 得到表4。

表4 中国东北三省与俄罗斯远东地区的主要经济联系方向表

黑龙江省与俄远东各地区		萨哈共和国	堪察加边疆区	滨海边疆区	哈巴罗夫斯克边疆区	阿穆尔州	马加丹州	萨哈林州	犹太自治州	楚科奇民族自治区
2008	R	2.132	0.2949	40.671	11.692	17.825	0.181	3.0785	1.2676	0.2075
	F	0.028	0.0038	0.5270	0.1515	0.2310	0.004	0.0399	0.0164	0.0004
2009	R	2.230	0.3295	44.555	12.043	19.380	0.195	3.3832	1.3238	0.0337
	F	0.027	0.0039	0.5338	0.1443	0.2322	0.002	0.0405	0.0159	0.0004
2010	R	2.669	0.3645	54.575	14.613	22.785	0.234	4.1128	1.6101	0.0360
	F	0.026	0.0036	0.5404	0.1447	0.2256	0.002	0.0407	0.0159	0.0004
2012	R	3.432	0.4402	67.945	17.950	29.036	0.301	5.1824	1.9414	0.0431
	F	0.027	0.0035	0.5381	0.1422	0.2300	0.002	0.0410	0.0154	0.0003
2013	R	2.149	0.3949	46.691	12.772	17.885	0.182	3.0765	1.1679	0.0258
	F	0.030	0.0045	0.5870	0.1595	0.2320	0.003	0.0310	0.0184	0.0004
2014	R	3.438	0.4793	68.945	18.950	39.036	0.309	4.1824	1.9914	0.0343
	F	0.027	0.0060	0.5081	0.1429	0.2800	0.005	0.0460	0.0157	0.0004
经济联系方向		第二圈层	第二圈层	第一圈层	第一圈层	第一圈层	第二圈层	第二圈层	第二圈层	第二圈层

---

① 苗长虹、王海江:《河南省城市的经济联系方向与强度——兼论中原城市群的形成与对外联系》,《地理研究》2006年第2期,第222—232页。

续表

吉林省与俄远东各地区		萨哈共和国	堪察加边疆区	滨海边疆区	哈巴罗夫斯克边疆区	阿穆尔州	马加丹州	萨哈林州	犹太自治州	楚科奇民族自治区
2008	R	1.227	0.1945	26.562	5.8970	6.6013	0.114	1.9127	0.6393	0.0190
	F	0.028	0.0045	0.6153	0.1366	0.1529	0.003	0.0443	0.0148	0.0004
2009	R	1.346	0.2278	30.508	6.3678	7.5348	0.129	2.2037	0.6999	0.0243
	F	0.027	0.0046	0.6222	0.1299	0.1534	0.003	0.0449	0.0143	0.0005
2010	R	1.600	0.2503	37.118	7.6753	8.7875	0.154	2.6610	0.8457	0.0259
	F	0.027	0.0042	0.6279	0.1298	0.1486	0.003	0.0450	0.0143	0.0004
2012	R	2.102	0.3090	47.217	9.6328	11.442	0.202	3.4261	1.0419	0.0316
	F	0.028	0.0041	0.6262	0.1277	0.1517	0.003	0.0454	0.0138	0.0004
2013	R	1.257	0.1956	29.566	1.2573	6.6693	0.114	1.9243	0.6304	0.0200
	F	0.049	0.0053	0.6193	0.0494	0.1528	0.003	0.0483	0.0168	0.0007
2014	R	2.192	0.5540	37.217	9.6281	11.842	0.272	4.4261	1.8418	0.0386
	F	0.028	0.0038	0.6270	0.1297	0.1527	0.003	0.0460	0.0148	0.0004
经济联系方向		第二圈层	第二圈层	第一圈层	第一圈层	第一圈层	第二圈层	第二圈层	第二圈层	第二圈层

辽宁省与俄远东各地区		萨哈共和国	堪察加边疆区	滨海边疆区	哈巴罗夫斯克边疆区	阿穆尔州	马加丹州	萨哈林州	犹太自治州	楚科奇民族自治区
2008	R	1.793	0.3033	28.460	6.8518	6.0685	0.170	2.5538	0.7428	0.0306
	F	0.038	0.0065	0.6059	0.1459	0.1292	0.004	0.0544	0.0158	0.0007
2009	R	1.952	0.3528	32.463	7.3481	6.8701	0.191	2.9223	0.8077	0.0390
	F	0.037	0.0067	0.6131	0.1388	0.1298	0.004	0.0552	0.0153	0.0007
2010	R	2.348	0.3924	39.973	8.9637	8.1196	0.230	3.5712	0.9876	0.0420
	F	0.036	0.0061	0.6185	0.1387	0.1256	0.004	0.0553	0.0153	0.0007
2012	R	3.054	0.4793	50.320	11.133	10.463	0.299	4.5501	1.2041	0.0509
	F	0.037	0.0059	0.6170	0.1365	0.1283	0.004	0.0558	0.0148	0.0006
2013	R	1.893	0.3038	32.460	6.9528	6.0985	0.179	2.6530	0.7439	0.0309
	F	0.037	0.0070	0.6559	0.1489	0.1092	0.006	0.0694	0.0179	0.0005

续表

2014	R	3.058	0.2981	54.360	11.713	10.963	0.391	4.5581	1.2049	0.0529
	F	0.039	0.0039	0.6575	0.1965	0.1483	0.002	0.0559	0.0198	0.0007
经济联系方向		第二圈层	第二圈层	第一圈层	第一圈层	第一圈层	第二圈层	第二圈层	第二圈层	第二圈层

注：经济联系量（R）的单位为亿卢布·万人/平方千米。

滨海边疆区是俄罗斯远东地区与东北三省的经济联系中心地区，由这个中心地区向外辐射。第一圈层是以俄滨海边疆区为中心点，包括阿穆尔州和哈巴罗夫斯克边疆区，它们构成了俄远东地区的核心圈层，与东北三省具有相当强的经济联系，而且这三个地区之间的相邻城市也彼此有较强的经济联系，并且相互之间连接构成各自的网格状结构，从而构成了具有重要区域经济合作发展意义的区域。第二圈层是除第一圈层以外的其他地区组成的外围圈层，俄远东这些地区和东北三省有着非常有限的经济联系，而这些地区之间除了萨哈林州、萨哈共和国、马加丹州及犹太自治州因彼此之间距离较近，相互之间有较强的经济联系外，其他地区不仅与东北三省的经济联系强度很小，同时与俄远东其他地区的联系也很弱。

（四）经济区位

目前，对经济区位的量化研究大部分是关于城市区位的中心性和区位的可达性。本文将经济区位的分析扩大到中俄两国的两个接壤的地区。

1. 经济区位测量方法

研究经济区位，就是研究在区域经济中的地位和角色定位以及区域经济空间格局。根据区域的强度来定位其经济地位,以及对外的经济联系强度高低,并在便捷与否的基础上,比较不同地区的外贸和经济区位优、劣势,通过区域间的相互作用力的大小和空间分布,揭示不同区域之间经济联系的空间结构。

这里依旧用引力模型来表示区域内各个地区之间的经济联系强度,选取各地区的国内生产总值和人口来表示该地区的质量,用两地区间的绝对距离表示空间距离,计算经济联系强度的模型公式如下:

$$R_{ij} = (\sqrt{P_i V_i} \times \sqrt{P_j V_j})/D_{ij}^2 \qquad (1)$$

该模型是在假设产业结构与分工、交通方式、信息传输和人力资源吸引能力等要素相同的条件下构建的。公式(1)中,R_{ij} 为 i、j 两地区经济联系强度;P_i、P_j 为 i、j 两地区总人口数;V_i、V_j 为 i、j 两地区当年 GDP;D_{ij} 为 i、j 两地区空间距离。

假设研究有 n 个地区在需要研究的区域内,那么将区域内的 i 地区与该区域内其他地区的经济联系总量表示为该地区的区域可达性,用 S_i 来表示,其具体计算公式为:

$$S_i = \sum_{j=1}^{n} R_{ij} \qquad (3)$$

本文中用该区域内的某一 i 地区与区域内其他地区的经济联系量占区域内全部地区经济联系量的比重来表示这一 i 地区的经济区位,即用如下的公式来表示 i 地区在研究区域内的经济区位 Q_i:

$$Q_i = S_i / \sum_{i=1}^{n} S_i, Q_i = \sum_{j=1}^{n} R_{ij} / \sum_{1i}^{n} \sum_{1}^{n} R_{ij} \qquad (4)$$

运用公式(3)和公式(4)计算分析俄罗斯远东地区与中国东北

三省的经济区位状况(表5)。

表5 俄罗斯远东地区与中国东北三省的经济区位分析表

		萨哈共和国	堪察加边疆区	滨海边疆区	哈巴罗夫斯克边疆区	阿穆尔州	马加丹州	萨哈林州	犹太自治州	楚科奇民族自治区
2008	S	5.152	1.2584	95.693	24.441	30.394	0.466	7.5450	2.6498	0.0771
	Q	0.031	0.0075	0.5704	0.1457	0.1818	0.003	0.0450	0.0158	0.0005
2009	S	5.528	1.4256	107.53	25.759	33.775	0.516	8.5092	2.8315	0.0969
	Q	0.030	0.0077	0.5782	0.1385	0.1816	0.003	0.0458	0.0152	0.0005
2010	S	6.617	1.6246	131.67	31.252	39.692	0.617	10.345	3.4433	0.1039
	Q	0.029	0.0072	0.5842	0.1387	0.1761	0.003	0.0459	0.0153	0.0005
2012	S	8.588	2.0300	165.48	38.715	50.940	0.802	13.159	4.1874	0.1256
	Q	0.030	0.0071	0.5826	0.1363	0.1793	0.003	0.0463	0.0147	0.0004
2013	S	5.300	0.8943	108.72	25.632	30.652	0.475	7.6538	2.5423	0.0767
	Q	0.029	0.0049	0.5975	0.1409	0.1685	0.003	0.0421	0.0140	0.0004
2014	S	8.688	1.3314	160.52	40.291	61.840	0.971	13.167	5.0382	0.1258
	Q	0.030	0.0046	0.5498	0.1380	0.2118	0.003	0.0451	0.0173	0.0004
经济区位		第二圈层	第三圈层	第一圈层	第一圈层	第一圈层	第三圈层	第二圈层	第二圈层	第三圈层

2. 经济区位的空间分布

滨海边疆区是俄罗斯远东地区的经济区位中心,俄远东滨海边疆区与东北三省的经济联系量占俄远东地区与中国东北三省经济联系总量的一半以上,第二位是阿穆尔州,第三位是哈巴罗夫斯克边疆区。经济区位较差的是俄远东的堪察加边疆区、马加丹州和位于俄远东地区最东面的楚科奇民族自治区。

表5中的第一圈层是以俄远东滨海边疆区为中心的区域,包括阿穆尔州和哈巴罗夫斯克边疆区,组成了俄罗斯远东地区的经济核心区。该区的经济联系约占远东地区对中国东北三省经济联系总量的2/3,是区位可达性最强和发展水平最高的地区。第二圈层

是由俄远东萨哈林州、萨哈共和国和犹太自治州构成的区域,分布在俄远东地区的外缘,与中心地区内相邻地区的经济联系十分密切。第三圈层为俄罗斯远东地区的部分边缘地区即堪察加边疆区、马加丹州和楚科奇民族自治区,这一圈层在地里位置上远离俄罗斯远东地区经济中心,同时受到俄远东地区以外地区的经济吸引,因此不仅与核心圈层的经济联系较弱,而且它们相互之间的经济联系也较弱。

(五)中国东北地区与俄罗斯远东地区空间经济联系的具体分析

将表2、表4、表5结论汇总成表6,可以看出,空间经济联系强度、主要经济联系方向和经济区位三者分类方向大致相同。结合区位特征与优势分析,认为空间经济联系强度基本上反映了空间经济联系程度。

表6 中国东北地区与俄远东地区空间经济联系分析结果汇总表

	空间经济联系强度	主要经济联系方向	经济区位
滨海边疆区	强联系类型	第一圈层	第一圈层
阿穆尔州	较强联系类型	第一圈层	第一圈层
哈巴罗夫斯克边疆区	较强联系类型	第一圈层	第一圈层
萨哈共和国	一般联系类型	第二圈层	第二圈层
萨哈林州	一般联系类型	第二圈层	第二圈层
犹太自治州	一般联系类型	第二圈层	第二圈层
马加丹州	较弱联系类型	第二圈层	第三圈层
堪察加边疆区	较弱联系类型	第二圈层	第三圈层
楚科奇民族自治区	弱联系类型	第二圈层	第三圈层

1. 强联系型和较强联系型

将2008—2014年的数据代入引力模型可知,中国东北三省与俄罗斯远东地区的滨海边疆区的空间隶属度属于强联系型,中国东北三省与俄远东地区的阿穆尔州及哈巴罗夫斯克边疆区的空间隶属度属于较强联系型。由空间经济联系方向的分析结果可以看出,空间经济联系方向是以俄罗斯远东地区的滨海边疆区与东北三省的经济联系为中心,向外呈辐射状同心圆式圈层构造。位于俄远东地区东南部的滨海边疆区,自然资源丰富,有大量的木材、有色金属、矿产品、稀有金属、煤炭、水产品等,该地区是远东地区唯一一个粮食产量能自给自足的地区。同时,该地区有俄远东境内最繁忙的港口符拉迪沃斯托克港、纳霍德卡港和东方港,是远东地区与外界连接的桥梁。目前,中国东北三省与滨海边疆区具体的合作项目很多,滨海边疆区与中国黑龙江接壤,2006年6月开通了哈尔滨到符拉迪沃斯托克的国际客运线路,2011年黑龙江与滨海边疆区又成功开通了陆海联运通道。中俄地方政府间交流密切,地方经贸合作关系良好。目前中国东北地区在俄滨海边疆区内投资建立了多家独资或参股企业,双方还共同出资建立了经济贸易合作区,不仅涉及农业,还包括重工业、轻工业和电子等领域。不难看出,中俄双方联系紧密,合作潜力巨大。辽宁省和吉林省与俄滨海边疆区的交通运输联系紧密,而且滨海边疆区与辽宁省签署了体育运动领域合作协议,协议规定,双方将开展体育运动代表团交流。辽宁省在滨海边疆区的投资、合作项目很多。辽宁省和吉林省与阿穆尔州拥有大量的能源合作项目。

阿穆尔州位于俄罗斯的东南部,身处中国黑龙江省与俄犹太自治州之间,与哈巴罗夫斯克和滨海边疆区共同组成了俄远东地区与中国东北地区经贸联系的桥梁。该地区不仅林木、煤炭、金属等自然资源相当丰富,而且便利的交通构成了连接中国东北地区与俄远东地区的交通运输中枢。这里有连接黑龙江省的黑龙江公路铁路大桥,有基础设施相对完善的国际机场,有阿穆尔河、结雅河、布列亚河等多条连接东北地区的交通运输干线。这些无疑构成了阿穆尔州水、陆、空三位一体结合的交通运输网,为俄远东地区与中国东北地区的区域经贸合作创造了必要条件。目前,黑龙江省与阿穆尔州共同建立了多条连接两地区的水路通道,已经逐渐成为中俄两地区经贸合作的必经路线,并准备建设黑河—布拉戈维申斯克黑龙江界河大桥和跨江空中索道。

哈巴罗夫斯克边疆区山林重峦叠嶂,是俄远东地区林业资源最为丰富的地区,而且该区又是俄远东地区对外交通运输枢纽,与黑龙江省和吉林省的大部分口岸相连,有完善的水路、公路、铁路、航空运输网络,成为中俄两地区商品的交流中心。自20世纪80年代,中俄两国恢复了双边贸易,中国东北地区的商品凭借较低的价格和较高的品质,逐渐在哈巴罗夫斯克市场占据重要的地位,当地居民接近4/5的日常消费品和食品来自黑龙江省和吉林省。哈巴罗夫斯克是仅次于莫斯科、圣彼得堡的全俄第三大航空港,是远东最大的机器制造业中心。辽宁省与阿纳德尔、彼得罗巴甫洛夫斯克设有国际航班。

由上述分析可知,中俄两地区优越的地理位置给各城市群带来了其他地区无法比拟的地缘优势;丰富的自然资源和人力资源的互补关系给两地区各城市群的经济联系提供了必要条件;日趋完善的交通运输网络为两地区的经济合作提供了相当有利的保障。

2. 一般联系型

将2008—2014年的数据代入引力模型可知,中国东北三省与俄远东地区的萨哈林州、犹太自治州及萨哈共和国的空间隶属度属于一般联系型范围内,同时,从主要经济联系方向和经济区位来看都处于第二圈层。远东地区这些州与中国东北三省的经济联系无论从模型的数据还是从实际情况看,都属于一般联系型。

首先来看萨哈林州,萨哈林州是俄罗斯远东地区中距离中国东北地区最近的岛屿,首府是南萨哈林斯克。萨哈林州拥有丰富的矿产、森林与海洋资源,是目前俄罗斯远东地区唯一出产石油和天然气的地区,并且萨哈林州政府对州境内的相关投资活动给予支持和担保,这些无疑为发展生产行业、吸引外资创造了条件。因此,萨哈林地区本应该是俄远东地区经济发展的领头羊。但是,现实中该地区并没有有效利用这些优势条件,也与东北地区缺乏合作和联系。与此同时,黑龙江省与萨哈林州缺少能源贸易和渔业合作。萨哈林地区与辽宁省及吉林省也缺乏合作和联系。

再看犹太自治州,犹太自治州位于黑龙江北岸,其首府是比罗比詹,与阿穆尔州和哈巴罗夫斯克边疆区接壤。是俄罗斯唯一一个自治州,于1858年被沙俄通过不平等的《中俄瑷珲条约》强行侵占至今。该地区同样拥有丰富的自然资源和能源,其中值得一提的是其矿业方面和中国东北地区的合作是俄远东地区与东北地区合作中最为密切的。同时,中国东北地区是犹太自治州的主要贸易伙伴,约占自治州贸易额的99%,以辽宁省和吉林省为主。但是交通是其软肋。

最后看萨哈(雅库特)共和国,萨哈共和国是俄罗斯远东地区的一个自治共和国,是俄罗斯联邦境内最大的行政区,其首府是雅库茨克。萨哈共和国位于俄罗斯远东地区的最北面,与阿穆尔州、犹太自治州、哈巴罗夫斯克边疆区、马加丹州及楚科奇自治区都接壤。该地区矿产资源和燃料能源丰富。但是,萨哈共和国的交通十分不便利,缺少公路、铁路等主要的交通运输工具,而且在这方面也没有加强与东北地区的合作。因此东北三省与雅库茨克缺少跨境公路线路。吉林省与萨哈共和国也没有国际航班。

3. 较弱和弱联系型

将2008—2014年的数据代入引力模型可知,中国东北三省与俄远东地区的马加丹州及堪察加边疆区的空间隶属度属于较弱联系型;中国东北三省与俄远东地区的楚科奇民族自治区的空间经济联系量最少,空间隶属度属于弱联系型。从主要经济联系方向的分析结果来看,都属于第二圈层,俄远东这些地区和东北三省发生有限的经济联系。从对中国东北与俄罗斯远东地区的经济区位的分析可以看出,俄远东地区的堪察加边疆区和位于俄远东地区最东部的楚科奇民族自治区的经济区位较差,受到俄远东地区以外的地区经济吸引,与核心圈层的经济联系较弱,并且它们相互之间的经济联系也较弱。

马加丹州在俄远东地区的东北部,是俄罗斯重要的黄金出产区,但是交通十分不便利,因此与外界发生贸易的条件较差。楚科奇民族自治区的工业相对来说比较发达,包括矿山开采部门(采金、锡、钨、石炭、褐煤)、渔业工业及建材生产,但是东北三省与其工业方面联系甚少,这与交通运输不畅相关。

由上述分析可知,空间经济联系分类属于一般的类型和属于较弱和弱类型的地区,彼此间经济发展的共同促进力度不够,需要努力完善。主要干扰因素可以概括为交通联系缺乏便利性及经济结构匹配程度低下这两方面,应该从这两方面加以改进。

第一,大力发展中国东北地区和俄罗斯远东地区的马加丹州、堪察加边疆区及楚科奇民族自治区之间的交通运输合作,同时加强基础设施领域的合作。轻工业和食品是中国的传统工业和重点对外出口项目,中国东北地区也具有优势,而俄犹太自治州等地区对这两者的需求量很大,但是由于交通十分不便利,双方的进出口联系并不密切。因此,要改善交通环境,增强双方联系。

第二,俄罗斯产业结构调整后,以重工业为主导的产业结构演变为以能源、原材料工业为主导的产业结构。中国东北地区应当及时加强与俄远东联邦区特别是犹太自治州在能源、原材料工业及轻工业品和食品方面的经济合作,提升出口商品的档次,强化两地区的经济联系。

同时,由上述分析不难看出,中国东北地区与俄罗斯远东地区主要城市或城市群空间经济联系及其强度,与地理区位优势和交通运输网络发展程度的关联度最大。

二、中国东北地区与俄罗斯远东地区地缘经济关系分析

中国东北地区与俄罗斯远东地区的经贸合作日益深化,范围逐步扩大,进一步加深了中俄两国的经贸合作伙伴关系,并且为两地区从双边经贸合作最终发展成为经济一体化形式打下了坚实基础。中俄两地区的经贸合作是以区域经济一体化理论为依据,而区域经济一体化理论又分为关税同盟、自由贸易区、共同市场等阶段,这些阶段从本质上是按照不同的对外边界来划分的。因此,研

究两地区的经贸合作问题还需要以边界地区一体化效应理论与边境区位合作理论为支撑。这两种理论研究的重心是地缘上相邻的地区间的合作,而中俄两地区地理位置上相邻,因而可以从地缘经济的角度来分析中俄两地区的经贸合作。地缘经济主要研究的是地缘经济关系,而地缘经济关系正是分析不同地区之间在经济、政治、资源、文化、社会风俗和民族习俗上的相互联系对地区经济发展产生的影响。它从地缘经济的视角解释经贸合作发展过程中的有利及不利影响。它的产生是由于在同一市场范围内,任何两个地区在发展历史、先天自然条件、当前发展现状等各方面都存在不同程度的差异,其经济发展都是互相影响的。区域间的这种影响又可分为积极影响和消极影响。因此,地区间的地缘经济关系可分为两种类型即竞争型和互补型。

竞争型地缘经济是指由于地区之间存在自然条件、资源状况、经济结构等方面的相似性,使地区之间在发展各自经济的过程中可能成为相互争夺资金、争夺人才、争夺资源和争夺市场的竞争对手,即一地区对另一地区的经济发展有排斥作用,两地之间存在经济竞争性关系。互补型地缘经济则相反,它是指由于地区之间在自然条件、资源状况、经济结构等诸方面存在较大差异,可以使其在发展各自经济中互通有无,互相提供人才、资源和市场,从而取长补短,相互促进,共同发展,实现共赢,即一地区对另一地区经济发展有促进作用,两地区之间存在经济互补性关系。邓春玉指出:"地缘经济关系理论是研究核心区与外围区(腹地区)及其相互作用关系、经济要素空间流动与合理配置的理论。对地缘经济关系状态的测度主要依据是不同地区的相似性或差异性,测度方法多采用多元统计分析中的欧氏距离法(Euclidean Distance)"[①]。

(一) 地缘经济关系测算方法

1. 评价指标选取

在经济全球化、信息化时代,资金、货物、人力以及物流等对于地缘经济都具有重要的影响。同时,以上这些人类赖以生存发展的必要条件一般都是从报酬低的地区流向报酬高的地区,从相对丰富的地区流向相对稀缺的地区。考虑到以上生产要素对经济发展的直接影响,这里选用五个综合性指标(V、S、W、T、GDP)来反映各要素的流动性,其中,V = 某国固定资产投资总额/该国当年国内生产总值;S = 某国职工工资总额/该国当年国内生产总值;W = 某国金融机构存款余额/该国当年国内生产总值;T = 某国货物进出口总额/该国当年国内生产总值(对外贸易依存度)。

选取这五个变量作为模型的基本指标与这五个变量的构成部分有很强的相关性。固定资产投资总额、职工工资总额、金融机构存款余额和货物进出口总额分别从资金、人力、消费以及对外贸易情况上反映现实情况,这里分别取它们与当年国内生产总值的比值,是为了将所有考虑的因素量化,这样更加客观,分析结果更加贴近现实。

根据俄罗斯2009—2015年的统计年鉴和中国2009—2015年的统计年鉴,选取2008—2014年的上述基本指标 V、S、W、T、GDP

[①] 邓春玉:《城市群际空间经济联系与地缘经济关系匹配分析——以珠三角建设全国重要经济中心为例》,《城市与区域》2009年第8期,第86页。

（表7）。

表7　2008—2014年中国东北地区与俄罗斯远东联邦区各区的基本指标选取值

2008年	固定资产投资总额（万卢布）	职工工资总额（万卢布）	金融机构存款余额（万卢布）	货物进出口总额（万卢布）	当年GDP（亿卢布）
萨哈共和国	15695442	2233292	31828	878430	309.518
堪察加边疆区	1652042	4365524	-3010	266000	77.854
滨海边疆区	76970568	30095612	17813	1500100	316.582
哈巴罗夫斯克边疆区	83675548	31796564	3663	1109770	269.178
阿穆尔州	66056543	25902608	-23122	539290	131.564
马加丹州	13471488	40891200	1835	113900	42.054
萨哈林州	15238752	4783320	16649	682440	333.582
犹太自治州	10426252	2487912	053	113490	23.977
楚科奇民族自治区	828625	1634352	2902	42930	30.559
黑龙江省	227787598.78	64294449.51	345491077.2	88614.46	51803.07
辽宁省	624244700.3	87034143.67	632695215.8	277497.7	85163.09
吉林省	313953201.7	38101775.97	244431307.8	51076.04	40038.30
2009年	固定资产投资总额	职工工资总额	金融机构存款余额	货物进出口总额	当年GDP
萨哈共和国	19264865	3009361	9566	1002390	328.202
堪察加边疆区	2438532	4835404	4591	306030	94.643
滨海边疆区	149813251	32839252	17822	1645820	368.997
哈巴罗夫斯克边疆区	96974548	36326473	-4843	1285330	276.895
阿穆尔州	65625589	29552435	21049	594910	151.119
马加丹州	15178596	4498566	4655	131980	47.896
萨哈林州	11844658	5041925	25999	791580	392.380
犹太自治州	80395484	2689809	-065	134230	25.320
楚科奇民族自治区	1500154	5400845	19587	49970	45.068

续表

黑龙江省	313324537.8	72409760.81	400631580.2	62176.06	53501.76
辽宁省	765891618.3	91965866.98	749593082.3	241104.76	94782.48
吉林省	399478925.7	42962240.21	287503205.7	44985.76	45350.82
2010年	固定资产投资总额	职工工资总额	金融机构存款余额	货物进出口总额	当年GDP
萨哈共和国	13049335	3288008	34270	1091180	384.726
堪察加边疆区	3261548	5716806	3805	336400	101.677
滨海边疆区	208209691	34831255	27411	1775040	464.325
哈巴罗夫斯克边疆区	156439524	38601654	6860	1449750	351.261
阿穆尔州	83892248	29853648	20725	669350	179.509
马加丹州	1680996	4671604	9839	147430	58.174
萨哈林州	13501487	5221205	9542	894880	492.730
犹太自治州	1881147	2698084	−172	148970	32.538
楚科奇民族自治区	541925	6226447	18854	57530	41.974
黑龙江省	424463492.6	79601702.48	452008821.8	97750.83	64602.23
辽宁省	999569593.2	111352663.3	852983083.3	309212.27	114999.31
吉林省	490415211.9	48372297.41	320735187.8	64540.63	54004.01
2011年	固定资产投资总额	职工工资总额	金融机构存款余额	货物进出口总额	当年GDP
萨哈共和国	16597221	4562882	69759	1195730	——
堪察加边疆区	3384312	6799444	−572	376700	——
滨海边疆区	278378154	38702442	13220	1957980	——
哈巴罗夫斯克边疆区	176654125	48543627	5277	1671320	——
阿穆尔州	123232365	33165686	14472	860040	——
马加丹州	1889798	5390646	7698	170020	——
萨哈林州	18129887	6353282	14807	973890	——
犹太自治州	2662641	3369244	−306	154650	——
楚科奇民族自治区	900798	8397848	17520	59820	——
黑龙江省	465800984.5	92594036.13	507675454.7	147595.78	78392.86

续表

辽宁省	1104548977	139748146.4	957457438.6	367951.76	138484.80
吉林省	463702961.6	58589488.72	363605393.3	84524.25	65849.62
2012年	固定资产投资总额	职工工资总额	金融机构存款余额	货物进出口总额	当年GDP
萨哈共和国	22108132	4770122	79362	1291000	483.0
堪察加边疆区	360541	5178724	11092	402000	112.8
滨海边疆区	190838841	32943664	27069	2146000	546.5
哈巴罗夫斯克边疆区	168335121	37089647	37084	1847000	401.5
阿穆尔州	98558425	32230841	18501	1042000	223.7
马加丹州	2492175	6127323	18927	194000	75.1
萨哈林州	16121185	5334365	249412	1034000	596.9
犹太自治州	2493157	3029284	-124	170000	36.5
楚科奇民族自治区	1420957	7542727	17349	58000	44.8
黑龙江省	604092915	107960013.7	577576322.1	144023.44	85306.37
辽宁省	1360647983	158927578.5	1108263356	398810.41	154807.37
吉林省	592676853.4	68997352.73	428396730.1	94110.71	74388.26
2013年	固定资产投资总额	职工工资总额	金融机构存款余额	货物进出口总额	当年GDP
萨哈共和国	2026482	4509372	79566	1102393	534.6
堪察加边疆区	343855	4895401	14059	386030	120.8
滨海边疆区	189813554	32849212	26782	1945822	600.8
哈巴罗夫斯克边疆区	169743784	36726454	34843	1853303	425.3
阿穆尔州	96562578	29952468	17049	994910	251.7
马加丹州	2517866	5498565	16545	181985	81.4
萨哈林州	1584468	5241967	259996	9791580	643.2
犹太自治州	1803935	2989804	-67	164230	44.9
楚科奇民族自治区	1500232	6407843	16587	57972	52.4
黑龙江省	1256765166	213819387	1103746599	276912855	158666.29
辽宁省	2755104521	354512423	2157269030	815360599	298709.62

续表

吉林省	1095040491	162082110	849904414	183984208	143205.59
2014年	固定资产投资总额	职工工资总额	金融机构存款余额	货物进出口总额	当年GDP
萨哈共和国	2019264	4409361	80956	1092490	600.3
堪察加边疆区	354355	4836902	13945	379603	134.2
滨海边疆区	184981542	31939725	27824	1845920	663.2
哈巴罗夫斯克边疆区	156976432	29327422	33684	1785639	431.6
阿穆尔州	93565502	30552423	16084	949715	273.4
马加丹州	2415135	5395972	15465	179831	89.1
萨哈林州	1491842	5037423	245969	9657915	680.3
犹太自治州	1798098	2878996	-75	160042	52.7
楚科奇民族自治区	1500175	6300870	15868	56499	58.1
黑龙江省	1078551119	223162700	1191722427	277068344	165081.80
辽宁省	2714609972	360055624	2325268682	811942311	314223.56
吉林省	1244708846	174517541	939237839	187894774	151512.05

资料来源：РОССИЯ в цифрах 2009 - 2013，ФЕДЕРАЛЬНАЯ СЛУЖБА ГОСУДАРСТВЕННОЙ СТАТИСТИКИ；《中国统计年鉴》2009—2015各年，中国统计出版社。

2. 对指标值的标准化处理

利用上述公式计算得出 V、S、W、T 值。为了更加科学地反映中国东北地区与俄罗斯远东联邦区各区的地缘经济关系，对 V、S、W、T 的数据进行标准化处理后得到 V'、S'、W'、T'。通常情况下在利用数据进行分析之前，我们需要先将数据标准化（Normalization），利用标准化后的数据再进行数据分析。这里使用无量纲化处理方式，具体计算公式为：

$$V' = (V - \bar{V})/S_v, S_v = \sqrt{\frac{\Sigma(V-\bar{V})^2}{n}} \qquad (1)$$

公式（1）中，$\bar{V}$ 为 V 系列数据的平均值；S_v 为 V 系列数据的标准差；n 为系列数据样本个数；S'、W'、T' 的计算方法与 V' 相同。

运用公式(1),依据(表4-1) V、S、W、T 值,计算得指标值的标准化值 V'、S'、W'、T'。

3. 欧氏距离计算

欧氏距离(Euclidean Metric)是一个经常采用的距离定义,是最易于理解的一种距离计算方法,源自欧氏空间中两点间的距离公式,具体是指在多维空间中的一个点到原点之间的距离,即向量的自然长度,或者指两个点之间的真实距离。而在二维和三维空间中的欧氏距离就是两点之间的实际距离。设 V'_0、S'_0、W'_0、T'_0 为 V、S、T、W 四个指标的标准化值,则其与某一省的实际距离计算公式就可以为:

$$D_i = \sqrt{(V'_i - V'_0)^2 + (S'_i - S'_0)^2 + (T'_i - T'_0)^2 + (W'_i - W'_0)^2} \tag{2}$$

公式(2)中 i 为某省的序号,V'_0、S'_0、W'_0、T'_0 为该省 V、S、W、T 指标的标准化值。

4. 欧氏距离标准化处理

为便于结果识别,对欧氏距离值 D_i 进行标准化处理,即无量纲化处理,得到 D'_i,公式为:

$$D'_i = (D_i - \overline{D}_i)/S_{di}, \quad S_{di} = \sqrt{\frac{\Sigma(D - \overline{D}_i)^2}{n}} \tag{3}$$

公式(3)中,$\overline{D}_i$ 为中国东北三省欧氏距离平均值;S_{di} 为中国东北三省欧氏距离值的标准差。

根据 V'、S'、W'、T' 值,运用公式(2),计算得出 2008—2014 年俄罗斯远东地区与中国东北三省的欧氏距离值 D_i(表8、表9、表10);依据 D_i,运用公式(3),计算得到 2008—2014 年俄罗斯远东地区与中国东北三省的欧氏距离值 D_i 的标准化值 D'_i。这里依据 D'_i 的数值来区分互补和竞争关系,若值为正,说明其正相关即将其定义为有互补关系,正值越大互补性越强;反之,若 D'_i 的数值为负,则说明为负相关即将其定义为有竞争关系,负值越大说明竞争性越强。

表8 2008—2014年中国黑龙江省与俄罗斯远东联邦区的欧氏距离值 D_i 及其标准化值 D'_i

		萨哈共和国	堪察加边疆区	滨海边疆区	哈巴罗夫斯克边疆区	阿穆尔州	马加丹州	萨哈林州	犹太自治州	楚科奇民族自治区
2008	D_i	5.690	5.9815	6.3176	6.1145	6.0786	5.757	5.5797	6.2522	5.5628
	D'_i	−0.82	0.1937	1.3659	0.6575	0.5322	−0.59	−1.208	1.1376	−1.267
2009	D_i	5.749	5.8454	6.1052	6.1823	5.9421	5.729	5.6286	6.3739	5.4225
	D'_i	−0.46	−0.138	0.7379	0.9980	0.1878	−0.53	−0.869	1.6440	−1.565
2010	D_i	5.837	5.9776	6.1000	6.2097	6.0511	5.752	5.6649	6.3478	5.5005
	D'_i	−0.37	0.1458	0.5951	0.9885	0.4159	−0.68	−1.003	1.5055	−1.607
2012	D_i	5.837	5.9776	6.0910	6.1997	6.2092	5.700	5.5461	6.1725	5.4920
	D'_i	−0.27	0.2258	0.6280	1.0133	1.0469	−0.76	−1.304	0.9170	−1.496
2013	D_i	5.756	5.8846	6.0652	6.1698	5.9659	5.764	5.6655	6.3658	5.4360
	D'_i	−0.56	−0.136	0.7327	1.0004	0.1585	−0.57	−0.852	1.6658	−1.552
2014	D_i	5.857	5.9568	6.1326	6.2365	5.9957	5.735	5.6321	6.3568	5.4357
	D'_i	−0.56	−0.137	0.7898	1.0007	0.1570	−0.54	−0.853	1.6357	−1.556

表9 2008—2014年中国辽宁省与俄罗斯远东联邦区的欧氏距离值 D_i 及其标准化值 D'_i

		萨哈共和国	堪察加边疆区	滨海边疆区	哈巴罗夫斯克边疆区	阿穆尔州	马加丹州	萨哈林州	犹太自治州	楚科奇民族自治区
2008	D_i	5.722	5.9575	6.3026	6.1097	6.1006	5.754	5.6021	6.2673	5.5516
	D'_i	−0.73	0.0980	1.3188	0.6365	0.6043	−0.62	−1.158	1.1938	−1.337

续表

2009	D_i	5.742	5.8460	6.1030	6.1777	5.9442	5.731	5.6294	6.3708	5.4433
	D'_i	-0.50	-0.143	0.7399	0.9963	0.1947	-0.54	-0.886	1.6592	-1.525
2010	D_i	5.838	5.9752	6.0977	6.2053	6.0519	5.758	5.6617	6.3411	5.5246
	D'_i	-0.38	0.1356	0.5969	1.0026	0.4245	-0.68	-1.046	1.5141	-1.562
2012	D_i	5.711	5.9414	6.0366	6.1963	6.2113	5.698	5.5440	6.1846	5.4917
	D'_i	-0.63	0.1775	0.5103	1.0684	1.1207	-0.67	-1.211	1.0274	-1.394
2013	D_i	5.732	5.9658	6.3666	6.1057	6.1007	5.759	5.6560	6.2365	5.5966
	D'_i	-0.77	0.0987	1.3155	0.6658	0.6036	-0.63	-1.159	1.1966	-1.346
2014	D_i	5.766	5.9569	6.3659	6.1570	6.1588	5.702	5.6225	6.2549	5.5156
	D'_i	-0.74	0.0986	1.3266	0.6013	0.6543	-0.65	-1.140	1.1895	-1.325

表10 2008—2014年中国吉林省与俄罗斯远东联邦区的欧氏距离值 D_i 及其标准化值 D'_i

		萨哈共和国	堪察加边疆区	滨海边疆区	哈巴罗夫斯克边疆区	阿穆尔州	马加丹州	萨哈林州	犹太自治州	楚科奇民族自治区
2008	D_i	5.720	5.9577	6.2990	6.1091	6.1123	5.752	5.6021	6.2690	5.5457
	D'_i	-0.74	0.0985	1.2975	0.6304	0.6417	-0.62	-1.151	1.1922	-1.349
2009	D_i	5.749	5.8454	6.1052	6.1823	5.9421	5.729	5.6286	6.3739	5.4225
	D'_i	-0.46	-0.138	0.7379	0.9980	0.1878	-0.53	-0.869	1.6440	-1.565
2010	D_i	5.837	5.9776	6.0999	6.2097	6.0511	5.752	5.6649	6.3478	5.5005
	D'_i	-0.37	0.1458	0.5951	0.9985	0.4159	-0.68	-1.003	1.5055	-1.607
2012	D_i	5.708	5.9454	6.0429	6.1984	6.2135	5.693	5.5297	6.1871	5.4776
	D'_i	-0.62	0.1946	0.5276	1.0587	1.1101	-0.67	-1.224	1.0196	-1.402
2013	D_i	5.720	5.9652	6.2002	6.1100	6.1120	5.730	5.6321	6.2325	5.5023
	D'_i	-0.74	0.0985	1.2932	0.6355	0.6421	-0.62	-1.150	1.1926	-1.370
2014	D_i	5.755	5.9966	6.2667	6.1512	6.1216	5.737	5.6366	6.2366	5.5625
	D'_i	-0.73	0.0983	1.2326	0.6459	0.6432	-0.62	-1.152	1.1965	-1.352

5. 对欧氏距离的调整

考虑到中国东北地区与俄罗斯远东地区各地区之间地理区位、交通基础设施可达性、文化等因素，对中国东北地区与俄罗斯远东地区各地区的资本、生产资料、产品、人力资源、合理配置等有着极其重要的影响,因而对中国东北地区与俄罗斯远东地区各地区之间的竞争关系也起着增强或者减弱的作用。因此,对欧氏距离根据中国东北地区与俄罗斯远东地区各地区的空间距离进行调整,公式为:

$$AD = D'_i / L_{ij} \qquad (4)$$

公式(4)中,AD 为调整后的欧氏距离值,L_{ij} 为两国之间的空间距离。

6. 地缘经济关系阈值区间的确定

地缘经济关系一般表现为竞争型和互补型两种类型,这里为了更贴切实际的分析将其表现分为竞争型、互补型和竞争与互补不确定型三种类型。这里阈值的确定是为了更便于进行分析研究,方便对结果进行讨论。欧氏距离标准化值调整值为正,地缘经济关系为互补性,且数值越大,互补性越强;反之,欧氏距离标准化值调整值为负,地缘经济关系为竞争性,且数值越小,竞争性越大。因此,基于更科学的分析按测得的结果由大到小分为五种类型,分别为:互补很强型 $AD > 0.001000$、互补较强型 $0.001000 \geq AD > 0.000100$、竞争与互补不确定型 $0.000100 \geq AD > -0.000100$、竞争较强型 $-0.000100 \geq AD \geq -0.001000$、竞争很强型 $AD < -0.001000$。

(二) 地缘经济关系类型分析

依据表8—10中的 D'_i 值,运用公式(6),计算得出2008—2014年俄罗斯远东地区与中国东北三省欧氏距离标准化值调整值,并以此值进行地缘经济关系分类(表11)。

表 11 2008—2014 年中国东北地区与俄罗斯远东地区欧氏距离标准化值调整值及地缘经济关系分类

黑龙江	空间距离(km)	2008	2009	2010	2012	2013	2014	地缘经济关系类型
萨哈共和国	1892	-0.0004	-0.0003	-0.000008	-0.0003	-0.0004	-0.0004	竞争较强型
勘察加边区	2795	0.000069	-0.000038	0.000018	0.000070	0.000067	0.000062	竞争与互补不确定型
滨海边疆区	524	0.0026	0.0014	0.0019	0.0010	0.0027	0.0027	互补很强型
哈巴罗夫斯克	860	0.0008	0.0012	0.0016	0.0012	0.0008	0.0007	互补很强或互补较强型
阿穆尔州	516	0.0010	0.0003	0.0015	0.0022	0.0010	0.0010	互补很强型
马加丹州	2537	-0.0002	-0.0002	-0.0001	-0.0003	-0.0002	-0.0002	竞争较强型
萨哈林地区	1376	-0.0009	-0.0006	-0.0005	-0.0009	-0.0009	-0.0009	竞争较强型
犹太自治州	860	0.0013	0.0019	0.0017	0.0012	0.0013	0.0013	互补很强型
楚科奇自治区	4472	-0.0003	-0.0003	-0.0003	-0.0003	-0,0003	-0.0003	竞争较强型
吉林省	空间距离(km)	2008	2009	2010	2012	2013	2014	地缘经济关系类型
萨哈共和国	2150	-0.0003	-0.0002	-0.0002	-0.0003	-0.0003	-0.0003	竞争较强型
勘察加边区	2967	0.000033	-0.000047	0.000049	0.000066	0.000035	0.000033	竞争与互补不确定型
滨海边疆区	559	0.0023	0.0013	0.0011	0.0009	0.0024	0.0024	互补很强型
哈巴罗夫斯克	1044	0.0006	0.000956	0.000956	0.0010	0.0006	0.0006	互补很强或互补较强型
阿穆尔州	731	0.0018	0.0003	0.0006	0.0015	0.0008	0.0008	互补很强或互补较强型
马加丹州	2752	-0.0002	-0.0002	-0.0002	-0.0002	-0.0002	-0.0002	竞争较强型
萨哈林地区	1505	-0.0008	-0.0006	-0.0007	-0.0008	-0.0008	-0.0009	竞争较强型
犹太自治州	1044	0.0011	0.0016	0.0014	0.00098	0.00096	0.0011	互补很强型

续表

辽宁省	空间距离(km)	2008	2009	2010	2012	2013	2014	地缘经济关系类型
楚科奇自治区	4644	-0.0003	-0.0003	-0.0003	-0.0003	-0.0003	-0.0003	竞争较强型
萨哈共和国	2408	-0.0003	-0.0002	-0.0002	-0.0003	-0.0003	-0.0003	竞争较强型
勘察加边区	3216	0.000030	-0.000044	0.000042	0.000055	0.000031	0.000031	竞争与互补不确定型
滨海边疆区	731	0.0018	0.0010	0.0008	0.0007	0.0019	0.0018	互补很强或互补较强型
哈巴罗夫斯克	1311	0.0005	0.0008	0.0008	0.0008	0.0005	0.0005	互补较强型
阿穆尔州	1032	0.0006	0.0002	0.0004	0.0011	0.0005	0.0005	互补很强或互补较强型
马加丹州	3053	-0.0002	-0.0003	-0.0002	-0.0002	-0.0002	-0.0002	竞争较强型
萨哈林地区	1763	-0.0007	-0.0005	-0.0006	-0.0007	-0.0007	-0.0007	竞争较强型
犹太自治州	1311	0.0009	0.0013	0.0011	0.0008	0.000956	0.000955	互补很强或互补较强型
楚科奇自治区	4945	-0.0003	-0.0003	-0.0003	-0.0003	-0.0003	-0.0003	竞争较强型

由表11中2008—2014年的数据可知,中国东北地区与俄远东地区的萨哈共和国、马加丹州、萨哈林州及楚科奇自治州调整后的距离 AD 值属于竞争较强型;中国东北地区与俄远东地区的堪察加边疆区调整后的距离 AD 值属于竞争与互补不确定型;其余各地区的地缘经济关系类型为互补较强型或互补很强型。事实上,在自然条件、资源条件、经济结构等方面这些地区间存在着较大的差异。

1. 互补很强型和互补较强型

位于俄远东地区东南部的滨海边疆区自然资源丰富,有大量的木材、有色金属、矿产品、稀有金属、煤炭、水产品等,该地区也是远东唯一一个粮食产量能自给自足的地区。同时,该地区不仅有俄远东境内最繁忙的港口符拉迪沃斯托克港、纳霍德卡港和东方港,是远东地区与外界连接的桥梁,而且造船和修船工业也很发达,并且是生产军工产品的大型基地。但是该地区的轻工业很不发达,几乎2/3的民用商品需要进口。与之相临近的中国东北地区加快发展需要大量的木材、矿产品、煤炭和水产品等,而且,东北地区人口众多,有大量的剩余劳动力,同时,东北地区也在加强重工业建设,可以与俄滨海边疆区共同合作。这些无疑为双方开展区域经贸合作创造了良好的经济互补条件。

阿穆尔州首府布拉戈维申斯克是俄罗斯远东地区的第三大城市。阿穆尔州有金、银、铂、钛、煤、沸石、高岭土、稀土元素,包括铀和金刚石。据地理学家勘探计算,阿穆尔州有123个非金属矿原料和建筑材料产地,其中包括40亿吨铁矿和15亿吨煤。阿穆尔州是俄罗斯境内与中国接壤最北部的地区。同俄罗斯其他地区相比,它与中国的边境线是最长的——1255千米。地理位置、历史遗产、共同的兴趣和需求为阿穆尔州与中国边境城市开展密切的合作奠定了基础。阿穆尔州的农业在远东地区有"远东之最"的美誉,农业发展优势明显。同时,阿穆尔州和中国积极发展免签边境旅游。最近几年,平均每个阿穆尔州居民都至少到过中国一次。黑龙江省与阿穆尔州在很多领域都有联系和合作,其中最为突出的是水路运输合作。双方共同建设了多条连接两地区的水路通道,已经逐渐成为中俄两地区经贸合作的必经路线。同时,双方在自然资源和工业方面也都体现出很强的互补性,如农业合作、林业开发、木材深加工合作、道桥建设、矿产资源开发、石油制品加工等,并准备建设黑河—布拉戈维申斯克黑龙江界河大桥、跨江空中索道。

哈巴罗夫斯克边疆区占地面积在俄罗斯所有行政区中排名第

四,其首府哈巴罗夫斯克是俄远东联邦区的行政中心,距离中国边境仅30公里。苏霍伊战机系列最重要的阿穆尔河畔共青城加加林飞机制造厂位于此。该边疆区拥有汽车制造和金属加工、黑色冶金、石油加工、建筑材料和建筑设备生产、轻工业和食品工业、捕鱼和鱼产品加工、发电等工业产业。在边疆区内,已勘测到大量的矿物原料储备,具有开采前景的有金、锡和煤,以及发展木材采伐和加工、捕鱼和海产品加工。

犹太自治州位于黑龙江北岸,其首府是比罗比詹,与阿穆尔州和哈巴罗夫斯克边疆区接壤,是俄罗斯唯一一个自治州。该地区同样拥有丰富的自然资源和能源。其中值得一提的是,矿业领域合作是俄远东地区与中国东北地区合作中最为密切的,这有助于在犹太自治州建立生产和交通运输基础设施项目并解决犹太自治州就业问题。

上述地区之间存在经济互补关系,地区间互通有无可以互相提供人才、资源和市场,以便相互学习、相互促进、共同发展经济、实现双赢的局面,即一个地区对其他地区经济发展具有促进作用。

2. 竞争与互补不确定型

由表11中2008—2014年的数据可知,中国东北三省与俄罗斯远东地区的堪察加边疆区调整后的 AD 值为竞争与互补不确定型,因为距离较远,两地区接触不是很多。堪察加边疆区成立于2007年7月1日,是2003年10月25日公民投票决定,由原来的堪察加州与科里亚克自治区合并而成的,其首府是彼得罗巴甫洛夫斯克,距离中国东北地区较远。堪察加边疆区将渔业、捕捞业、矿产资源再加工和旅游产业作为经济发展的主要方向,而黑龙江作为资源大省、生态大省、旅游大省,与堪察加边疆区有着广阔的潜在合作领域。因此,黑龙江省与堪察加边疆区在商品贸易、渔业、文化旅游等方面都应该有很密切的合作。在交通运输方面,双方也正努力实现直航。

3. 竞争较强型

由表 11 中 2008—2014 年的数据可知,中国东北三省与俄罗斯远东地区的马加丹州、楚科奇民族自治区、萨哈林州及萨哈共和国调整后的 AD 值属于竞争较强型。这些地区在自然条件、资源条件、经济结构等方面这些地区间存在着较大的差异。马加丹州在俄远东地区的东北部,是俄罗斯重要的黄金出产区,该地区汞、金、锡、钨、煤等矿产丰富,但农业相当落后,渔业和畜牧业与农业相比较发达些。楚科奇民族自治区的主要工业部门有矿山开采部门(采金、锡、钨、石炭、褐煤)、渔业工业及建材生产。工业中心有阿纳德尔市、佩韦克市、比利比诺市、伊利尔涅伊市、白令戈夫斯基。楚科奇自治州的农业有温室蔬菜种植、养鹿、养兽、渔猎等。

萨哈林州是俄罗斯远东地区距离中国东北地区最近的岛屿,总面积87.100平方千米,首府是南萨哈林斯克。萨哈林州拥有丰厚的矿产、森林与海洋资源,是俄罗斯远东地区出产石油和天然气的地区,并且萨哈林州政府对州境内的相关投资活动给与支持和担保,这些无疑为发展生产行业、吸引外资创造了条件。同时,该州拥有完善的石油工业。海岛地区凭借其主要的经济活动,已经和哈巴罗夫斯克、萨哈共和国一道成为远东地区经济的三大"领头羊"。萨哈林在社会领域也取得了积极的成果,萨哈林州居民的平均月薪为34500卢布,在远东各联邦主体中位居第三。

萨哈共和国是俄罗斯远东地区的一个自治共和国,总面积

310.32万平方公里,是俄罗斯联邦境内最大的行政区,其首府是雅库茨克。萨哈共和国位于俄罗斯远东地区的最北面,与阿穆尔州、犹太自治州、哈巴罗夫斯克边疆区、马加丹应州及楚科奇自治区都接壤。该地区矿产资源和燃料能源丰富。萨哈共和国主要包括五个经济区①,这五个经济区分别有不同的经济发展侧重点。同时,该地区进口大量的日常用品、粮食、建筑材料、机器设备及金属等。

针对上述情况和特点,中国辽宁省和吉林省应增加与俄远东地区的萨哈林州和萨哈共和国在电力、燃料和石油等工业的基础建设投资和贸易合作。俄罗斯食品工业和轻工业较为落后,而燃料、石油和电力等新兴工业发展较快。中国东北地区要在俄罗斯这种轻、重工业严重失衡的情况下调整自己的合作方向,侧重与俄罗斯远东地区特别是萨哈林州和萨哈共和国进行电力、燃料和石油等工业的基础建设投资和贸易合作。服务业是俄罗斯远东地区增长比较快的产业,但是主要发展的只是贸易、金融和咨询等与市场相关的服务,而科学、卫生、教育和旅游等发展缓慢。因此,应该加强俄远东地区与中国东北地区在这些领域的互补合作。特别是中国辽宁省和吉林省应在俄远东萨哈林州和萨哈共和国合作开发教育、卫生、科学环保中心及旅游项目。还要加强优势产业科技创新合作。虽然俄罗斯加工、制造、航空航天、造船、能源动力、信息

---

① 萨哈共和国主要包括的经济区:南部经济区——以金、云母、煤等资源开采,木材、木材加工,黑色金属冶金,磷灰石开采工业为主;西部经济区——以金刚石开采和能源工业为主;中心经济区——以天然气开采及农业为主;东北经济区——以采金、锡、石炭和锑为主;西北经济区——主要为农业区,以养鹿业和毛皮工业为主。萨哈共和国的出口产品主要有燃料能源资源、矿产原料、小麦、建筑材料。

以及医疗等产业具有一定优势,但是俄远东萨哈林州和萨哈共和国的技术创新动力不足,高新技术创新受到技术基础削弱、市场需求缺乏等因素的制约,发展潜力有限。因此,中国辽宁省和吉林省要抓住机遇,与俄罗斯远东地区特别是萨哈林州和萨哈共和国开展经济技术合作,促进自身的发展。

三、中国东北地区与俄罗斯远东地区空间经济联系与地缘经济关系的匹配

"合作"与"竞争"是组成人类经济活动的两个不分伯仲的重要部分,彼此之间没有好坏与主次之分,都是推动人类社会不断进步的内在源动力。在区域内,合作与适度竞争是该区域内单个地区与整个区域保持竞争优势的关键。而盲目合作和过度竞争却会使整个区域市场环境恶化、经济效率下降,影响该区域竞争力的提升。因此,要提高一个区域的综合竞争实力,首先要明确其"合作"与"竞争"的态势。本文对中国东北地区与俄罗斯远东地区空间经济联系与地缘经济关系的分析结果进行综合匹配分析,以更加直观地对二者的关系进行深入探讨。

(一)空间经济联系强度与地缘经济关系测量结果匹配

在社会化大生产条件下,经济互补性在经济发展中发挥重要作用。经济发展的历史也告诉我们,无论从经济全局或是它的任何局部来看,其必要条件都不是自己与生俱来的,而是通过与其他

局部的交换、合作得来的。换句话说,无论经济全局或是它的任何局部,都在为其他局部提供其用来促进发展的必要条件,否则它就失去了存在的理由和价值。因此,经济互补的本质就是相互为对方创造生产的必要条件,并且它不同于一般意义上的互相帮助,而是局部与局部之间、全局与局部之间的互补和相互依赖,彼此作为对方存在和发展的必要条件,互相满足彼此的需求,在对方的世界里实现自我价值的升华,最终促进经济全局的繁荣发展。反之,彼此失去应有的配合,那么社会就会衰落倒退。

从中国东北地区与俄罗斯远东地区的现实情况看,在当前和今后一段时间,开展互补经济合作符合社会化大生产经济活动的基本要求。同时,经济联系越强,说明彼此依赖性越强,因而在强联系框架下的强互补性下,实现产业内的紧密合作,这正是中国东北地区与俄罗斯远东地区的迫切需要——实现由产业间合作向产业内合作的发展。而在强联系框架下的强竞争性,也表明产业内的竞争会刺激产业进一步提升与发展。

因此,依据表2和表11,对中国东北地区与俄罗斯远东地区的空间经济联系强度和地缘经济关系进行经济联系与互补关系各自匹配分析(表12),并且为了方便研究,将结果主观地分成五种程度不同的主要关系,具体如下。(1)很好:强、较强经济联系强度与互补很强、互补较强地缘经济关系匹配型;(2)好:一般、较弱经济联系强度与互补很强、互补较强地缘经济关系匹配型;(3)差:一般、较弱经济联系强度与竞争很强、竞争较强地缘经济关系匹配型;(4)很差:强、较强经济联系强度与竞争很强、竞争较强地缘经济关系匹配型;(5)中性:其余各种匹配类型。结果如表12所示:

表12 2008—2014年中国东北地区与俄罗斯远东联邦区的空间经济联系强度类型与地缘经济关系类型的匹配类型

	经济联系强度类型	地缘经济关系类型	匹配类型
辽宁省与滨海边疆区	强联系型	互补很强型	很好
黑龙江省与滨海边疆区	强联系型	互补很强型	很好
吉林省与滨海边疆区	强联系型	互补很强型	很好
黑龙江省与阿穆尔州	较强联系型	互补很强型	很好
黑龙江省与哈巴罗夫斯克边疆区	较强联系型	互补较强型	很好
辽宁省与哈巴罗夫斯克边疆区	较强联系型	互补较强型	很好
辽宁省与阿穆尔州	较强联系型	互补较强型	很好
吉林省与阿穆尔州	较强联系型	互补较强型	很好
吉林省与哈巴罗夫斯克边疆区	较强联系型	互补较强型	很好
黑龙江省与犹太自治州	一般联系型	互补很强型	好
辽宁省与犹太自治州	一般联系型	互补较强型	好
吉林省与犹太自治州	一般联系型	互补很强型	好
吉林省与萨哈共和国	一般联系型	竞争较强型	差
辽宁省与萨哈林州	一般联系型	竞争较强型	差
黑龙江省与萨哈林州	一般联系型	竞争较强型	差
辽宁省与萨哈共和国	一般联系型	竞争较强型	差
吉林省与萨哈林州	一般联系型	竞争较强型	差
黑龙江省与萨哈共和国	一般联系型	竞争较强型	差
吉林省与马加丹州	较弱联系型	竞争较强型	差
辽宁省与马加丹州	较弱联系型	竞争较强型	差
黑龙江省与马加丹州	较弱联系型	竞争较强型	差
辽宁省与堪察加边疆区	较弱联系型	竞争与互补不确定型	中性
黑龙江省与堪察加边疆区	较弱联系型	竞争与互补不确定型	中性
吉林省与堪察加边疆区	较弱联系型	竞争与互补不确定型	中性
辽宁省与楚科奇民族自治区	弱联系型	竞争较强型	中性
吉林省与楚科奇民族自治区	弱联系型	竞争较强型	中性
黑龙江省与楚科奇民族自治区	弱联系型	竞争较强型	中性

从2008—2014年情况看,中国东北三省与俄罗斯远东地区空

间经济联系强度与地缘经济关系测量结果的匹配关系分类为:中国东北三省与俄罗斯远东地区的堪察加边疆区和楚科奇民族自治区属于中性匹配状态;中国东北三省与俄罗斯远东地区的萨哈林州、马加丹州及萨哈共和国属于差匹配状态;中国东北三省与俄罗斯远东地区的犹太自治州属于好匹配状态;中国东北三省与俄罗斯远东地区的滨海边疆区、阿穆尔州和哈巴罗夫斯克边疆区为很好匹配状态。

(二) 空间经济联系主要方向与地缘经济关系测量结果的匹配

依据表4和表11,对中国东北地区与俄罗斯远东地区的空间经济联系强度和地缘经济关系进行匹配分析(表13)。为方便进行分析,将结果定义为五种程度不同的主要关系。(1)很好:第一圈层与互补很强、互补较强地缘经济关系匹配型;(2)好:第二圈层与互补很强、互补较强地缘经济关系匹配型;(3)差:第二圈层与竞争很强、竞争较强地缘经济关系匹配型;(4)很差:第一圈层与竞争很强、竞争较强地缘经济关系匹配型;(5)中性:其余各种匹配类型。结果如表13所示:

表13 2008—2014年中国东北三省与俄罗斯远东地区空间经济主要方向和地缘经济关系匹配

	地缘经济关系类型	圈层	匹配类型
辽宁省与滨海边疆区	互补很强型	第一圈层	很好
黑龙江省与滨海边疆区	互补很强型	第一圈层	很好
吉林省与滨海边疆区	互补很强型	第一圈层	很好

续表

黑龙江省与阿穆尔州	互补很强型	第一圈层	很好
黑龙江省与哈巴罗夫斯克边疆区	互补较强型	第一圈层	很好
辽宁省与哈巴罗夫斯克边疆区	互补较强型	第一圈层	很好
辽宁省与阿穆尔州	互补较强型	第一圈层	很好
吉林省与阿穆尔州	互补较强型	第一圈层	很好
吉林省与哈巴罗夫斯克边疆区	互补较强型	第二圈层	好
黑龙江省与犹太自治州	互补很强型	第二圈层	好
辽宁省与犹太自治州	互补较强型	第二圈层	好
吉林省与犹太自治州	互补很强型	第二圈层	好
吉林省与萨哈共和国	竞争较强型	第二圈层	差
辽宁省与萨哈林州	竞争较强型	第二圈层	差
黑龙江省与萨哈林州	竞争较强型	第二圈层	差
辽宁省与萨哈共和国	竞争较强型	第二圈层	差
吉林省与萨哈林州	竞争较强型	第二圈层	差
黑龙江省与萨哈共和国	竞争较强型	第二圈层	差
吉林省与马加丹州	竞争较强型	第二圈层	差
辽宁省与马加丹州	竞争较强型	第二圈层	差
黑龙江省与马加丹州	竞争较强型	第二圈层	差
吉林省与楚科奇民族自治区	竞争较强型	第二圈层	差
辽宁省与楚科奇民族自治区	竞争较强型	第二圈层	差
黑龙江省与楚科奇民族自治区	竞争较强型	第二圈层	差
辽宁省与堪察加边疆区	竞争与互补不确定型	第二圈层	中性
黑龙江省与堪察加边疆区	竞争与互补不确定型	第二圈层	中性
吉林省与堪察加边疆区	竞争与互补不确定型	第二圈层	中性

综合来看,中国东北三省与俄罗斯远东地区空间经济联系主要方向与地缘经济关系测量结果的匹配关系为:中国东北三省与俄罗斯远东地区的堪察加边疆区属于中性匹配状态;中国东北三省与俄罗斯远东地区的楚科奇民族自治区、萨哈林州、马加丹州及萨哈共和国属于差匹配状态;中国东北三省与俄罗斯远东地区的

犹太自治州,中国吉林省与俄罗斯远东地区的哈巴罗夫斯克边疆区属于好匹配状态;中国东北三省与俄罗斯远东地区的滨海边疆区、阿穆尔州,中国黑龙江省和辽宁省与俄罗斯远东地区的哈巴罗夫斯克边疆区为很好匹配状态。

(三)空间经济区位与地缘经济关系测量结果的匹配

依据表5和表11,对中国东北地区与俄罗斯远东地区的空间经济区位和地缘经济关系进行匹配分析(表14)。为便于分析,将结果划分为五种程度不同的主要关系。(1)很好:第一圈层与互补很强、互补较强地缘经济关系匹配型;(2)好:第二圈层与互补很强、互补较强地缘经济关系匹配型;(3)差:第二圈层与竞争很强、竞争较强地缘经济关系匹配型;(4)很差:第一圈层与竞争很强、竞争较强地缘经济关系匹配型;(5)中性:其余各种匹配类型。结果如表14所示:

表14 2008—2014年中国东北三省与俄罗斯远东地区的空间经济区位和地缘经济关系匹配

	地缘经济关系类型	圈层	匹配类型
辽宁省与滨海边疆区	互补很强型	第一圈层	很好
黑龙江省与滨海边疆区	互补很强型	第一圈层	很好
吉林省与滨海边疆区	互补很强型	第一圈层	很好
黑龙江省与阿穆尔州	互补很强型	第一圈层	很好
黑龙江省与哈巴罗夫斯克边疆区	互补较强型	第一圈层	很好
辽宁省与哈巴罗夫斯克边疆区	互补较强型	第一圈层	很好
辽宁省与阿穆尔州	互补较强型	第一圈层	很好
吉林省与阿穆尔州	互补较强型	第一圈层	很好

续表

吉林省与哈巴罗夫斯克边疆区	互补较强型	第二圈层	好
黑龙江省与犹太自治州	互补很强型	第二圈层	好
辽宁省与犹太自治州	互补较强型	第二圈层	好
吉林省与犹太自治州	互补很强型	第二圈层	好
吉林省与萨哈共和国	竞争较强型	第二圈层	差
辽宁省与萨哈林州	竞争较强型	第二圈层	差
黑龙江省与萨哈林州	竞争较强型	第二圈层	差
辽宁省与萨哈共和国	竞争较强型	第二圈层	差
吉林省与萨哈林州	竞争较强型	第二圈层	差
黑龙江省与萨哈共和国	竞争较强型	第二圈层	差
吉林省与马加丹州	竞争较强型	第二圈层	差
辽宁省与马加丹州	竞争较强型	第二圈层	差
黑龙江省与马加丹州	竞争较强型	第二圈层	差
辽宁省与堪察加边疆区	竞争与互补不确定型	第三圈层	中性
黑龙江省与堪察加边疆区	竞争与互补不确定型	第三圈层	中性
吉林省与堪察加边疆区	竞争与互补不确定型	第三圈层	中性
辽宁省与楚科奇民族自治区	竞争较强型	第三圈层	中性
吉林省与楚科奇民族自治区	竞争较强型	第三圈层	中性
黑龙江省与楚科奇民族自治区	竞争较强型	第三圈层	中性

综合来看,中国东北三省与俄罗斯远东地区空间经济区位与地缘经济关系测量结果的匹配关系为:中国东北三省与俄罗斯远东地区的堪察加边疆区和楚科奇民族自治区属于中性匹配状态;中国东北三省与俄罗斯远东地区的萨哈林州、马加丹州及萨哈共和国属于差匹配状态;中国东北三省与俄罗斯远东地区的犹太自治州,吉林省与哈巴罗夫斯克边疆区属于好匹配状态;中国东北三省与俄罗斯远东地区的滨海边疆区、阿穆尔州,中国黑龙江省和辽宁省与俄罗斯远东地区的哈巴罗夫斯克边疆区为很好匹配状态。

(四) 空间经济联系与地缘经济关系测量结果汇总的匹配

依据表12、表13和表14,对中国东北地区与俄罗斯远东地区的空间经济联系和地缘经济关系进行汇总匹配分析,详见表15。为便于研究,将其显示出的结果划分为五种程度不同的主要关系。(1)很好:三种匹配结果均为很好;(2)好:一种及以上匹配结果为很好或三种均为好;(3)差:一种及以上匹配结果为很差或三种均为差;(4)很差:三种匹配结果均为很差;(5)中性:其余各种匹配类型。

表15　2008—2014年中国东北三省与俄罗斯远东地区的空间经济联系和地缘经济关系汇总匹配

	经济联系确定匹配类型	联系主要方向匹配类型	经济区位匹配类型	汇总匹配结果
辽宁省与滨海边疆区	很好	很好	很好	很好
黑龙江省与滨海边疆区	很好	很好	很好	很好
吉林省与滨海边疆区	很好	很好	很好	很好
黑龙江省与阿穆尔州	很好	很好	很好	很好
黑龙江省与哈巴罗夫斯克边疆区	很好	很好	很好	很好
辽宁省与哈巴罗夫斯克边疆区	很好	很好	很好	很好
辽宁省与阿穆尔州	很好	很好	很好	很好
吉林省与阿穆尔州	很好	很好	很好	很好
吉林省与哈巴罗夫斯克边疆区	好	好	好	好
黑龙江省与犹太自治州	好	好	好	好
辽宁省与犹太自治州	好	好	好	好
吉林省与犹太自治州	好	好	好	好
吉林省与萨哈共和国	差	差	差	差
辽宁省与萨哈林州	差	差	差	差

续表

黑龙江省与萨哈林州	差	差	差	差
辽宁省与萨哈共和国	差	差	差	差
吉林省与萨哈林州	差	差	差	差
黑龙江省与萨哈共和国	差	差	差	差
吉林省与马加丹州	差	差	差	差
辽宁省与马加丹州	差	差	差	差
黑龙江省与马加丹州	差	差	差	差
辽宁省与堪察加边疆区	中性	中性	中性	中性
黑龙江省与堪察加边疆区	中性	中性	中性	中性
吉林省与堪察加边疆区	中性	中性	中性	中性
辽宁省与楚科奇民族自治区	中性	差	中性	中性
吉林省与楚科奇民族自治区	中性	差	中性	中性
黑龙江省与楚科奇民族自治区	中性	差	中性	中性

综合来看，中国东北三省与俄罗斯远东地区空间经济联系与地缘经济关系测量结果的汇总匹配关系为：中国东北三省与俄罗斯远东地区的滨海边疆区、阿穆尔州、哈巴罗夫斯克边疆区是很好匹配状态；中国东北三省与俄罗斯远东地区的犹太自治州属于好匹配状态；中国东北三省与俄罗斯远东地区的堪察加边疆区和楚科奇民族自治区属于中性匹配状态；中国东北三省与俄罗斯远东地区的萨哈林州、马加丹州及萨哈共和国属于差匹配状态。

1. 很好和好的匹配状态

中国东北三省与俄远东滨海边疆区、哈巴罗夫斯克边疆区、阿穆尔州以及犹太自治州经贸合作较为密切。在地里位置上，滨海边疆区、哈巴罗夫斯克边疆区、阿穆尔州以及犹太自治州均位于俄远东地区东南部。滨海边疆区和阿穆尔州与中国黑龙江省接壤，阿穆尔州与黑龙江省拥有1225千米共同边境线，并通过犹太自治州与哈巴罗夫斯克边疆区联结；哈巴罗夫斯克边疆区首府与中国东北地区距离仅为 30 公里。这些地理位置上的区位优势为远东上述地区与中国东北地区经贸合作发展奠定了良好基础。

在交通运输领域,俄滨海边疆区、阿穆尔州与哈巴罗夫斯克边疆区共同构成俄罗斯对外联结的桥梁,拥有俄罗斯主要铁路干线。滨海边疆区拥有符拉迪沃斯托克港、纳霍德卡港和东方港等繁忙的港口,并于 2006 年 6 月开通了哈尔滨到符拉迪沃斯托克的国际客运线路,2011 年黑龙江省与滨海边疆区又成功开通了陆海联运通道。阿穆尔州有连接黑龙江省的黑龙江公路铁路大桥,有基础设施相对完善的国际机场,有阿穆尔河、结雅河、布列亚河等多条连接东北地区的交通运输干线。哈巴罗夫斯克边疆区与黑龙江省和吉林省的大部分口岸相连,有完善的水路、公路、铁路、航空运输网络。辽宁省与阿纳德尔、彼得罗巴甫洛夫斯克设有国际航班。有资料显示,2010 年远东港口的货物转运量达到 1.18 亿吨。远东地区最大和现代化的港口是东方港,其货运量为 3568 万吨。瓦尼诺港货运量为 1730 万吨,纳霍德卡港货运量为 1532 万吨,符拉迪沃斯托克港货运量为 1118 万吨。[①] 相对便利的交通运输网络强化了两地区空间经济联系,进而促进了经贸合作发展。

俄远东地区的滨海边疆区、阿穆尔州、哈巴罗夫斯克边疆区以及犹太自治州自然资源丰富、能源储备充分、农业、林业、造船业及渔业等发展势头良好,但是劳动力缺乏。中国东北地区拥有大量剩余劳动力,同时,为加强工业基地建设,需要大量自然资源和能源等。两地区互补优势明显。

---

① Транспортная инфраструктура Востока России,http://cyberleninka.ru/article/n/transportnaya-infrastruktura-vostoka-rossii.

目前,中国东北三省与滨海边疆区具体的合作项目很多,包括中国东北地区在俄滨海边疆区内投资建立独资或参股企业;双方共同出资建立经济贸易合作区;滨海边疆区与辽宁省签署体育运动领域合作协议;阿穆尔州与黑龙江省共同拥有农业合作、林业开发、木材深加工合作、道桥建设、矿产资源开发、石油制品加工等多项合作;辽宁省和吉林省与阿穆尔州拥有大量能源合作项目;哈巴罗夫斯克边疆区居民大部分日常消费品和食品来自黑龙江省和吉林省;犹太自治州几乎只与中国东北地区进行对外贸易合作。

由上述分析可知,很好和好的匹配状态的地区交通运输网络相对较为完善;自然资源和人力资源的互补关系明确;地理位置临近,有其他地区无法比拟的地理区位优势。这些地区高空间经济联系程度与地缘经济互补关系相辅相成,其经贸合作发展前景良好。

2. 差匹配状态

中国东北三省与俄远东地区的萨哈林州、马加丹州及萨哈共和国的空间经济联系与地缘经济关系匹配状态为差。这些地区虽然自然资源与能源丰富,但是与中国东北地区交通运输不便;虽地理位置上距离中国东北地区不是很远,但是经济联系程度不是很高,而且这三个地区的经济区位优势类似,具有很强的竞争性。萨哈林州是俄罗斯远东地区中距离中国东北地区最近的岛屿,拥有丰富的矿产、森林与海洋资源,是目前俄罗斯远东地区唯一出产石油和天然气的地区,并且该州拥有完善的石油工业。但是,该地区与东北地区缺乏合作和联系。萨哈共和国位于俄罗斯远东地区的最北面,矿产资源和燃料能源丰富,与阿穆尔州、犹太自治州、哈巴罗夫斯克边疆区、马加丹州及楚科奇自治区都接壤,交通不便。马加丹州在俄远东地区的东北部,矿产丰富,农业落后,渔业和畜牧业比较发达,但与中国东北地区交通运输不便合作较少。

针对上述情况和特点总结出中国东北地区与俄远东地区匹配状态为差的地区需要调整的经贸发展制约因素:交通运输网络缺乏,交通运输领域合作较差;在电力、燃料和石油等工业的基础建设投资和贸易等优势资源合作上也相对较少;在科学、卫生、教育、金融和咨询等与市场相关的服务和旅游等领域合作发展缓慢;技术创新动力不足,高新技术创新受到技术基础削弱、市场需求缺乏等因素的制约,其发展潜力有限;同时,这些地区在自然条件、资源状况、经济结构等方面存在相似性,彼此间竞争关系较强。

3. 中性匹配状态

中国东北三省与俄远东地区的堪察加边疆区和楚科奇民族自治区属于中性匹配状态。在地理位置上,这两个地区距离中国东北三省较远,经贸合作有待进一步发展。

俄远东地区的堪察加边疆区由堪察加州与科里亚克自治区合并而成,其首府是彼得罗巴甫洛夫斯克,距离中国东北地区较为遥远。堪察加边疆区将渔业、捕捞业、矿产资源再加工和旅游产业作为经济发展的主要方向,而黑龙江作为资源大省、生态大省、旅游大省,与堪察加边疆区有着广阔的潜在合作领域。因此黑龙江省与堪察加边疆区在商品贸易、渔业、文化旅游等方面都应该有很密切的合作。在交通运输方面,双方也正努力实现直航。位于俄远东地区最东部的楚科奇民族自治区农业和工业相对来说比较发达,主要农业包括温室蔬菜种植业、养鹿业、养兽业、渔猎业等,工业部门包括矿山开采部门、渔业工业及建材生产。工业中心包括阿纳德尔市、佩韦克市、比利比诺市、伊利尔涅伊市、白令戈夫斯基,但是与东北三省联系甚少,这与交通运输不畅相关。

综合上述分析,堪察加边疆区和楚科奇民族自治区距离中国东北三省较远,交通缺乏便利性,经济联系较少;虽农业、工业上具有一定互补性,但地理位置上不具备优势,若对其交通运输网络加以完善,经贸合作空间巨大。

总体而言,中国东北地区与俄罗斯远东地区的交通基础设施建设较为滞后,尤其是双方边境道路、桥梁、港口等相关基础设施建设,尚不能完全满足两地区经贸发展的需要。交通运输方面的不便直接限制了两地区资源、能源以及地缘关系互补优势的发展。

(五) 小结

在具有一定区位优势和经济发展水平接近的条件下,交通运输网络的发达与否直接影响着空间经济联系强度,而空间经济联系强度基本反映空间经济联系程度,进而决定中国东北地区与俄罗斯远东地区经贸合作水平与经济发展程度。同时,地缘经济关系上的互补程度也直接影响着两地区的经贸合作。因此,本部分将中国东北地区与俄罗斯远东地区的空间经济联系与地缘经济关系进行匹配和分类,进一步细化和分析两地区经贸合作的优势、劣势及经贸合作水平。

从对中国东北三省与俄罗斯远东地区空间经济联系强度与地

缘经济关系测量结果的匹配、各地区空间经济联系主要方向与地缘经济关系测量结果的匹配、各地区空间经济区位与地缘经济关系测量结果的匹配,以及各地区空间经济联系与地缘经济关系测量结果的汇总匹配情况看,中国东北三省与俄罗斯远东地区的堪察加边疆区和楚科奇民族自治区属于中性匹配状态,中国东北三省与俄这两个地区在地理位置上距离太远,各自间竞争和互补关系为不确定或者是竞争关系,但依然存在着较大的合作潜力。中国东北三省与俄罗斯远东地区的萨哈林州、马加丹州及萨哈共和国属于差匹配状态,中国东北三省与俄这三个地区在地理位置上距离较远,各自间为竞争关系,但有经贸合作的空间。中国东北三省与俄罗斯远东地区的犹太自治州、吉林省与哈巴罗夫斯克边疆区属于好匹配状态;中国东北三省与俄罗斯远东地区的滨海边疆区、阿穆尔州,中国的黑龙江省和辽宁省与俄罗斯远东地区的哈巴罗夫斯克边疆区是很好匹配状态,这些地区不仅地理位置上相近,而且经济互补性很强,经贸合作关系密切。中国东北地区与俄罗斯远东地区应充分发挥两地区的空间和地缘优势,将两地区的经贸合作水平提升到一个新的高度。

四、空间经济视角下中国东北地区与俄罗斯远东地区经贸合作的发展

俄罗斯远东地区自然资源十分丰富,俄罗斯98%的金刚石、80%的锡、50%的黄金以及40%的鱼和海产品均产自这里。其煤炭

储量、水资源和森林资源占到俄罗斯总储量的1/3。① 中国东北地区与俄远东地区接壤,两地区在经济上有很强的互补性。然而,虽然两地区的经济合作历史悠久,但合作进展较为缓慢。中俄两地区的经济合作进入快速发展的新时期,则是在《中华人民共和国东北地区与俄罗斯联邦远东及东西伯利亚地区合作规划纲要(2009—2018年)》正式签署之后。俄罗斯力图借助中国实施东北老工业基地振兴战略之机,推动其远东地区的开发和经济社会发展;中国希望通过东北老工业基地振兴所提供的巨大市场,吸引俄远东地区丰富的自然资源和雄厚的科技实力,促进东北地区经济的快速发展。因而中国东北地区与俄罗斯远东地区的经济合作能够对双方形成较为明显的互补关系。

俄罗斯对远东地区选择了追赶型和加速发展型的发展模式,意在使落后的远东地区比俄罗斯其他地区发展得更快些。因此,《2025年前远东和贝加尔地区社会经济发展纲要》计划到2025年不仅要使GDP增长1.6倍,明显高于俄罗斯全国水平,而且投资也应当保证这种快速发展,俄对该地区的投资总额要达到4110亿卢布,约增长340%,也大大高于全俄指标。② 俄罗斯特别看重中国对其远东地区的投资。普京在2014年5月访华期间,提出邀请中国投资开发远东地区,希望中国成为远东地区开发的领跑者。同年12月,俄副总理在中俄合作圆桌会议上推介远东优先发展的地区投资项目时,希望将中俄在该地区的密切合作拓展到科技、制药、

---

① Сотрудничества ДФО и Северо‐Востоком Китая: потенциал взаимодействия, http://www.amur.info/news/2016/01/05/105354.

② Дальний Восток: программа развития до 2025 года, http://kapital‐rus.ru/articles/article/dalnij_vostok_programma_razvitiya_do_2025_goda/.

基因技术等领域。俄总理梅德韦杰夫也指出,目前整个远东地区的协议投资总额超过了一万亿卢布,这一数额中相当大的一部分来自中国投资者。我们特别期待中国投资者能够获得必不可少的收益,以便进一步发展自己的项目①。据最新资料,2016 年 10 月,中国国家发改委与俄罗斯远东发展部达成合作意向,中国将对远东地区涉及自然资源开采加工、农业、港口和道路等基础设施在内的 13 个投资项目进行投资,总额达 7500 亿卢布。中俄双方拟成立专门委员会来推进中国对俄远东超前发展区和符拉迪沃斯托克自由港的投资合作。2016 年 12 月,俄罗斯政府批准了中国黑龙江省和吉林省与俄远东港口间的《"滨海 1 号"和"滨海 2 号"国际交通走廊构想》。中国明确表示积极参与中国东北地区与俄罗斯远东地区"滨海 1 号"和"滨海 2 号"国际交通走廊建设,认为这是欧亚经济联盟与丝绸之路经济带对接的重要项目。俄罗斯也强调,国际交通走廊"滨海 1 号"和"滨海 2 号"是中国东北与俄远东地区协同发展的重要的相互作用点②。

总的来看,正如中国商务部所指出的,中俄远东地区开发合作已取得明显进展。中俄双方不仅启动了能源、矿产、航空、船舶、农林、港口建设等领域的一批重点投资合作项目,而且开始建设包括界河桥梁、跨江索道、公路口岸等在内的多条跨境通道。今后,中俄双方将发挥业已建立的两国政府间和地方间合作机制的作用,拓展合作领域,用好融资渠道,改善营商环境,共同打造开放、包容

---

① Дальний Восток России и Северо‐восток Китая будут развивать параллельно, http://vladivostok.bezformata.ru/listnews/vostok‐rossii‐i‐severo‐vostok/52055768/.

② Более 750 млрд рублей готовы вложить китайские инвесторы в развитие Дальнего востока России, http://novostivl.ru/msg/22408.htm.

的远东地区开发合作新格局①。

(一) 中国东北地区与俄罗斯远东地区不同类型地区的经贸合作

1. 促进不同匹配类型地区的经贸合作

根据上文的分析,从空间维度上可以将中国东北地区与俄罗斯远东地区的空间经济联系与地缘经济关系的匹配大致分为两大类:第一类是匹配类型为很好及好的地区,这些地区有其自身的优势条件;第二类是需要改善匹配类型的地区,这些地区的自身条件并不是很差,但是与外部的合作或联系有待进一步加强。第二类又可进一步划分为地缘经济关系需要调整类、空间经济联系需要加强类,以及地缘经济关系与空间经济联系都需要强化类。

第一,调整中国东北三省与俄罗斯远东地区的萨哈林州和萨哈共和国的地缘经济关系。中国东北三省与俄罗斯远东地区的萨哈林州和萨哈共和国是一般联系型和竞争较强型的差匹配类型,因此,应当调整中国东北三省与俄远东萨哈林州和萨哈共和国的发展战略,逐步实现互补型的地缘经济关系。

第二,进一步强化中国东北三省与俄远东犹太自治州的空间经济联系。中国东北三省与俄远东地区的犹太自治州是弱联系型和互补较强型的匹配类型,因此,要调整中国东北三省与俄远东犹太自治州的经济合作战略,按弱联系型和互补型的匹配发展经贸

---

① 商务部:《中国已跃升为俄远东地区第一大贸易伙伴》,中国新闻网,http://finance.chinanews.com/cj/2016/11-02/8050910.shtml。

合作关系。

第三,中国东北三省与俄罗斯远东地区的马加丹州、堪察加边疆区及楚科奇民族自治区的匹配类型属于中性或差匹配类型。因此,重点要在进一步强化经济联系的基础上促进地缘经济关系向互补型转化。加大招商引资力度,加快建设交通网和信息网,实现互通有无、优势互补。

2. 强化空间经济下的经贸合作

第一,交通运输合作。大力发展中国东北地区与俄罗斯远东地区的马加丹州、堪察加边疆区及楚科奇民族自治区之间的交通运输合作,同时加强基础设施建设领域的合作。中俄两国政府签署的《中华人民共和国政府和俄罗斯联邦政府汽车运输协定》,给两国间交通运输提供了法律保障。近年来,在该协定的规范保护下,中俄的交通运输合作密切,但是俄罗斯远东地区的马加丹、勘察加地区及楚科奇自治区因为在地理位置上处于俄远东地区的最东面,距离中国东北地区最远,这三个地区由于交通运输条件十分落后而与中国东北地区的经贸联系很少。众所周知,公路、铁路和航空、航海在经济交往中起着至关重要的作用,因此,中国东北地区只有加强与俄罗斯远东地区的马加丹州、堪察加边疆区及楚科奇民族自治区的交通运输合作,才能进一步促进经贸合作的发展。具体方式包括:过境货物的运输合作及港口出海的互用;扩大边境口岸的客流量,开通公路的客运线路;建设航空运输网络。

第二,能源领域合作。扩大中国东北地区和俄罗斯远东地区的能源合作是两国能源合作的重点。一是要加快中国东北地区与俄罗斯远东地区的马加丹州、堪察加边疆区及楚科奇民族自治区等地区能源合作项目的实施。二是辽宁省、吉林省应增加与俄远东萨哈林州和萨哈共和国在电力、燃料、石油等能源供应的基础设施建设投资和贸易合作。三是东北地区特别是辽宁省应加强与俄远东犹太自治州在能源领域的合作，提高对能源开发的关注程度。

第三，发展合作开发项目。一是增加对俄罗斯远东地区的马加丹州、堪察加边疆区及楚科奇民族自治区木材深加工生产的投资。特别是楚科奇民族自治区森林覆盖面积为2190万公顷，占其面积的73%，主要树种有落叶松、云杉、冷杉、樟子松、柞树、白桦树、白蜡树。二是加快中国东北地区到俄罗斯远东地区的马加丹州、堪察加边疆区及楚科奇民族自治区油气管道的铺设速度。在现有天然气管道的基础上大力发展油气管道的建设，将油气管道作为两地区的合作通道。三是中国东北地区加大对俄罗斯远东地区的马加丹州、堪察加边疆区及楚科奇民族自治区渔业的投资力度，特别是加强对马加丹州的渔业合作。马加丹州主要的出口产品是鱼类和其他海产品。从地域分布上看，出口面向的国家主要是日本、韩国、美国及英国。四是大力发展中国东北地区与俄罗斯远东地区的马加丹州、堪察加边疆区及楚科奇民族自治区等地区的旅游合作项目。共同开发特色旅游线路与项目，集当地民族特色、舒适程度于一体。

（二）中国东北地区与俄罗斯远东地区的经济合作模式

中俄区域经济合作快速发展的同时，双方市场需求的匹配并不完善。而且，中国东北地区与俄罗斯远东地区所处空间地理位置不同，双方对各自国家的战略利益及合作问题也有不同的认识，从而会影响到两地区区域经济合作的进程。因此，创新中俄两地区区域经济合作的发展模式十分必要。

1. 区域空间开发模式

区域空间的开发模式一般包括增长极模式、发展轴模式和网络型模式。增长极理论是在20世纪中期由法国经济学家弗朗索瓦·佩鲁最先提出来的。该理论认为,经济发展在时间与空间上分布并不均衡,具有创新能力的行业和主导产业部门作为增长极,经济会率先增长,然后通过支配效应、乘数效应、极化与扩散效应对整个区域进行扩散,带动其他行业经济增长。在现实的经济发展过程中,这种支配效应无处不在,各经济体之间的相互影响必然不对称,不可逆,因此,在相互影响的经济体之间必然有一部分处于支配地位,而另一部分经济体则被支配,同时,随着经济体之间的这种支配影响,处于支配地位的经济体拉动了处于被支配地位的经济体的经济,进而拉动整个区域的经济。

发展轴模式理论是20世纪70年代由德国著名地理学家沃纳·松巴特等提出的,该理论认为,随着增长极的个数增加与不断进化,各增长极之间开始进行沟通与交流的交通干线(铁路、公路、航空)的建设,形成新的有利区位,降低沟通成本,提高要素流动效率。这些由交通干线和经济合作连接的增长极形成具有比单一增长极更加完善和强大的轴线,吸引区域内其他地区向轴线聚拢,对外形成更大影响力,在理论上将其称为"发展轴",也称为"增长轴"。

关于网络模式,发展轴模式进一步进化和升级,就形成了由若干个发展轴联合在一起所构成的共同增长网络模式。增长网络的形成,使极化效应产生的聚集规模经济不仅在单一的增长极体现,也在更大的由各发展轴组成的网络内外同时表现出来。这种将不同层次相联系的独特方式组成了更具竞争力的区域经济系统,它不仅吸纳区域外的资源,同时影响其他区域网络外的地区,因此,网络模式是区域一体化的基础。

由于应用区域空间开发模式来研究中国东北地区与俄罗斯远东地区的经贸合作并不完全适合,可以探索一种介于发展轴模式与网络模式之间的模式,即扇形发展模式,以更好地协调两地区空间经济联系与地缘经济关系,从而促进两地区经贸合作发展。扇形发展模式是发展轴模式的扩展,将一个增长极作为扇形的圆心角的顶点,由扇形的圆心角的顶点的这个增长极分别与其他的增长极联结组成若干条同顶点的发展轴,由这个扇形中空间经济联系与地缘经济关系匹配类型中相对最好的发展轴作为扇形内最具影响力的中心发展轴。这个最具影响力的中心发展轴将对整个扇形区域构成影响,进而将这个扇形看成一个能量扩大的整体,对外部也产生影响,最终将无数个扇形结合就发展成为网络模式。

2. 中国东北地区与俄罗斯远东地区经贸合作中的扇形发展模式

第一,建立以中国黑龙江省、辽宁省、吉林省各自为圆心角顶点的扇形模式。由上文匹配分析的结果可知,中国黑龙江省与俄罗斯远东地区的滨海边疆区、阿穆尔州和哈巴罗夫斯克边疆区的匹配类型为很好。其中,黑龙江省与俄罗斯远东地区的滨海边疆区的空间经济联系数值最高,地缘经济关系互补性最强。因此,可以将黑龙江省与俄罗斯远东地区的滨海边疆区作为构成最具影响力的中心发展轴的两个增长极。这个中心发展轴同黑龙江省与远东地区其余各区连接而成的各发展轴,构成以黑龙江省为圆点的扇形模式。

第二,由上文匹配分析的结果可知,中国辽宁省与俄罗斯远东地区的滨海边疆区、阿穆尔州和哈巴罗夫斯克边疆区的匹配类型为很好。其中,辽宁省与俄罗斯远东地区的滨海边疆区的空间经济联系数值最高,地缘经济关系互补性最强。因此,可以将辽宁省与俄罗斯远东地区的滨海边疆区作为构成最具影响力的中心发展轴的两个增长极。这个中心发展轴同辽宁省与远东地区其余各区连接而成的各发展轴,构成以辽宁省为圆点的扇形模式。

第三,由上文匹配分析的结果可知,中国吉林省与俄罗斯远东地区的滨海边疆区和阿穆尔州的匹配类型为很好。其中,吉林省与俄罗斯远东地区的滨海边疆区的空间经济联系数值最高,地缘经济关系互补性最强。因此,可以将吉林省与俄罗斯远东地区的滨海边疆区作为构成最具影响力的中心发展轴的两个增长极。这个中心发展轴同吉林省与远东地区其余各区连接而成的各发展轴,构成以吉林省为圆点的扇形模式。

3. 中心发展轴对扇形模式的影响

在分别以中国黑龙江省、辽宁省和吉林省为顶点的扇形模式中,应扩大最具影响力的中心发展轴的吸引力,即将黑龙江省、辽宁省和吉林省分别同俄罗斯远东地区的滨海边疆区构成的这三个扇形模式中最具影响力的中心发展轴,发展成为三个广义的巨大增长极,以影响其他的发展轴。

第一,中心发展轴应促进产业结构调整,并实现各种资源和生产要素的优化与扇形模式内的跨行业、跨地区协同合作,实现扇形模式内的跨行业接轨。要充分利用扇形模式内各个地区的特点,制定明确的发展战略,实现产业整合。中国东北地区应当有侧重地与俄罗斯远东地区特别是萨哈林州和萨哈共和国进行电力、燃料和石油等领域的基础建设投资和贸易合作。这不仅能够加快俄能源的开采,促进俄远东的经济发展,而且开采的能源可以满足中国东北地区的建设需求,这对双方都有利。总的来说,扇形模式内产业结构的调整直接影响中国东北地区与俄罗斯远东地区的共同利益的实现。

第二,扇形模式内的中心发展轴应当充分利用其自身的科技创新能力和良好的地理区位条件,统筹优势资源和劳动力市场,推进科技创新,提升产业技术水平。俄罗斯科技实力很强,但俄远东地区的萨哈林州和萨哈共和国的技术创新动力不足,高新技术创新受到技术基础削弱、市场需求缺乏等因素的制约,发展潜力有限。因此,中国辽宁省和吉林省应抓住机遇,为远东地区特别是萨哈林州和萨哈共和国提供资金和技术,开拓远东市场。

第三,虽然中俄两地区经贸往来密切,但是俄罗斯远东地区的马加丹、勘察加地区及楚科奇自治区因为在地理位置上处于俄远东地区的最东面,距离中国东北地区最远,而且远离俄罗斯的经济中心,与中国东北地区的经贸联系较少,而且交通运输条件十分落后。众所周知,公路、铁路和航空、航海在经济交往中起着至关重要的作用,但是俄罗斯远东地区的马加丹州、堪察加边疆区及楚科奇民族自治区在这方面的基础设施建设不足,还有很大的发展空间。因此,中国东北地区加强与俄罗斯远东地区的马加丹州、堪察加边疆区及楚科奇民族自治区的交通运输合作势在必行,这样才能进一步加强双方的经贸联系。目前需要解决的问题包括:中国东北地区与俄罗斯远东地区的马加丹州、堪察加边疆区及楚科奇民族自治区过境货物的运输合作及港口出海的互用问题;扩大俄罗斯远东地区堪察加边疆区边境口岸的客流量;开通哈尔滨—马加丹、哈尔滨—阿纳德尔公路的客运线路问题,以及吉林省与马加丹州的公路、铁路线路,扩大其公路、铁路客货运量;加快建设中国东北地区与俄罗斯远东地区的马加丹州、堪察加边疆区及楚科奇民族自治区边境区的航空运输网络;探讨开通自中国东北地区各主要城市至阿纳德尔、彼得罗巴甫洛夫斯克及马加丹等地区的国际航班的相关问题;组织大连—彼得罗巴甫洛夫斯克直达客运航线。

第四,服务业是俄罗斯远东地区增长比较快的产业,但主要是贸易、金融和咨询等与市场相关的服务业,而科学、卫生、教育和旅游等后工业社会发展所必需的服务业较为落后。因此,加强俄远东地区与中国东北地区在这些领域的互补合作,特别是中国辽宁省和吉林省与俄远东萨哈林州和萨哈共和国合作开发教育、卫生、科学、环保及旅游项目,有着广阔的发展前景。而大力发展中国东北地区与俄罗斯远东地区的马加丹州及楚科奇民族自治区等地区的旅游合作项目,应为游客提供多条包括边境旅游、赴莫斯科游、圣彼得堡旅游、乘船游览阿穆尔河等旅游项目。同时,投资建设堪察加边疆区旅游休闲中心,因为俄罗斯远东地区的堪察加边疆区拥有独特的自然风光,虽然地处远东地区的最外围,但是其优势明显,十分适合建立原生态旅游休闲中心。

第五,扩大中国东北地区与俄罗斯远东地区的马加丹州、堪察加边疆区及楚科奇民族自治区的能源合作。中俄两国领土接壤,油气输送十分便捷。中俄油气合作的实施有利于减少中国巨大的石油和天然气缺口,从而降低油气安全压力;有利于中国实现能源多元化,保障国家能源安全。从俄罗斯看,俄罗斯的石油需求远远小于供应,出口能力非常强。增加石油出口,将给俄罗斯带来大量的石油美元,从而刺激经济增长。从世界石油格局来看,俄罗斯远东将是未来世界能源供应的新基地。

因此,要加速中国东北地区与俄罗斯远东地区的马加丹州、堪察加边疆区及楚科奇民族自治区等地区的能源合作项目的实施。大力加强油气管道建设,将油气管道作为中俄两地区的合作通道,加快合作步伐,实现共赢。

中国东北地区与俄罗斯远东地区经济合作的扇形模式,能够促进双方的经贸合作,特别是该模式的中心发展轴对提升中俄两地区的经贸合作水平发挥着重要作用。

五、本文结论

第一,本文利用引力模型对中国东北地区与俄罗斯远东地区空间经济联系,以及包括空间经济联系强度、空间经济主要方向、空间经济区位在内的空间经济联系与两地区经贸合作的相关性进行了分析。本文得出结论认为,在具有一定区位优势和经济发展水平接近的条件下,交通运输网络的发达与否直接影响着空间经济联系强度,而空间经济联系强度基本反映空间经济联系程度,进而决定两地区经贸合作与经济发展程度,为中国东北地区与俄罗斯远东地区深化经贸合作提供了依据。

进一步的研究表明,中国东北三省与俄罗斯滨海边疆区的交通运输网络相较其他地区更加完善,因而两者对应的空间隶属度为强联系型。同时,滨海边疆区是俄罗斯远东地区与中国东北三省的经济联系中心和经济区位中心,并向外呈辐射状同心圆式圈层构造,与中国东北三省的经济联系量占俄远东地区与中国东北三省经济联系总量的一半以上,远超于排名第二位的阿穆尔州和第三位的哈巴罗夫斯克边疆区。中国东北三省与俄阿穆尔州及哈巴罗夫斯克边疆区的交通运输网络较为完善,因而两者对应的空间隶属度为较强联系型,两地区与俄罗斯远东地区的滨海边疆区共同构成了俄远东地区的核心圈层,处于核心圈层的这三个州与中国东北三省有很强的经济联系。而且这三个州之间的相邻城市也彼此有较强的经济联系,相互连接成网格状,从而构成重要社会经济发展区域。俄远东地区的其他各州与中国东北三省构成了经济联系的第二圈层和第三圈层,其中,中国东北三省与俄萨哈林地区、犹太自治州及萨哈共和国的交通运输网络完善程度一般,两者相对应的空间隶属度也为一般联系型;中国东北三省与俄马加丹及堪察加边疆区的交通运输网络不发达,两地区相对应的空间隶属度就为较弱联系型;中国东北三省与俄楚科奇自治州的交通运输网络最不发达,因而两者的空间隶属度为弱联系型,经济联系量也最少。从空间分布特征看,第二圈层为俄罗斯远东地区的部分边缘地区即堪察加边疆区和楚科奇自治州,这一圈层距离俄罗斯远东地区经济核心区较远,同时受到俄远东地区以外的地区经济吸引,与核心圈层的经济联系较弱,并且它们相互之间的经济联系也较弱。

我们的研究表明,空间经济联系分类属于强联系和较强联系类型的地区具备如下特点:两地区地理位置优越,地缘优势明显;自然资源丰富、人力资源互补给两地区各城市群经济联系提供必要条件;交通运输网络为两地区的经济合作提供有力保障。同时,空间经济联系分类属于一般类型的地区和属于较弱、弱类型的地区,应共同提高彼此间经济发展促进力度,并提高交通运输联系便利性及经济结构匹配程度。

第二,本文利用欧氏距离法,对中国东北三省与俄罗斯远东地区2008—2014年的相关数据进行地缘经济关系分类分析,得出的分析结果是:中国东北三省与俄罗斯远东地区的堪察加边疆区为竞争与互补不确定型;中国东北三省与俄罗斯远东地区的马加丹州、楚科奇民族自治区、萨哈林州及萨哈共和国属于竞争较强型;与其余各地区为互补很强型或互补较强型。本文认为地缘经济关系上的互补程度直接影响中国东北地区与俄罗斯远东地区经贸合作。同时,对属于竞争较强型的中国东北地区与俄远东地区提出了促进其向互补方向发展的结构性调整建议:中国辽宁省和吉林省应增加与俄远东地区的萨哈林州和萨哈共和国在电力、燃料和石油等工业的基础建设投资和贸易合作,加强科学、卫生、教育和旅游合作,加强技术创新优势产业合作。

第三,将中国东北地区与俄罗斯远东地区的空间经济联系与地缘经济关系进行匹配和分类,进一步细化和分析各地区经贸合作优势、劣势及经贸合作程度。分析认为,制约中国东北地区与俄罗斯远东地区经贸合作发展的深层次原因之一,是空间经济联系与地缘经济关系匹配状态不合理。分析结果表明,中国东北三省与俄罗斯远东地区各州间实际经贸合作状态好的地区——东北三省与俄远东哈巴罗夫斯克边疆区、滨海边疆区、阿穆尔州,均为好的匹配类型,不仅空间经济联系强度高,而且地缘经济关系互补;而中国东北三省与俄罗斯远东地区的萨哈林州、马加丹州及萨哈共和国实际经贸合作状态差,均属于差的匹配状态。中国东北三省与俄这几个地区在地理位置上距离较远,各自间为竞争关系;中国东北三省与俄罗斯远东地区的堪察加边疆区和楚科奇民族自治区因为距离较远,经贸合作发展程度一般,从模型看属于中性匹配状态,各自间竞争和互补关系为不确定或者是竞争关系。

第四,根据中国东北地区与俄远东地区经贸合作状况以及两地区空间经济联系与地缘经济关系匹配的合理化程度,提出在空间经济视角下促进中俄两地区经贸合作发展的路径和模式。认为深化两地区经贸合作需科学匹配空间经济联系与地缘经济关系。换言之,深化中国东北地区与俄远东地区经贸合作应调整两地区之间空间经济联系与地缘经济关系的匹配,而调整这种匹配要从改善空间经济联系和地缘经济关系这两方面同时入手。一方面,提高空间经济联系强度,增加轻工业品和食品出口,提升能源以及原材料领域的合作水平,同时,进一步完善交通运输网络;另一方面,将非互补型地缘经济关系逐步调整为互补型地缘经济关系,不仅增加电力、燃料及石油等工业的基础建设投资和贸易合作,加强旅游合作,还应加强优势产业科技创新合作。

第五,本文还提出了中国东北地区与俄罗斯远东地区经贸合作的扇形发展模式问题。扇形发展模式是发展轴模式的扩展,将构成发展轴的两个增长极(中国东北三省分别与俄远东滨海边疆区)中的一个(黑龙江省、辽宁省、吉林省)作为扇形的圆心角的顶点,由扇形的圆心角顶点的这个增长极分别与其他的增长极(俄远东各区)联结组成若干条同顶点的发展轴,由这个增长极与另一个增长极联结而成的发展轴作为扇形内最具影响力的中心发展轴(中国东北三省分别与俄远东滨海边疆区),该中心发展轴将对整个扇形区域(辽宁省、黑龙江省、吉林省各自分别与俄远东各区)构成影响。最终,若干扇形模式的结合构成网络模式。这种网络模式能够有助于深化中国东北地区与俄远东地区的经贸合作。

本文认为,其一,中心发展轴能够促进中国东北地区与俄罗斯远东地区的产业结构调整,并实现各种资源和生产要素的优化与扇形模式内跨行业、跨地区的协同合作,实现扇形模式内的跨行业接轨。因而,要充分利用扇形模式内各个地区的特点,制定明确的发展战略,实现产业整合。其二,扇形模式内的中心发展轴能够促进中国东北地区与俄罗斯远东地区科技创新能力的提高,提升产业技术水平,统筹优势资源和劳动力市场。其三,应加强中国东北地区与俄罗斯远东地区各扇形模式之间的服务业与能源等领域经济联系与合作,特别是建立有效的交通运输沟通机制,促进扇形模式内中心发展轴对中国东北地区与俄罗斯远东地区经济联系的更大影响力,进而加快中俄两地区的经贸合作发展进程。

俄罗斯东部开发新战略与中俄区域经济合作的进展评析

郭连成

一、引言

由于经济全球化和区域经济一体化的不断深化,区域经济合作朝着更高层次和更广泛的领域快速发展。这种区域经济合作为本区域内各国特别是相邻地区搭建了合作和共谋发展的平台,使各国之间和各国相邻地区之间的经济联系和相互依赖性越来越强。俄罗斯东部开发新战略的实施,就为中俄深化区域经济合作创造了有利条件,尤其是为俄东部开发与中国东北老工业基地振兴的互动发展提供了新机遇,也使两者的有效对接成为可能。

对于俄罗斯而言,东部开发既是一个老问题,也是一个新课题。实际上,早在20世纪30—80年代,苏联曾长期推行"生产力东移"或"经济重心东移"计划,重视对东部地区的开发,制定了具体的开发规划。在这几十年中,尽管实施这一规划困难重重,但苏联当局从未放弃过东部开发。苏联解体后,独立后的俄罗斯始终致力于大力推进经济发展战略东移规划,十分重视东部地区的开发与发展,在不同时期均对东部开发做出了详细规划和具体部署。本文一方面着重考察俄罗斯东部开发新战略的提出与具体实施问题;另一方面深入分析对深化中俄区域经济合作具有重要意义的俄东部开发与中国东北老工业基地振兴的互动发展问题。

二、背景分析

(一)叶利钦时期

经过苏联时期的长期开发,东部地区已逐步发展成为具有鲜明的原料、资源型特色的地区,资源依赖型的经济发展模式成为该地区经济发展的主导型模式。而随着苏联的解体和独立后的俄罗斯向市场经济转轨,俄东部地区开始根据自己的特点来谋求新的"自我发展"。然而,由于下述主要因素的综合作用,使得东部地区的开发进程受阻:一是资源依赖型经济发展模式导致经济结构畸形,经济增长主要依靠石油天然气等资源类产品出口,轻工业发展严重滞后;二是东部地区人口数量逐年下降引发人口危机。出生率降低、死亡率上升和人口大量向外迁移导致人口持续减少和劳动力资源匮乏,严重影响了工农业及其他行业的发展,成为制约俄东部地区经济发展的主要因素之一和东部开发最迫切需要解决的问题;三是俄东部地区开发资金严重不足。东部地区的开发需要投入大量的人力、物力和财力,而无论是中央财政还是地方财政都无力满足这种异常巨大的投资需求。特别是在经济转轨初期,由于经济严重滑坡,俄罗斯对东部地区的投资不断减少。以远东地区为例,经济转轨初期,远东地区在俄罗斯固定资本投资中所占的比重不断下降:1991年为7.9%,1992年为7.3%,1993年为6.9%,1994年为6.1%,1995年为5.2%,降低了1/3以上。[①]

俄罗斯东部地区落后的经济状况,人口数量下降引发的严重人口危机以及由此带来严重的人力资源匮乏危机,不断加大的资金缺口,再加上恶劣的自然条件和环境,这些问题的叠加不仅严重制约了东部地区的经济社会发展,而且在很大程度上威胁到俄罗斯的国家安全。尤其是叶利钦时期受经济转轨初期经济严重下滑的影响,加之俄对东部地区的扶持政策减弱,使东部开发进程大为减缓,东部地区的经济形势持续恶化,居民生活水平也不断下降。为改变东部地区的这种危机状况,进一步推进东部开发,俄罗斯于1996年正式出台了《1996—2005年远东和外贝加尔地区社会经济发展联邦专项纲要》。该纲要旨在充分利用远东地区的资源优势,完善基础设施建设,将远东地区发展成为俄罗斯参与东北亚区域经济合作进而融入亚太经济一体化的前沿地区。虽然由于叶利钦时期俄罗斯经济持续恶化,特别是受1998年亚洲金融危机的影响,俄经济陷入困境,致使俄对远东地区的投资大大减少,该纲要的实施受阻,但纲要的出台标志着俄罗斯独立后拉开了东部开发的新序幕。

---

① П.米纳基尔、H.米赫耶娃:《远东经济:改革的五年》,哈巴罗夫斯克1998年版,第101页。

（二）普京时期

在普京的前两个总统任期内（2000—2008年），俄罗斯东部开发进程有所加快。推动这一进程的主要因素，一是资源依赖型经济增长模式需要加大东部地区的资源开发力度。长期以来，俄罗斯一直大力发展以资源出口为导向的经济，主要依靠自然资源特别是石油的大量出口达到高速经济增长，经济增长方式以粗放和资源依赖为基本特征。这与俄罗斯先天的能源禀赋密不可分，俄也因此形成了对能源经济的路径依赖。俄经济增长对能源的依赖程度已经接近欧佩克国家的水平，能源出口对俄罗斯经济有着非同寻常的意义。普京总统虽曾多次提出改变经济严重依赖能源的畸形经济结构的庞大计划，但由于俄刻意追求经济增长速度，经济多样化和结构调整始终成效不大，经济增长过分依赖能源出口的状况并没有发生实质性改变。努力推动东部开发，充分开发利用西伯利亚及远东地区丰富的油气矿产资源，成为俄罗斯资源依赖型经济发展的客观要求。

二是区域发展的战略性调整需要东部资源开发。长期以来，俄罗斯的发展重心在西部即欧洲部分，而对远东地区则经济开发不足，致使经济社会发展落后、人口大量流失。俄罗斯东部和西部地区经济发展的"非对称"状态和严重的不平衡，已经制约了其整体国力的增强。俄在实施"强国富民"战略的进程中切实感到，西伯利亚和远东地区的发展水平如何，直接关系到"强国富民"战略能否得到切实有效的实施。这一时期，地区发展纲要成为东部地区经济持续稳定发展的主要经济计划和政策。2002年3月，受普京总统委托制定的《西伯利亚经济社会发展纲要》得到了俄政府的批准,2005年又对这一纲要进行了修改。2007年,根据普京签署的总统令,俄罗斯政府将远东和外贝加尔地区发展问题纳入国家议程,成立了由总理牵头的远东和外贝加尔地区发展问题国家委员会并通过了该委员会的章程,统筹规划东部开发进程。在该委员会的第一次正式会议上,提出了未来50年内俄罗斯东部地区发展与改革的战略构想。俄罗斯地区发展部还于2008年5月组织力量开始编制《2025年前远东地区及布里亚特共和国、外贝加尔边疆区和伊尔库茨克州社会经济发展战略》。由以上所述可见,不仅俄罗斯东部地区发展战略已提上日程,而且俄试图通过上述纲要的实施,确定国家区域经济政策的目标和任务,以此带动整个东部地区的全面可持续发展。

三是缩小地区内差距的需要。俄罗斯东部开发战略的提出是缩减地区差距、实现这一地区经济社会平衡稳定发展的需要。俄罗斯东部地区内部在经济社会发展水平上的分化很严重,这里既有俄罗斯最富裕的地区和比较富裕的地区,也有最落后的地区。随着苏联的解体,俄东部地区不仅失去了中央的政策和资金扶持,而且也中断了地区内和跨地区的经济联系。由于资金和技术设备短缺,又没有必要的政策扶植,东部地区的经济结构调整进程也极为迟缓,这种状况对于合理利用当地资源、实现地区内各地方的均衡发展、提高经济发展水平极为不利。2007年俄将东部地区开发上升为国家战略,并出台一系列国家支持政策,切实对西伯利亚和远东地区多年形成的生产开发潜力和科技潜力加以扶持,以有效推动地区经济社会平衡发展,并逐步缩小地区内的差距。

在普京执政期间俄针对东部开发出台的若干战略规划纲要

中,有两个联邦专项纲要最为重要:一个是对叶利钦时期出台的《1996—2005年远东和外贝加尔地区社会经济发展联邦专项纲要》进行重大修改和补充后,于2003年出台的《1996—2005年及2010年前远东和外贝加尔地区社会经济发展联邦专项纲要》;另一个是2007年出台的《2013年前远东和外贝加尔地区经济社会发展联邦专项纲要》。俄罗斯将这两个联邦专项纲要的实施提升到巩固远东和外贝加尔地区社会经济发展、保障俄罗斯国家安全的高度。在前一个纲要中,俄罗斯将与中国东北地区的经济合作作为助力远东开发的一项重要措施;后一个纲要则被视为俄新一轮东部开发的重要战略,能够与中国东北老工业基地振兴战略形成互动。

(三)"梅普组合"时期

在"梅普组合"时期(2008—2012年),继续保持普京前两个总统任期政策的连续性,继续推进东部地区开发,振兴东部地区经济,依然是俄罗斯的既定目标。虽然这一时期俄罗斯曾遭受国际金融危机的严重冲击,特别是2009年经济遭到重创,但俄罗斯并没有因此而延缓东部开发的进程。这一年,俄出台了对东部地区开发具有特别重要意义的两个战略规划纲要:一个是2009年9月中俄两国共同制定的《中华人民共和国东北地区与俄罗斯联邦远东及东西伯利亚地区合作规划纲要(2009—2018年)》;另一个是俄政府于2009年12月通过的《2025年前远东和贝加尔地区社会经济发展战略》。这是俄新一轮远东开发、振兴东部地区经济的两个重要规划纲要和战略部署,其规划开发领域的广度和政策措施力度前所未有。特别是与中国共同开发东部地区的详细而具体的合作规划,有助于促进中国东北振兴战略与俄远东和贝加尔地区开发战略的互动发展,这在俄罗斯东部开发史上尚属首次,其对俄罗斯东部开发的意义不言而喻。

三、俄罗斯东部开发新战略的目标指向及其现实性

俄罗斯东部开发新战略是规划周密和目标明确的系统工程。俄罗斯先后出台了一系列有关东部开发的战略规划纲要,对东部开发做出了详细的规划和具体部署,以保证东部开发新战略的贯彻实施。其中,有三个战略规划纲要最为重要:一个是 2007 年 11 月俄政府出台的《2013 年前远东和外贝加尔地区经济社会发展联邦专项纲要》;另一个是以该联邦专项纲要为基础于 2009 年 12 月出台的《2025 年前远东和贝加尔地区社会经济发展战略》;第三个是 2009 年 9 月由中俄两国共同出台的《中华人民共和国东北地区与俄罗斯联邦远东及东西伯利亚地区合作规划纲要(2009—2018 年)》。这三个战略规划纲要构成了俄罗斯东部开发新战略的主体框架和主要目标,标志着俄罗斯实施东部开发战略的新进展。

(一)三个战略规划纲要设定的主要目标分析

《2013 年前远东和外贝加尔地区经济社会发展联邦专项纲要》[1]是对俄罗斯新一轮东部开发的重要规划。规划纲要设定五年

---

[1] Федеральная целевая программа " Экономическое и социальное развитие Дальнего Востока и Забайкалья на период до 2013 года" , http://femidarf.ru/base/1519225/index.htm.

内对远东和外贝加尔地区的财政投入总额为 5673.5 亿卢布(约合 224 亿美元)。该规划纲要的重点投资领域是能源与交通,分别占总投资的 58% 和 28%。纳入规划纲要的项目主要分布在萨哈林州、堪察加边疆区和哈巴罗夫斯克边疆区。该规划纲要的主要措施包括:发展燃料动力综合体;改进交通基础设施;发展工程技术基础设施领域;发展社会领域,特别是将住宅建设,以及改造卫生、体育和文化设施纳入规划范围;发展水利和环保事业;发展邮政和电信系统。通过发展这六大领域和其他措施,要达到如下主要目标:创造 69900 个就业岗位;地区生产总值提高 1.6 倍;实现产值额增加 1.3 倍;固定资本的投资额增长 2.5 倍;经济活动人口的数量增加 10%;失业率降低 1.7%。通过落实目标规划,地区生产总值将增长 8006 亿卢布,财政预算系统增收 2069 亿卢布,其中联邦财政预算增收 1350 亿卢布。① 就开发领域和投资规模而言,该规划纲要远远超过了先前实施的《1996—2005 年远东和外贝加尔地区社会经济发展联邦专项纲要》。充分体现了俄政府东部开发新战略的意图和加大东部开发力度的决心。因此,可以认为,以《2013 年前远东和外贝加尔地区经济社会发展联邦专项纲要》的出台和实施为起点,俄东部开发新战略进一步明朗和清晰。

《2025 年前远东和贝加尔地区社会经济发展战略》②是承接《2013 年前远东和外贝加尔地区经济社会发展联邦专项纲要》,并对东部地区开发和发展做出新规划的一个长期发展战略规划,其

---

① 《2013 年前远东和外贝加尔经济和社会发展联邦目标规划》,《远东经贸导报》2008 年 2 月 4 日。

② Стратегия социально-экономического развития Дальнего Востока и Байкальского региона на период до 2025 года. http://www.assoc.fareast.ru/fe.nsf/pages/str_soc_ekon_razv_dviz.htm.

视野更为宽阔,对东部地区开发的力度也更大。所谓视野宽阔,是该战略以经济全球化为背景,瞄准经济快速发展的亚太地区特别是东北亚地区,立足远东和贝加尔地区的资源和地缘优势,发展与中国东北地区以及与东北亚其他国家的经济合作关系,保证俄罗斯资源出口市场的多元化。所谓开发力度大,是规划开发领域的广度和政策措施的力度空前。而且,特别注重对远东和贝加尔地区的投资,确定了以投资项目带动主导产业乃至整个地区经济开发和发展的目标;明确将发展高新技术产业和创新型经济作为远东地区开发的重点之一;强调远东地区开发与东北亚区域经济合作特别是与中国东北地区经济合作的衔接与融合。不仅确定了远东和贝加尔地区参与东北亚国际经济合作的主要领域,而且将与中国东北地区的合作作为远东和贝加尔地区发展的优先方向之一。按该战略规划确定的地区发展总目标,在2011—2025年的15年内,要通过实施"加速战略",使远东和贝加尔地区各联邦主体的GDP增长速度超过全俄GDP的平均增速,提高人均收入和增加住房面积,创造较为舒适的生存和发展环境,稳定人口数量和缩小地区差距,使该地区经济社会发展达到全俄平均水平。《2025年前远东和贝加尔地区社会经济发展战略》提出分三个阶段来实现总体发展目标并确定了要完成的主要任务:在2009—2015年的第一阶段和2016—2020年的第二阶段,要将继续加快能源和交通基础设施建设作为重点发展目标;而在2021—2025年的第三阶段,主要任务是发展创新型经济,增加创新产品数量在全部产品中所占的比重。与此同时,继续加大石油和天然气的大规模开采、加工和出口,并完成大型能源和运输项目建设。从以上所述不难看出,俄罗斯《2025年前远东和贝加尔地区社会经济发展战略》是俄振兴东部地区尤其是开发远东地区的重要规划纲要和战略部署,构成了"梅普组合"时期俄远东开发新战略的鲜明特点。

中俄两国共同出台的《中华人民共和国东北地区与俄罗斯联邦远东及东西伯利亚地区合作规划纲要(2009—2018年)》①,应被视为俄罗斯拓展东部开发新思路的一个重要的纲领性文件,标志着俄东部开发战略的深化和新进展。其基本出发点是,借助中国实施东北老工业基地振兴战略之机,促进俄东部地区开发和经济社会发展。中国东北地区和俄罗斯东部地区特别是远东地区在能源、装备制造、农业、科技、旅游等领域的合作潜力巨大,合作前景十分广阔。而且两国政府对这两大区域的合作与发展高度重视,两国领导人也达成重要共识,认为要促使中俄两大区域开展有效合作,迫切需要协调两大区域的合作与发展战略,衔接双方的地区发展规划,共同编制中国东北地区与俄罗斯远东地区合作规划。以此为基础,两国领导人和有关部门经过多次磋商和研究,共同出台了《中华人民共和国东北地区与俄罗斯联邦远东及东西伯利亚地区合作规划纲要(2009—2018年)》。该规划纲要具体规定了中俄两大区域的200项重点合作项目。其中,俄罗斯承接了涉及能源、交通、木材加工、采掘业、渔业、农业等传统行业的89个项目,为中国东北地区的发展提供能源和原材料供应等保障;而中国东北则承接了能够发挥东北地区重工业优势、满足俄远东地区工业发展需要的111个项目,主要集中在采矿业、电力行业、木材加工业、农产品生产及加工业、装备制造业等领域。

---

① Программа сотрудничества между регионами Дальнего Востока и Восточной Сибири Российской Федерации и Северо-Востока Китайской Народной Республики (2009 - 2018 годы), http://www.pandia.ru/text/77/191/18975.php.

（二）进一步的扩展分析

如上所述，俄罗斯东部开发新战略的实施，是俄振兴本国经济的重要举措。无论是在叶利钦时期，还是在普京时期和"梅普组合"时期，俄罗斯都一直着力推进经济发展战略东移规划，并根据东部地区自然资源极为丰富的特点，将东部地区逐步开发建设成为具有鲜明的原料、资源型特点的地区，成为俄最重要的燃料动力生产基地。也正因如此，长期以来，资源依赖型模式成为俄罗斯东部地区经济发展的主导模式。

俄罗斯之所以坚持不懈地长期实施东部开发战略，特别是自普京第二个总统任期和"梅普组合"时期重新规划并实施的东部开发新战略，其必要性和现实性至少有以下四个主要方面：

第一，加快东部开发特别是资源开发，是俄罗斯以粗放和资源依赖为基本特征的经济增长方式的必然要求。长期以来，能源产业是俄罗斯维系其经济增长的主导产业，在国民经济中占有重要地位。俄罗斯基于对未来国际市场能源需求持续增长的判断，认为主要依赖能源开发和出口的政策在未来一个时期内尚不具有太大风险。而且，事实上能源已经成为俄罗斯在国际上谋求政治利益、推行能源外交的"利器"，甚至成为其重返世界大国行列的一种重要手段。更何况，自然资源尤其是能源出口会给俄带来滚滚财源从而拉动经济增长。因此，推动东部开发无疑是俄罗斯资源依赖型经济未来发展的客观要求。虽然发展资源依赖型经济尤其是能源出口的弊端明显，如国际市场油价的波动会给经济增长带来很大的不确定性；减缓国内经济结构调整速度；阻碍国内弱势产业的发展,并可能导致"荷兰病"的发生,但由于大力发展油气能源经济能够加快经济增长速度,增加财政收入、外汇收入和外汇储备,提高居民生活水平和社会保障程度,因此,普京本人曾多次提出,必须加快东部自然资源开发以带动经济振兴。

第二,东部地区油气资源开发的迫切性促使俄罗斯加大该地区的资源开发力度。自20世纪80年代后期开始,俄欧洲部分的老油气区产量已进入持续递减期,有些主力油田甚至进入了逐渐衰竭期。欧洲部分油气资源的日渐匮乏,使俄罗斯对其东部地区资源的依赖性和资源开发的迫切性进一步增强。另据俄罗斯自然资源部发布的一份报告,在俄已探明的石油资源中有50％的石油已经开采完,今后如果不通过引进资金和技术等途径加快石油的勘探和开采速度,按照目前的开采速度,已探明的石油储量到2040年就会消耗殆尽。[①]因此,俄罗斯迫切需要尽快开发东部地区的资源。在当前和今后相当长的时期内,俄石油和天然气的勘探开采重心必然要逐步东移到包括西西伯利亚在内的整个西伯利亚及远东地区。然而,由于俄东部地区的基础设施差,特别是交通运输设施极其落后、设备老化、技术更新和改造能力低,加之油气开采和加工能力严重不足,使得该地区的开发和经济社会发展受到极大制约。因而要实现东部地区的经济与资源综合开发计划,还必须从根本上解决这些问题。

第三,俄欧经济联系的相对饱和,迫使俄罗斯发展战略实行由西向东的渐次转移。作为传统意义上的欧洲国家,俄罗斯与欧盟

---

① 郭连成:《资源依赖型经济与俄罗斯经济的增长和发展》,《国外社会科学》2005年第6期。

的经济联系十分紧密,双方的经贸合作在俄对外经济关系特别是对外贸易中占有重要地位。但一个时期以来,俄欧经济联系已呈现相对饱和迹象。俄欧经贸尤其是能源合作,不仅上升的空间越来越小,而且阻力越来越大。在这种情况下,如果一味追求扩大与欧洲的经贸合作,不仅付出的成本巨大,而且收效也不甚明显。俄罗斯欧洲部分的地缘空间也一再压缩。而亚太地区特别是东北亚地区经济的快速发展则形成了对资源的巨大需求,俄可以利用其横跨欧亚大陆的地缘优势,积极融入亚太地区尤其是东北亚地区。这为俄罗斯东部开发创造了前所未有的商机,成为俄实施东部开发新战略的重要推动因素之一。

第四,还须从东北亚区域经济合作的大视角来审视俄罗斯东部开发新战略及其现实性。凭借自己的能源优势与中国、日本、韩国等主要伙伴来合作开发和利用东部地区的油气资源,是俄罗斯的既定方针。东北亚各国经济发展水平不一:日本和韩国经济发展水平较高;中国和俄罗斯是正在崛起中的经济大国;朝鲜和蒙古国经济发展落后。中国、日本和韩国是资源消费大国,但资源有限,尤其是日本和韩国资源严重匮乏;而俄罗斯则自然资源十分丰富。因此,俄东部开发新战略的实施,一方面为中国、日本和韩国解决经济发展中的资源瓶颈问题提供了可能;另一方面,也符合俄罗斯在东北亚地区的经济战略和发展目标,即希望通过加强同邻国中、日、韩的有效经济合作,助力东部地区开发,解决东部开发进程中的资金短缺、技术不足和劳动力匮乏等关键性问题,以加速东部地区开发和经济发展,并实现国家东西部地区的协调发展。事实上,远离俄欧洲部分和国家经济重心的东部地区特别是远东地区,其发展离不开与之相邻的东北亚地区各国的经济合作。因为若没有中、日、韩等国的积极参与,俄东部地区开发就会困难重重,就难以快速发展。因而俄罗斯东部开发与东北亚区域经济合作和区域经济一体化实际上形成了一种互为因果、相互推动的关系。对俄罗斯而言,通过东部开发而在东北亚区域经济合作中占据主导地位,有利于扩大俄在东北亚地区乃至整个亚太地区的国际影响力。因而实施东部开发新战略和参与东北亚区域经济合作对俄罗斯具有重要的现实意义。目前,俄罗斯正计划制定一个与中、日、韩三国开展能源合作的长期战略方案。与此同时,吸引亚太国家资金对东部地区能源进行共同合作开发的国际能源合作计划也正在实施当中。

四、俄罗斯东部开发与中俄区域经济合作的进展和特点

在区域经济一体化进程中,以中国东北老工业基地振兴战略和俄罗斯东部开发新战略的推进为新起点,中俄区域经济联系和相互依赖性日益增强。应当说,俄罗斯东部开发新战略的实施为中俄毗邻地区之间开展经济合作提供了难得的新机遇,创造了十分有利的条件。

(一)中国东北振兴战略与俄罗斯东部开发新战略的互动

中俄两国共同出台的《中华人民共和国东北地区与俄罗斯联邦远东及东西伯利亚地区合作规划纲要(2009—2018年)》,标志着东北亚区域内中俄两个毗邻地区次区域经济合作的全面展开。

中国正在实施的东北老工业基地振兴战略与俄罗斯的东部开发新战略相得益彰,形成了一种互动发展的态势。

第一,中国东北老工业基地振兴战略为俄东部开发提供了契机。东北地区是重工业基础雄厚、资源丰富的传统老工业基地,也是苏联时期援建中国重大项目最多的地区。为振兴东北老工业基地,中国投巨资启动了160个甚至更多的调整改造项目和高技术产业化项目。这些项目的陆续启动和投资的迅速增加,为俄罗斯东部地区特别是远东地区发挥其自身优势,面向与之相邻的中国东北地区,参与东北老工业基地振兴的投资和合作,提供了巨大的市场、合作机遇和合作空间。例如,目前中国正利用俄罗斯的技术优势对苏联时期援建中国东北的58个重大项目进行更新改造。再如,俄罗斯铺设从东西伯利亚的泰舍特到斯科沃罗季诺的东向石油管道工程,该管道延伸至中国的大庆,再由大庆经整个东北地区最后与大连的输油管道相连接。

应当说,俄罗斯对中国东北振兴战略的关注度很高。早在2009年5月,俄总统梅德韦杰夫就在专门会议上强调,俄罗斯东部开发要与中国东北振兴战略相结合。俄相关部门也一再表达与中国合作开发西伯利亚及远东地区的意愿,力促远东地区开发规划与东北振兴规划的有效衔接。俄罗斯的意图很明确:借助中国东北老工业基地的振兴,使俄东部地区面向发展迅猛的中国东北地区,并以东北地区的发展为契机,促进俄东部地区的开发步入快速发展的轨道。只有这样,才能使东部地区特别是远东地区的自然资源开发计划顺利实现。可见,俄罗斯将中国东北老工业基地振兴战略视为俄东部开发和发展战略要借重的主要外部力量。

第二,参与俄罗斯东部开发和合作对中国经济发展尤其是东北老工业基地振兴具有重要的现实意义,也是中国区域经济合作战略不可缺少的重要组成部分。俄罗斯东部地区丰富的自然资源和雄厚的科技实力与中国东北地区对俄资源、技术的需求,以及与东北老工业基地振兴的巨大市场,形成了较为明显的互补关系。中国利用与俄远东地区毗邻的地缘优势,在实施东北老工业基地振兴战略中,积极鼓励东北地区有实力的企业到俄远东地区开展资源开发和投资办厂等经济合作。大庆油田公司同俄有关部门初步达成的勘探上乔凝析油气田、萨哈林州油气田、阿穆尔州油气田和滨海边疆区油气田的协议,以及其他合作项目的逐步实施,不仅能够推动俄罗斯东部地区的开发进程,为其经济发展奠定良好的基础,而且也会为中国东北老工业基地振兴带来实实在在的利益。这有利于利用俄远东地区的石油和天然气、森林、矿产和土地等资源优势及科技优势,克服东北老工业基地振兴中的"短板",挖掘新的经济增长点,推动东北老工业基地振兴战略的有效实施。

应当指出,近些年来俄罗斯在实施东部开发新战略中多措并举,进一步畅通了合作渠道,拓宽了合作领域。而且,《中华人民共和国东北地区与俄罗斯联邦远东及东西伯利亚地区合作规划纲要(2009—2018年)》中规定的俄东部地区与中国东北地区经济技术合作的许多对接项目也尚待落实和精心组织实施。这为中国东北地区参与俄罗斯东部开发提供了新机遇。东北地区有实力的企业应当根据自身条件和俄远东及东西伯利亚地区的市场环境,充分利用俄方提供的各种优惠政策措施,扩大经济技术合作范围和投资规模,以实现俄罗斯东部开发项目与中国东北老工业基地振兴规划项目的有效对接。

（二）中国东北地区与俄罗斯东部地区新一轮经济合作的突出特点

以《中华人民共和国东北地区与俄罗斯联邦远东及东西伯利亚地区合作规划纲要（2009—2018年）》为起点和背景，中国东北地区与俄罗斯东部地区的经济合作进入了一个新的发展时期，取得了一些重要进展，这些进展及其特点主要表现在以下两个方面：

1. 双方以大项目和特大项目合作为重点，力求"以大带小"

2014年5月21日，中俄两国政府签署了《中俄东线天然气合作项目备忘录》，中石油和俄气公司签署了《中俄东线供气购销合同》。这是迄今为止中俄经贸合作的一笔特大项目，被称为"天然气大单"。按合同的规定，俄罗斯自2018年起通过中俄天然气管道东线向中国供气，输气量逐年增加，最终达到每年380亿立方米，累计合同期30年，合同总金额为4000亿美元。俄罗斯东西伯利亚的伊尔库茨克州科维克金气田和萨哈（雅库特）共和国的恰扬金气田是对华天然气供应的主要基地。仅恰扬金一个气田蕴藏的C1和C2级别天然气总储量就达1.45万亿立方米，此外还有9300万吨的凝析气。该气田的饱和产量可达每年250亿立方米天然气和150万吨石油。作为实现《中华人民共和国东北地区与俄罗斯联邦远东及东西伯利亚地区合作规划纲要（2009—2018年）》的重要举措，中俄天然气合作对加快俄罗斯东西伯利亚和远东地区的经济社会发展和油气资源开发，具有特别重要的意义。因为为保证按合同及时向中国供气，俄罗斯须斥资550亿美元用于开发东西伯利亚和远东地区的气田，并建造所需管道设施。对中国而言，中俄东线天然气项目将来自俄罗斯东西伯利亚和远东地区的天然气输送至中国东北入境。这条管线将与已经投入运营的中俄原油管道一起,构成中国油气进口东北战略要道上的一条大动脉。目前,俄罗斯已经开始全面启动对华供气合同的落实工作。筹备阶段的工作包括计划于2015年开始建设萨哈(雅库特)气田的基础设施、"西伯利亚力量"管道的第一条支线,以及阿穆尔州天然气加工与氦气生产综合体。作为中俄天然气管道主要气源的恰扬金气田计划于2018年年底开始投产,并于2019年正式直接向中方输气。

中国东北地区与俄罗斯远东地区经济合作的另一个大项目,是在《中华人民共和国东北地区与俄罗斯联邦远东及东西伯利亚地区合作规划纲要(2009—2018年)》中列为中俄边境地区重点建设项目的中俄同江—下列宁斯阔耶铁路界河桥项目。大桥全长6735.91米,其中主桥长2215.02米,引桥长4520.89米,由中俄双方按对等比例投资建设,引桥等桥梁基础设施则在中俄境内各自施工。初步估算中方总投资额超过20亿元。大桥设计通货能力为每年2000万—2500万吨。该桥已于2014年2月26日奠基并开工建设,工期预计为两年。这是中俄两国首座跨界河铁路桥,将连通向阳川—哈鱼岛铁路与俄罗斯西伯利亚铁路列宁斯阔耶支线。铁路大桥建成后,可将中国东北地区的铁路网与俄罗斯的西伯利亚铁路网相联通,形成一条新的国际铁路通道。建设中俄同江—下列宁斯阔耶铁路界河桥将推动中国东北地区与俄罗斯远东地区的互利合作,更加便利中俄双方的经贸往来,促进中俄经贸关系的进一步发展。

中国东北地区与俄罗斯东部地区大项目和特大项目的有效合

作,无疑有助于带动和促进本区域内中小项目的合作。黑龙江省适时提出了大力推进地方跨境涉边项目合作的新思路。该省对俄罗斯的投资大多集中于俄远东和外贝加尔地区的林业、矿业等资源类项目以及口岸和边境基础设施建设改造、通信、建筑、房地产开发等领域。该省2009年批准的81家对俄投资企业中,投资额超过千万美元的有7家,其余的大部分为中小企业对中小项目的投资。近几年,黑龙江省与俄方确立了一批合作开发矿产资源的项目,如赤塔州的乌多坎铜矿开发和别列佐夫铁矿床开发、滨海边疆区铅锌铜金多金属矿勘查开发、阿穆尔州加林铁矿床勘查开发、犹太自治州别列佐瓦亚砂金矿床开发项目等。截至2009年,吉林省在俄罗斯共建立企业63家,主要投资于木材加工、建材、种植养殖、医药器械等中小项目,投资地域主要集中在俄远东地区。这一时期,俄罗斯在吉林省也设立了31家企业,总投资额407万美元,项目主要集中在食品加工、木制品加工和餐饮业等。为抓住机遇乘势而上,强化辽宁与俄远东地区的合作,辽宁省编制了《辽宁省与俄罗斯地区合作发展规划(2009—2015年)》。辽宁省海城西洋集团在赤塔州投资建设别列佐夫斯基铁矿项目,总投资高达4.9亿美元;辽宁省农垦局营口富达果菜保险有限公司在伊尔库茨克州建设现代化果品出口项目,总投资也达人民币1.7亿元。

2. 双方的合作重点各有侧重,力图"合作共赢"

从总体上看,中国东北地区与俄罗斯东部地区的合作领域正不断从石油、煤炭、森林采伐和林木加工、农业种植等资源开发性领域,向航空航天、核能、军工、电力、环保、机床、造船、重大装备制造等高科技领域和现代化装备制造领域拓展。试图通过全方位的经济合作,提升两地区经济合作的规模和水平。但在这一发展和转变进程中,根据本地区的"区情",扬长避短,基于自己的优势而有针对性地开展优势互补的互利合作,依然是中国东北地区与俄罗斯东部地区合作的基点。《中华人民共和国东北地区与俄罗斯联邦远东及东西伯利亚地区合作规划纲要(2009—2018年)》的制定和实施充分体现了这一明显特点。

(1)俄罗斯东部地区依托资源优势,继续主打"资源牌"

在《中华人民共和国东北地区与俄罗斯联邦远东及东西伯利亚地区合作规划纲要(2009—2018年)》中俄方承接的89个重点项目,绝大部分为能源、木材加工、采矿、电力、渔业、农业等资源类和传统行业的开发项目。例如,在外贝加尔边疆区承接的8个项目中,除建立1个工业区外,其余全部为资源类项目,包括矿藏开采项目4项、建木材加工企业2个和水泥厂1个。伊尔库茨克州承接的9个项目中,有8个项目为木材加工和采矿等资源类和与资源相关的项目。阿穆尔州承接的12个项目中也有7个为采矿和电力等资源类项目。从该纲要所列项目的进展情况看,有资料显示,2012年远东和外贝加尔地区各联邦主体的地区合作重大项目共有57项,正在实施的有22项(占38.6%),正在寻找投资伙伴或与意向投资伙伴谈判的有25项(占43.9%)。而正在实施的22个重大项目中,中方公司参与了11项。中方投资的大部分项目位于外贝加尔边疆区(4项)和犹太自治州(3项),主要是开采贵金属矿、铁矿、多金属矿,开展木材加工和电力合作,以及从事住宅和社会基础设施建设等。①

---

① Д.苏斯洛夫:《现阶段落实〈中国东北地区同俄罗斯远东及东西伯利亚地区合作规划纲要(2009—2018年)〉问题》,陈秋杰译,《西伯利亚研究》2013年第4期,第13页。

还须提及与俄罗斯东部地区贯彻落实中俄两国地区合作纲要、依托资源优势主打"资源牌"相关的两个标志性大项目:一个是自2011年1月1日俄罗斯"东西伯利亚—太平洋"石油管道中国支线即中俄原油管道已正式投入商业运营(自俄远东原油管道斯科沃罗季诺分输站,途经黑龙江省和内蒙古自治区,至大庆末站),预计20年合同期内将向中国供油3亿吨。另一个是上面提到的,根据《中俄东线天然气合作项目备忘录》和《中俄东线供气购销合同》,来自俄罗斯东西伯利亚和远东地区的天然气将于2018年通过东线管道输送至中国东北入境,供气量最高可达每年380亿立方米,累计合同期为30年。这两条管线的运营会极大地推动俄东部地区与中国东北地区的合作进程。

(2)中国东北地区发挥自身优势以科技合作为龙头和引领

《中华人民共和国东北地区与俄罗斯联邦远东及东西伯利亚地区合作规划纲要(2009—2018年)》中中方承接的111个重点合作项目,大部分为发挥东北地区作为科技较为发达的重工业基地的优势,特别是凸显高端装备制造业和技术含量较高的资源加工业优势的项目。其中,吉林省承接的37项和辽宁省承接的20项几乎全都是这类项目,内蒙古自治区承接的21项中有19项,黑龙江省承接的33项中也有22项。以辽宁为例,沈阳市(8项)和大连市(7项)承接的项目主要有:沈阳引进输变电设备配套零部件产业集群项目、年产3500支110—1000千伏特高压套管产业化项目、年产7000万件高精密工程结构陶瓷生产项目、年产14万吨汽车用复合材料制品生产项目、建立汽车模具制造中心等;大连VMG4-2T/2R龙门移动高档车铣数控加工中心项目、引进俄罗斯冷喷涂技术项目、纳米复合金属强化与耐蚀性技术产业化项目、电解式银回收及处理设备生产及机电一体化项目、新型无齿轴承减速器合作开发项目、中俄生物信息与基因工程研发合作项目等。

科技合作园区是中国东北地区与俄罗斯东部地区开展科技合作的重要载体。加快推进科技合作园区的建设和发展，加强中俄两地区在科技和创新领域的互利双赢合作，既有利于科技优势互补，也能够促进两地区经济的快速发展。中俄两地区合作规划纲要规定，要在两地区建立7个科技合作园区，其中，在中国东北地区建立的园区就有4个：哈尔滨、牡丹江中俄信息产业园（"一园三区"）；长春中俄科技合作园；辽宁中俄科技园；大连中俄高新技术转化基地。目前科技合作园区的建设进展顺利。例如，牡丹江中俄信息产业园区已于2012年正式启动，规划面积33平方公里，一期启动面积8平方公里，主导产业为电子信息、高端服务业、文化创意等，园区已累计完成投资22.55亿元，引入项目42个；再如，作为辽宁中俄科技园重要组成部分的大连中俄高新技术转化基地和沈阳中俄高新技术转化基地建设也已全面启动。

五、总结性评述

中国东北地区与俄罗斯东部地区特别是远东地区的区域经济合作互有需要，互相借重；中国东北老工业基地振兴与俄罗斯东部开发也相互促进、共同发展。两者的同步实施进一步提升了中俄两个毗邻地区的区域经济合作水平；两地区的互利合作也为两国加强地方合作带来了新的机遇，注入了新的活力，增添了新的动力。这无论是对中国东北地区还是对俄罗斯东部地区的发展，都具有十分重要的战略意义和现实意义。不仅如此,作为东北亚区域经济合作中的次区域经济合作,中国东北地区与俄罗斯东部地区特别是远东地区互利双赢的合作,还有助于促进东北亚区域经济合作的深化,推动东北亚区域经济一体化进程。

当然,不可否认,俄罗斯规划和部署周密、目标明确的东部开发新战略,在具体实施过程中遇到了极大的困难和阻力。其中,最大的困难和阻力莫过于由于自然条件恶劣、生存和工作环境艰苦而致使人口数量持续减少、劳动力严重不足;受自然条件和经济不景气的影响,导致道路交通、供电供热、电信、住房等基础设施建设长期滞后;由于投资环境不佳、吸引外资乏力而造成开发资金极度匮乏,等等。这些问题长期以来一直未能得以解决,严重困扰着俄罗斯东部地区的开发和发展进程。由于这些原因,加之中俄双方在各自合作意图和目标等方面的差异,也使得中俄两地区的经济合作困难重重,《中华人民共和国东北地区与俄罗斯联邦远东及东西伯利亚地区合作规划纲要(2009—2018年)》的实施依然面临着重重阻力。因此,俄东部开发新战略的顺利贯彻实施,以及中国东北地区与俄罗斯东部地区特别是远东地区的区域经济合作的深化,都有赖于上述问题的根本解决。

(原载《俄罗斯东欧中亚研究》2014年第5期)

新形势下中俄新型经济合作关系的构建与发展

郭连成

一、引言

中俄关系是亚太地区乃至全球最重要的双边关系之一。目前中俄关系正处于历史最好时期,两国高层交往空前频繁,各领域全方位的务实合作日益密切。两国全面战略协作伙伴关系稳步发展,取得了丰硕的成果。尤其值得关注的是,近期乌克兰地缘政治危机,不仅导致俄罗斯与乌克兰关系的极度恶化,而且还形成了错综复杂的俄罗斯与美欧等西方国家的关系,引致这些国家在政治经济外交上联手对俄罗斯轮番实施制裁。迫使俄罗斯采取积极姿态拉近俄中关系,从而使两国关系进一步升温。中国国家主席习近平2014年11月9日在会见俄罗斯总统普京时指出:"今年以来我们加强了顶层设计和战略引领,密切地沟通接触,精心栽培了中俄友好合作的常青树。"[①]中俄两国关系的快速发展,极大地推升了

---

① 《习普十次会面,中俄关系耀眼》,《环球时报》2014年11月10日。

两国经济合作关系,各领域的经贸合作尤其是大项目合作面临着前所未有的发展机遇。本文的主旨就是深入分析这种新形势下的中俄新型经济合作关系的构建与发展。文中的"新形势"和"新型关系"包括两层含义:一是指经过中俄两国长期精心培育,已经发展到新阶段的中俄全面合作关系尤其是经济合作关系;一是指由乌克兰危机导致的俄罗斯与乌克兰关系的极度恶化,以及由此招致美国和欧盟等对俄罗斯实行经济制裁这一新形势下的中俄新型经济合作关系。

二、新形势下中俄新型经贸合作关系发展状况与趋势

新形势下中俄两国新型经贸合作关系的快速发展,一方面源自中俄两国经过长期不懈努力培育的全面战略协作伙伴关系的发展成果;另一方面也是乌克兰危机下西方主要国家对俄实施经济制裁,迫使俄罗斯积极寻求与中国的深度经济合作,从而为中俄两国经贸合作关系的快速提升带来了新机遇。总的来看,新形势下中俄新型经贸合作呈现出双边贸易、科技和重大项目合作、区域经济合作、金融合作等四大合作领域全面和共同发展的明显特点。

(一) 双边贸易呈快速发展势头

中俄双边贸易在多元化和互动中快速发展,构成了两国"新的经济合作特质"。两国贸易额2013年达到888.43亿美元后,2014

年又上了一个台阶,达到了953亿美元。① 2014年5月中国国家主席习近平与俄罗斯总统普京签署的《中华人民共和国与俄罗斯联邦关于全面战略协作伙伴关系新阶段的联合声明》,提出了今后两国经贸合作发展的新目标,这就是要努力推动中俄双边贸易额在2015年前达到1000亿美元、在2020年前达到2000亿美元。中俄官员和学者普遍认为,这一总的目标是可以达到的。从发展势头看,中俄双边贸易发展正步入快车道。一方面,在西方国家对俄罗斯实行经济制裁的情况下,为抵补制裁造成的经济损失,俄罗斯会促使俄中关系更加走近,持续增加两国的贸易往来,促进双边贸易的快速发展。另一方面,俄罗斯也在对西方实施反制裁措施,例如宣布暂时禁止从美国进口所有农产品,禁止进口欧盟水果蔬菜和肉类等农产品(俄罗斯从欧盟进口食品和农产品总额每年为100亿—120亿欧元),这为中国带来了新的商机。抓住机遇增加对俄食品、果蔬和肉类等农产品出口,既能解俄罗斯的燃眉之急,又会使中国获益匪浅。普京在2014年12月18日举行的年度大型记者招待会上表示,虽然世界经济遭遇了一定困难,但俄中两国今年贸易额将达到900亿美元,我深信今后还会继续增长。② 据中国海关统计,2015年中俄进出口贸易额为680.6亿美元,同比下降了28.6%。中俄两国双边贸易额大幅下降的主要原因,一是西方制裁和俄罗斯反制裁给俄经济带来了巨大压力;二是由于国际经济不景气和国际油价暴跌,致使俄罗斯经济状况急剧恶化,卢布大幅贬

---

① 《中俄贸易前景广阔2015年将达到1000亿美元》,人民网,http://world.people.com.cn/n/2015/0511/c1002-26981752.html,2015年5月11日。
② 《乌克兰局势最新消息:西方国家热衷锁熊 保卫卢布不靠烧钱》,中国社会科学网,http://www.cssn.cn/gj/gj_gwshkx/gj_zhyj/201412/20141219_1449509.shtml,2014年12月19日。

值,给中俄双边贸易带来消极影响。但中俄两国贸易合作关系今后仍有可以进一步提升的空间。有学者计算,如果按中俄两国贸易额到2020年达到2000亿美元的确定目标,中俄贸易额对中国对外贸易的贡献率应有3个百分点的上升空间。①

(二) 科技和重大项目合作取得突破性进展

1. 科技合作

长期以来,中俄两国在科技领域的合作不断拓展。这一发展势头在俄罗斯遭受西方国家制裁、面临重重困境的情况下得到了进一步强化。在2014年5月两国签署的联合声明中明确提出,提高高新技术领域合作的效率,开展和平利用核能、民用航空、航天基础技术研究、空间对地观测、卫星导航、深空探测和载人航天等领域的合作。在2014年6月30日至7月4日于哈尔滨举行的"中国-俄罗斯博览会"上,俄罗斯政府副总理罗戈津透露,俄中双方不仅已经开始合作设计远程宽体客机并联合研发重型直升机"米-26",而且已约定在火箭发动机领域开展合作,特别是开展俄罗斯"格拉纳斯"和中国"北斗"卫星导航系统的合作。"格拉纳斯"和"北斗"在自己的轨道运行中可以很好地互动,这个联合系统在北半球无人能敌,有长远的合作前景。② 以上高科技项目成为中俄两国深度合作的重要领域。

---

① 高晓慧:《中俄贸易额在各自国家对外贸易中的贡献分析》,《俄罗斯东欧中亚研究》2014年第4期,第30页。
② 《环球时报》驻俄罗斯特派记者林雪丹:《火箭发动机、宽体客机、卫星导航:中俄博览会合作项目"高大上"》,《环球时报》2014年7月1日。

2. 创新领域的合作

创新是推动转轨国家经济发展和保持繁荣的基础,对中俄这两个蕴藏无限创新潜力的经济转轨大国更是如此。中国将科技创新和全面增强自主创新能力,作为驱动经济发展和提高社会生产力与综合国力的战略支撑。2012年党的十八大提出的创新驱动发展战略,表明中国未来的发展要靠科技创新驱动。通过实施创新驱动发展战略,不仅要真正实现经济结构的调整和产业升级,而且要实现从"中国制造"到"中国智造"转变。俄罗斯也早已确定了转变经济增长方式、发展创新型经济的战略目标,以摆脱经济对能源和原材料出口的过度依赖。2011年,俄罗斯还出台了《创新俄罗斯2020》这一纲领性文件,提出到2020年要使创新产业占国内生产总值的比重超越油气行业。近些年俄罗斯的技术创新发展的确较快,风险投资市场也非常活跃。目前俄在创新领域的投资额分列全球第5和欧洲第2位。早在2010年11月23日中俄总理第十五次定期会晤发表的《中俄总理第十五次定期会晤联合公报》就强调,中俄双方对两国在科技和创新领域合作稳定发展的良好态势表示满意。两国今后应当继续加强双方在高技术领域的合作,并积极利用政府专项贷款和风险投资等方式来大力支持两国在联合创新项目上的合作。

当前和今后几年,中俄两国在创新领域的合作主要包括两大类:一是高新技术研发合作,以及航空航天技术、激光和等离子技术、煤层脱气和甲烷开采新技术、高新材料和试剂、生物医药等领域的研发合作。二是加快科技园区建设,加强并扩大两国在科技合作基地、企业孵化器领域的互利合作,以切实推进具有竞争优势的创新技术的培育、转化与合作。

总之,中俄创新合作的潜力巨大。新形势下要以优势互补为基础推进中俄创新合作,实行俄罗斯前沿技术和创新研发能力与中国研发制造能力和转化力的有机结合,实现创新成果产业化。也就是说,要通过创新合作方式来实施中俄联合研发、联合制造、联合推广创新成果转化和应用。这应是新形势下中俄创新合作的基本发展趋势。

3. 能源和高铁等大项目合作

中俄两国能源和高铁等大项目合作取得突破性进展。从能源领域的合作看,2014年5月21日,中俄两国签署了《中俄东线天然气合作项目备忘录》,中石油和俄气公司签署了《中俄东线供气购销合同》。这个被称之为"天然气大单"的合同总金额为4000亿美元,累计合同期30年,是迄今为止中俄经贸合作的一笔特大项目。按合同的规定,俄罗斯自2018年起通过中俄天然气管道东线向中国供气,输气量逐年增加,最终达到每年380亿立方米的规模。至此,中俄两国持续10多年未果的天然气谈判,终于尘埃落定。目前中俄西线天然气供应协议也正在商谈和谈判中。如果东线和西线这两个协议能够最终得以落实,中国每年从俄进口的天然气可达680亿立方米,约占中国2020年前消费总量的17%。俄罗斯联邦委员会主席马特维延科认为,俄罗斯和中国在能源合作开发方面达成的这些协议带有突破性。

美欧对俄罗斯实行经济制裁后,在高铁合作领域,俄罗斯与中国于2014年10月达成了开展两国高铁合作的共识,准备合作建设"莫斯科—北京"高铁项目。"莫斯科—北京"高铁全长7000多千米,初步估算总投资额要达到1.5万亿元。2014年10月14日中俄总理第十九次定期会晤时又确定,两国要确保优先实施"莫斯科—喀山"高铁项目。此后,中俄两国又于2015年6月18日正式签署了《高速铁路干线"莫斯科—喀山—叶卡捷琳堡"莫斯科—喀山段工程勘测、区域土地测量设计和建筑用设计文件编制的作业合同》。该合同的签订标志着中俄高铁合作进入到实质性阶段。项目规划总里程770千米,最高设计时速为400千米,预计在2018年世界杯之前竣工。铁路建成通车,使莫斯科—喀山间列车运行时间从现在的14小时缩短至3个半小时。根据目前的估算,该高铁项目总投资约达180亿美元,将直接使用卢布和人民币结算。

(三)中国东北地区与俄东部地区经济合作形成互动发展新态势

新形势下,中国东北地区与俄罗斯东部地区的经济合作进入到一个新的发展时期。俄罗斯东部地区丰富的自然资源和雄厚的科技实力与中国东北地区对俄资源、技术的需求,以及与东北老工业基地振兴的巨大市场,形成了较为明显的互补关系。《中华人民共和国东北地区与俄罗斯联邦远东及东西伯利亚地区合作规划纲要(2009—2018年)》具体规定了中国东北地区与俄罗斯东部地区这两大区域的200项重点合作项目。其中,俄罗斯承接的项目包括能源、交通、木材加工、采掘业、渔业、农业等传统行业的89个项目;而中国东北则承接了能够发挥东北地区重工业优势、满足俄远东地区工业发展需要的111个项目,主要集中在采矿业、电力行业、木材加工业、农产品生产及加工业、装备制造业等领域。从具体情况看,截至2014年年底,仅黑龙江省在俄罗斯东部地区的投资建设项目就达411个,已经形成了15个在俄境内的经贸合作区。目前,中国东北地区与俄罗斯远东地区铁路、公路、水运、航空联运的大通道也正逐步形成。尤其是俄罗斯符拉迪沃斯托克自由港法案2015年10月12日生效后,中国东北地区通过符拉迪沃斯托克自由港不仅会使海上货物运输成本大大降低,而且运输时间也大为缩短。总之,正如国务院副总理汪洋2015年9月5日在符拉迪沃斯托克召开的中国东北地区和俄罗斯远东地区地方合作理事会第一次会议上所指出的,俄罗斯远东开发是一项系统工程。中俄双方能够通过远东开发合作实现中国东北地区和俄罗斯远东地区的共同发展。①

(四)金融领域合作前景看好

新形势下,中俄两国在金融领域的合作愈加紧密,规模空前。在2014年10月14日中国和俄罗斯共同发表的中俄总理第十九次定期会晤联合公报中,明确提出要加强两国在金融领域的合作,特别是加强两国金融机构在相互提供出口信贷、保险、项目融资和贸易融资等领域的合作,提高双边贸易和投资便利化。在双边贸易、直接投资和信贷领域扩大使用本币。② 而且为进一步加强合作,中俄两国央行在两国总理会晤期间签署了双边本币互换协议,该协议有效期为3年,总额达1500亿元人民币/8150亿卢布。普京总

---

① 《中国东北地区和俄罗斯远东地区地方合作理事会第一次会议召开》,财新网,http://www.caixin.com/2015-09-05/100846476.html,2015年9月5日。
② 《中俄总理第十九次定期会晤联合公报发布(全文)》,中国新闻网,http://www.chinanews.com/gn/2014/10-15/6680535.shtml,2014年10月15日。

统对中俄在金融领域的这种有效合作予以充分肯定,他在出席2014年北京APEC会议时指出,"中俄两国使用本币结算有助于扩大我们在双边贸易领域的机会,是非常有前景的合作方向。"此外,俄罗斯联邦储蓄银行与中国出口信用保险公司签署了20亿美元的框架协议,在融资项目方面扩展长期合作;与中国进出口银行签署了20亿美元信贷额度框架协议以及31亿元人民币的买方信用贷款协议。中国进出口银行还将向俄罗斯外贸银行提供总额约为20亿美元的人民币或卢布贷款,用来为进口中国产品融资。

不难看出,在西方对俄实施经济制裁的形势下,中俄两国的金融合作不仅取得了不同于以往的明显进展,而且正在不断深化,发展前景十分看好。目前两国已经逐步开始进行卢布和人民币的直接交易,逐步实现双方贸易合作的本币化。中俄银行间本币结算规模也将随着双边贸易额的增长而持续扩大。这对两国双边贸易额快速增长条件下降低对美元的依赖,规避汇率风险,降低汇兑成本,便利资金结算和流动,都是非常有利的。

三、新形势下中俄经贸合作关系快速发展的正负效应分析

新形势下中俄两国在双边贸易、科技和大项目合作、区域经贸合作、金融合作等领域经贸合作关系的全面快速发展,一方面是得益于两国全面战略协作伙伴关系的全方位推进;另一方面也不能排除俄罗斯为摆脱美欧等西方国家经济制裁的困境而与中国所做出的共同努力。后者甚至在很大程度上助推并深化了两国经贸合作关系。应当基于这种认识对近期中俄经贸合作关系超常快速发

展的效应及其影响做些具体分析。

(一) 积极效应

中俄经贸合作在多领域全面推进,"遍地开花",这无疑会给两国的经贸合作带来巨大红利,有利于扩大两国的利益交汇点。总的来说,中俄经贸合作关系快速发展的积极效应和正面影响主要反映在以下两个方面:

第一,有利于在更高水平上巩固并进一步推进中俄两国全面战略协作伙伴关系在政治、经济和外交等领域的全方位发展。2014年5月习近平主席与普京总统签署的《中华人民共和国与俄罗斯联邦关于全面战略协作伙伴关系新阶段的联合声明》,标志着两国关系进入了新的发展阶段,而经贸合作则是这一新阶段的助推器。因此,2014年11月9日习近平主席和普京总统在北京会晤时提出,中俄双方要努力使新形势下的中俄务实合作领域更广、更紧密;要加强包括能源合作,推进东线天然气管道建设、尽快启动西线天然气项目等在内的大项目合作。综上所述,不难看出,中俄两国正通过全方位和更紧密经贸合作来推动全面战略协作伙伴关系的发展,其具体路径是非常清晰的。

第二,有利于进一步提升中俄经贸合作水平,使其在现有基础上实现更快发展。中俄这种更加紧密的经贸合作关系,不仅将双方经贸合作推向前所未有的新水平,而且也使两国经贸合作中多年未能解决但又亟待解决的一些问题迎刃而解。这其中最典型的,是中俄东线天然气合作项目的谈判。该项目谈判持续了10余年却没有突破性进展,而西方对俄实施经济制裁和中俄经贸合作由此深化则催生了谈判的成功。中俄两国在能源领域其他大项目合作和高新技术等领域合作项目的推进也大致如此。有些出人意料的是,俄总统普京2014年9月1日明确表达了支持中国参与俄罗斯油田开发的意向。但此前普京对中国进入俄能源领域是持十分谨慎态度的。① 如果中国能真正参与俄油田开发,则意味着中俄两国可能会逐步形成能源共同开发和共同销售、上下游产业链贯通的利益链条。

(二)可能的负面影响和风险

应当看到,新形势下中俄经贸合作关系实质性的快速发展,一是会给两国带来巨大经济利益,二是不可避免地会出现合作中的问题与矛盾,而且,经贸合作关系的超常发展甚至可能会造成一些负面影响并带来一定的风险。从今后一个时期看,这种负面影响和效应主要体现在两方面:

第一,中俄两国已签署或准备签署的能源大项目合作协议,会使中国面临一定的经济风险。从已经签署的能源大项目合作协议看,一方面,中俄东线天然气管道建设需要巨额资金,从俄方看,其境内的输气管道全长3968公里,再加上相关配套设施建设,预计总投资额高达550亿—700亿美元。应当说,这种巨额投资对经济连年不景气和资金匮乏的俄罗斯的确形成了巨大的压力。如果不能如期完工并及时交付使用,中俄两国规定的自2018年起向中国供气的计划目标就会落空。另一方面,正如中国学者所认为的那

---

① 《普京邀中国入股俄罗斯油田》,《环球时报》2014年9月3日。

样,中俄两国以前签订的石油合作协议中的油价普遍偏高[①],这样,国际市场油价大跌对中俄石油合作的冲击在所难免,进而给中国造成直接的经济损失。虽然一般认为,按照国际石油交易惯例,中俄双方签订如此长期的石油合同,肯定会考虑到油价波动因素,设置相应的价格浮动区间,或规定通过双方谈判对油价作出相应调整,但像近一个时期这样石油价格持续大幅下跌,中俄双方恐难适时调整油价,这对中方的负面影响和经济损失是显而易见的。同样,对中俄两国新近已签署的东线"天然气大单",也存在因价格偏高而面临风险的疑虑。

从准备签署的能源大项目合作协议看,中俄两国期待已久并准备签署的下一个"天然气大单"即西线天然气项目合作协议,也由于俄方"提出了很高的价格"等原因致使情况出现大逆转。中俄双方本来已于2015年5月就俄罗斯每年向中国西部供应300亿立方米天然气的基本条件达成一致,到6月中俄西线对华供气谈判已接近尾声,接下来就着手准备签订协议,但到了7月,俄官员表示,俄将不定期推迟对华西线天然气合作协议的最终签署。这实际上意味着协议的签署可能被无限期搁置。有分析认为,出现这种情况,是因为中国经济增速放缓,以及国际市场大宗商品价格回落,使得中国要重新审视能源需求问题。但更为重要的原因,是中俄双方在天然气价格上出现分歧,价格成为双方博弈的关键。俄罗斯天然气工业股份公司以西线天然气管道建设成本高为由,向中石油提高报价,令中方难以接受。因此,正如俄罗斯阿尔法银行

---

① 例如,中俄两国在2013年6月签署了俄罗斯对华增供原油的长期贸易合同。按该合同,俄罗斯在此后25年内向中国供应原油3.65亿吨。按当时较高的原油市场价格计算,合同总金额约为2700亿美元。

能源分析师阿·卡尔尼罗夫所指出的,原本西线就不像东线那样对中国有吸引力(因为西线有连接中国和土库曼斯坦的天然气管道,与俄罗斯形成竞争),因而中俄双方若就西线天然气协议达成一致,俄罗斯须提供非常有竞争力的天然气价格。因此,在中俄西线天然气合作项目上中方尚需等待,需要对合作协议的签署有较为准确的把握,否则也会存在一定的风险。

第二,还应看到,当前和今后一个时期中俄两国经贸合作关系的超常快速发展,可能会增加两国经贸合作的某种不确定性,主要是来自俄罗斯方面的不稳定性和合作风险增大。目前俄罗斯面临着多重困境:美欧对其制裁不减、国际油价持续下跌、卢布大幅贬值、国内消费需求降低,遭受的打击可谓接二连三。据俄罗斯财政部提供的数据,美欧等西方国家的经济制裁使得俄罗斯每年损失约400亿美元;而油价暴跌又会使俄每年至少损失1000多亿美元。此外,卢布大幅贬值曾迫使俄央行不得不多次抛售美元进行外汇干预。有资料显示,2014年以来俄罗斯央行对外汇市场的干预行动已经花费了超过800亿美元。[1] 虽然油价下跌和卢布贬值也许不可能长期持续,但其对俄罗斯经济的深刻负面影响难以在短期内消除。这种多重困境导致俄罗斯经济的下行压力不断增大。学界普遍认为,在今后几年内,受世界经济持续低迷的影响,俄罗斯依然会面临经济不景气的挑战。2014年俄罗斯经济增速仅为0.6%,2015年GDP会下降3.5%—4%[2],俄经济今后将陷入三年的

---

[1] 《卢布汇率反弹大涨11% 俄央行出售美元干预市场》,和讯网,http://forex.hexun.com/2014-12-18/171527733.html,2014年12月18日。

[2] 《俄央行预测2015年俄GDP将下降3.5%至4%》,人民网,http://world.people.com.cn/n/2015/0314/c157278-26692157.html,2015年3月14日。

停滞期。鉴于俄罗斯糟糕的经济状况,国际两大评级机构穆迪和标准普尔分别下调了对俄经济前景展望,并同时给俄罗斯"降级"。穆迪2014年10月将俄罗斯主权信用评级从Baa1级下调至Baa2级,而到2015年2月,又将俄罗斯的信用评级降至"垃圾"级,展望负面;标准普尔也于2015年1月底将俄罗斯主权债务评级由BBB-下调至BB+,至"垃圾"级,前景展望为负面。英国《金融时报》和美国《华尔街日报》等西方媒体也跟风唱衰俄罗斯经济,认为西方制裁已对俄经济造成沉重打击,使其深陷危机的泥潭。

面对巨大压力,普京在2014年12月18日举行的年度大型记者招待会上仍满怀信心地表示,俄罗斯必然要走出经济困境。而且,走出经济困境最快只需两年,俄罗斯经济反弹不可阻挡。之后,普京在2015年4月16日播出的"与普京直接连线"电视节目中说,俄罗斯经济运行状况要好于预期,不用两年经济便会走出困境。① 我们暂且不去评论普京的预测是否过于乐观(因为俄罗斯经济重新回归稳健增长,在很大程度上要取决于西方何时取消对俄经济制裁、国际油价何时有力回升并持续上涨、世界经济何时强劲复苏等因素),即使俄能够在两三年过后摆脱经济困境,那么,在这两三年内,陷入停滞抑或是面临衰退风险的俄罗斯经济,对快速发展的中俄经贸合作尤其是高科技和大项目领域的投资合作也会产生不利的消极影响。在俄罗斯经济萎缩和停滞的情势下,要使中俄双方已达成的协议和签订的合同如期顺利付诸实施,对俄罗斯是有一定难度的。因此,中俄两国经贸合作的不确定性有增大的可能。

---

① 《普京说俄罗斯经济会更快走出困境》,新华网,http://news.xinhuanet.com/2015-04/16/c_1114996808.htm,2015年4月16日。

四、关于构建中俄新型经济合作关系的深度思考

综上所述,在新形势下,尽管困难重重,有利因素和不确定性因素同在,中俄两国以双边贸易、科技和重大项目合作、区域经济合作、金融合作为重点的全面经贸合作无疑取得了长足进展,并由此推动了两国新型经济合作关系的构建、完善和进一步发展。着眼于未来,还须从以下几个方面全方位推进新形势下中俄两国新型经济合作关系的构建与发展。

(一) 夯实中俄新型经济合作关系的牢固政治基础

在2014年12月31日国家主席习近平致俄罗斯总统普京的新年贺电中,习近平主席表示:"我们之间达成的顶层设计和战略引领,促进两国各领域互利合作不断取得重要成果和进展,推动中俄关系进入了新的发展阶段"。他指出:"不断巩固和加强中俄全面战略协作伙伴关系顺应两国人民愿望,也顺应时代发展潮流,是维护国际安全稳定的重要因素。在新的一年里,我愿同你一道努力,拓展合作领域,深化合作程度,加快合作步伐,特别是共同办好第二次世界大战胜利70周年庆祝和纪念活动,继续举办青年友好交流年活动,保持两国关系高水平运行,更好促进我们两国发展、增进两国人民福祉。"[①]这是习近平主席对过去一年中俄关系健康发

---

① 《习近平:祝福友好的俄罗斯人民 普京:祝中国人民万事如意》,《光明日报》2015年1月1日。

展的高度概括和对新的一年两国关系发展的新期待。同样,普京也在致习近平主席的新年贺电中表示,2014年俄中关系在所有领域保持积极发展态势。俄中全面战略协作伙伴关系不断发展。2015年俄中两国要抓住新机遇,就落实双边战略合作项目、应对地区和全球热点问题继续共同开展富有成效的合作。[①] 的确,2014年以来,中俄全面战略协作伙伴关系保持高水平运行,取得长足发展,并不断展现出旺盛活力,使得两国关系发展的政治基础进一步巩固。尤其是2014年5月中俄两国元首共同签署的《中华人民共和国与俄罗斯联邦关于全面战略协作伙伴关系新阶段的联合声明》,具有标志性的意义,表明中俄两国关系的发展迈上了一个新台阶。顺利发展的两国关系和稳固的政治基础是推进中俄新型经济合作关系发展的原动力,而良好政治关系与紧密经济合作关系的良性互动则是中俄关系发展的主旋律。2014年以来中俄经贸合作关系的发展和一批重大合作项目取得突破性的进展,就是最好的例证。今后,进一步夯实中俄两国关系的牢固政治基础,深入推进全面战略协作伙伴关系,将两国前所未有的高水平政治关系优势转化为经济领域的务实合作,依然是两国新型经济合作关系构建和发展的根本保障。

(二) 完善中俄新型经济合作关系的推进机制

我们认为,机制建设是推动中俄新型经济合作关系顺利有序

---

① 《习近平:祝福友好的俄罗斯人民 普京:祝中国人民万事如意》,《光明日报》2015年1月1日。

发展的有力保障。在中俄两国元首共同签署的《中华人民共和国与俄罗斯联邦关于全面战略协作伙伴关系新阶段的联合声明》中，提出中俄双方支持完善两国总理定期会晤机制，也包括建立副总理级的中俄投资合作委员会、中俄经济合作战略性项目高级别监督工作组以及能源领域专门工作组。为使中俄两国政府间合作机制有效运转，促进和深化两国在各领域的全面合作，达到互利双赢，习近平主席在中俄签署《联合声明》后指出，对中俄务实合作，我们既推动量的提升，也重视质的跨越，通过建立中俄投资合作委员会、高级别专项小组等机制，推进经贸、投资、能源、高技术等领域战略性大项目合作。

在新时期，采取有力措施切实完善中俄新型经济合作关系的推进机制，对处于全面战略协作伙伴关系新阶段的中俄两国至关重要。正如李克强总理早在中俄总理第十八次定期会晤时所指出的，两国应充分发挥中俄总理定期会晤机制顶层设计、统筹规划和指导协调作用，在涉及彼此核心利益和重大关切问题上继续相互坚定支持，全力加强战略性大项目合作，进一步将中俄全面战略协作伙伴关系推向新高度。[①] 在此基础上，充分发挥各专门委员会的作用，进一步推进中俄投资合作委员会、中俄能源合作委员会、中俄经济合作战略性项目高级别监督工作组和其他高级别专项小组等合作机制的完善和发展。还要建立和完善中俄地区合作推进机制，积极推进两国地区经济合作，这既是新形势下巩固充实中俄全面战略协作伙伴关系的迫切需要，也是落实《中华人民共和国东北

---

① 《中俄总理第十八次定期会晤：全面深化中俄各领域合作》，半月谈网，http://www.banyuetan.org/chcontent/zx/yw/20131023/81962.html，2013年10月23日。

地区与俄罗斯联邦远东及东西伯利亚地区合作规划纲要(2009—2018年)》的重要举措。具体措施包括:加强中俄两国毗邻地区地方政府间就经济合作问题的协商对话;定期举办中俄毗邻地区合作高峰会议或论坛,推动合作机制的高效运行。在这方面,中俄两国元首2015年5月在莫斯科会晤时已达成重要共识,商定成立中国东北地区和俄罗斯远东地区地方合作理事会,并于2015年9月5日在俄罗斯符拉迪沃斯托克召开了合作理事会第一次会议。相信双方能够充分发挥好该机制的作用,推进中俄两地区经济合作的快速发展。

(三)推动中俄新型经济合作继续向重大或重点项目拓展和延伸

不可否认,新形势下中俄两国之间仍有较大的经济合作空间。为深化两国新型经济合作关系,实现双边贸易额至2020年前达到2000亿美元的既定目标,需要在现有基础上进一步推动中俄新型经济合作向重大项目拓展和延伸。其中,首要任务是全面贯彻落实《中华人民共和国与俄罗斯联邦关于全面战略协作伙伴关系新阶段的联合声明》。一方面要大力增加中俄双方对跨境交通基础设施、矿产资源综合开采开发等重大项目的相互投资;另一方面要进一步深化能源领域的大项目合作。特别是探讨将石油贸易合作拓展和延伸到包括石油勘探、开采在内的一揽子合作问题,这将是中俄双方都大受其益、有发展前景的重大项目合作。此外,要在今后几年加快推进中俄东线天然气管道项目建设,力争在2018年如期实现俄罗斯对华天然气供应。同时,条件成熟时适时推进中俄西线天然气供应协议的签署和落实,以最终达到通过东线和西线天然气管道每年对华供应680亿立方米天然气的计划目标;积极研究落实在俄建设新发电设施(如水电站)、在中国建立合资石油精炼厂等能源合作项目。三是继续拓展中俄双方在和平利用核能、航天技术研究、卫星导航、深空探测和载人航天、大型飞机联合研发与制造、高铁项目等科技和高新技术创新领域重点项目的合作。四是进一步推动基础设施、装备制造、建材、矿业、农业等领域的合作,特别是要将财政金融合作作为今后中俄务实合作的重点领域,为开展本币互换,扩大本币结算和本币投融资合作创造必要条件。

(四) 打造中俄新型经济合作在中国东北地区与俄远东地区合作的升级版

大力推进中俄双方的地方合作,扩大地区合作范围和领域,完善地区合作机制,是中俄两国今后共同面临的任务,也是中俄全面战略协作伙伴关系发展新阶段和这一阶段上两国新型经济合作关系续写新篇章的重要合作领域。《中华人民共和国东北地区与俄罗斯联邦远东及东西伯利亚地区合作规划纲要(2009—2018年)》的正式签署和逐步落实,既标志着中国东北地区与俄罗斯远东地区的经济合作取得重要进展,也进一步充实了新时期中俄新型经济合作的内涵。在2014年5月的"亚信"峰会上,普京总统向习近平主席表示,欢迎中方参与俄罗斯远东地区开发,这是有实质性的、有的已经启动的深度合作大项目。普京在2014年12月18日举行的年度大型记者招待会上又表示,俄罗斯远东地区发展需要中国的参与。如果没有和中国签订的天然气合同,俄罗斯无法解决远东和西伯利亚天然气的出路问题。足见普京对中俄两国地区经济合作尤其是中国参与俄远东开发的重视程度。不仅如此,俄罗斯总理梅德韦杰夫于2014年2月5日在俄远东发展会议上也提出,要借鉴中国经验成立远东经济特区,将远东打造为"翻版中国"。目前俄罗斯正在加大对远东地区的投资力度。有资料显示,2014年"俄罗斯直接投资基金"对俄远东地区的投资额达到200亿卢布(2013年仅为61亿卢布)。投资项目涉及中俄跨境铁路桥、勒拿河公路桥、符拉迪沃斯托克—纳霍德卡—东方港公路、符拉迪沃斯托克和哈巴罗夫斯克国际机场等。

由以上所述可见,打造中俄新型经济合作在中国东北地区与俄远东地区合作升级版的时机已经成熟。为大力推动这一进程,需要中俄两国共同协调行动并采取如下措施:

第一,进一步强化中俄区域经济合作的互动。目前,中国的东北老工业基地振兴战略与俄罗斯的远东开发战略相得益彰,形成了一种互动发展的态势。两地区应以区域经贸合作的互补性和同构性为基础,本着"优势互补、互利共赢"的原则,采取切实措施,进一步形成双方毗邻地区经济互动发展的新格局;逐步建成互惠互利和合作共赢的中俄区域经济合作共同体,从而实现中俄双方区域经济合作的利益最大化。

第二,继续深化中俄两个毗邻地区在各领域的全面合作,不断拓宽合作渠道。中俄科技、能源和大型合作项目,有相当一部分甚至大部分都分布在俄远东地区,这些项目如石油勘探开发、东线天然气管道、飞机制造研发、跨境交通基础设施建设等,也包括现已投产的俄罗斯远东输油管道一期工程,该工程从东西伯利亚伊尔库茨克州的泰舍特铺设至远东阿穆尔州的斯科沃罗季诺。目前从远东输油管道斯科沃罗季诺至中国大庆的年设计输油量为1500万吨的俄中原油管道也已建成并投入运营。根据中国东北地区和俄罗斯远东地区地方合作理事会第一次会议达成的合作目标,要进一步拓宽融资渠道,中方不仅鼓励国内商业性和政策性金融机构参与俄远东开发合作,而且正在筹建中俄地区合作发展投资基金,旨在重点支持远东开发合作项目;要在港口物流、资源深加工、农产品加工、科研教育、酒店建设和旅游、交通基础设施建设等领域早定项目、早出成果。① 此外,还要迅速落实《中华人民共和国东北地区与俄罗斯联邦远东及东西伯利亚地区合作规划纲要(2009—2018年)》中规定的、俄远东地区与中国东北地区经济技术合作尚待落实和急需组织实施的一些项目。

第三,创新合作模式以适应中俄新型经济合作关系发展的需要。一是中方积极参与俄罗斯符拉迪沃斯托克自由港和跨越式发展区的投资建设与运营合作。符拉迪沃斯托克自由港总面积为3.4万平方公里,包括滨海边疆区的符拉迪沃斯托克、纳霍德卡等15个城市和扎鲁比诺港等3个港口,设立期限为70年。建设符拉迪沃斯托克自由港需要巨额投资,俄罗斯期待中方尤其是东北三省积极参与作为俄远东开发重大项目的符拉迪沃斯托克自由港的投资建设。此外,到2014年年底,俄罗斯远东发展部已确定在远东地区建设14个跨越式发展区,近期还将陆续批准6个。对这些跨越式发展区俄政府将提供包括税收减免、土地、基础设施建设等在

---

① 《中国东北地区和俄罗斯远东地区地方合作理事会第一次会议召开》,财新网,http://www.caixin.com/2015-09-05/100846476.html,2015年9月5日。

内的最优惠条件。东北地区完全有条件参与远东地区跨越式发展区建设。二是创建或推进中俄次区域自由贸易区建设,包括:有跨国经济特区之称的中俄黑河-阿穆尔州边境经济合作区、东宁-波尔塔夫卡中俄边境经贸综合体、绥芬河-波格拉尼奇内自由贸易区和图们江区域自由贸易区等,为中俄区域经济合作提供一种新的运作方式,搭建中俄区域经济合作的新平台。

综上所述,中国东北地区和俄罗斯远东地区应该顺应良好的合作发展态势,抓住难得的机遇,通过政策沟通、贸易畅通、货币流通、民心相通,全力推动两地区全方位经济合作向纵深发展。从发展趋势看,中国的东北老工业基地振兴战略与俄罗斯的东部开发新战略会更加互有需要、互相借重,形成一种互动发展的新态势。这对中俄两国和两地区今后一个时期的经济发展与振兴必将产生强大的推动作用。

(五)力促中俄新型经济合作再上新台阶——启动"丝绸之路经济带"与"欧亚经济联盟"对接合作

中俄两国元首2015年5月8日共同签署的《中华人民共和国与俄罗斯联邦关于丝绸之路经济带建设和欧亚经济联盟建设对接合作的联合声明》中重申,俄罗斯支持"丝绸之路经济带"建设,愿与中方密切合作来推动落实该倡议;中国则支持俄罗斯积极推进"欧亚经济联盟"(其成员国有俄罗斯、白俄罗斯、哈萨克斯坦、亚美尼亚和吉尔吉斯斯坦)框架内一体化进程。双方达成共识,要将"丝绸之路经济带"建设与"欧亚经济联盟"建设相对接,目的是加强区域经济一体化,维护地区和平与发展。双方商定扩大投资贸易合作,实现投资贸易便利化;加强产能合作;实现互联互通;扩大包括本币结算和实现货币互换在内的金融领域的全面合作。①

"丝绸之路经济带"建设和"欧亚经济联盟"建设在发展思路和发展目标上存在着交集点和相容性,形成了中俄两国利益的新的契合点,因而构成了中俄深化全方位经济合作的又一全新领域,为双方提供了新的合作发展空间,带来了巨大的发展机遇。因此,应从战略高度启动"丝绸之路经济带"建设和"欧亚经济联盟"建设对接合作,使中俄全面战略协作伙伴关系和两国务实合作继续保持高水平发展态势。在"丝绸之路经济带"建设和"欧亚经济联盟"建设对接合作中,一是要遵循透明、相互尊重、平等、相互补充、互利共赢、包容开放原则,处理好"丝绸之路经济带"建设和"欧亚经济联盟"建设两者之间的关系。二是启动对话与协调机制,适时解决合作中出现的新情况和新问题。三是首先选准能够获得早期收获、容易见到成效的对接合作领域,如互联互通合作、贸易合作,尤其是物流领域的合作。从中长期看,要重点开展投资、金融、能源、高铁等基础设施建设、航空航天、远东开发等领域合作。四是利用上海合作组织(除白俄罗斯和亚美尼亚外,俄罗斯、哈萨克斯坦和吉尔吉斯斯坦均为该组织成员国)这一平台开展对接合作。正如国家主席习近平在俄罗斯会见普京总统时所强调的,双方要将上海合作组织作为"丝绸之路经济带"和"欧亚经济联盟"对接合作的重要平台,拓宽两国务实合作空间,带动整个欧亚大陆发展、合作、繁荣。

---

① 《中华人民共和国与俄罗斯联邦关于丝绸之路经济带建设和欧亚经济联盟建设对接合作的联合声明》,新华网,http://news.xinhuanet.com/world/2015-05/09/c_127780866.htm,2015年5月9日。

五、总结性评述

综上所述,新形势下的中俄新型经济合作关系在构建中发展,在发展中完善和提升,已经上升到一个新阶段,达到了新的发展水平。李克强总理在中俄总理第十九次定期会晤时指出,要充分挖掘两国合作的巨大潜力,将中俄高水平的全面战略协作伙伴关系转化为更多实际合作成果,不断充实中俄关系内涵。

我们认为,中俄经济合作关系发展到目前的程度和达到目前的高水平,从根本上说,是中俄两国政治经济关系长期稳定发展的一种必然结果,也是两国全面战略协作伙伴关系发展到新阶段的标志。但也不能否认,由乌克兰地缘政治危机导致的俄乌关系极度恶化,以及由此引致美欧等西方国家对俄轮番实施经济制裁,迫使俄罗斯"向东看",主动发展与中国的经贸合作关系以摆脱困境,从而以经济合作为推力,在进一步推动中俄两国全面合作关系发展进程的同时,极大地推进了双方经贸合作关系的发展和深化。

因此,以乌克兰危机和由此西方对俄罗斯实施经济制裁这一特殊时期为分水岭,乌克兰危机前和危机后中俄两国政治关系与经济关系两者之间相互关系的发展特点是不同的。在乌克兰危机前,我国学术界长期流行中俄关系"政热经冷"之说,即认为中俄两国的政治关系发展迅速,而经济关系则发展缓慢,落后于良好政治关系的发展。我们认为,"政热经冷"之说并不确切,实际上应该是"政热经不冷","政热"助推"经热"。也就是说,乌克兰危机前中俄关系发展的特点总的来说依然是良好的政治关系推动经济合作关系发展。中俄贸易额2014年达到953亿美元的历史新高,中国连续五年成为俄罗斯第一大贸易伙伴,俄罗斯也已上升为中国第九大贸易伙伴;目前中国累计对俄各类投资达到320亿美元,成为俄罗斯第四大投资来源地,这些事实和数据就是对"政热"助推"经热"的最好诠释。

而乌克兰危机后,在西方对俄经济制裁的情势下,中俄关系的发展呈现出在原有良好政治关系的基础上,更加紧密的经济合作关系推动政治关系进一步发展的特点,即"经热"助推"政热"。中俄两国都认为,目前中俄全面战略协作伙伴关系达到了高水平,进入了新的发展阶段。这不仅会继续巩固中国作为俄第一大贸易伙伴的地位,并推升俄罗斯在中国主要贸易伙伴中的地位,而且会大大推动中俄两国在各领域全面合作关系的进一步深化。

需要指出,在贸易自由化背景下,任何一种双边经贸合作都存在一定的风险,中俄经贸合作也概莫能外。尤其是在美欧对俄实施经济制裁背景下,中俄经贸合作在获得超常快速发展的同时,其风险性也在增大。因此在中俄经贸合作当中,中国还须"坚持一项基本原则"和"防范规避两种风险"。所谓"坚持一项基本原则",就是坚持互利互惠、互利共赢的原则。这是维系中俄经贸合作关系长久发展的必要前提和基本保证。无论是在中俄两国经贸合作关系发展的常态下还是在特殊发展时期,都需要贯彻这一原则。所谓"防范规避两种风险",一是要特别注意防范和有效规避中俄两国经贸合作中容易出现的导致合作风险增大的不确定性因素;二是要有效规避俄罗斯经济下滑所带来的风险。

必须看到,出于两国各自的战略利益考虑,中俄对两国战略合作依然保持着各自的分寸,这不会因为俄美欧交恶而发生根本改变。而且从长远看,俄罗斯与西方这种"冷"的状态不会一直持续下去,因为这对任何一方都没有好处。与此相关,中俄经贸合作关系的超常发展也不可能是一种常态。因而不仅需要着眼于长远来构建中俄新型经济合作关系,更要把握好新形势下中俄两国经贸合作的"度",给两国经贸合作留有一定的回旋余地和空间。

(原载《财经问题研究》2016年第11期)

俄罗斯东部开发与中俄区域经济合作

刁秀华

俄罗斯东部开发为东北亚区域经济合作带来了新机遇。而俄东部开发与中俄区域经贸合作也有着更为紧密的联系。关于这一点,时任俄总统的梅德韦杰夫于2009年5月21日在哈巴罗夫斯克举行的边境地区合作会议上指出:"我们必须积极吸引中国在我国远东地区投资。远东和外贝加尔崛起必须与中国东北的发展计划协调一致。"特别是2009年9月中俄两国共同出台的《中华人民共和国东北地区与俄罗斯联邦远东及东西伯利亚地区合作规划纲要(2009—2018年)》,更是将两国相邻地区的经贸合作推向了一个新的高度和新阶段。

一、中俄区域经济合作的进展

随着区域经济一体化的快速发展,俄罗斯日益重视东部地区的开发与经济一体化进程,积极支持东部地区发展与东北亚特别是与中国的经济合作关系。在苏联解体后最初的一个时期内,中俄两国都为经贸合作关系发展严重滞后于政治关系的发展而感到困惑,并一直为此寻找良策。而且中俄区域经济合作的现状也与两国经济实力和发展潜力极不相称,在区域经济合作问题上有许多环节需要打通。此后,随着中国西部大开发和东北老工业基地振兴这两个重大决策的出台,中俄区域经济合作的不利状况逐渐得到了改善。

1999年,中国正式出台西部大开发战略,这为中俄区域经济合作和经贸合作关系的发展提供了新的契机,成为提升两国经济合作水平和经贸合作关系新的突破口。2000年6月,俄罗斯宣布决定正式参与中国西部大开发。随着俄罗斯与中国西部地区地方政府之间和企业之间的接触逐渐频繁,西部边贸量也不断增加。俄还在高新技术产业和人才输入等方面参与了中国的西部开发。时任俄罗斯驻华使馆参赞的波尔加科夫曾指出,俄参与中国西部大开发,对提升俄中两国的经贸合作关系尤其是加强国家间的关系都至关重要。这会对两国在这一地区的战略利益带来重大影响。时任俄能源部长的卡柳日内伊也强调,中国是俄21世纪的战略合作伙伴,俄希望把东部和西伯利亚地区与中国西部地区的发展联系在一起。总体上看来,与俄合作开发中国西部地区既有地缘上的优势,又有双方在资金和技术上的互补性优势,对双方的发展都有益处。

2003年,为加快东北地区的发展,推进社会主义现代化进程,中国做出了振兴东北老工业基地的重大战略决策。而俄罗斯也制定了开发远东及西伯利亚的发展战略,并日益重视其东部地区的开发及经济一体化进程,积极支持东部地区发展与东北亚特别是与中国的经济合作关系。普京总统也更加重视远东开发问题,积极主张西伯利亚和远东扩大与中国等亚太国家的经贸合作。不仅如此,俄东部地区的地方官员也意识到与中国特别是与其相邻地区发展经贸合作关系的重要性,与中国边境地区经贸合作的积极性明显提高,成为中俄区域合作的关键"推动力"。事实上,俄罗斯也的确在采取积极行动,推动中俄区域经济合作的深化特别是俄参与东北老工业基地振兴方面的合作。2005年9月,俄罗斯联邦委员会主席米罗诺夫亲自率领大型经贸代表团到中国东北地区进行实地考察,并在大连市举办了"中俄两国地方经贸合作论坛"。时隔不久,俄罗斯国家杜马又派出大型商贸代表团对中国东北地区进行考察,侧重走访和考察了前苏联时期援建的大型项目和企业的发展情况,并着手拟定参与这些大型项目和企业更新改造的计划。①

此后,在中俄两国政府的共同努力和大力推动下,两国的区域经济合作尤其是边境地区的经贸合作关系不断发展,其在区域经济合作中的地位和作用日益突出,合作共赢成为中俄两国区域经济合作所追求的共同目标。

2009年9月,胡锦涛主席和梅德韦杰夫总统共同签署的《中华人民共和国东北地区与俄罗斯联邦远东及东西伯利亚地区合作规划纲要(2009—2018年)》,对推动中俄毗邻地区合作具有重要意义。2010年3月13日,中国国家发改委和东北四省区领导与俄罗斯联邦地区发展部部长巴萨尔金举行会谈,提出尽快启动一批地方合作项目。组织一批影响大、带动性强、条件成熟的地方(产业)合作项目,在机械电子、矿山开发、水泥建材、林业合作、纸浆加工、果蔬物流等方面扩大互相投资。2010年3月20日,中国国家副主

---

① 郭连成:《中俄区域经济合作路径探析》,《东北亚论坛》2007年第3期。

席出访俄远东符拉迪沃斯托克市,专门召开加强中俄地方合作会议,勉励有关地方及企业家积极参与合作,创建中俄互利合作新典范。在访问期间,中俄双方签订了价值16亿美元的合作协议,将两国元首发展地区合作的重要共识落到了实处。俄媒体对此高度关注,称地方合作对深化两国战略协作伙伴关系具有重要意义。3月23日,习近平在莫斯科同俄联邦政府总理普京举行会谈时,表示要进一步落实两国领导人就加强地方合作所达成的重要共识,进一步协调两国地方发展战略,推进地方合作。

在今后一个时期,伴随着中国东北老工业基地振兴战略及俄罗斯东部开发战略的实施,双方将不断加大招商引资力度,不断探索吸引外国投资的新方式和新途径,不断扩大服务业领域的合作(如国际运输、工程承包、信息服务、国际保险及再保险),并积极拓展东北地区与俄罗斯东部地区在劳务市场、承包工程及设计咨询等方面的合作。在农业和林业领域,将不断扩大合作的规模,提高合作的档次;在科技合作方面,东北地区将加强与俄罗斯远东的科技合作,积极引进该地区的新技术和科研成果,不断提升经贸合作层次;在交通运输领域,将加强铁路运输合作,不断提高中俄边境通道的过货能力;在能源领域,由于东北地区背靠石油和天然气极为丰富的俄罗斯东部地区,应该也必须加强该领域的合作。此外,在金融、旅游、体育、科教卫生等领域中俄两国也有很大合作潜力。中俄区域经济合作不仅有利于中国东北地区和俄罗斯东部地区的经济发展,而且有利于维护东北亚地区的政治经济安全。因而中俄合作有着广阔的发展前景。

二、中俄区域经济合作的特点

(一) 中俄领导人高度重视两国间的区域经济合作

早在 2005 年,中国国家主席胡锦涛访俄并同俄西伯利亚联邦区地方领导人座谈时,就两国地方合作提出了四点建议:一是发挥各自优势,实现共同发展;二是加强交流沟通,提高合作效率;三是拓宽合作领域,提升合作水平;四是扩大市场开放,规范贸易秩序。中俄两国还签署了能源、金融、电力等领域的一系列合作文件,其中包括利用俄罗斯的原油,在大连长兴岛兴建一个年生产量为 1000 万吨的炼油厂。俄总统普京也将中俄区域经济合作作为加强中俄两国全面经济合作的重要组成部分。他指出,为实现俄中两国确定的优先合作发展目标,需要更加重视两国地区之间的交往。特别是两国毗邻地区、地方之间的交往对促进彼此的经济增长作用很大。普京不仅与胡锦涛主席就两国区域合作问题达成了若干共识,而且重视解决两国区域经济合作中的许多具体问题,从而推动区域经济合作的发展。

(二) 中俄地方政府之间的经济合作发展迅速

继 1997 年 11 月中俄两国签订《中华人民共和国和俄罗斯联邦关于中华人民共和国地方政府和俄罗斯联邦主体政府间合作原则

的协议》后,1998年2月中俄总理第三次定期会晤期间又达成了两国省州结对开展经贸合作的协议。此后,中俄双方地方间建立了68对友好城市和省州,其中包括黑龙江省与新西伯利亚州、吉林省与滨海边疆区、辽宁省与巴什科尔托斯坦共和国的友好省州结对。而且,两国毗邻地区还建立了地方省州长定期会晤机制。双方定期举办贸易洽谈会、科技博览会、经济研讨会等活动。中俄许多结对的省州都达成了内容多样的经贸合作协议,主要包括:在对方的相关地区投资建厂或建立产品开发基地;开展科技领域的合作;双方在对方举办商品交易会和经贸洽谈会;在石油和森工等领域开展多种形式的联合开发;地方政府为双方经贸合作创造良好和必要的商务环境。由于这些措施的实施,使中俄两国边境贸易额逐年增长,由2005年的55亿美元上升到2012年的103.7亿美元,占中俄双边贸易总额的11.76%。可以说,地方经济合作已成为中俄经济合作关系的新亮点。

(三) 中俄相邻地区间贸易增速快但投资合作发展缓慢

在中俄两国的贸易中,相邻地区的贸易增速高于全国水平。2005年,黑龙江省对俄贸易额为56.8亿美元,2007年首次突破100亿美元大关,到2013年增加到223.6亿美元,占中国对俄进出口总值的25.1%,位居全国第一。2013年,黑龙江省对俄出口总额为69.1亿美元(增长34%),位居全国第三,从俄进口总额为154.5亿美元(下降3.3%),位居全国首位。中俄两国相邻地区在投资领域的合作虽取得了积极进展,但与快速发展的双边贸易相比,发展仍显得缓慢。截至2011年年底,黑龙江省累计批准在俄投资企业

930家,总投资额34.57亿美元,占全国对俄投资总额的1/3以上。但总的来看,中国相邻地区对俄东部地区的投资额要大于俄罗斯东部地区对华投资额,特别是远东地区与中国相邻地区在投资领域的合作规模不是很大,实际的直接投资就更少。

(四) 中俄区域经济合作的领域不断拓宽

中俄两国相邻地区的经济合作几乎涵盖了贸易、科技、能源、农业、林业、旅游业、金融业、劳务输出等所有领域和行业。特别是两国互办"国家年"、"语言年"、"旅游年"及"联合军演"等活动,都给地方经济发展和经济合作带来了很大的好处。如在2006年"俄罗斯年"活动期间,黑龙江省开展了中俄地方旅游系列活动和投资促进活动等,辽宁省举办了沈阳-伊尔库茨克日,吉林省组织了文化旅游合作系列活动,内蒙古自治区举办了国际旅游节等。这些活动促进了双方经贸投资合作的开展。①

三、中俄区域经济合作主要领域

(一) 石油天然气合作

1. 石油合作

早在1994年11月,俄罗斯石油企业就率先向中方提出了修建

---

① 郭连成:《中俄区域经济合作与东北老工业基地振兴的互动发展》,《俄罗斯中亚东欧市场》2007年第2期。

从西伯利亚到中国东北地区石油管道的建议。当时,俄罗斯正处于经济转轨初期,经济危机严重,持续的危机使俄罗斯国内对石油的需要量大大减少。为了增加能源产品的出口以缓解经济危机,俄罗斯急需寻找并扩大原油市场。而当时中国已成为石油净进口国,也需要寻找一条稳定而可靠的能源供应渠道,因而双方可谓不谋而合。双方也希望通过修建石油管道这个项目来提高彼此间的经贸水平,推动两国经济的共同发展。此外,由于俄罗斯国内政局不稳,投资环境不佳,因而愿意对俄罗斯石油工业进行投资的国家并不多,这也给中俄原油管道合作项目提供了便利的条件。由此可见,共同的利益追求是中俄双方能源合作的基础。

2006年3月21日,俄罗斯总统普京访华期间,中石油集团和俄罗斯石油公司达成了在年底前组建合资公司的协议,分别经营上游和下游业务。中俄能源合作的新形式"上游换下游"就此诞生。协议确定,中石油以入股的方式与俄石油公司在俄共同组建"东方能源公司",俄方持股51%,中方持股49%,主要业务是在俄罗斯进行地质勘探及能源项目融资,并联合开发俄罗斯万科尔油田。同时,中国开放能源下游市场,在中国建立中俄合资的炼油厂——中俄东方石化(天津)有限公司,中石油集团占股51%,俄罗斯石油公司则占股49%。[①] 这种新型的合作方式满足了双方对各自核心利益的追求,以交换的形式促成了互利合作。2008年10月28日,中俄总理第十三次定期会晤签署了《中国石油天然气集团公

---

① 朱光强:《困境与协调:探析中俄能源合作的博弈——以俄远东输油项目为例》,《俄罗斯研究》2009年第4期。

司和俄罗斯管道运输公司关于斯科沃罗季诺——中俄边境原油管道建设与运营的原则协议》。该协议意义重大,标志着中国与俄罗斯之间的石油合作进入法制化阶段,是近年来中俄关于输油管道建设谈判的实质性成果。

2009年2月17日,在中俄总理第十三次定期会晤时签署的《石油领域合作谅解备忘录》的基础上,俄罗斯与中国签署了俄方有史以来金额最大的能源协议。根据中俄签署的关于修建东西伯利亚—太平洋石油管道(泰纳线)中国支线以及向中国长期供应石油的政府间协议,中国将分别向俄罗斯石油公司(Rosneft)和俄罗斯石油运输公司(Transneft)提供150亿美元和100亿美元的长期贷款(采取固定利率,约为6%);俄罗斯则以石油为抵押,以供油偿还贷款。从2011年至2030年按照每年1500万吨的规模通过管道向中国供应总计3亿吨石油,石油价格以俄石油运到纳霍德卡港口的价格为基准,随行就市。该协议的签署,无论是对急需资金的俄罗斯,还是对能源需求旺盛的中国而言,都是一个互利双赢的结果,并将中俄两国在能源领域的合作逐步引向深入和制度化。

2. 天然气合作

与中俄之间的石油贸易相比,两国间的天然气贸易进展缓慢。2003年11月14日,中国、俄罗斯、韩国三家石油天然气公司签署了俄罗斯伊尔库茨克州科维克金气田向中韩供气项目的国际可行性报告。这条长4887公里的天然气管线经满洲里进入中国沈阳后,一个分支到北京,另一个分支到大连,经海底管道通往韩国。根据意向书,科维克金气田可向中国供应6000亿立方米天然气,向韩国供应3000亿立方米天然气,供气期为30年。[1]

---

[1] 何晓曦:《中俄油气前景依然好》,《国际商报》2004年1月16日。

2004年9月,随温家宝总理访俄的中石油公司总经理陈耕与俄罗斯天然气工业股份公司总裁米勒就天然气合作进行了会晤。在发表的联合公报中指出:在双方政府审议《从俄罗斯联邦伊尔库茨克州科维克金凝析气田向中华人民共和国和韩国修建管道以及开发科维克金天然气项目的国际经济技术可行性论证报告》的基础上,对科维克金天然气项目的实施前景进行评估。

2006年3月俄罗斯总统普京访华期间,中俄双方就能源领域的合作签署了22个文件,这些文件不仅涉及石油与天然气管道的修建项目,还包括油气勘探、开发、加工以及电力等方面的合作。其中,中国石油天然气公司分别与俄罗斯天然气工业股份公司、俄罗斯石油公司和俄罗斯管道运输公司签署了三个能源合作协议,分别为《中国石油天然气集团公司与俄罗斯天然气工业股份公司关于从俄罗斯向中国供应天然气的谅解备忘录》、《中国石油天然气集团公司与俄罗斯石油公司关于在中国、俄罗斯成立合资企业深化石油合作的基本原则协议》、《中国石油天然气集团公司和俄罗斯管道运输公司会谈纪要》。在从俄罗斯向中国供应天然气的谅解备忘录中,俄方计划修建东、西两条通往中国的天然气管道,从2011年起向中国市场供气,并确定了天然气供应的期限、规模、输送管线以及定价公式的准则。曾任俄罗斯天然气工业股份公司董事会副主席的亚历山大·梅德韦杰夫表示,这份文件符合俄罗斯天然气工业股份公司推行出口市场多元化和开拓新兴市场的经营战略。他指出,俄罗斯不仅将中国视为最具潜力的出口市场之一,还将中国视为在落实天然气运输和营销项目方面的合作伙伴。

俄罗斯地缘战略研究所副所长雷诺金在评价中俄天然气协定时认为,2006年年初俄乌天然气之争过后,面对来自欧洲的不满和压力,普京已开始有意在天然气问题上打中国牌来压制欧洲,以便在同欧洲再次交手时能处于强势地位。他认为,普京2006年3月访华时公开承诺对中国的大宗天然气出口,就是表明俄罗斯可以通过宣布开拓中国这一大市场来同欧洲进行周旋。2009年10月12日,中俄能源投资股份有限公司(注册于中国香港,俄罗斯能源投资集团旗下子公司)在北京宣布,出资收购俄罗斯松塔儿石油天然气公司51%股权,从而取得萨哈共和国(雅库特)南别廖佐夫斯基气田和切连杰斯气田的勘探开采权。这两块气田天然气储量达600亿立方米,北端距规划建设中的西伯利亚—太平洋天然气运输管道15千米。此前,并没有任何一家跨国合资公司获准控股俄罗斯的天然气田。因此,这被称作是中俄能源合作新模式的开山之作,将为中俄能源领域的更紧密合作奠定基础。在未来几年,该公司将斥资3亿美元全面开发这两块天然气田,而产出的天然气则主要供应中国、日本、韩国、新加坡等地。[①] 2008年10月,俄罗斯国家杜马副主席、俄罗斯天然气协会主席瓦·亚泽夫在俄罗斯远东哈巴罗夫斯克市举办的国际经济论坛上称,俄罗斯天然气工业公司正在同中石化公司和中信集团公司研究在东西伯利亚实施石化和天然气化工项目的问题。在建设地下储气库、为中国高硫天然气田研制和安装设备、实施石油天然气化工项目等领域,双方具有广阔的合作前景。

俄罗斯天然气工业股份公司与中国同行保持着良好的伙伴关系,双方已经就俄对华出口天然气问题展开商业谈判。在天然气

---

① 安卓:《中俄能源合作新模式:合资公司控俄气田》,《第一财经日报》2009年10月13日。

合作方面,俄方计划修建东西两条通往中国的天然气管道,俄方承诺在中俄东西天然气管线都建成后,每年向中国出口的天然气将达到800亿立方米,这占目前向欧洲出口总量的一半以上。时任总统的梅德韦杰夫在接受新华社记者书面采访时曾说,俄罗斯首先将致力于建设对华天然气出口的西线管道(从俄阿尔泰共和国到达我国新疆,也称"阿尔泰"管道),其次是建设对华天然气出口的东线管道(从俄罗斯远东的萨哈林州,即库页岛经过共青城和哈巴罗夫斯克到达我国东北地区),俄方准备从2011年开始向中国供应天然气。此后,俄罗斯天然气工业股份公司和中石油、中石化共同决定,首先建设全长约3000公里的西线管道,整个方案造价为100亿美元,管道的建设费用将由俄方承担,预计5年之内建成通气,年输气量达到300亿—400亿立方米。

然而,由于种种原因,直到2013年9月,中国石油天然气集团公司才与俄罗斯天然气工业股份公司签属《俄罗斯通过东线管道向中国供应天然气的框架协议》,规定了东部天然气供气总量、供气条件等具有法律约束力的商务条件,终于为完成供气项目奠定了法律基础。与此同时,中国石油天然气集团公司还与俄罗斯第二大天然气生产商诺瓦泰克公司签署了关于收购亚马尔液化天然气股份公司股份的收购协议,该项目液化天然气年生产能力为1650万吨。

综上所述,中俄之间的天然气合作协议终于在十多年的等待中浮出了水面。在中俄达成天然气协议后,俄罗斯媒体称中俄两国正在建立史无前例的能源联盟。中国这个大客户的加入会给俄罗斯操纵能源杠杆增加砝码。对俄罗斯来说,中国市场的开拓有利于在天然气销售方面减少对欧洲的依赖。由此可见,未来中国将成为俄罗斯在天然气领域的重要合作伙伴和天然气进口国。

(二) 电力合作

早在20世纪80年代,中俄之间便开始了初步的电力合作。1992年,俄罗斯布拉戈维申斯克市至中国黑河市输电线路(简称"布黑线")投入运行。1996年7月末,俄罗斯锡瓦基至中国大兴安岭地区十八站(简称"锡十线")输电线路正式运行。截至2005年,中国黑龙江省已从俄方购电超过4.3亿千瓦时。2005年7月1日,《中国国家电网公司与俄罗斯统一电力系统股份公司长期合作协议》签署,双方就送电方式、送电规模、定价原则、进度安排等一系列重要问题达成一致,由此拉开了中俄电力合作的序幕。次年,对俄购电工作上升到国家层面。2006年3月21日,中国国家电网公司与俄罗斯统一电力系统股份公司在北京签署了《中国国家电网公司与俄罗斯统一电力系统股份有限公司关于全面开展从俄罗斯向中国供电项目的可行性研究的协议》。该协议作为中俄能源合作的一个重要组成部分,确定了中俄电力合作的总体目标,规范了双方电力合作的工作内容,为中俄之间长期、稳定的电力贸易关系奠定了良好的基础。在该协议中,将电力合作分为三个阶段:一是扩大边境出电规模,通过建设边境直流背靠背联网工程,到2008年从俄罗斯远东电网向中国东北黑龙江电网供电,供电规模为600兆—700兆瓦,年供电36亿—43亿千瓦时;二是从2010年起,通过直流电运输工程,从俄罗斯远东到辽宁远东电网输电,功率为3000兆瓦,年供电量为165亿—180亿千瓦时;三是2015年后,从俄罗斯远东或东西伯利亚电网向东北、华北输电,功率为6400兆瓦,年输电量为 300 亿千瓦时。

2006 年 11 月 9 日,中国国家电网公司总经理刘振亚与俄罗斯统一电力系统股份公司总裁阿拉托利·丘拜斯在人民大会堂签署了《中国国家电网公司与俄罗斯统一电力系统股份公司关于从俄罗斯向中国供电项目第一阶段购售电合同》。该合同的签署,是中俄电力合作进程中的重要里程碑,标志着自 2005 年 7 月双方签署合作协议以来,两国的电力合作取得了实质性进展。与此同时,购售电基本原则协议也为第二、三阶段从俄罗斯向中国输电项目的实施确定了合作的基本原则和工作方向。

2012 年 1 月 9 日,中俄 500 千伏黑河直流联网输电项目建成投运。2012 年 4 月 1 日,500 千伏阿黑线(俄罗斯阿穆尔变—中国黑河换流站)正式投入商业运营。这是中国首个国际直流输电项目,也是目前我国境外购电电压等级最高、输电容量最大的输变电工程,可为中俄边境贸易、能源工业发展和口岸城市制造业电力需求的快速发展提供长期、稳定而可靠的能源保障。2012 年 4 月 28 日,中国国家电网公司与俄罗斯统一电力东方能源公司签署长达 25 年的长期购售电合同,规定购买俄电能共计 1000 亿千瓦时,约 50 亿美元。中国对俄购电自 1992 年 7 月至 2012 年 10 月底,通过 500 千伏阿黑线、220 千伏布爱甲乙线和 110 千伏布黑线,累计进口俄电 66.56 亿千瓦时,进口额 2.558 亿美元。俄罗斯还将逐步扩大对中国的供电规模,中俄两国的电力合作将迈向更深的层次。

据预测,到 2020 年前,由于中国处于工业化转型的重要时期,电力需求增长较快,年均增速在 6% 以上,而东北部地区的年用电量增速将保持在 8% 左右。根据中俄电力专家的研究,俄罗斯西伯利亚和远东的水力和火力发电站发电能力富余,伊尔库茨克火电站每年富余电力为200亿度。而当博古恰尔水电站(300万千瓦)和别列佐夫(640万千瓦)火电站竣工后,该地区的富余电力将达到300亿—400亿度。伊尔库茨克州布拉茨克至中国的2600公里高压输电项目造价约为15亿美元,每年可向中国供电180亿度。对俄罗斯来说,东西伯利亚至中国北部能源桥的建设可使西伯利亚现有的发电功率满负荷运转,给该地区的燃料能源综合体提供新的动力和进一步发展的机会。俄罗斯政府副总理亚历山大·茹科夫称,俄罗斯计划在2015年前将对华电力出口总量增加9倍多,从而达到每年300亿至400亿千瓦时。他指出,俄罗斯统一电力系统公司和中国公司之间已经签署了有关增加电力出口总量的协议。为此,俄罗斯计划建设新的输电网络,并增加新的发电能力。俄罗斯统一电力股份有限公司远东电力部经理维克托·米纳科夫认为,与东北亚国家尤其是中国的电力合作极富前景。2020年前仅中国北方每年就能消耗9000亿千瓦时电力,这是今日俄罗斯全国耗电数的总和。米纳科夫认为,这个市场大约在300亿至500亿美元。此外,俄罗斯有关人士认为,未来利用中国成熟、国际领先的特高压技术,可以在俄罗斯和中国之间搭建共同的"电力桥",从而实现"东北亚电力圈"的构想。可见,电力将成为中俄能源合作的一个主要领域。

(三)科技合作

俄罗斯东部地区的高科技发展潜力巨大。随着对外政策和对外贸易战略的不断调整,俄加大了对东部地区的开发力度和资金投入,为该地区高科技发展提供了良好的条件,也为该地区国际高科技转移奠定了基础。俄东部地区的高科技水平和巨大的科技潜力是以俄罗斯科学院西伯利亚分院、俄罗斯科学院远东分院的科技水平为核心的,这两个分院的科技水平代表了该地区的最高水平。

随着中俄全面战略协作伙伴关系的顺利发展,两国间高层交往密切,政治互信日益加深,从而推动双方在各个领域的合作取得丰硕成果。中俄科技合作关系也得到了全面发展和深化,两国科技合作的框架已初步形成,不仅在七十多个基础科学领域有合作项目,而且在航空航天、新材料开发、农业技术等实用性科技领域也展开了卓有成效的合作。

东北各省政府十分重视对俄罗斯的引智工作,众多俄专家、学者来到东北地区工作,并做出了许多贡献。东北地区也派出代表团对俄罗斯进行访问,就引进俄罗斯专家项目、人才交流等问题与俄有关部门进行交流和沟通,并签订专家和人才交流合作协议。目前,东北三省的对俄技术合作已初具规模,形成了本地对俄科技合作的体系,部分技术实现了产业化和商业化的目标,取得了良好的经济效益和社会效益。

早在1991年7月,沈阳自动化研究所就与俄罗斯科学院远东分院海洋技术研究所签订了合作备忘录。1992年,双方达成合作开发6000米无缆自治水下机器人的协议。1995年,在双方和国内有关单位的共同努力下,6000米水下机器人"CR-01"研制成功,1997年被两院院士评为当年中国十大科技进展之一。1999年,双方又在此基础上,开始共同设计技术改进型的水下机器人"CR-02",现已完成大洋应用试验。此项目的成功使我国重大海洋装备水平位于世界前列。

为加强同俄罗斯的科技合作,2001年11月大连市科技局成立了大连市俄罗斯技术转化中心,负责大连市企事业单位与俄开展科技合作与交流的有关协调、管理和服务工作,成为大连市对俄科技合作的窗口与桥梁。大连市科技局每年安排专项经费,对与俄开展科技合作的大连企事业单位进行资助,形成了有专设机构、专门人员、专项经费开展对俄科技合作的格局。大连市科技局每年投入200多万元用于支持对俄科技项目。近年来,大连市俄罗斯技术转化中心以对接项目、推进对俄科技合作产业化为重点,以创造氛围、开辟渠道、搭建平台为手段,积极向大连市推介、引进适合本地经济结构调整与发展的俄罗斯高新技术。中心不仅聘请俄罗斯专家来大连讲学,创办、合办科技企业,举办大连市与俄高新技术项目洽谈会、展览会和经济技术高级研讨会,而且积极扶持大连的中俄合资企事业单位的发展,出台了大连市中俄合资企业的相关政策和扶持与俄罗斯之间科技经济合作政策,为两国科技人员、科研部门及各企业提供服务。

2004年8月4日,大连市俄罗斯技术孵化器在开发区未来科技园落成。至此,大连市第一家中俄技术孵化器投入运营。2004年9月29日,中俄高新技术转化基地在大连高新区海外学子创业园揭牌。目前,已成功从俄罗斯科学院西伯利亚分院引进了多项科技项目,如定影废液再生及银离子智能电化学回收设备、多功能超音速冷喷涂智能装置、绿色高强度阻燃人造稻壳板制备技术等。这些高新技术具有原创性、先进性、环保性、节能性和可操作性,每项技术都具有设备、工艺和产品相结合的配套优势,在传统产业改造、老产品更新换代、节能及环保等方面具有显著的经济与社会效益。①

在对俄农业科技合作方面,黑龙江省对俄农业科技合作中心于2001年6月16日在黑龙江省农科院正式挂牌成立。实际上,从20世纪80年代末至今,黑龙江省农科院开展了实质性的对俄科技交流与合作,先后与苏联科学院系统及农科院系统所属的二十余个科研单位建立了科研联系与合作关系,引入了十多项俄罗斯先进技术,引进并交换小麦、大豆、玉米、马铃薯、沙棘、黄瓜、亚麻等种子资源300余份;有众多的俄罗斯农业科学家来到农科院讲学并进行技术指导,同时,农科院也选派一批批年轻专家、学者赴俄培训;与俄方共同开展的研究课题中,有3个被列入中俄政府间合作项目,3个项目列入了农业部重点引进项目。黑龙江省对俄农业科技合作中心的主要任务是:通过交换中俄双方的农业科学研究成果,组织中俄科学家对黑龙江省和我国在产业化进程中所遇到的难点课题进行联合攻关,针对国内、国际两个市场的需求联合开发新产品,从而为高新技术产业化的不断升级增强后劲,积累实力;为黑龙江省内外农业企事业单位对俄的技术引进、技术合作提供中介服务;通过与俄罗斯的科技合作与交流,为培养黑龙江省与我国农业科技人才发挥组织、协调、服务作用。

可见,中俄双方的科技合作可为东北老工业基地振兴提供有力的科技支持。采用高新技术和先进适用技术改造传统产业,全面推进工业结构的改造与升级,是振兴东北老工业基地的一项重要任务。一般来说,高新技术和先进适用技术只有在对外开放条

---

① 刁秀华:《大连市与俄罗斯东部地区的科技合作走势》,《俄罗斯中亚东欧市场》2008年第9期。

件下,通过国际间的广泛交流与合作才能获得。俄罗斯是世界科技大国,其科技实力雄厚。俄东部地区的科技实力也相当雄厚,俄科学院西伯利亚分院是世界著名的科学城,其规模和实力可与日本的筑波、美国的硅谷相比。俄东部地区在航空航天、核动力设备、燃料动力、太空能源、电子技术与电子设备、激光技术、信息技术、催化技术、新材料、煤炭加工与煤炭化工、光化学技术等诸多领域都有较大的优势,有些领域仍居世界领先水平。因此,加强与俄东部地区的科技合作,是振兴东北老工业基地特别是快速提升产业层次和经济结构的最现实的战略选择。

四、中俄区域经济合作的有利因素与存在的问题

(一) 有利因素

1. 中俄两国间的政治关系基础牢固

目前,中俄两国关系正处于历史上最好的时期,这为双方合作提供了良好的政治保证。20世纪90年代以来,中俄关系的发展取得了显著成果。1992年中俄确立了"睦邻友好和互利合作关系";1994年双方就构建面向21世纪的新型伙伴关系达成共识;1996年双方决定发展"面向21世纪的战略协作伙伴关系",并建立起两国领导人定期会晤的机制;2001年7月中俄签署睦邻友好合作条约,条约将中俄世代友好、永不为敌的和平思想用法律形式固定下来;2004年10月,中俄两国元首批准了《中俄睦邻友好合作条

约》,标志着两国睦邻友好关系的确立和战略协作关系的进一步加强。近些年来,中俄战略协作伙伴关系不断深化,取得了长足进展。2013年3月,中国国家主席习近平和俄罗斯总统普京签署了《中华人民共和国和俄罗斯联邦关于合作共赢、深化全面战略协作伙伴关系的联合声明》,批准实施了《〈中华人民共和国和俄罗斯联邦睦邻友好合作条约〉实施纲要(2013年至2016年)》,标志着平等信任、相互支持、共同繁荣、世代友好的中俄全面战略协作伙伴关系提升至新阶段。中俄关系的这一发展,既有世界格局和国际关系方面的背景,又有两国战略上、政治上、经济上诸多方面的各自需求,是一种必然的发展趋势。

2. 重要的是中俄两国领导人特别重视两国之间的合作

中俄两国关系不断深入发展,进入21世纪更呈深化之势。2004年9月25日,温家宝总理对俄罗斯进行正式访问时,普京表示俄罗斯将"坚定不移"地加强同中国在石油天然气领域的合作,并认为这是两国战略合作的重要组成部分。俄总理弗拉德科夫表示,能源是两国前景最好、最重要的合作领域之一,双方应制定石油天然气合作长期规划,同时也应大力开展核能合作。2006年3月,普京总统访华期间,中俄签署的联合声明指出:中俄在能源领域的合作是两国战略协作伙伴关系的重要组成部分,正在向高水平发展,对进一步深化双边经济合作具有重要意义。俄罗斯驻华大使拉佐夫指出,在中俄总体关系中,军事合作并不是最重要的层面;在双边经贸关系中,发展能源领域的石油、天然气合作是一个优先发展的方向。他认为中俄能源领域的合作"前景美好,前途光明"。

中俄互办国家年活动是由两国元首共同倡导和确定的。2006

年中国成功地举办了"俄罗斯年",2007年俄罗斯也成功地举办了"中国年",互办"国家年"活动受到了两国最高领导人的高度重视与全力推动。2007年3月,胡锦涛主席访俄与普京总统会谈时指出,中方愿同俄方一道做真诚互信的政治合作伙伴,做互利共赢的经贸合作伙伴。2008年10月,中国国务院副总理王岐山与俄联邦政府副总理谢钦在莫斯科共同主持中俄能源谈判代表会晤时,提出中俄能源合作要坚持以下原则:一是全面长期合作原则,包括油气、核能、电力等方面和金融领域;二是市场原则,按国际通行做法推进合作;三是互利共赢原则,充分照顾彼此关切。谢钦表示,两国领导人决定建立两国能源谈判机制,使两国的能源合作进入了新阶段。俄方愿与中方在石油、天然气、电力和核能等领域开展长期务实合作,并取得实质性成果,使两国的能源合作登上新台阶。

3.俄东部地区丰富的资源为双方合作开发提供了现实基础

如前所述,俄罗斯西伯利亚与远东地域广阔,是资源和能源的"聚宝盆",尤其是天然气、煤炭、石油等燃料动力资源,以及森林资源、水资源的蕴藏量均占全俄的80%以上,金属矿的蕴藏量也占相当的比重。在俄罗斯东部经济部门结构中,开发利用自然资源的部门占有相当大的比重。丰富的自然资源成为该地区未来经济发展的基础。西伯利亚与远东各州、边疆区都把开发利用自然资源确定为重点发展产业,并提供自然条件较好的林地、矿山、油气田、渔场等资源向外国投资者租让。这为包括中国东北地区在内的外国投资者进入该地区开发利用自然资源提供了良好的条件。俄罗斯外交部发言人米哈伊尔·卡梅宁曾在2006年3月接受俄新社记者采访时称,能源合作是中俄经贸领域最重要和最大型的项目之一。他认为,中俄能源合作的发展态势具有蓬勃稳定的特点。从双方共同的利益追求看,中俄能源合作符合两国的共同利益,可谓是一个双赢互利的合作。

从中国方面看,解决石油安全问题是中国经济可持续发展的一个重要保障。今后,随着中国经济的发展,能源缺口将进一步扩大。中国石油供给和需求之间的矛盾在国内已难以完全解决,必须借助国际石油市场来解决。随着中国石油消费和对外依存度的增加,迫切需要增加能源进口渠道,以实现石油进口多元化的能源战略,这就迫使中国必须寻找稳定安全的能源供应基地。而无论从经济、政治,还是从运输安全的角度看,与俄罗斯的合作均有利于减轻我国巨大的油气缺口给油气安全带来的沉重压力,满足中国能源多元化的要求,保障国家的能源安全。

从俄罗斯方面看,石油天然气工业成为俄经济的主导部门和出口创汇的重要基础,在经济社会发展中具有不可替代的作用。俄罗斯之所以能摆脱自苏联解体以来困扰多年的经济危机并进入经济恢复性增长阶段,可以说在很大程度上是得益于石油天然气工业。由于国际油价的大幅攀升,丰富的油气资源给俄罗斯带来了巨额的财富。自1999年以来,俄罗斯的经济增长主要得益于能源出口的拉动。巨额的石油美元也使俄政府在2001年10月首次提前偿还了向IMF的借款。对俄罗斯来说,向中国出口石油不仅是俄经济发展的需要,而且也为其提供了参与国际市场竞争的新机遇。

4. 中俄双方具有交通方面的优势

交通运输等基础设施是区域经济一体化条件下承载产业互动和区域联动的十分重要的载体,特别是作为经济发展大动脉的铁路发挥着无可替代的特殊作用。中国东北区域内基础设施的一体化已初步形成,公路、铁路、机场、港口、通信、电力、邮电等都已初步互联成网。东北三省交通四通八达,已形成由水陆空立体交通组成的综合运输体系。自实施东北老工业基地振兴战略以来,该地区在公路方面积极推进公路网建设;在铁路方面大力推进电气化改造,积极筹划建设东北东部铁路大通道。

中国东北地区是全国铁路分布密度最高的地区,公路干线密布,对俄运输通道网络已经形成。以黑龙江省为例,该省对俄直通公路里程为6342.8公里,其中高速公路388.4公里,一级公路585.6公里,二级公路3007.5公里;对俄水运通航里程2981公里,其中能通行千吨级船舶的三级以上航道2586公里。该省与俄罗斯开通的国际道路客货运输线路已达41条,江海联运为黑龙江省物资外运增加了出海通道,提高了沿江地区运输与物流效率。同江—下列宁斯阔耶、饶河—波克洛夫卡口岸、黑河—布拉戈维申斯克口岸浮箱固冰通道均正式开通。这三对口岸浮箱固冰通道的成功运营,开创了黑龙江省边境水运口岸对外开放和冰上汽车运输的新模式。黑龙江绥芬河市正在对公路和铁路两个口岸进行改造,总投资10亿元,改造后将使绥芬河口岸的通关能力在现有的1200万吨的基础上提高几倍,将会成为交通非常便捷的国际化口岸。2014年,绥芬河到符拉迪沃斯托克高等级公路将修完,2015年将全部贯通,届时从绥芬河到符拉迪沃斯托克200公里的路程只需要两个小时。2015年,绥芬河到牡丹江的高铁也将开通。机场方面,2014年对俄重要口岸绥芬河将开工建设直线机场。

尤其值得一提的是,经过5年多的磋商,中俄同江—下列宁斯阔耶铁路界河桥终于在2014年2月26日开工奠基,工期预计为两年,这是中俄两国首座跨界河铁路桥。该桥设计年过货能力为 2100 万吨,将连通向阳川—哈鱼岛铁路与俄罗斯西伯利亚铁路列宁斯阔耶支线。该铁路大桥建成后,可将中国东北地区的铁路网与俄罗斯的西伯利亚铁路网相联通,形成一条新的国际铁路通道。这不仅能使两国的经济依存度得到进一步提高,而且还可使生产要素实现进一步组合,更加有益于开展产业合作。这对振兴东北地区等老工业基地、合理配置口岸资源及促进中俄经贸关系发展具有重要意义。

此外,东北地区烟大铁路轮渡、东北东部铁路通道和哈大客运专线的建设,以及辽宁"五点一线"新的对外开放格局的形成,将在能源、交通、物流及旅游等多方面使东北形成合力,对中国东北地区和俄罗斯远东地区的经济发展会产生巨大的拉动作用,极大地提升整个东北对俄经贸合作的能力。

5. 中俄双方合作具有有利的地缘优势

区域经济合作首先是基于地缘关系的合作。从地理位置看,中国东北地区与俄罗斯远东地区毗邻,具有进行经贸与科技合作的地缘优势。黑龙江省与俄罗斯远东地区共有长达 3045 公里的水陆边境线。凭借这种地理优势,经过多年来的开发与建设,该省已经开通了 25 个对俄贸易口岸,构成了水陆空健全、陆海空联运、客货运兼有的过境通商方式。黑龙江省正在实施建设"哈牡绥东"对俄贸易加工区战略,按照境内境外互动和口岸内陆互动的原则,不断提升进口资源落地加工率和地产品的出口比重。在中国境内和俄罗斯境内分别设立了工业园区,在境内共有 8 个重点园区;在俄罗斯境内共建设了包括乌苏里斯克、华宇、跃进、米哈等在内的 6 个园区,其中乌苏里斯克经贸合作区为国家商务部批准建设的首批8个境外经贸合作区之一。乌苏里斯克果菜批发市场已成为俄罗斯远东地区最大的蔬菜集散中心,其产品已辐射到符拉迪沃斯托克、哈巴罗夫斯克等各大城市。①

6.东北老工业基地具有良好的工业基础

该地区拥有丰富的自然资源、巨大的存量资产、良好的产业基础、明显的科技优势、众多的技术人才和较为完备的基础条件,是一个极富后发优势的地区,具有与俄罗斯东部地区广泛开展交流合作的基础和条件。在计划经济时期,东北老工业基地曾发挥了重要作用。经过多年的发展,东北地区形成了以重工业为主体、门类众多的工业体系,钢铁工业、煤炭工业、电力工业、石油工业、化学工业、机械工业、建材工业和国防军事工业都得到了快速发展,成为全国最大的钢铁基地、石油化工基地、机械装备工业基地和汽车工业基地。其中,辽宁省以石化、钢铁、冶金业为主体;吉林省以汽车、石化、食品加工业等为主体;黑龙江省以石油、原煤、木材、重型机械为主。这成为东北老工业基地与俄罗斯东部地区合作的重要条件。

7.中俄双方的合作具有有利的人文条件

中国东北地区的教育事业较为发达,拥有众多的高等院校和科研机构,专业齐全,有近100个学科或研究方向是全国唯一或在全国居于领先地位。东北地区科技人才济济,科研实力雄厚,每万人在校的高校学生数位居全国首位,比全国平均水平高出40%。黑龙江省在引进俄罗斯人才、开发智力资源方面有突出进展。哈

---

① 王志刚:《东北亚区域经济合作背景下黑龙江省对外开放研究——以牡丹江沿边开放为视角》,东北财经大学博士学位论文,2013年,第98—99页。

尔滨市与俄罗斯远东地区有着源远流长的交往历史。该市拥有一大批既懂科技,又懂俄语和从事中俄科技交流的人才,他们主要分布在各大学、科研院所及大企业当中。哈尔滨工业大学、黑龙江大学、东北林业大学、哈尔滨师范大学等为全国培养了大量的俄语人才,其中,黑龙江大学在全国俄罗斯语言研究和人才培养方面发挥着不可替代的作用,为东北地区的振兴及与俄罗斯东部地区的合作提供了人才与智力支持。

(二)存在的问题

尽管中国东北地区与俄罗斯东部地区的合作存在着上述诸多有利条件,双方合作的潜力也很大,但双方合作的进程和成效不仅与两国的合作潜力不符,且明显滞后于两国日益巩固的政治关系。在双方的合作中,战略性大项目偏少,在一些领域(如水资源、核能、新材料、生物技术等)的合作潜力尚未充分挖掘出来。尤其是在能源领域,前几年的"安大线"及斯拉夫石油公司股权拍卖的风波等都暴露出两国在能源合作上的分歧,备受关注的中俄石油管道合作项目也是几经波折。总的来看,这些问题的出现既有中俄双方各自的原因,也有俄罗斯国内因素和国际因素的影响。特别是为了维护国家经济利益和保障自身安全,两国的对外经济合作政策不得不经常进行调整。而在发展与中国的经济合作问题上,俄不同利益集团因主张各异而存在分歧,这是制约中俄双边区域经济合作深化的重要因素。除此之外,下列问题也制约了中俄区域经济合作的发展。

1. 区域经济合作的制度环境欠佳

由于中俄两国都处在由计划经济向市场经济的转轨时期,两国与市场经济发展相配套的经济法律制度还不完善,市场经济运行机制尚未完全建立。尤其是俄罗斯既未建立正常的市场经济秩序,也缺少必要的竞争环境。在这种情况下,中俄区域经济合作的规范化运作受到很大影响,双方往往缺乏长期合作的必要计划和步骤。而中方也因缺少对俄罗斯国情的了解和对中俄区域经济合作特殊性的认识,在推进具体经贸合作方面的准备不足。

2. 区域经济合作机制有待完善

中俄双方在开展区域经济合作中尚未建立稳定、有效的协调管理机制和信息交流机制,而这种机制是保证区域经济合作的前提条件。虽然在上海合作组织框架内,中俄(包括其他成员)签署了《开展区域经济合作和启动贸易投资便利化进程的备忘录》、《多边经贸合作纲要》等一系列重要文件,并且建立了经贸部长会议机制,负责协调和推进区域经济合作,此后双方又签署了《中俄政府间投资保护协定》,但现实中中俄贸易渠道并非完全畅通,灰色清关问题仍未彻底解决。这些问题始终困扰着双方的投资者,也使中俄投资合作的潜力未能如愿完全释放。因此,中俄双方仍需要继续完善磋商机制,通过谈判和协调,在海关程序、标准一致化、商务流动和监管环境方面消除壁垒,完善投资法律法规并消除投资监管障碍。

3.中俄区域经济合作的方式还比较滞后

投资和经济技术合作在中俄双方经济交往中的作用较为有限。据中国海关的统计数据,2005年中俄贸易额为291亿美元,其中一般贸易占62%、边贸占20%、加工贸易仅占12%。2012年,中俄贸易额为881.6亿美元,其中一般贸易占中俄双边贸易总值的65.2%(为575亿美元),边境小额贸易占11.8%(为103.6亿美元),加工贸易占12.9%(为114.1亿美)。与2005年相比,一般贸易、边贸及加工贸易在中俄贸易总额中所占的比重变化不大。这表明,当前中俄经济合作仍以一般贸易和边贸为主。

在投资方面,中俄不仅相互投资规模小,而且没有把推进生产合作、技术合作等现代合作方式提到战略高度。另一方面,中俄两国相互投资的领域也比较单一,还缺少支撑性、长远性的投资合作项目,能够以大项目推进中俄区域经济合作深化的能源领域合作进展缓慢。此外,双方的经济技术合作以军事、航空航天项目居多,市场前景广阔的民用技术合作有待进一步加强。

4. 俄有些人对中国的偏见依然存在

在俄罗斯尤其是远东地区,仍存在着"中国威胁论"、"中国扩张论"、"中国商业移民"等宣传及言论,一些俄罗斯人对快速发展和正在崛起的中国仍存有疑虑,担心中国进行"人口扩张"和"资本扩张"。在俄罗斯的中央报刊及远东和西伯利亚报刊上时常有谈论"中国威胁"的文章,认为中国公民在俄罗斯的活动对其国家安全造成了威胁。有文章称,"中国有十几亿人,而西伯利亚只有一千万……中国人已经越过乌拉尔找工作和寻矿……再过几十年连哈巴罗夫斯克的工资都要用人民币支付"。[1] 这些言论都无疑对中俄两国的经济合作造成不利的影响,是双方区域合作中的一个不可忽视的现实因素。

---

[1] Китайская Сибирь-страшилка или реальность? http://www.mind-mix.pp.ru/discussion/0-191-kitaiskaja-sibir-strashilka-ili-real-nost-read shtml.

5. 俄对华政策始终有所保留

在中俄经济合作中,一些人始终存在着对中国的某种"担忧",再加上俄罗斯各利益集团纷争十分复杂,从各自利益出发、相互牵制,并在对华政策方面对政府施加影响,从而使俄罗斯政府在对华经济合作方面的决策受到影响,政府往往会因此而表现得犹豫不决,从而增加了政策的变数。以能源合作为例,在以往与俄罗斯的能源合作中,中方屡遭俄方的排斥。如在2002年12月18日俄罗斯斯拉夫石油公司国有股权拍卖时,中国石油天然气公司因受排挤而被迫于拍卖前退出,结果俄罗斯金融寡头阿布拉莫维奇的西伯利亚石油公司取得了该石油股份(以18.6亿美元中标)。2002年12月俄罗斯《生意人报》在一篇文章中指出,在俄罗斯地区议员团主席莫罗佐夫的倡议下,在斯拉夫石油公司股权拍卖会参加申请截止前半小时,出现了一个关于斯拉夫石油公司股权拍卖会的决议草案。这份文件指出,根据私有化法第5条的规定,凡是国家股权占有超过25%的俄罗斯法人不得参加拍卖会。中国石油天然气集团公司百分之百是国家股份,当然这是中国公司而不是俄罗斯公司。莫罗佐夫的倡议获得了议员的支持,1小时后以255票赞成、63票反对被通过。国家杜马建议政府应以同等态度对待中国和俄罗斯的企业,禁止中国石油天然气公司参加拍卖会。①

6. 国际竞争因素的影响

在中国开发利用俄罗斯资源尤其是能源方面,美国和其他西方垄断资本也对中国形成了"抢占"之势。例如,当中国还在同俄

---

① 姜振军:《关于东北亚地区能源合作若干问题的思考》,《西伯利亚研究》2005年第2期,第31页。

罗斯就能源合作进行谈判之时,英国石油公司就投巨资购买了俄罗斯"露西亚"石油公司的不少股份,部分控制了原本拟向中国供气的俄罗斯东部最大的凝析气田——克维克京斯克的勘探开发权;英荷壳牌公司则购买了俄罗斯最大的垄断集团——天然气股份公司的股权,以控制西西伯利亚的开发权。此外,美国埃克森美孚石油公司、日本三菱公司都购买了俄罗斯萨哈林石油公司的股份。日美两国还联合投资了俄罗斯萨哈林三个石油开发项目中的两个,其中萨哈林-2号油气项目已于1999年投产,萨哈林-1号项目于2005年10月开始采油,2006年10月开始出口石油。不仅如此,还有曾经闹得沸沸扬扬的中日能源之争等问题。在今后中俄之间的经济合作尤其是资源合作中,还将面临着来自世界其他国家的竞争。

  除以上问题外,从中国自身情况看,也存在着不利于中俄合作的因素。如在能源合作领域,一方面,曾因中国没有长期的能源发展战略,使得俄罗斯公司无法了解中国能源发展的前景,难以做出符合市场前景的预测;另一方面,由于中国的能源协调管理机制不力,缺乏相应的政府机构和适应国际经济合作的决策机制,不仅导致决策慢、反应迟缓,而且出现了国内多家公司在俄罗斯相互竞争的局面,某些个别公司甚至还垄断了一些资源的开发,这些都在一定程度上影响了中俄能源合作的正常进展。在科技领域,中国对俄罗斯的科技合作在认识上存在着不足之处。20世纪90年代以来,随着俄罗斯综合国力的衰退,中国实业界和一些部门对俄罗斯的科技实力曾有一种错误的估计,认为俄罗斯的总体科技水平比西方落后15—20年,只有西方国家的先进科技成果才值得引进。在这种思想的支配下,中国在确定对外科技合作伙伴时,总是把美国、欧盟和日本放在优先地位,而对与俄罗斯的科技合作往往重视不够,因而付出了一定的代价。

总之,俄罗斯东部开发是一项长期而艰巨的任务,将面临各种困难。俄东部经济发展相对比较落后,底子薄,基础设施较差,人力资源匮乏,气候寒冷,历史欠账多,资金投入不足。此外,尽管近年来俄罗斯经济逐渐复苏,但仍存在着较大的问题和风险,主要是市场经济体制尚不完善,各种政策及法律制度仍存在许多漏洞,金融体系也不健全,黑恶势力较为猖獗。虽然所有这些问题都不是一朝一夕所能解决的,但只有逐步解决这些问题,俄罗斯东部开发和经济发展才能取得实质性进展。

五、俄罗斯东部开发与中国东北老工业基地振兴的互动发展

充分利用两国自身的地缘优势和经济上的互补性,大力开展深层次的区域经济合作,无论从现实看还是从长远看,都是中俄两国发展全面经济合作关系的重要步骤和重大举措。俄东部地区丰富的自然资源使这一地区成为俄重要的原料供应和出口基地。以这些有利的优越条件为基础,积极推进中俄区域经济合作,既有利于俄罗斯远东和西伯利亚地区的开发,也能够有力地支持中国东北老工业基地振兴战略的实施。因此,俄东部地区开发与中国东北老工业基地振兴的互动与协调发展,对中俄两国来说是优势互补和互利共赢的。

（一）参与俄东部地区开发有利于东北老工业基地振兴

随着区域经济一体化进程的不断加快，随着东北老工业基地振兴这项伟大而艰巨的历史性战略任务的实施，进一步开放和加快合作终将是中俄双方的必然选择与大势所趋。可以说，积极参与俄罗斯东部地区的经济开发与合作对中国经济的发展具有重要的现实意义，是中国区域经济合作战略中不可缺少的重要组成部分。尽管俄罗斯经济发展较为缓慢，但俄依然是个庞大的经济体，其经济发展潜力巨大。为了扭转经济发展的不利局面，近年来俄采取了许多积极的措施，出台了各种不同的政策措施。尤其是俄罗斯正在实施的东部开发战略，给中国东北地区带来许多新的合作机遇。

为了尽快改变远东地区经济发展滞后状况，缩小俄远东地区与俄西部地区及周边国家的发展差距，加快远东与外贝加尔地区的经济社会发展，2007年11月俄政府颁布实施了《远东和外贝加尔地区 2013 年前社会经济发展联邦专项纲要》。该纲要是对《俄联邦远东和外贝加尔地区 1996—2005 年和到 2010 年社会经济发展专项纲要》的进一步修改和补充，对远东和外贝加尔地区的经济定位是自然资源的开采和加工，以及提升过境交通运输能力。由于远东的能源和交通运输设施落后，俄罗斯认为在促进远东与外贝加尔地区经济综合发展过程中，首先是消除基础设施方面的制约因素。该纲要从远东开发建设的实际需要出发，决定投巨资支持远东地区的经济建设。应当说，该纲要的实施促进了中俄边境省份多领域的合作。目前中俄两国边境区域经贸合作已形成了很好的对接关系,随着黑河与俄罗斯布拉格维申斯克市友好协作关系的不断深入,双方正努力打造"中俄双子城"。黑河正利用其独特地理位置和资源来发展优势产业,通过参加"两国一城"建设,与俄方共同打造远东地区中心城市和超级桥头堡,即通过区域经济一体化,使黑河与布拉格维申斯克市实现互动、双赢。

东北地区是中国参与俄罗斯东部地区经济合作的前沿与主要力量,应抓住俄罗斯东部开发的机遇,进一步扩大双边贸易和投资规模。当前,俄罗斯西伯利亚联邦区准备吸引中国投资者参与该地区的加工工业、冶金业、机械制造和建筑业等行业的发展,并希望建设经俄阿尔泰共和国直通中国的公路和输气管道。这为东北地区的企业带来了巨大的商机,同时也为东北地区企业"走出去"提供了良好的契机。

在能源方面,中国东北地区与俄罗斯相邻,背靠俄东西伯利亚和远东两大油气区,而且距西西伯利亚大油气区也不是很远,因而东北地区可以从俄罗斯三个大油气区得到油气供应;在电力方面,黑河将利用从俄罗斯进口的电力辟建专署供电区,发展高载能产业,利用从俄罗斯进口的石油及石油产品开展石化产品的综合加工生产;在加工业方面,将利用俄罗斯丰富的能源、木材、矿产等资源,开展对俄进出口产品综合加工生产。

俄罗斯正在实行向东部倾斜的经济发展规划,东部开发态势逐渐形成。尤其引人注目的是,俄罗斯大力推行的东部开发战略十分看重中国的参加,有关部门也不断表达与中国在西伯利亚及远东地区合作开发的意愿,并将远东开发规划与东北振兴规划相衔接。黑龙江省、吉林省、内蒙古自治区及南方一些省市都对此表现出积极的参与态度。尤其是黑龙江省依托地缘、人缘优势,早在

20世纪80年代就开始了对俄合作开发的研究。此后,黑龙江省与俄远东地区的合作领域逐年拓宽,规模逐步扩大,已由最初的农业种植、养殖、建筑、森林采伐及木材加工向合资合作、科技人才引进、高新技术成果转化方向发展。面对俄罗斯加入WTO和中国沿边开放的新形势、新机遇,东北地区尤其是黑龙江省作为全国对俄沿边开放的桥头堡和枢纽站,不断构筑开放型经济发展的新格局和巩固对俄经贸合作的大省地位,目前黑龙江省已成为中国对俄贸易第一大省。该省对俄贸易和对俄投资分别占中国对俄贸易和对俄投资比重的1/4和1/3,已在俄罗斯建设15个境外园区,初步形成了境内外园区和产业基地相结合的发展体系。

在中俄两国共同出台的《中华人民共和国东北地区与俄罗斯联邦远东及东西伯利亚地区合作规划纲要(2009—2018年)》中,俄东部地区与中国东北地区有许多对接项目。今后,东北地区要充分利用政策规划的导向作用,扩大与俄罗斯东部地区的开发与合作,促进东北经济健康、稳步、持续、快速发展。在中俄双边开展具体的合作项目中,东北地区的各类企业应该充分利用俄方提供的各种优惠条件,扩大投资规模,可以选择契约经营、直接投资、战略联盟等方式,但必须考虑项目自身的特点和俄远东地区的市场环境和相关产业发展水平,适时调整对俄合作方式。

1. 采用国际契约经营方式

在规划纲要中,俄远东地区承接众多原材料开采和初级加工项目,辽宁省主要承接了装备制造、汽车、技术研发等项目,企业科技实力较强。目前,我国人民币不断升值、海外资产不断缩水,正值企业实施海外投资的大好时机。但由于俄罗斯政策多变、投资软环境较差等不利条件,为了降低企业投资风险,在合作起步阶段,企业可以选择许可证协议或特许经营方式,提高产品在俄的知名度,为日后本企业的产品进入俄罗斯市场奠定基础。但由于许可证协议和特许经营方式可能产生有损著名商标的风险,企业一定要选择好合作伙伴,且以自己能够顺利将产品打入俄罗斯市场为合作期限。而为了了解俄方当地的市场、行业惯例和相关法律法规,可通过采用管理合同的方式,让企业人员深入到俄罗斯企业,培养对俄合作的人力资源。

2. 采用国际直接投资方式

在规划纲要中,能源领域是双边合作的一部分。但能源领域的投资成本比较大、资金周转时间较长,因而为了实现长期稳定的合作关系,在能源领域最好选择国际合作经营或者跨国并购。在中俄装备制造合作中,东北地区生产的装备制造品是俄罗斯东部地区的主要进口品,双方可以开展长期稳定的合作,其中,国际合资经营方式是最佳的合作方式之一。另外,在跨国并购中,企业可以选择在不同行业之间开展并购,通过横向并购实现规模经济;通过纵向并购获得企业的原材料或者销售渠道;通过混合并购实现企业的多元化战略。在并购资金来源方面,企业可以选择现金直接购买资产方式;也可以选择购买股票的方式,或者互换双边股票,减少资金压力,互相成为股东。

3. 采用跨国战略联盟方式

在中俄贸易中,农产品、纺织服装、电视机等生活用品占据了较大比重,而机电产品作为辽宁的重要制成品,是增加对俄贸易规模的潜在产品。通过开展品牌战略联盟,双方企业均可培育一些知名品牌商品,提高在当地市场的影响力;通过开展分销渠道战略联盟,双方均可以稳定或扩大已有市场份额和销售渠道,利用国外企业的分销渠道使得新产品快速进入国外市场。在规划纲要中，辽宁是承接科技项目的主要省份，为了引进更多的先进技术，辽宁可以向俄远东地区提供先进的农业技术和装备制造技术，而俄罗斯可以向辽宁提供物理、信息、生物化学、人类生命等基础领域的先进技术。中俄双方研发战略联盟不仅可以改善各自的技术不足或填补技术空白、缩短企业研发时间，还可以降低研发成本，实现科技资源共享。

总之，俄罗斯东部地区是东北振兴不可或缺的舞台，双方的区域合作能够对东北老工业基地的振兴起到积极的促进作用。要实现老工业基地的全面振兴就需要提高经济的外向度，需要充分利用国内外有利的市场和资源。要改善东北地区的投资环境，吸引国外的资金和技术。因此，振兴东北老工业基地离不开一个开放的国际国内环境，尤其是离不开与周边国家及地区的合作与交流，这是应对经济全球化挑战，加快东北老工业基地振兴的一条重要途径。

（二）东北老工业基地振兴能够促进俄东部地区开发

中国振兴东北地区等老工业基地战略的出台，使该地区逐步成为中国经济的新增长点。振兴东北老工业基地战略是在全球化背景下推进东北地区社会、经济等各个领域全面、协调、可持续发展的重要举措。从东北地区经济运行状况看，国家振兴东北老工业基地战略已经产生了巨大的政策效应和投资效应，工业结构得到了优化升级，企业联合重组的步伐有所加快，技术创新能力正日益提高，工业总体实力得到增强。所有这些为加强区域合作与交流、实现互利共赢的目标创造了有利条件。再加上中国东北地区是传统的老工业基地,不仅资源丰富、重工业基础雄厚,而且还是苏联时期援建中国重大项目最多的地区,为中俄两国区域合作及东北老工业基地振兴提供了条件。从这一角度看,中国振兴东北战略的实施对俄罗斯远东地区的开发可谓是千载难逢的良机。

对于俄罗斯东部地区来说,东北老工业基地振兴战略的实施为其开发带来了一次历史机遇。中国是东北亚地区经济增长速度最快的国家,俄罗斯加强与中国的经济合作就是搭上了中国经济增长的高速列车,并驶入经济增长的快车道。为了振兴东北老工业基地,中国鼓励体制创新和机制创新,取消行业垄断,扩大金融、保险、商贸、旅游等服务领域的对外开放,这为日本、韩国、俄罗斯等国的企业提供了市场。远东地区是俄罗斯连接东北亚的桥头堡,无论从地缘优势还是从现实经济利益看,该地区都将成为东北亚区域合作潜力巨大的地区。中国东北老工业基地振兴已初见成效,而且,中国为振兴东北投入了大量资金,俄罗斯企业参与合作可为振兴俄罗斯机器制造业提供良好的机会。在东北老工业基地振兴中,辽宁省、吉林省和黑龙江省确定的以机器制造业、重化工业、军工业为主导的装备制造业的改造与结构调整,可为俄罗斯东部地区特别是远东地区提供多层次的合作渠道、机会和空间。因为俄这一地区的装备制造业和重化工业等较为发达,能够与东北老工业基地的产业结构调整和装备制造业的振兴形成互动发展的格局。特别是由于经济转轨以来俄远东地区机器制造业失去外部传统市场,地区内部的需求明显下降,加之能源和运输费用过高,使远东地区机器制造产品成本增加,竞争力降低。而东北老工业基地振兴则为俄远东地区的机器制造业提供了巨大的外部市场和合作机遇,能够促进中俄两个地区经济合作的不断深化。

俄罗斯2007年出台的东部开发战略,把西伯利亚和远东地区的开发和发展提升到保障全俄经济发展战略的重要地位,并实施相关联邦专项规划,确定石油天然气开采及运输、石油加工和石油化工、水电和核电等能源产业为优先发展产业,跨境交通运输通道和石油天然气运输网络也被列为优先发展领域。同时,俄不断表达与中国在远东及西伯利亚地区合作开发的意愿,在2009年5月召开的东部地区发展及边境地区合作会议上,俄总统特别强调俄东部开发与中国东北振兴的结合。俄目前对吸纳中方投资建厂、吸引中方技术和管理、发展木材加工和扩大出口等方面有着迫切的希望和需求。俄罗斯只有面向发展迅猛的中国市场,才能使西伯利亚和远东地区的自然资源开采计划得以实现并获得实际经济利益。由于这些区域的自然资源开采需要投入大量资金,仅靠俄中央财政的扶持和地方的财力远远不能满足巨大的资金需求。而中国东北老工业基地的振兴需要大量的能源和原材料,且该地区的许多大中型企业也具备了对俄投资的条件。中俄这两个毗邻地区可以互利双赢方式在资源开发上进行投资合作,从而推动中俄区域经济合作向纵深发展。

从实际情况看,俄罗斯的确对东北振兴十分关注,试图以中国东北地区的发展为契机,使远东地区的开发步入快速发展的轨道。中俄两国领导人也表示努力共建双方边境区域经济合作开发的振兴带。早在2007年3月"中国年"开幕式期间,普京总统就与中国国家主席胡锦涛进一步达成共识。普京总统表示,要与中方共同商讨和制定远东与西伯利亚地区的开发计划,实现中国东北老工业基地振兴与俄远东地区开发的战略对接。随着远东地区开发进程和中俄两国互办"国家年"的相继启动与展开,俄方计划出台一系列有利于促进中方投资和远东地区开发的优惠政策,同中方协商制定中俄两国投资合作整体规划,继续鼓励中国企业投资俄罗斯基础设施、加工制造、高新技术、木材深加工、能源资源开发等项目。[①] 普京在2012年初总统竞选时表示将要"借中国的东风,扬俄罗斯发展的帆"。可见,中国是俄远东发展战略中要借重的主要外部力量之一。

不仅如此,俄罗斯的有识之士也提出,俄罗斯的繁荣有赖于西伯利亚和远东地区,而西伯利亚和远东地区的繁荣有赖于同中国的合作。俄远东地区的地方官员也意识到,远东对中国边境地区经济已形成较高的依存度,远东经济的发展离不开中国,因而与中国边境地区经贸合作的积极性明显提高,这是近期中俄区域合作的关键推动力。俄哈巴罗夫斯克边疆区行政长官伊沙耶夫曾多次访问中国,他早在2004年6月28日在太平洋盆地经济理事会第37届国际大会上就曾公开表示:"中国是一个无法阻止的强大火车头,我们应当坐上这个火车头并一同驾驭局势。"俄萨哈共和国副总统亚历山大·阿基莫夫、滨海边疆区副主席戈尔恰科夫等都多次访问中国,意在寻求与中国特别是与东北地区更广泛和更深层次的经贸合作。

随着《中华人民共和国东北地区与俄罗斯联邦远东及东西伯利亚地区合作规划纲要(2009—2018年)》的出台,中俄双方的经济合作日益步入新的发展阶段。中国东北地区与俄东部地区的合

---

① 吴绮敏、吕鸿:《胡锦涛主席会见俄罗斯总统普京》,《人民日报》2007年6月9日。

作不仅具有广阔的发展前景,而且还可带来贸易创造效应、贸易转移效应和投资促进效应。

1. 贸易创造效应

在中俄地区合作规划中,俄远东地区提出在原有的采掘业基础上发展加工业,以提高产品的附加值。而俄远东地区的劳动力成本比较低,相比之下,俄远东地区的原材料加工品具有低价格优势。例如,此次中俄产业对接中,俄远东地区承接了二十多个木材加工项目。在林木区采伐木材后,可直接就地加工,然后再出口到中国东北地区。对于俄远东地区而言,木材加工可以使当地企业获得一些产品附加值。对于东北地区而言,不仅可以将用于木材加工的资本投资于其他市场,还可以保护东北地区的森林资源。此外,东北地区发电主要为火力发电,难以满足自身用电需求。俄远东地区正在进行电力基础设施建设,随着中俄电力合作的开展,俄远东地区的电力资源便可源源不断地输往东北地区,缓解该地区的电力供应压力。可见,随着双边产业分工和合作的开展,贸易创造效应不断增加,相互贸易依赖不断加深。

2. 贸易转移效应

俄远东地区主要从我国进口生活用品,而机械制造、交通运输品主要从日本和韩国进口。此次中俄区域合作对接项目当中,辽宁承担了一些装备制造项目,可使俄远东地区的部分装备制造进口市场转移到辽宁。在产业对接中,俄远东地区承接的项目大多是原材料开采项目,所开采的原材料种类囊括了东北地区主要进口原材料的种类,因而在中俄产业对接的背景下,东北地区部分原材料进口会转向俄远东地区。例如,我国主要从澳大利亚进口铁矿石,而随着俄远东地区铁矿石的开采,以及双边物流设施的不断完善,货物周转速度将会加快,东北地区所进口铁矿石的部分市场会转移到俄远东地区,产生贸易转移效应。特别是中俄"石油换贷款"协议的签订,使得东北地区对中东地区的石油进口依赖减少,从而可以确保俄远东地区成为中国原油进口的稳定来源地。随着中俄边境石油管道铺设的竣工,俄远东地区的石油可以畅通无阻地运往东北地区。

3.投资促进效应

俄远东地区鼓励发展合资企业,在税收等政策上给予较大的优惠,如滨海新区投资法的第20条规定,投资者从投资方案实施之日起,外资不少于总额的30%,该企业的所得税和计入边区预算的财产税第一年全免,第二年免80%,第三年免70%,第四年免60%,第五年免50%。[①] 虽然俄远东地区的采掘业经历了多年的发展,但设备比较落后,需要及时更新换代。而东北地区在采掘业方面积累了丰富的经验,而且还面临着资源枯竭的威胁,因而东北地区的原材料企业可以增加对俄远东地区采掘业的投资,以使原有的产业优势得以保存。此外,俄远东地区的基础设施建设、建筑工程及农业生产,都需要大量的劳动力资源,但远东地区一直受劳动力资源不足的困扰,而东北地区劳动力资源丰富,且农业发达,积累了丰富的农业生产经验,双方开展劳务合作的前景会进一步增加。相比之下,东北地区的工业体系比较健全、基础设施完善、交通便利、人才济济等优势也能够吸引俄罗斯企业落户此地。

综上所述,东北老工业基地的振兴与俄罗斯东部开发是紧密

---

① 王晶:《黑龙江省与俄罗斯远东开展森工合作有效途径的探讨》,《东欧中亚市场研究》2000年第4期。

联系在一起的,二者是一种相互促进、共同发展的关系。中国振兴东北老工业基地战略和俄罗斯开发西伯利亚、远东地区战略的同步实施,进一步提升了中俄毗邻地区的区域经济合作水平,无论是对东北老工业基地的振兴,还是对俄罗斯远东地区的发展,都具有重要的战略意义。双方的合作不仅互利双赢,而且还会极大地促进整个东北亚地区的经济发展。

六、中俄区域经济合作的对策

长期以来,开发西伯利亚和远东地区,一直是俄罗斯具有战略远见的政治家们的共同梦想,这个梦想未曾动摇过。对于俄罗斯远东地区和西伯利亚大部分地区来说,中国已经成为一个重要的商业伙伴。俄联邦总统驻远东联邦区全权代表萨福诺夫认为,边境经贸合作可能成为发展远东南部地区的推动力,并能更好地刺激经济各领域的发展。因此,只要我们审时度势,积极采取应对措施,就能够把握住机遇,开创东北地区对俄经贸合作的新局面。今后一个时期,在东北亚区域经济合作和区域经济一体化的大背景下,在中国东北老工业基地振兴与俄罗斯东部开发的互动发展进程中,应采取如下一些对策措施来进一步促进和深化中俄两个毗邻地区的经济合作:

(一)强化中俄区域经济合作的互动

一方面,中国东北地区与俄东部地区特别是远东地区的经济合作必须消除或减少政策和体制方面的障碍与制约因素，双方应以"优势互补、互利共赢"为合作理念和合作基础，通过采取包括放宽限制以及鼓励政策和优惠政策在内的各种有效措施，促进区域内各类生产要素的合理流动与组合。着力形成双方毗邻地区经济互动发展的新模式，逐步建成具有较强竞争力和较大投资吸引力、互惠互利和合作共赢的中俄区域经济合作体。另一方面，完善中国东北地区与俄东部地区特别是远东地区的区域经济合作机制，推动双方合作的互动发展。一是完善合作的协调机制，充分发挥中俄毗邻省州领导定期会晤机制的作用，加强双方在经济合作问题上的沟通与交流，协调并及时解决合作中出现的各种问题，保障区域经济合作的顺利进行。二是完善合作的促进机制，以中俄区域经贸合作的互补性和同构性为基础，从两国相邻地区的自然资源状况、劳动力资源分布、产品结构和市场需求的实际出发，形成并不断完善区域经济合作新的以互动为基础的促进机制，以实现中俄双方区域经济合作利益的最大化。

（二）创建次区域自由贸易区

在当前经济全球化和区域经济一体化并行不悖发展的形势下，中国东北地区与俄罗斯远东地区实现区域经济一体化、建立次区域自由贸易区是一种必然的选择，这会促进两个相邻地区经济的互动发展。前些年，俄罗斯已有学者提出了建立中国东北三省与俄远东地区的自由贸易区，进而建立东北亚自由贸易区的构想。中国也有学者相继提出了类似的建议。但在当时，建立自由贸易区的设想和动议并没有受到应有的重视，更谈不上真正付诸实施。

自2000年以来,随着全球区域经济一体化的加速推进和中俄两个相邻地区经贸合作关系的快速发展,这两个地区内的次区域自由贸易区或类似的跨国共营经济合作区得以建立或酝酿建立。特别是有跨国经济特区之称的中俄黑河-阿穆尔州边境经济合作区备受关注。此外,东宁-波尔塔夫卡中俄边境经贸综合体、绥芬河-波格拉尼奇内自由贸易区和图们江区域自由贸易区等的辟建,也会为中俄双方毗邻地区共建自由贸易区积累经验,为中俄区域经济合作提供一种新的运作方式,并搭建中俄区域经济合作的新平台。

(三)积极参与俄东部地区相关项目的开发与建设

俄罗斯特别重视东部地区的开发与发展,在整体经济规划上把西伯利亚和远东地区提升到保障全俄经济发展战略的重要地位。为了加快东部地区的发展,俄在远东地区实施《远东和外贝加尔地区2013年前社会经济发展联邦专项纲要》;在西伯利亚实施《西伯利亚2020年前社会经济发展战略》。尤其是在发展东部地区的战略中,俄罗斯把中国作为最佳合作伙伴。为加快经济发展,远东地区制定了一些大项目计划,如建立港口型经济特区和远东"技术园区"等。2007年11月,滨海边疆区政府确定了以东方港为依托建立经济特区的项目,该项目能够全面发展滨海边疆区乃至俄远东地区的港口经济,增进港口基础设施的招商引资能力,提高滨海边疆区港口区域物流的竞争力。俄正计划加大国外的招商引资力度,将该地区建成俄罗斯的东大门,斥巨资全面推进俄远东与西伯利亚地区自然资源的开发和物流渠道的疏通。今后几年,该地区将有一系列大型投资项目开始实施。因此,东北地区要充分利用这一有利契机,积极参与俄东部地区经济发展纲要的实施。同时,也应创造条件吸引俄方企业参与东北振兴规划项目,实现双方发展战略的相互对接与配合,推进双方合作的战略升级,形成互动共赢的合作关系。

(四) 继续深化各领域的合作

1. 加强能源合作

今后一个时期,能源资源开发仍然是中俄两国的合作重点。为了保证本国的能源安全,俄正不断谋求能源出口的多元化,而中国也正在实施能源进口的多元化和"走出去"战略,因此,两国的能源安全战略存在着利益的结合点。由于俄罗斯从资源、区位、发展前景等多方面具有融入和参与振兴东北地区的充足条件,完全有条件成为东北能源的原料基地,因而能源合作是东北地区与俄远东及西伯利亚地区的首选项目。尤其是中俄双方已签属了"石油换贷款"协议,对东北老工业基地来说,更应抓住这一有利条件与时机。在今后的能源合作中,要逐渐把资源开发合作引向资源加工合作,可依托东北地区的资源加工业基础,通过在俄开办资源加工企业或引进俄资源进行加工的方式,推进双方资源加工产业合作的发展。如以东北地区的大庆、吉林、辽阳三大石油化学工业中心为主体,与俄罗斯的共青城(将成为俄大型炼油中心)开展油气资源加工合作。

此外,俄政府还批准了"建设东西伯利亚与远东天然气开采、运输和供应统一系统纲要",其目标是实现远东天然气化和扩大对亚太地区国家的天然气出口。按照这个纲要框架,正在修建萨哈林—哈巴罗夫斯克—符拉迪沃斯托克天然气管道。该项目的实施不仅有助于加快远东地区天然气化的进程,而且也将大大提高俄罗斯向中国等亚太地区国家出口天然气的可能。因此,应抓住机遇,通过各种渠道扩大俄石油天然气的进口,满足东北地区不断增长的市场需求。

2. 推进农业合作

众所周知,俄幅员辽阔,土地资源十分丰富,全俄人均耕地面积为0.84公顷,西伯利亚和远东地区的人均耕地面积多达0.94公顷,而中国这一指标则仅为0.077公顷,俄人均耕地面积是中国的10.9倍。① 目前,中国的人均农业土地资源已经到了危险的临界点。从农业劳动力方面看,俄罗斯东部地区面临人口危机,农业劳动力严重匮乏。而中国不仅是农业大国,也是人口大国,劳动力资源尤其是农业劳动力资源位居世界前列。可见,中俄在农业劳动力资源方面有着较强的互补性。双方进行长期的农业合作有利于缓解中国耕地面积逐年减少、人口不断增多所产生的沉重压力。

中国劳务已在俄远东地区建立了很多蔬菜种植点,总体上效益较好,远东地区各级政府非常重视农业合作,加强农业招商引资的愿望十分迫切。以俄罗斯犹太自治州为例,该州与黑龙江省是近邻,无论从地理位置、自然条件,还是从历史发展来看,双方之间都有极深的渊源。农业生产开发是俄远东社会经济发展规划中的一个重要领域,犹太自治州在生产全世界需求量日益增大的农业绿色食品方面极具优势,今后将在畜牧、肉类加工、种植业等方面

---

① 冯育民:《中俄农业合作构想》,《东欧中亚市场研究》2002年第9期。

发展一些农业合作项目。为此,该州诚挚邀请中国伙伴前去与其共同合作发展农业。因此,东北地区与俄东部地区在农业领域的合作前景广阔。

3. 加快东北地区的木材机械出口

俄远东市场对中国的木工机械需求激增。俄远东和外贝加尔地区拥有丰富的森林资源,年实际采伐量达6000万立方米。为应对国家不断上调原木出口关税,同时不断下调锯材出口关税这一变化,俄罗斯远东企业不得不寻求对出口木材进行初级加工之路。以滨海边疆区为例,该边疆区是远东地区主要的木材出口地,占远东地区木材出口总量的65%。该边疆区正在规划在丘古耶夫卡镇建设刨花板加工企业、在达利涅列琴斯克市建立中密度板企业、在普拉斯顿镇建立胶合板等加工企业。阿穆尔州也在积极建设落叶松单板加工基地,生产胶合板产品。由于远东地区采伐能力远大于加工能力,木材加工产业落后,因而为大力发展木材加工业,就需要大量的林业设备和木工机械。俄远东哈巴罗夫斯克边疆区行政长官伊沙耶夫曾建议免税进口加工木材需要的现代化设备,他认为"不这样就无法获得先进的技术"。[①] 这无疑给东北地区木工机械对俄东部地区的出口带来了利好信息。因此,东北地区相关企业应把握住这一机遇。

4. 加强双方科技合作

俄罗斯是科技大国,俄东部地区科技实力较强,具有发展高科技产业的绝对优势。从欧美国家"拿来"先进科技成果越来越昂

---

① 曲伟主编:《2009年黑龙江省经济形势分析与预测》,黑龙江教育出版社2009年版,第216—217页。

贵,而在人才众多、技术先进的俄罗斯东部地区,科技成果和设备价格却相对低廉,更适合东北地区的需要。东北地区与俄东部地区科技界有着强烈的合作愿望和共同的合作理念,双方科技合作大有可为,合作潜力巨大。

东北老工业基地的振兴面临着产业结构调整、对技术和装备落后的企业进行技术改造和购并重组的重任。这不仅需要大量资金,还需要引进先进技术。俄罗斯远东地区在许多领域拥有世界一流的先进技术,而且这些技术与东北老工业基地的需要相吻合,甚至是东北老工业基地产业结构调整和改造所急需的,如军工、飞机制造、船舶修造、动力工程、通信电缆、金属加工技术,等等。引进这些先进技术,既有利于东北老工业基地的产业结构调整和企业技术改造,又会促进和加强中俄毗邻地区深层次的经济技术合作。可以说,对俄东部地区的科技合作是东北地区与俄经济技术合作关系的重要组成部分。为了充分发挥双方经济技术的互补优势和提升东北地区科技产业国际化水平,东北地区应抓住当前大好时机,大力推进对俄科技合作的创新升级。通过大力实施"引进来"和"走出去"战略,全方位地提升对俄科技合作的层次和水平。

5. 加强金融合作

随着中俄两国双边贸易的迅速增加,俄罗斯银行和企业购进和使用人民币的需求也日益上升,这为扩大双边本币结算奠定了坚实基础。2002年8月,中国人民银行和俄罗斯银行签署了关于边境地区使用本币进行结算的协定,之后又签署了一系列的补充协定,中俄双方提供边贸本币结算服务的银行所在地域从边境口岸扩展到黑龙江、吉林、内蒙古、新疆以及俄罗斯国内的6个联邦主体。2010年12月15日,人民币对卢布交易在莫斯科银行间外汇交易所挂牌,俄罗斯成为首个中国境外实现人民币直接挂牌交易的国家。此后,参与交易的银行达 75 家以上,总成交额达 14 亿元人民币。2011 年日均成交额约 410 万元人民币,2012 年以来,日均成交额增至 790 万元人民币。对俄经贸大省黑龙江省积极贯彻落实《中国东北地区面向东北亚区域开放规划纲要(2012—2020年)》,全力打造绥芬河(东宁)对俄重点开发开放试验区。作为东北三省最大的对俄贸易口岸,绥芬河市每年对俄贸易额超过 200 亿元人民币,占黑龙江省的 1/3,占全国对俄贸易额的 1/10 左右。不仅如此,随着进出口加工、商贸旅游、跨境投资合作的开展与深入,绥芬河口岸的卢布交易量呈逐年增长的态势,卢布现钞的使用量也在逐年增大,成为旅游贸易和边民互市的主要支付手段。在这种背景下,为了规范口岸卢布外币现钞市场,2013 年 12 月绥芬河市获批成为卢布使用试点市,又称"中国小币种使用特区",这是新中国成立以来我国首次允许异种外币在国内某个特定地域行使与主权货币(人民币)同等功能的货币。今后,随着中俄双边经贸合作的发展,将会对两国的金融服务水平提出更高的要求,这为两国金融领域的合作提供了广阔的前景,两国间的金融合作将会更加密切。

6.加强双方劳务合作

俄罗斯东部地区开发和发展纲要的实施,必将需要大量的劳动力。但劳动力匮乏不仅是东部地区而且是全俄存在的问题。因此,依靠东部地区或整个俄罗斯都很难解决这个问题。根据远东 2013 年前规划纲要,远东地区经济建设的重点是基础设施建设,如交通和能源建设,其投资占全部投资的 58% 和 28%,还将建设和完善铁路、公路、航空及管道等基础设施。远东管委会第一副主任维科托·米亚斯尼科曾指出："迄今为止很多大项目的建设还没有启动。随着施工进度的加快和建筑作业量的增加,需要的劳动力也就越来越多。"今后,俄罗斯将投入巨资发展远东和西伯利亚的交通物流基础设施建设,这不仅意味着需要进口设备,而且由于该地区人烟稀少,因而要进行大规模基础设施建设就需要加大劳动力的引进。在这种形势下,东北地区存在着对远东地区扩大劳务输出的可能性。可发挥我国劳动力资源优势,建立对俄劳务人员培训基地,教授俄语并进行技能培训。在此基础上,与俄相关部门密切联系,派出符合俄方需要的劳务人员参与远东地区的基础设施建设。

7.加大对俄罗斯技术和人才的引进力度

加强东北地区与俄东部地区的科技人才合作不仅是必要的,而且也是可行的。俄罗斯东部地区拥有大量的高科技专家和极具应用价值的高科技成果。挖掘这些人才,利用这些高科技成果和适用先进技术设备,更适合东北地区的经济发展和实际需要。引进俄高科技人才将会进一步提高东北地区的科技水平,增强地区产业(企业)后续发展的技术储备。

除以上所述,在与俄东部地区的合作过程中,东北地区内部还应加强协调与合作,不能只看到眼前利益,要从长远发展的角度出发,加强东北地区内部的行政区域联系与市场区域联系,使东北地区的经济建设早日走上一体化之路,为对俄东部地区经济合作营造一个平等互利的环境。

(节选自郭连成主编:《俄罗斯东部开发新战略与东北亚经济合作研究》,人民出版社2014年版)